国家文化产业资金支持媒体融合重大项目

职业教育教学改革融合创新型教材 · 财务会计类

价值引领 · 业财一体 · 1+X证书 · 操作录屏 · 配套微课 · 阶段测试

Kuaiji Xinxi Xitong Yingyong

会计信息系统应用

曾玲芳　李骁寅　主编　　张莹　陈玲　林先雄　副主编

东北财经大学出版社
Dongbei University of Finance & Economics Press
大连

会计信息系统应用资源目录

项目名称	任务名称	重难点微课（35）	操作录屏（72）	学思践悟（26）	任务测试（59）
项目一 会计信息系统整体认知	任务一　了解会计信息化的发展			1-1：学规划，早筹划	1-1：会计信息化的发展
	任务二　会计信息系统方案应用			1-2：数字经济时代，信息素养很重要	1-2：会计信息系统方案应用
	任务三　了解案例企业背景资料				
项目二 系统管理	任务一　用户管理	2-1：系统管理平台介绍	2-1：用户管理	2-1：账号和密码，安全要靠它	2-1：用户管理
	任务二　账套管理	2-2：账套管理	2-2：账套管理	2-2：参与6S管理，劳动最光荣	2-2：账套管理
	任务三　财务分工		2-3：财务分工	2-3：保持界限感，赢得安全感	2-3：财务分工
	任务四　数据的输出与引入	2-3：数据的输出与引入	2-4：数据的输出与引入	2-4：信息安全，没有硝烟的战场	2-4：数据的输出与引入
项目三 基础设置	任务一　机构人员设置	3-1：企业应用平台介绍及系统启用 3-2：机构人员设置	3-1：机构人员设置		3-1：机构人员设置
	任务二　客商信息设置		3-2：客商信息设置		3-2：客商信息设置
	任务三　存货信息设置	3-3：存货信息设置	3-3：存货信息设置		3-3：存货信息设置
	任务四　财务信息设置	3-4：财务信息——会计科目设置	3-4：财务信息设置		3-4：财务信息设置
	任务五　收付结算设置		3-5：收付结算设置		3-5：收付结算设置
	任务六　业务信息设置		3-6：业务信息设置	3-1：小疏漏，大风险	3-6：业务信息设置

项目名称	任务名称	重难点微课（35）	操作录屏（72）	学思践悟（26）	任务测试（59）
项目四 系统初始设置	任务一　采购与应付款管理系统初始设置	4-1：采购与应付款管理系统初始设置	4-1：采购管理系统初始设置		4-1：采购与应付款管理系统初始设置
			4-2：应付款管理系统初始设置		
	任务二　销售与应收款管理系统初始设置	4-2：销售与应收款管理系统初始设置	4-3：销售管理系统初始设置	4-1：账龄分析让收账更顺，风险更小	4-2：销售与应收款管理系统初始设置
			4-4：应收款管理系统初始设置		
	任务三　库存管理与存货核算系统初始设置	4-3：库存管理与存货核算系统初始设置	4-5：库存管理系统初始设置		4-3：库存管理与存货核算系统初始设置
			4-6：存货核算系统初始设置		
	任务四　固定资产管理系统初始设置	4-4：原始卡片录入	4-7：固定资产管理系统初始设置	4-2：实验室设备管理隐藏大问题	4-4：固定资产管理系统初始设置
	任务五　薪资管理系统初始设置	4-5：工资项目及公式设置	4-8：薪资管理系统初始设置	4-3：个税改革背后的民生福祉	4-5：薪资管理系统初始设置
	任务六　总账系统初始设置	4-6：总账系统初始设置	4-9：总账系统初始设置	4-4：基础不牢，地动山摇	4-6：总账系统初始设置
项目五 总账系统日常业务	任务一　凭证处理	5-1：填制凭证	5-1：填制凭证-业务1		
			5-2：填制凭证-业务2		
			5-3：填制凭证-业务3		
			5-4：填制凭证-业务4		
			5-5：填制凭证-业务5—业务7		
			5-6：填制凭证-业务8—业务10		
			5-7：常用凭证的保存与调用		
		5-2：凭证删除	5-8：凭证删除		
			5-9：出纳签字与取消签字		
			5-10：凭证审核与取消审核		
			5-11：凭证查询		
			5-12：凭证记账		
		5-3：红字冲销法修改凭证	5-13：红字冲销法修改凭证	5-1：坚持准则　甘当会计信息清道夫	5-1：凭证处理
	任务二　数据查询		5-14：总账数据查询	5-2：勇于纠错　弘扬精益求精的工匠精神	5-2：总账数据查询

项目名称	任务名称	重难点微课（35）	操作录屏（72）	学思践悟（26）	任务测试（59）
项目六 采购与应付款管理系统日常业务	任务一　普通赊购业务处理	6-1：普通赊购业务	6-1：普通赊购业务	6-1：货比三家 远离回扣	6-1：普通赊购业务
	任务二　票据结算业务处理		6-2：票据结算业务		6-2：票据结算业务
	任务三　采购付款业务处理		6-3：采购付款业务	6-2：诚信守约 精打细算	6-3：采购付款业务
	任务四　付定金采购业务处理		6-4：付定金采购业务		6-4：付定金采购业务
	任务五　分期付款采购业务处理	6-2：分期付款采购业务	6-5：分期付款采购业务		6-5：分期付款采购业务
	任务六　暂估业务处理	6-3：暂估回冲业务	6-6：暂估业务		6-6：暂估业务
	任务七　结算后退货业务处理	6-4：结算后退货业务	6-7：结算后退货业务		6-7：结算后退货业务
	任务八　数据查询		6-8：采购与应付款数据查询		6-8：采购与应付款数据查询
项目七 销售与应收款管理系统日常业务	任务一　普通赊销业务处理	7-1：普通赊销业务	7-1：普通赊销业务	7-1：规范开票 依法纳税	7-1：普通赊销业务
	任务二　销售收款业务处理		7-2：销售收款业务		7-2：销售收款业务
	任务三　直运销售业务处理	7-2：直运销售业务	7-3：直运销售业务		7-3：直运销售业务
	任务四　分期收款业务处理		7-4：分期收款业务		7-4：分期收款业务
	任务五　委托代销业务处理	7-3：委托代销业务	7-5：委托代销业务		7-5：委托代销业务
	任务六　结算后退货业务处理	7-4：结算后退货业务	7-6：结算后退货业务		7-6：结算后退货业务
	任务七　分批发货销售业务处理		7-7：分批发货销售业务		7-7：分批发货销售业务
	任务八　零售日报业务处理		7-8：零售日报业务		7-8：零售日报业务
	任务九　坏账业务处理		7-9：坏账业务处理	7-2：别让坏账坏了事	7-9：坏账业务处理
	任务十　数据查询		7-10：销售与应收款数据查询		7-10：销售与应收款数据查询

项目名称	任务名称	重难点微课（35）	操作录屏（72）	学思践悟（26）	任务测试（59）
项目八 库存管理与存货核算系统日常业务	任务一　其他出入库业务处理		8-1：其他出入库业务		8-1：其他出入库业务
	任务二　存货调整业务处理	8-1：存货调整业务	8-2：存货调整业务		8-2：存货调整业务
	任务三　数据查询		8-3：库存管理与存货核算数据查询	8-1：强化库管责任意识　确保物资安全	8-3：库存管理与存货核算数据查询
项目九 固定资产管理系统日常业务	任务一　固定资产变动业务处理		9-1：固定资产变动业务		9-1：固定资产变动业务
	任务二　固定资产增加业务处理	9-1：固定资产增加业务	9-2：固定资产增加业务		9-2：固定资产增加业务
	任务三　计提折旧业务处理		9-3：计提折旧业务	9-1：谨防折旧成为个别企业利润的“调节阀”	9-3：计提折旧业务
	任务四　固定资产减少业务处理	9-2：固定资产减少业务	9-4：固定资产减少业务		9-4：固定资产减少业务
	任务五　数据查询		9-5：固定资产数据查询	9-2：加速折旧法背后的科技创新	9-5：固定资产数据查询
项目十 薪资管理系统日常业务	任务一　工资变动业务处理		10-1：工资变动业务		10-1：工资变动业务
	任务二　工资分摊业务处理	10-1：工资分摊设置 10-2：工资分摊生成	10-2：工资分摊	10-1：社会保障你我他，五险一金知多少	10-2：工资分摊设置
	任务三　数据查询		10-3：薪资数据查询		10-3：薪资数据查询
项目十一 期末业务	任务一　存货月末暂估业务处理		11-1：存货月末暂估业务		11-1：存货月末暂估业务
	任务二　计提坏账准备业务处理		11-2：计提坏账准备业务	11-1：坚持准则　不私设“秘密准备”	11-2：计提坏账准备业务
	任务三　库存盘点业务处理	11-1：库存盘点业务	11-3：库存盘点业务		11-3：库存盘点业务
	任务四　自定义转账业务处理	11-2：自定义转账业务	11-4：自定义转账业务		11-4：自定义转账业务
	任务五　期间损益结转业务处理	11-3：期间损益结转业务	11-5：期间损益结转业务		11-5：期间损益结转业务
	任务六　银行对账业务处理	11-4：银行对账业务	11-6：银行对账业务	11-2：提高拒腐防变“免疫力”	11-6：银行对账业务
	任务七　期末结账业务处理		11-7：期末结账业务	11-3：有错必纠　追求卓越	11-7：期末结账业务
项目十二 UFO报表管理	任务一　自定义报表	12-1：自定义报表	12-1：自定义报表		12-1：自定义报表
	任务二　利用报表模板生成报表		12-2：利用报表模板生成报表	12-1：虚假报表　误国误民	12-2：利用报表模板生成报表
	任务三　基本财务指标分析	12-2：基本财务指标分析	12-3：基本财务指标分析		12-3：基本财务指标分析

会计信息系统应用与业财一体信息化应用1+X证书融通对照表

本教材内容		业财一体信息化应用1+X证书职业技能等级标准			
项目	任务	证书（等级）	工作领域	工作任务	职业技能要求
项目二 系统管理	任务一　用户管理 任务三　财务分工	业财一体信息化应用（中级）	1.业财一体信息化平台业务流程实施	1.3 业务流程权限配置	1.3.1 能根据《企业财务通则》，依据企业组织结构与职责分工，在信息化平台系统管理模块中进行角色设置及权限设置，以便对每个部门每个角色进行权限分配。 1.3.2 能根据《企业财务通则》，依据企业职责分工，在信息化平台系统管理模块中增加用户及进行权限设置，以便操作员正确使用信息化平台的相关功能。
项目三 基础设置	任务六　业务信息设置	业财一体信息化应用（中级）	1.业财一体信息化平台业务流程实施	1.3 业务流程权限配置	1.3.3 能根据《企业财务通则》，依据企业业务数据控制要求，在信息化平台上进行数据权限控制设置，依据企业数据控制维度，设置记录级及字段级控制层次，依据部门需求，进行不同金额层级的控制设置，以便对付款类业务的执行进行精确控制。
项目四 系统初始设置	任务一　采购与应付款管理系统初始设置	业财一体信息化应用（中级）	1.业财一体信息化平台业务流程实施	1.2 业务流程参数配置	1.2.3 能根据《企业财务通则》，在信息化平台应收应付管理模块中完成应收应付凭证制单规则、核销规则、科目设置等参数配置。 1.2.10 能根据《企业财务通则》，依据企业采购业务流程，在信息化平台采购管理模块中进行采购业务及权限控制、采购预算控制等采购业务初始化设置。

本教材内容		业财一体信息化应用1+X证书职业技能等级标准			
项目	任务	证书（等级）	工作领域	工作任务	职业技能要求
项目四 系统初始设置	任务一　采购与应付款管理系统初始设置	业财一体信息化应用（中级）	2. 业财一体信息化平台期初数据维护	2.1 财务期初数据维护	2.1.2 能根据《企业会计准则》，依据应收应付期初明细数据、预收预付期初明细数据、应收应付票据期初明细数据，在信息化平台上准确导入应收应付业务、预收预付业务、票据业务期初数据。
				2.2 业务期初数据维护	2.2.2 能依据采购期初业务数据，在信息化平台采购管理模块中准确录入期初采购入库单，并完成采购期初记账。
	任务二　销售与应收款管理系统初始设置		1. 业财一体信息化平台业务流程实施	1.2 业务流程参数配置	1.2.3 能根据《企业财务通则》，在信息化平台应收应付管理模块中完成应收应付凭证制单规则、核销规则、科目设置等参数配置。
					1.2.9 能根据《企业财务通则》，依据企业销售业务流程，在信息化平台销售管理模块中进行业务控制设置、信用度控制设置、可用量设置、价格管理设置及允限销设置等销售业务初始化设置，以便准确控制企业销售业务执行。
			2. 业财一体信息化平台期初数据维护	2.1 财务期初数据维护	2.1.2 能根据《企业会计准则》，依据应收应付期初明细数据、预收预付期初明细数据、应收应付票据期初明细数据，在信息化平台上准确导入应收应付业务、预收预付业务、票据业务期初数据。
	任务三　库存管理与存货核算系统初始设置		1. 业财一体信息化平台业务流程实施	1.2 业务流程参数配置	1.2.11 能根据《企业财务通则》，依据企业库存业务流程，在信息化平台库存管理模块中完成库存业务设置、库存业务校验设置、可用量控制设置等库存业务初始化设置。
					1.2.12 能根据《企业财务通则》及企业会计核算规范，在信息化平台存货核算模块中完成成本核算方式、暂估方式、存货科目、对方科目、结算科目、应付科目、税金科目、运费科目等存货核算初始化配置，以便准确核算存货成本及出入库成本。

本教材内容		业财一体信息化应用1+X证书职业技能等级标准			
项目	任务	证书（等级）	工作领域	工作任务	职业技能要求
项目四 系统初始设置	任务三 库存管理与存货核算系统初始设置	业财一体信息化应用（中级）	2. 业财一体信息化平台期初数据维护	2.2 业务期初数据维护	2.2.3 能依据期初库存数据，在信息化平台库存管理模块中准确录入期初库存数据，包括仓库、货位等。
					2.2.4 能根据《企业会计准则》，依据财务库存数据，在信息化平台存货核算模块中准确维护期初库存数据，包括数量、单价、金额等。
	任务四 固定资产管理系统初始设置		1. 业财一体信息化平台业务流程实施	1.2 业务流程参数配置	1.2.2 能根据《企业财务通则》，在信息化平台固定资产模块中完成固定资产对账科目、资产类别、折旧方法、增减方式、使用状况、卡片项目、卡片样式等固定资产初始化设置。
			2. 业财一体信息化平台期初数据维护	2.1 财务期初数据维护	2.1.3 能根据《企业会计准则》，依据企业固定资产数据，在信息化平台上完成固定资产期初数据导入工作。
	任务五 薪资管理系统初始系统		1. 业财一体信息化平台业务流程实施	1.2 业务流程参数配置	1.2.7 能根据《企业财务通则》及《中华人民共和国个人所得税法》，在信息化平台薪资管理模块中进行工资项目、工资计算公式、工资分摊、个人所得税税率等初始化设置。
	任务六 总账系统初始设置		1. 业财一体信息化平台业务流程实施	1.2 业务流程参数配置	1.2.1 能根据《企业财务通则》及《企业会计准则》，在信息化平台总账模块中进行凭证制单控制设置、受控科目使用设置、赤字控制设置、凭证控制设置、凭证编号设置、预算控制设置、凭证权限设置、凭证打印设置及自定义辅助核算等总账参数设置，以便实现企业财务制度控制要求。
			2. 业财一体信息化平台期初数据维护	2.1 财务期初数据维护	2.1.1 能根据《企业会计准则》，依据企业财务期初数据，在信息化平台总账模块中准确导入明细账、辅助账等总账期初数据。

本教材内容		业财一体信息化应用1+X证书职业技能等级标准			
项目	任务	证书（等级）	工作领域	工作任务	职业技能要求
项目五 总账系统日常业务	任务一 凭证处理	业财一体信息化应用（中级）	3.业财一体信息化平台财务处理	3.1 总账业务处理	3.1.1 能根据《企业财务通则》及《企业会计准则》，审核原始凭证的真实性、合法性、合规性、及时性、准确性、完整性。
					3.1.2 能根据《企业财务通则》及《企业会计准则》，在信息化平台总账模块中依据原始凭证填制数量金额式记账凭证、项目辅助类记账凭证，并完成资金类科目现金流量的记录。
					3.1.3 能依据权限分工在信息化平台总账模块中对记账凭证进行审核，审核记账凭证中所选会计科目的正确性、分录金额的准确性、填列项目的完整性、摘要描述的准确性、有关人员签章的完整性等，能对问题凭证进行标错与驳回。
					3.1.4 能根据《企业财务通则》及《企业会计准则》，在信息化平台总账模块中对记账凭证进行修改、作废、红冲、调整等业务处理。
					3.1.5 能根据《企业财务通则》及《企业会计准则》，在信息化平台总账模块中完成凭证记账、反记账操作。
	任务二 数据查询				3.1.6 能根据《企业财务通则》及《企业会计准则》，在信息化平台总账模块中查询科目账、科目及往来余额信息、科目及往来明细信息等，为管理决策提供财务数据支持。
项目六 采购与应付款管理系统日常业务	任务一 普通赊购业务处理	业财一体信息化应用（中级）	3.业财一体信息化平台财务处理	3.2 应收应付业务处理	3.2.1 能在信息化平台上对采购发票、销售发票、付款单、收款单进行录入及审核处理、核销处理，并及时准确生成记账凭证。
	任务三 采购付款业务处理				3.2.2 能依据合同约定及合同付款申请，在信息化平台应收应付管理模块中进行收付款业务处理，并准确生成收付款类业务记账凭证，以便及时进行合同结算。
	任务二 票据结算业务处理				3.2.4 能在信息化平台应收应付管理模块中正确完成应收应付票据业务处理，包括票据贴现、背书、转出、换票、计息、结算等业务。
	任务一 普通赊购业务处理		4.业财一体信息化平台业务处理	4.2 采购业务处理	4.2.5 能根据《企业会计准则》，依据采购业务实际情况，在信息化平台上完成采购付款申请业务处理，进行财务处理，并生成凭证。
	任务七 结算后退货业务处理				4.2.6 能根据《企业会计准则》，依据采购业务实际情况，在信息化平台上完成退货退票业务处理，进行财务处理，并生成凭证。

本教材内容		业财一体信息化应用1+X证书职业技能等级标准			
项目	任务	证书（等级）	工作领域	工作任务	职业技能要求
项目七 销售与应收款管理系统日常业务	任务一 普通赊销业务处理	业财一体信息化应用（中级）	3. 业财一体信息化平台财务处理	3.2 应收应付业务处理	3.2.1 能在信息化平台上对采购发票、销售发票、付款单、收款单进行录入及审核处理、核销处理，并及时准确生成记账凭证。
	任务二 销售收款业务处理				3.2.2 能依据合同约定及合同付款申请，在信息化平台应收应付管理模块中进行收付款业务处理，并准确生成收付款类业务记账凭证，以便及时进行合同结算。
	任务九 坏账业务处理				3.2.5 能在信息化平台应收管理模块中正确完成坏账业务处理，包括计提坏账准备、坏账发生、坏账收回等业务。
	任务五 委托代销业务处理		4. 业财一体信息化平台业务处理	4.3 销售业务处理	4.3.3 能根据《企业会计准则》，依据销售业务实际情况，在信息化平台上完成委托代销业务处理，进行财务处理，并生成凭证。
	任务八 零售日报业务处理				4.3.4 能根据《企业会计准则》，依据销售业务实际情况，在信息化平台上完成零售日报业务处理，进行财务处理，并生成凭证。
	任务四 分期收款业务处理				4.3.5 能根据《企业会计准则》，依据销售业务实际情况，在信息化平台上完成分期收款业务处理，进行财务处理，并生成凭证。
	任务三 直运销售业务处理				4.3.6 能根据《企业会计准则》，依据销售业务实际情况，在信息化平台上完成直运销售业务处理，进行财务处理，并生成凭证。
项目八 库存管理与存货核算系统日常业务	任务一 其他出入库业务处理	业财一体信息化应用（中级）	4. 业财一体信息化平台业务处理	4.4 库存及存货业务处理	4.4.2 能根据《企业会计准则》及企业会计核算规范，在信息化平台上完成产品出入库业务，并按照实际选择的计价方式进行财务处理，并生成凭证。
	任务二 存货调整业务处理				4.4.3 能根据《企业会计准则》及企业会计核算规范，在信息化平台上完成产品调拨业务，并按照实际选择的计价方式进行财务处理，并生成凭证。

本教材内容		业财一体信息化应用1+X证书职业技能等级标准			
项目	任务	证书（等级）	工作领域	工作任务	职业技能要求
项目九 固定资产管理系统日常业务	任务二 固定资产增加业务处理	业财一体信息化应用（中级）	3. 业财一体信息化平台财务处理	3.3 固定资产业务处理	3.3.1 能依据企业资产增加情况，在信息化平台固定资产模块中进行固定资产增加业务处理，并生成记账凭证，做到财务业务数据一致。
	任务一 固定资产变动业务处理				3.3.2 能依据固定资产实际使用情况，在信息化平台固定资产模块中对固定资产进行原值增减、使用部门调整、使用年限调整、累计折旧调整等变更业务处理，并按需生成凭证，做到账实相符。
	任务四 固定资产减少业务处理				3.3.4 能依据企业资产实际使用情况，在信息化平台固定资产模块中完成资产处置、资产变卖等资产减少处理，及取消资产减少处理，并及时生成记账凭证，做到账实相符。
	任务三 计提折旧业务处理				3.3.3 能根据《企业会计准则》，在信息化平台固定资产模块中计提固定资产折旧，并能单张或批量生成记账凭证。
项目十 薪资管理系统日常业务	任务一 工资变动业务处理	业财一体信息化应用（中级）	3. 业财一体信息化平台财务处理	3.6 薪资福利业务处理	3.6.2 能根据《企业会计准则》及企业人力资源管理制度，依据人力资源部门提供的薪资明细表，在信息化平台薪资管理模块中进行分类薪资计算及发放工作，做到及时准确。
			5. 业财一体信息化平台税务业务管理	5.2 个人所得税业务处理	5.2.3 能根据《中华人民共和国个人所得税法》，依据个人所得税专项扣除信息，在信息化平台上及时完成个人所得税计算并进行代扣代缴业务处理。
	任务二 工资分摊业务处理		3. 业财一体信息化平台财务处理	3.6 薪资福利业务处理	3.6.1 能根据《企业财务通则》及企业人力资源管理制度，在信息化平台薪资模块中调整工资项目，设置工资分摊公式。
					3.6.3 能根据《企业会计准则》，在信息化平台薪资管理模块中进行工资分摊处理，以便能够将薪资费用正确计入到成本费用科目。

本教材内容		业财一体信息化应用1+X证书职业技能等级标准			
项目	任务	证书（等级）	工作领域	工作任务	职业技能要求
项目十一 期末业务	任务七　期末结账业务处理	业财一体信息化应用（中级）	6.业财一体信息化平台期末业财账务处理	6.1 期末业务处理	6.1.2 能根据《企业会计准则》及企业会计核算规范，在信息化平台上对供应链模块进行期末结账处理。
					6.1.3 能根据《企业会计准则》及企业会计核算规范，在信息化平台上对固定资产、应收应付、发票、网上银行、网上报销模块进行期末结账处理。
					6.1.4 能根据《企业会计准则》及企业会计核算规范，在信息化平台上对业务系统进行反结账处理。
					6.1.5 能根据《企业会计准则》及企业会计核算规范，在信息化平台上完成薪资福利模块期末结账及年结工作。
	任务五　期间损益结转业务处理			6.2 期末财务处理	6.2.2 能根据《企业会计准则》，在信息化平台总账模块中进行期末损益结转。
	任务七　期末结账业务处理				6.2.4 能根据《企业会计准则》，在信息化平台总账模块中进行期末对账、期末结账、反结账、年结、反年结业务处理。
项目十二 UFO报表管理	任务二　利用报表模板生成报表	业财一体信息化应用（初级）	6.业财一体信息化平台月末处理及会计档案管理	6.3 财务法定报表编制	6.3.1 能根据《企业会计准则》，在信息化平台上依据报表模板，准确地生成资产负债表。
					6.3.2 能根据《企业会计准则》，在信息化平台上依据报表模板，准确地生成利润表。
	任务三　基本财务指标分析	业财一体信息化应用（中级）	6.业财一体信息化平台期末业财账务处理	6.3 财务报表编制与分析	6.3.2 能在信息化平台上使用财务分析公式自定义取数公式，如设计流动比率的取数公式。
					6.3.3 能根据《企业会计准则》，依据资产负债表，在信息化平台上设计财务分析表格样式，设计他表取数公式。

会计信息系统应用与财务数字化应用1+X证书融通对照表

本教材内容		财务数字化应用1+X证书职业技能等级标准			
项目	任务	证书（等级）	工作领域	工作任务	职业技能要求
项目二 系统管理	任务一　用户管理 任务三　财务分工	财务数字化应用（初级）	1.财务数字化平台基础数据维护及档案管理	1.1 企业组织与权限维护	1.1.4 能依据企业职责清单和职责权限对应清单，在财务数字化平台上建立职责对应的菜单权限内容，并能够根据需要做相关调整。
					1.1.5 能依据企业角色清单和角色权限对应清单，在财务数字化平台上维护角色对应的职责权限与组织权限。
					1.1.6 能依据人员的组织角色分工，在财务数字化平台上维护人员对应的用户，分配其对应的权限，并进行相关的变动维护。
	任务二　账套管理				1.1.1 能依据业务组织的新增或变动申请信息，在财务数字化平台上进行组织信息的数据维护，并能够根据需要保存为一个新的业务组织体系版本，以备后续查询使用。

本教材内容		财务数字化应用1+X证书职业技能等级标准			
项目	任务	证书（等级）	工作领域	工作任务	职业技能要求
项目三 基础设置	任务一　机构人员设置	财务数字化应用（初级）	1.财务数字化平台基础数据维护及档案管理	1.1 企业组织与权限维护	1.1.2 能依据企业需要，在财务数字化平台上维护行政部门的新增或变动信息，并保存为一个新的行政部门体系版本，以备后续查询使用。
	任务一　机构人员设置 任务二　客商信息设置 任务三　存货信息设置 任务四　财务信息设置			1.2 企业基础档案维护	1.2.1 能在财务数字化平台上进行总账业务的基本信息维护，包括依据企业组织结构及经营信息快速准确维护人员、客户、供应商、物料、会计科目等基础档案信息。
	任务五　收付结算设置				1.2.3 能依据企业费用管理要求，在财务数字化平台上进行收支项目、报销类型等初始设置。
项目四 系统初始设置	任务一　采购与应付款管理系统初始设置 任务二　销售与应收款管理系统初始设置	财务数字化应用（初级）	1.财务数字化平台基础数据维护及档案管理	1.3 财务期初数据维护	1.3.2 能在财务数字化平台上录入或导入新建账簿组织的应收、收款、应付、付款的期初数据，并确保业务期初余额与总账对应的科目金额相符。
	任务四　固定资产管理系统初始设置			1.2 企业基础档案维护	1.2.2 能依据企业固定资产管理要求，在财务数字化平台上进行固定资产类别、使用状况、折旧与摊销方法、变动原因、增减方式、资产组等基础信息的增加、删除、更改、查询操作。
				1.3 财务期初数据维护	1.3.3 能依据企业的固定资产实际状况，在财务数字化平台上进行企业固定资产数据初始化，确保企业在固定资产业务处理之前处于账实相符的初始状态。
	任务六　总账系统初始设置			1.3 财务期初数据维护	1.3.1 能在财务数字化平台上对新建账簿的组织进行总账期初数据的录入与导入。
					1.3.4 能在财务数字化平台上录入现金账户与银行存款账户的期初数据，并确保业务期初余额与总账对应的科目余额相符。

本教材内容		财务数字化应用1+X证书职业技能等级标准			
项目	任务	证书（等级）	工作领域	工作任务	职业技能要求
项目五 总账系统日常业务	任务一　凭证处理 任务二　数据查询	财务数字化应用(初级)	2.财务数字化平台财务业务处理	2.5 其他业务智能处理	2.5.1 能在财务数字化平台上处理其他非自动生成凭证的财务业务，依据原始凭证填制记账凭证，并正确完成资金类科目现金流量的记录与分析。
					2.5.2 能依据权限分工，在财务数字化平台上对记账凭证进行审核，审核记账凭证中所选会计科目的正确性、分录金额的准确性、填列项目的完整性、摘要描述的准确性、有关人员签章的完整性等，能对问题凭证进行标错与驳回。
					2.5.3 能根据《中华人民共和国会计法》和《企业会计准则》，在财务数字化平台上对记账凭证进行修改、作废、红冲等业务处理。
					2.5.4 能依据权限分工，在财务数字化平台上进行记账凭证范围选择、完成记账操作、查看和打印记账报告，能查询记账凭证自动生成的相关账表。
项目六 采购与应付款管理系统日常业务	任务一　普通赊购业务处理	财务数字化应用(初级)	2.财务数字化平台财务业务处理	2.1 采购与应付业务智能处理	2.1.2 能在财务数字化平台上处理业务系统自动生成的、业务员自制提交的各类应付类业务单据，完成应付类业务的审核处理，并自动生成相应的凭证。
	任务三　采购付款业务处理				2.1.3 能依据业务单位发起的付款申请及财务数字化平台上记录的应付账款金额及付款时间安排，在财务数字化平台上处理应付账款付款业务并完成审批、结算流程，确保企业能够及时、准确地向供应商支付款项。
	任务六　暂估业务处理	财务数字化应用(中级)	2.财务数字化平台财务业务管理	2.1 存货业务管理	2.1.2 能根据企业会计核算规范，在财务数字化平台上对尚未收到发票的采购入库业务完成暂估核算，确保企业存货明细数据准确无误。

本教材内容		财务数字化应用1+X证书职业技能等级标准			
项目	任务	证书（等级）	工作领域	工作任务	职业技能要求
项目七 销售与应收款管理系统日常业务	任务一　普通赊销业务处理	财务数字化应用（初级）	2.财务数字化平台财务业务处理	2.2 销售与应收业务智能处理	2.2.2 能在财务数字化平台上处理业务系统自动生成的、业务员自制提交的各类应收类业务单据，完成应收类业务的审核处理，并自动生成相应的凭证。
	任务二　销售收款业务处理				2.2.3 能在财务数字化平台上依据合同约定收取货款，并准确生成收款类业务的记账凭证。
项目八 库存管理与存货核算系统日常业务	任务一　其他出入库业务处理	财务数字化应用（中级）	2.财务数字化平台财务业务处理	2.1 存货业务管理	2.1.1 能根据企业会计核算规范，在财务数字化平台上完成企业采购入库的存货核算，确保企业的存货明细账数据准确无误。
					2.1.3 能根据企业会计核算规范，在财务数字化平台上完成企业销售出库的存货核算，确保企业的存货明细账数据准确无误。
	任务二　存货调整业务处理				2.1.4 能根据企业会计核算规范，在财务数字化平台上录入企业的产成品成本数据，完成企业产成品业务的存货核算，确保企业的存货明细账数据准确无误。
项目九 固定资产管理系统日常业务	任务二　固定资产增加业务处理	财务数字化应用（初级）	2.财务数字化平台财务业务处理	2.4 固定资产业务处理	2.4.1 能依据企业资产管理部门提交的购置固定资产验收凭证等信息和企业固定资产管理核算要求，准确判断新增资产的分类，并在财务数字化平台上填制新增资产卡片，确保该资产能够纳入企业固定资产的后续日常管理和期末折旧摊销业务范围。
	任务一　固定资产变动业务处理				2.4.2 能依据企业资产管理部门提交的固定资产变动单等相关单据信息，在财务数字化平台上对固定资产的信息进行变更登记，准确地完成固定资产变动记录处理。
	任务四　固定资产减少业务处理				2.4.5 能根据《企业会计准则》，依据企业固定资产处置要求的原始凭据，如销售合同、固定资产减少明细表等，在财务数字化平台上进行企业的固定资产减少业务处理并完成固定资产处置会计核算，及时准确地反映企业固定资产处置情况。
	任务三　计提折旧业务处理				2.4.6 能根据《企业会计准则》，依据企业固定资产管理要求，在财务数字化平台上对企业的固定资产进行期末计提折旧业务处理，及时准确地完成期末固定资产业务处理。
	任务五　数据查询			2.5 其他业务智能处理	2.5.5 能在财务数字化平台上完成企业总账与业务系统对账，若对账不平找出原因并进行调整，保证总账与业务账的一致性。

本教材内容		财务数字化应用1+X证书职业技能等级标准			
项目	任务	证书（等级）	工作领域	工作任务	职业技能要求
项目十 薪资管理系统日常业务	任务一　工资变动业务处理	财务数字化应用（中级）	2.财务数字化平台财务业务管理	2.3 薪资业务管理	2.3.1 能依据企业人力资源部门提供的、经审批的薪资发放相关资料，在财务数字化平台上进行分类薪资核算，以便将薪资计入恰当的成本费用科目。
					2.3.2 能根据企业人力资源管理制度，在财务数字化平台上借助银企直连功能进行薪资的批量发放。
					2.3.4 能依据人力资源部门提供的、经审批的个人所得税代扣代缴资料，在财务数字化平台上进行正确核算，以降低企业个人所得税涉税风险。
	任务二　工资分摊业务处理				2.3.3 能依据人力资源部门提供的、经审批的社保公积金等相关资料，在财务数字化平台上进行分类核算，以便将社保公积金等计入恰当的成本费用科目。
项目十一 期末业务	任务七　期末结账业务处理	财务数字化应用（初级）	2.财务数字化平台财务业务处理	2.5 其他业务智能处理	2.5.5 能在财务数字化平台上完成企业总账与业务系统对账，若对账不平找出原因并进行调整，保证总账与业务账的一致性。
					2.5.6 能在财务数字化平台上进行会计期末业务处理，依据业务需要正确设置期末业务处理的规则和模板，完成期末损益类科目的计算与结转，并生成结转凭证。
项目十二 UFO报表管理	任务一　自定义报表 任务二　利用报表模板生成报表	财务数字化应用（初级）	5.企业财务报表编制	5.1 资产负债表编制	5.1.2 能根据《企业会计准则》，在财务数字化平台上进行企业资产负债表的编制，满足企业财务报告对外报送的要求。
					5.1.4 能在财务数字化平台上完成资产负债表的导出，以便提供给相应的人员使用及进行报表披露。
				5.2 利润表编制	5.2.2 能根据《企业会计准则》，在财务数字化平台上进行企业利润表的编制，满足企业财务报告对外报送的要求。
					5.2.4 能在财务数字化平台上完成利润表的导出，以便提供给相应的人员使用及进行报表披露。

项目一

会计信息系统整体认知

知识目标

通过本项目的学习，了解会计信息化的发展历程和发展趋势；了解会计信息系统的构建与特征，理解会计数据也是生产要素之一；理解会计信息系统应用的构建原则。

技能目标

通过本项目的学习，能够为本单位开展会计信息化工作选择合适的会计信息系统应用方案。

素养目标

通过对信息认识能力和信息使用能力的双重培养，提高学生的基本信息素养。通过会计信息系统搭建，培养学生的系统观和整体意识。

项目导图

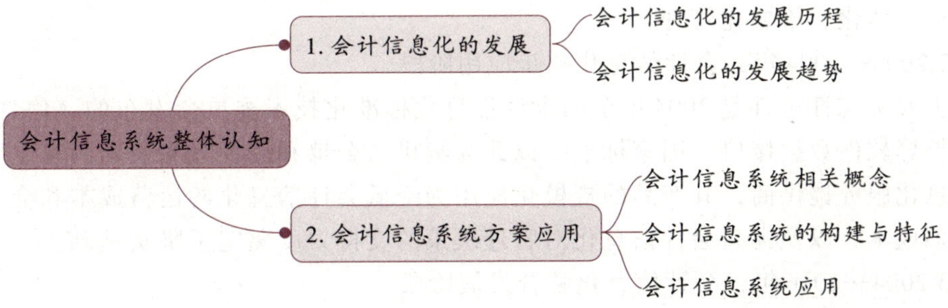

任务一　了解会计信息化的发展

一、会计信息化的发展历程

会计信息化肇始于降低会计从业人员劳动强度这一初始目标，最初也被称为“会计电算化”，即用电子计算机代替传统的算盘，以期大幅降低会计的重复计算工作量。通常认为，我国会计信息化进程大致分为四个阶段。

（一）1979—1998年，会计电算化阶段

1979年，财政部决定将计算机应用于会计的工作在长春“一汽”试点。1981年，中国会计学会召开“财务、会计、成本应用电子计算机专题讨论会”，总结“一汽”试点经验，并在会上提出“会计电算化”一词，将计算机在会计工作中的应用称之为“会计电算化”，并解释为“由计算机代替人工记账、算账、报账，并能部分替代人脑完成会计信息的分析和判断的过程。”我国会计电算化先后经历了研制试点（1979—1983年）、自发发展（1983—1987年）和稳步发展（1988—1998年）三个阶段。

（二）1998—2016年，会计信息化阶段

1.1998—2000年，会计信息化产生阶段

此阶段时间虽短，却十分关键。中国软件行业协会财务及企业管理软件分会在1998年召开了“向ERP进军”发布会，改变了商品化会计软件的功能以会计核算为主的局面，管理型软件开始受到企业的关注。1999年4月，深圳举办“新形势下会计软件市场管理研讨会暨会计信息化理论专家座谈会”，首次提出会计信息化概念，标志着信息技术的运用不再是简单地模拟、替代手工记账，而是通过以财务为中心的企业资源计划（Enterprise Resource Planning，ERP）系统对企业的资金流、物流和信息流进行一体化、集成化管理。

2.2000—2004年，会计信息化初步应用阶段

主要标志性事件是2004年全国审计信息化标准化技术委员会发布的《信息技术、会计核算软件数据接口》国家标准。以此为契机，金蝶和用友成为我国两家主要的会计信息化服务提供商，其产品的规模化应用为降低会计信息化的运营成本和会计人员的培训成本，以及提高会计信息化对管理决策的支持力度奠定了坚实基础。

3.2004—2016年，会计信息化整合发展阶段

在这一阶段，会计信息化不断与企业管理系统整合，并最终成为ERP系统不可分割的有机组成部分。与此同时，财政部等有关部门根据这一阶段会计信息化的特点和需要，制定和颁布了一系列规章和行业标准。其中，比较典型的包括2009年4月财政部颁发的《关于全面推进我国会计信息化工作的指导意见》、2010年国家标准化管理委员会和财政部发布的可扩展商业报告语言（XBRL）系列国家标准和企业会计准则通用分类标准，以及2014年国资委印发的《2014版国资委财务监管报表XBRL扩展分类标准》等。

（三）2016年至今，会计智能化阶段

随着云计算、物联网、大数据等新一代信息技术在社会经济发展中的广泛应用，

会计智能化成为会计信息化发展的重要方向。德勤会计师事务所2016年宣布将人工智能引入会计、税务、审计等工作中，随后以“四大”为代表的会计师事务所和以金蝶、用友、元年为代表的软件公司也纷纷推出了自己的财务机器人方案，加速了我国会计信息化向智能化方向发展的进程。

观察以上会计信息化发展脉络可发现，我国会计信息化进程一直存在两条主线，一条主线是企业将会计信息与管理信息系统紧密整合的现实管理需求，近两年出现的财务机器人（RPA）、财务共享中心等更显著地体现了企业对高效率、自动化会计信息处理的强烈需求；另一条主线是监管部门运用会计信息化技术对相关企业（如上市公司、大型国企）的财务报表进行管理，并运用这些会计信息化技术推动相关企业自身会计信息化发展的进一步提升，包括采用XBRL、大数据及人工智能等。

二、会计信息化的发展趋势

突破“计算机+控制模板”的会计信息化模式，构建“网络+数据挖掘”的会计互联网智能发展新模式，成为会计信息化未来发展的重点。未来的会计核算、信息生成、数字签名、电子发票、移动审批、纳税申报等日常工作，将建立物理世界、会计人员与信息空间的有效联接方式，形成现场与远程相互结合的模式。在此基础上，构建智能化会计信息平台，建立业财一体化信息系统，实现业务财务、内部外部的数据集成，推动数据基础上的管理决策智能化。具体表现为：

（一）处理全程自动化

从财务会计的视角来看，虽然当今记账凭证到财务报告的流程基本上已经实现了自动化，然而从原始凭证到记账凭证的流程、从财务报告到财务分析报告的流程并没有实现完全的自动化。从本质上讲，所谓的处理全程自动化就应该是从原始凭证到财务分析报告的全程自动化，这将是会计信息化未来发展的一大趋势。

（二）处理平台云端化

云端是指使用应用程序虚拟化技术的一款软件平台，其主要的功能包含搜索、管理、下载、备份、使用等。平日我们使用的各种软件都可以通过该平台封装在独立的虚拟化环境当中，如此便可以使应用软件不与系统产生耦合。为使会计工作能够高效、安全地进行，云平台处理将是不二之选。

（三）操作终端移动化

以前都是在机房里使用固定终端或者PC机、笔记本等处理财务事务，未来的发展中完全可以将财务事务转移到手机甚至可以智能穿戴的设备当中。然而由于不同的终端在运用同一套软件的时候，很可能存在应用软件的兼容性、硬件的兼容性、系统的兼容性以及数据库与安全性等方面的问题，因此，在会计信息化的未来发展当中应该慎重考虑这些问题。

（四）业财深度一体化

业财一体化是指将企业经营中的财务会计流程、业务流程以及管理流程进行有机融合，在流程设计中引入计算机的“事件驱动”概念，构建基于业务事件驱动的财务一体化信息处理流程，将业务与财务数据融为一体。尽管现在ERP已经是业财一体化，但本质上财务凭证与报表是各自为政，并没有实现深度融合，特别是其中的管理

学思践悟 1-1

学规划
早筹划

任务测试 1-1

会计信息化的发展

制度与流程都没有做到融合，这些将是会计信息化以后需要完善的方向。

会计的发展沿着手工做账、电算化、信息化，最终发展至智能化，总体上从属于工业4.0大潮流背景下的行业发展，其发展速度之快、目标之宏大，堪称会计行业百年未有之大变局。虽然目前的信息化技术仍然以静态记录储存为主，大数据、移动互联、人工智能、云计算、数据挖掘等新兴技术，尚未在会计领域形成大规模有效应用，还需要对会计方法进行彻底变革创新，拓展会计信息化的空间范围，突破会计信息化的时间限制，将成熟的现代信息技术嵌入会计方法体系，但是从长远来看，人工智能的大规模应用终将深刻改变企业的运作模式，会计信息化与会计智能化深度融合，并最终升级为会计智能化信息平台，会计信息的生成、传送与列报及分析等，将体现出高效率、高可信度、高智能化的特点。

任务二 会计信息系统方案应用

一、会计信息系统相关概念

（一）会计数据与会计信息

会计数据是指对会计事务进行观察及计量所记录的可鉴别的符号。会计信息则是经传递的、可被使用者理解并对用户有意义和有用的数据。如果说数据是原料，那么信息可看成是经加工后的成品，二者在加工过程中相互转换。

《会计改革与发展“十四五”规划纲要》和《会计信息化发展规划（2021—2025年）》提出，随着数字经济和数字社会的发展，数据已经成为五大生产要素之一。会计数据要素是单位经营管理的重要资源。通过将零散的、非结构化的会计数据转变为聚合的、结构化的会计数据要素，进一步提升会计数据要素服务单位价值创造的能力是会计数字化转型面临的主要挑战。与此同时，随着网络环境下会计数据在单位内部、各单位之间共享和使用，会计数据传输、存储等环节存在数据泄露、篡改及损毁的风险，会计数据安全风险不断上升，需要采取有效的防范措施。

（二）会计信息系统

会计信息系统（Accounting Information System，AIS）是指组织与处理会计业务并为用户提供会计信息的一种信息系统。手工会计和电算化会计都形成各自的信息系统，其中电算化的会计信息系统（Electronic Data Processing Accounting，EDPA）是管理信息系统的一个子系统，它是以电子计算机网络和现代信息技术为基础，以人为主导，充分利用计算机硬件、软件、网络通信设备及其他办公设备，进行企事业单位会计业务数据的收集、存储、传输和加工，输出会计信息，并将其反馈给各有关部门，为企业的经营活动和决策活动提供帮助，为投资者、债权人、政府部门提供财务信息的系统。下文所称会计信息系统指电算化的会计信息系统。

二、会计信息系统的构建与特征

（一）会计信息系统的构建

会计信息系统构建需要从硬件、软件、人员和制度四个方面进行。

1.硬件

硬件是系统中所有固定装置的总称。它是系统工作的物质基础。硬件设备通常包括输入设备、输出设备、处理设备、存储设备、网络通信设备等。

输入设备是指向存储器输入各种信息（程序、文字、数字、图像）的设备，如键盘、鼠标、扫描仪、条形码输入器等。输出设备是指用来输出计算机处理结果的设备，如显示器（CRT显示器、液晶显示器）、打印机（针式、喷墨、激光）等。处理设备是指运算器和控制器，集成在一起称为中央处理器，即CPU（Central Processing Unit），其是系统的心脏。存储设备是具有记忆能力的部件，分内存储器和外存储器。内存储器容量小，存放急需处理的数据和程序，可分为RAM和ROM。外存储器容量大，信息数据多存放在此，如磁盘、光盘、U盘和移动硬盘。网络通信设备是将上述各部件联系起来在CPU管理下完成工作的设施。

2.软件

会计信息系统的软件包括系统软件和应用软件。系统软件主要包括操作系统，如Windows操作系统、语言加工系统和数据库管理系统，如Access、SQL Server、Oracle等。不同会计信息系统软件开发选用的数据库很可能不同，所以用户在选择数据库时要与选择的会计软件相匹配，以免因数据库功能不同而影响系统正常运行。

会计信息系统软件的配备方式通常包括购买商品化软件、定点开发软件和二次开发软件几种形式，其中购买商品化软件因见效快、费用少、质量高、维护有保障等优势成为目前配置的主要形式。在购买商品化软件时，需要考虑软件是否安全可靠、软件的实用性和先进性、软件公司的信誉和售后服务情况、软件的价格等因素。

3.人员

会计信息系统人员一般指从事系统研制开发、使用和维护的人员。这些人员一般可分为两类，一类是系统开发人员，另一类是系统使用人员。会计信息系统中这些人员的工作岗位通常分为以下几类：

（1）信息化主管：负责协调会计信息系统的运行工作，要求具备会计和计算机知识，以及相关的会计信息化组织管理经验。信息化主管可由会计主管兼任。

（2）软件操作员：负责原始凭证和记账凭证等会计数据的输入，各种记账凭证、账簿、会计报表的输出及部分会计数据的处理，要求具备会计软件操作知识。

（3）审核记账员：负责对系统中会计数据进行审核，操作会计软件登记账簿，对打印输出的账簿、报表进行确认。该岗位要求具备会计职业判断能力和计算机知识，可以由会计主管兼任。

（4）系统维护员：负责保证系统内硬件、软件的正常运行，管理机内会计数据。该岗位要求具备计算机和会计知识。

（5）数据分析员：负责对系统内的会计数据进行分析。该岗位可由会计主管兼任。

4.制度

制度是指与会计信息系统有关的各种法令、条例及规章制度，主要包括政府为加强会计信息管理出台的各项法令、条例，以及确保系统正常运转的各项规定，如数据准备说明书，会计信息系统操作说明，机房管理制度，会计信息系统岗位分工制度，操作管理制度，硬、软件和数据管理制度，会计档案管理制度等。

（二）会计信息系统的特征

会计信息系统具有以下几个方面的特征：

1.及时性与准确性

以计算机为工具的会计信息系统，数据处理更及时、准确。计算机运算速度的优势决定了其对会计数据的分类、汇总、计算、传递及报告等处理几乎是在瞬间完成的，并且计算机处理通过程序识别可以避免手工处理出现的错误，手工条件下不易完成的如存货收发、固定资产折旧计提、工资分摊等繁杂业务，计算机可以更准确、更快捷地完成。

2.集中化与自动化

电算化会计信息系统各种核算工作都由计算机集中处理。在网络环境中信息可以被不同用户共享，数据处理更具有集中化的特点，集团公司建设的财务共享服务中心作为一种新的会计组织形式，具有更明显的集中化特征。随着财务机器人在会计信息系统中的进一步运用，人工干预将更少，会计信息系统自动化程度将更高。

3.人机结合

人员是会计信息系统中最重要的要素，不仅要进行日常的业务处理，还要进行系统故障的排除。会计输入、处理及输出是手工处理和计算机处理两方面的有机结合。有关原始资料的收集是确保会计信息质量的关键性环节，原始数据目前多半为手工收集，经人工职业判断输入计算机，由计算机按照一定指令进行数据加工，再将处理的信息通过一定的方式加以存储和输出。

4.严格的内部控制

以计算机为工具的会计信息系统，内部控制制度有了变化，新的内部控制制度更加强调手工与计算机结合的控制形式，控制要求更高，控制内容更广泛，控制手段也更先进。

三、会计信息系统应用

（一）系统介绍

本教材所依托的用友ERP-U8软件可以提供财务管理、供应链管理、生产制造管理、客户关系管理、人力资源管理、办公自动化和商业智能等集成化功能。本教材涉及的用友ERP-U8软件财务管理系统包括总账管理、固定资产管理、薪资管理、应付款管理、应收款管理和UFO报表管理系统，用友ERP-U8软件供应链管理系统包括采购管理、销售管理、采购管理、库存管理、存货核算系统。各系统主要功能如下：

1.总账管理系统

总账管理系统又称账务处理系统、总账系统，主要完成从记账凭证输入到记账、从记账到账簿输出等账务处理工作。总账管理系统是会计信息系统中的核心子系统，它与其他子系统之间有着大量的数据传递关系。总账管理系统的主要功能包括初始设置、凭证管理、出纳管理、账簿管理以及期末处理等。

总账管理系统可分为三个阶段：初始设置、日常业务处理和期末处理。总账管理系统功能具体如图1-2-1所示。

图1-2-1　总账管理系统功能

总账管理系统与其他子系统的关系：

（1）总账管理系统与企业门户共享基础数据。总账管理系统中所需数据既可在企业门户中录入，也可在总账管理系统中自行录入，最终由各子系统共享。

（2）总账管理系统接收薪资管理、固定资产管理、应收款管理、应付款管理、成本管理、资金管理、存货核算等子系统生成的凭证，并在总账管理系统中审核记账。

（3）总账管理系统向UFO报表、决策支持、财务分析等子系统提供会计数据，供其生成会计报表和其他财务分析表。

2.固定资产管理系统

固定资产管理系统的功能主要包括：

（1）管理固定资产卡片：增加、删除、修改、查询、统计和汇总。

（2）处理固定资产的增减变动业务。

（3）计提折旧，计算净值：自动计提折旧和生成分配表，并进行输出。

（4）自动转账：根据固定资产折旧分配表，自动编制机制凭证，并自动传递到总账管理系统和成本管理系统。

固定资产管理系统功能具体如图1-2-2所示。

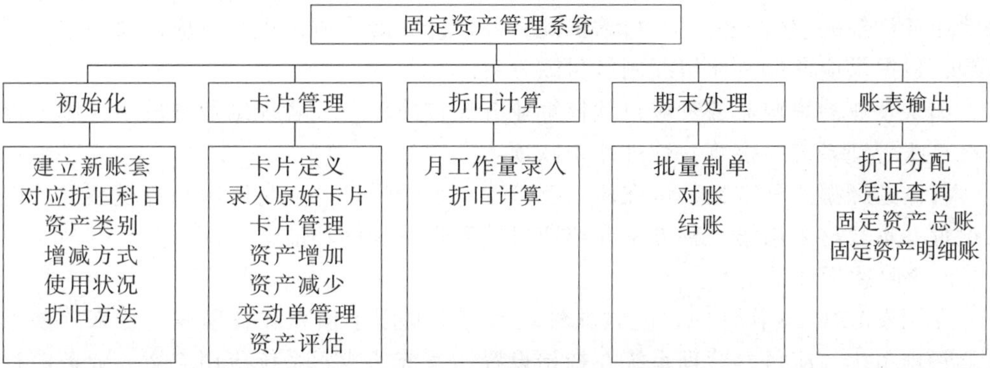

图1-2-2　固定资产管理系统功能

3.薪资管理系统

薪资管理系统的功能主要包括：

（1）及时准确地输入有关的原始数据。

（2）及时处理职工调动及工资调整数据。

（3）正确计算各项工资及代扣款项，为发放工资提供依据。

（4）汇总工资数据，并输出各种汇总表。

（5）进行工资和职工福利费的分配，并生成凭证传递到总账。

（6）按规定比例计提以工资为计提依据的各项费用，并生成凭证。

（7）正确计算并代扣个人所得税。

（8）提供工资统计分析数据。

薪资管理系统功能具体如图1-2-3所示。

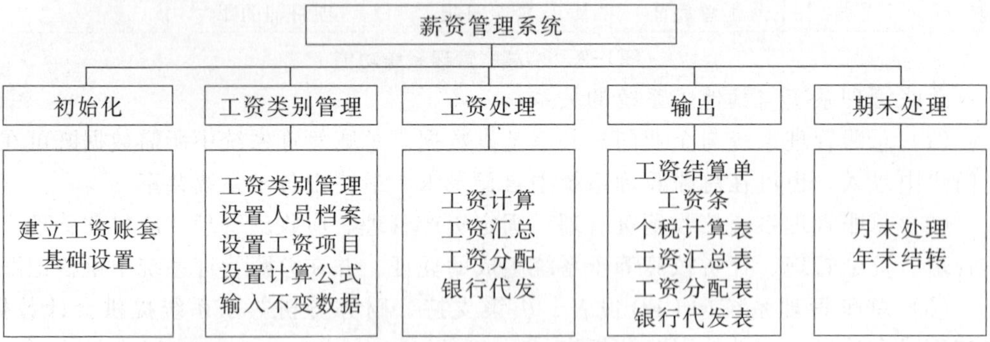

图1-2-3 薪资管理系统功能

4.应付款管理系统

应付款管理系统通过发票、其他应付单、付款单等单据的录入，对企业的往来账款进行综合管理，及时、准确地提供与供应商往来账款的余额资料，提供各种分析报表，帮助企业合理进行资金调配，提高资金的利用效率。

如果企业的采购业务及应付款业务繁多，需要追踪每一笔业务的应付款、付款等情况，或者需要将应付款核算到产品一级，则可以选择该方案，即在应付款管理系统中核算并管理往来供应商的款项。在该方案下，所有的供应商往来凭证全部由应付款管理系统生成，其他系统不再生成这类凭证。该方案能够帮助企业了解每一个供应商每笔业务详细的应付款情况、付款情况，并进行账龄分析，进行供应商及往来款项的管理，根据供应商的具体情况制订付款方案。

如果企业的采购业务及应付款核算业务比较简单，或者现结业务较多，则可以选择在总账管理系统中核算并管理往来款项。

具体选择哪一种方案，可在应付款管理系统中通过“应付账款核算模型”功能进行设置。本教材采用第一种方案介绍应付款管理系统的功能。

5.应收款管理系统

在用友ERP U8软件中，应收款管理系统主要用于核算和管理客户往来款项。应收款管理系统与应付款管理系统在初始设置、系统功能、系统应用方案、业务流程上都极为相似。因此，本教材在对应收款管理系统各业务内容进行描述时会简略与应付款管理系统相同的内容。

应收款管理系统以发票、运费单、其他应收单等原始单据为依据，记录销售业务及其他业务形成的往来款项，处理应收款项的收回及坏账、转账等情况，同时提供票据处理功能。

应收款管理系统根据对客户往来款项核算和管理程度的不同，提供了应收款详细核算和简单核算两种方案。

如果企业的应收款核算管理内容比较复杂，需要追踪每笔业务的应收款、收款等情况，或者需要将应收款核算到产品级，则可以选择详细核算方案。在该方案下，所有往来凭证全部由应收款管理系统生成，其他系统不再生成这类凭证。如果企业的应收款业务比较简单，或者现销业务很多，则可以选择在总账管理系统中核算并管理往来款项，选择简单核算方案。

6.采购管理系统

用友ERP U8软件通过普通采购、直运采购、受托代销采购等采购流程对不同的采购业务进行有效控制和管理，以便帮助企业降低采购成本，提升竞争力。采购管理系统的主要功能包括：

（1）采购管理系统初始设置。该项功能主要包括设置采购管理系统业务处理所需要的各种参数、基础信息及采购期初数据。

（2）采购业务处理。该项功能主要包括对请购、订货、入库、采购发票、采购结算等业务全过程的管理。企业可根据实际业务情况，对采购业务处理流程进行设置。

（3）采购账簿及采购分析。系统可以提供采购明细表、增值税抵扣明细表、各种统计表及采购账簿供用户查询。同时提供采购成本分析、供应商价格对比分析、采购类型结构分析、采购资金比重分析、采购费用分析、采购货龄综合分析。

7.销售管理系统

销售管理系统主要提供对企业销售业务全流程的管理。该系统可以处理普通销售、委托代销、直运销售、分期收款销售、销售调拨及零售等业务类型。用户可以根据实际情况构建自己的销售管理平台。销售管理系统的主要功能包括：

（1）销售管理系统初始设置。该项功能主要包括设置销售管理系统业务处理所需要的各种参数、基础信息及销售期初数据。

（2）销售业务处理。该项功能主要包括处理销售报价、销售订货、销售发货、销售调拨、销售退回、发货折扣、委托代销、零售业务等，并根据审核后的发票或发货单自动生成销售出库单，处理随同货物销售所发生的各种代垫费用，以及在货物销售过程中发生的各种销售支出。

（3）销售账簿及销售分析。系统可以提供销售明细账、销售明细表及各种统计表。销售管理系统还提供各种销售分析及综合查询统计分析信息。

8.库存管理系统

库存管理是在物流过程中对商品数量的管理，它接收采购部门从供应商那里采购来的材料或商品，并且管理着生产的领料、销售的出库等。库存管理系统可以单独使用，也可以与采购管理、销售管理、物料需求计划、存货核算等子系统集成使用。库存管理系统的主要功能包括：

（1）日常收发存业务处理。该项功能主要包括对采购管理系统、销售管理系统及库存管理系统填制的各种出入库单据进行审核，并对存货的出入库数量进行管理。除管理采购业务、销售业务形成的入库和出库业务外，还可以处理仓库间的调拨业务、盘点业务、组装拆卸业务、形态转换业务等。

（2）库存控制。系统支持批次跟踪、保质期管理、委托代销商品管理、不合格商品管理、现存量（可用量）管理、安全库存管理，对超储、短缺、呆滞积压、超额领料等情况进行报警。

（3）库存账簿及统计分析。系统可以提供出入库流水账、库存台账、受托代销商品备查簿、委托代销商品备查簿、呆滞积压存货备查簿供用户查询，同时提供各种统计汇总表。

9.存货核算系统

存货核算系统主要针对企业存货的收发存业务进行核算，掌握存货的耗用情况，及时准确地把各类存货成本归集到各成本项目和成本对象上，为企业的成本核算提供基础数据。存货核算系统的主要功能包括：

（1）出入库业务处理。入库业务包括采购入库、产成品入库和其他入库；出库业务包括销售出库、材料出库和其他出库。存货核算系统可以修改出、入库单据上的单价和金额。

（2）单据记账与调整。该项功能包括将所输入的各种出入库单据记入存货明细账、差异明细账、受托代销商品明细账，当发现出入库单据金额有问题时进行及时调整。

（3）暂估处理。存货核算系统对采购暂估入库业务提供了月初回冲、单到回冲、单到补差三种处理方式。

（4）凭证处理。根据各种出入库单据中涉及存货增减和价值变动的单据生成凭证并传递到总账。

（5）存货账簿及统计分析。存货核算系统提供了存货明细账、出入库流水账、出入库汇总表、差异分摊表、收发存汇总表、暂估材料余额分析等多种统计账表及统计分析。

10.UFO报表管理系统

UFO报表管理系统的功能主要包括：

（1）文件管理功能。UFO报表管理系统提供了创建新文件、打开已有的文件、保存文件、备份文件等管理功能，并且能进行不同文件格式的转换，如转换为Excel格式。

（2）格式管理功能。UFO报表管理系统提供了丰富的格式设计功能，如调整报表尺寸、画表格线、调整行高及列宽、设置字体及颜色等，并且内置了11种套用格式和17个行业的报表模板，实现轻松制表。

（3）数据处理功能。UFO报表管理系统以固定的格式管理大量不同的表页。它能将99999张具有相同格式的报表资料统一在一个报表文件中管理，它提供了排序、审核、舍位平衡、汇总等功能；提供了绝对单元公式和相对单元公式，可以方便地定义公式；提供了多种函数，可以从多方取数，自动生成报表。

（4）图形功能。UFO报表管理系统提供了很强的图形分析功能，可以很方便地进行图形数据组织，制作包括直方图、立方图、圆形饼等10种图式的分析图形，可以编辑图形的位置、大小、标题、字体等。

（5）打印功能。报表和图形以及插入的对象都可以打印输出，并提供“打印预览”功能，可以随时观看报表和图形的打印效果。

（6）二次开发功能。UFO报表管理系统提供了批处理命令和功能菜单，可将有规律性的操作过程编制成批处理文件，进一步利用功能菜单开发出适合本单位实际情况的专用系统。

（7）报表模板功能。UFO报表管理系统提供了21个行业的标准财务报表，同时提供自定义模板功能。

UFO报表管理系统功能具体如图1-2-4所示。

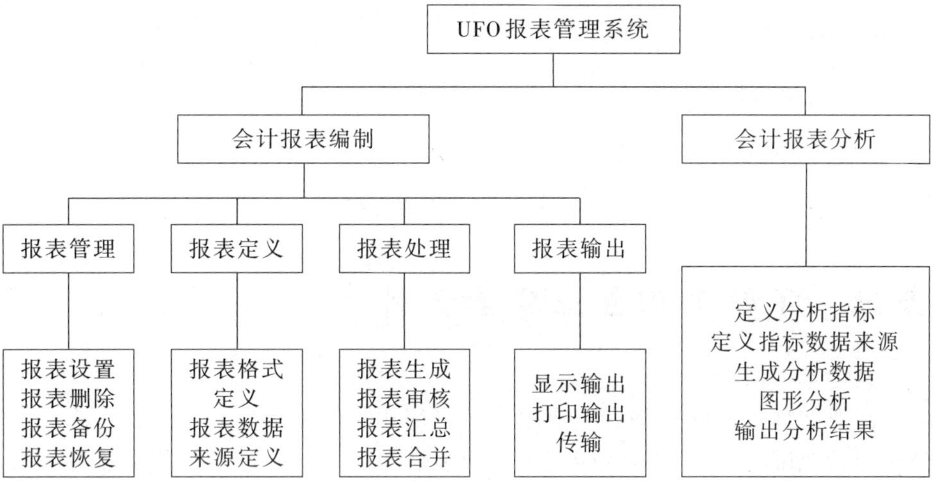

图1-2-4 UFO报表管理系统功能

（二）财务业务一体化应用方案

财务业务一体化应用是指用户将包含总账管理、UFO报表管理、应收款管理、应付款管理、薪资管理、固定资产管理的财务管理系统和包含采购管理、销售管理、库存管理、存货核算的供应链管理系统集成应用，并且业务系统可以自动生成财务系统对应的单据及凭证的应用模式。在财务业务一体化应用方案下，各模块间通过单据、凭证传递大量的财务和业务数据，为企业信息化管理提供了广泛的决策依据。

财务业务一体化应用的关键是业务单据在业务流程经过的各系统中自动生成，同时业务单据可以自动生成对应的财务凭证。比如，根据采购订单生成库存管理系统的采购入库单，根据采购入库单生成与采购到货对应的总账凭证；根据采购订单生成采购发票，根据采购发票记入应付明细账，根据采购发票生成总账凭证等。又比如，根据销售订单生成库存管理系统的销售出库单，根据销售出库单生成与销售出库对应的总账凭证；根据销售订单生成销售发票，根据销售发票记入应收明细账，根据销售发票生成总账凭证等。各系统关系图具体如图1-2-5所示。

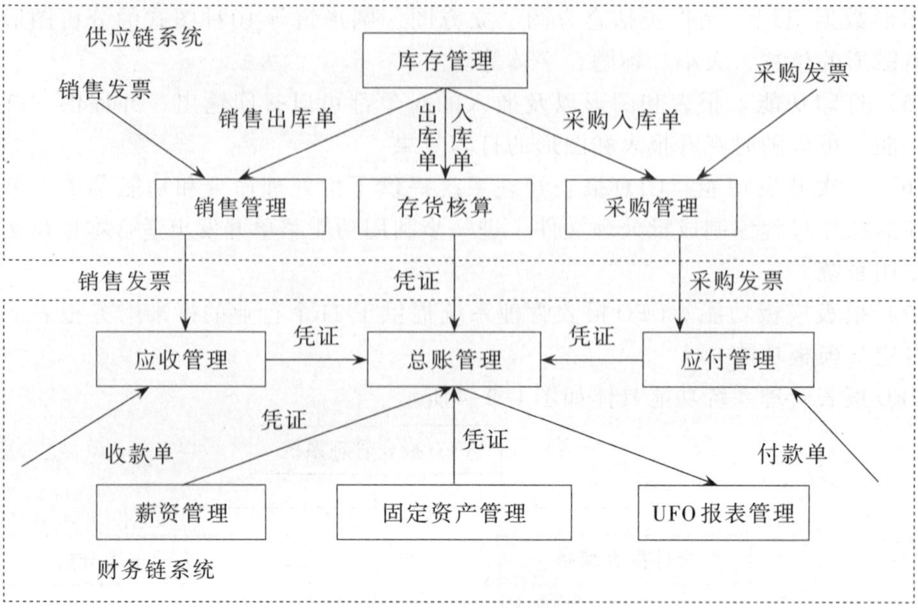

图1-2-5 各系统关系图

学思践悟1-2

数字经济时代，信息素养很重要

任务测试1-2

会计信息系统方案应用

任务三 了解案例企业背景资料

一、企业基本情况

公司注册名称：武汉爱华商贸有限公司（简称武汉爱华）

公司经营范围：专门从事智能门锁、智能音箱、智能台灯、智能体脂秤、智能车载摄像头、智能手环、智能蓝牙耳机等智能家居家电的零售及批发的商贸企业。

公司统一社会信用代码：91420111736919053T

公司地址：武汉市洪山区白沙洲大道199号

公司开户银行：中国工商银行武汉市白沙洲支行

基本存款账户：3202 0009 8095 2678 127

公司法人代表：李卫国

联系电话：027-88750000

电子邮件：whah@126.com

主管税务局：国家税务总局武汉市洪山区税务局

二、会计信息系统应用方案

武汉爱华商贸有限公司于2022年1月起，按业财一体化思路启用用友ERP U8软件，具体启用子系统包括总账管理、应收款管理、应付款管理、固定资产管理、薪资管理、采购管理、销售管理、库存管理、存货核算及UFO报表管理系统。

三、相关会计政策

1.公司以人民币作为记账本位币。

2.会计凭证基本规定。

公司采用记账凭证。填制或生成记账凭证均由指定的会计人员操作，含有“库存现金”和“银行存款”科目的记账凭证均需出纳签字。对已记账凭证的修改，采用红字冲销法。为保证财务与业务数据的一致性，能在业务系统生成的记账凭证不得在总账系统直接填制。无特别要求，在业务发生当日，收到发票并支付款项的业务使用现付功能处理，开出发票同时收到款项的业务使用现结功能处理。

3.辅助核算要求。

日记账：库存现金、银行存款/工行存款。

银行账：银行存款/工行存款。

客户往来：应收票据、应收账款。

供应商往来：应付票据、应付账款/一般应付账款、应付账款/暂估应付账款、预付账款。

个人往来：其他应收款/个人往来。

数量核算：库存商品。

4.货币资金业务的处理。

公司采用的结算方式包括现金、支票、商业汇票、网银转账、委托收款等。系统中没有对应结算方式时，结算方式为“其他”。

5.薪酬业务的处理。

根据现行个人所得税法律制度的规定，公司预扣预缴个人所得税，其费用扣除标准为5 000元/月。假定公司员工除工资外，当年未取得劳务报酬所得、稿酬所得和特许权使用费所得。假定公司员工除享受子女教育、赡养老人两项专项附加扣除外，无其他专项附加扣除事项。

公司按有关规定计算缴纳社会保险费和住房公积金。社会保险及住房公积金缴存基数为职工本人上一年度月平均工资（年收入总额÷12个月）。社会保险及住房公积金计提比例见表1-3-1。

表1-3-1 社会保险及住房公积金计提比例

项目	企业承担（%）	个人承担（%）	小计（%）
医疗保险	8.7	2	10.7
工伤保险	0.3		0.3
基本养老保险	16	8	24
失业保险	0.7	0.3	1
小计	25.7	10.3	36
住房公积金	8	8	16
合计	33.7	18.3	52

社会保险及住房公积金当月计提，次月缴纳。根据国家有关规定，公司代扣由个人承担的社会保险、住房公积金。

公司职工福利费和职工教育经费不预提，按实际发生金额列支。工会经费按应付工资总额的2%计提。

由公司预扣预缴的个人所得税通过“应交税费”账户进行核算。职工个人负担的社会保险费及住房公积金通过“其他应付款”账户进行核算。工资分摊制单时勾选“合并科目相同、辅助项相同的分录”。

6.固定资产业务的处理。

公司固定资产包括房屋及建筑物、运输设备、电子设备及办公家具，均为在用状态；采用平均年限法（一）按月计提折旧；同期增加多个固定资产时，不采用合并制单。

7.存货业务的处理。

公司存货主要为购进商品，按存货分类进行存放。各类存货按照实际成本核算，采用永续盘存制；发出存货成本采用“移动平均法”按仓库进行核算，普通采购业务入库存货对方科目全部使用“在途物资”科目，委托代销成本核算方式按“发出商品”核算。同一批出库或入库业务生成一张凭证；采购、销售必有订单，订单号为合同号，到货必有到货单，发货必有发货单，存货按业务发生日期逐笔记账并制单，暂估业务除外。

存货核算制单时普通业务不允许勾选“已结算采购入库单自动选择全部结算单上单据（包括入库单、发票、付款单)，非本月采购入库单按蓝字报销单制单”选项。

8.税费的处理。

公司为增值税一般纳税人，增值税税率为13%，按月缴纳，按当期应交增值税的7%计算城市维护建设税，按3%计算教育费附加，按2%计算地方教育附加。公司当期取得的增值税专用发票，按照现行增值税制度规定当期准予抵扣的，均已认证且于当期一次性抵扣。

企业所得税税率为25%，按月计提，按季预缴，全年汇算清缴。企业所得税会计采用资产负债表债务法。交纳税费按银行开具的原始凭证编制记账凭证。

9.财产清查的处理。

公司每年年末对存货及固定资产进行清查，根据盘点结果编制“盘点表”，并与账面数据进行比较，由相关管理员审核后进行处理。(月末视同年末)

10.坏账损失的处理。

除应收账款外，其他的应收款项不计提坏账准备。每年年末，按应收账款余额百分比法计提坏账准备，提取比例为0.5%。(月末视同年末)

11.利润分配。

根据公司章程，公司税后利润按以下顺序及规定分配：（1）弥补亏损；（2）按10%提取法定盈余公积；（3）按30%向投资者分配利润。(月末视同年末)

12.损益类账户的结转。

每月末将各损益类账户余额转入本年利润账户，结转时按收入和支出分别生成记账凭证。

项目二

系统管理

知识目标

通过本项目的学习，了解系统管理模块的主要功能；了解用友ERP U8软件系统用户和权限种类；了解账套数据备份的两种方式；理解财务分工的意义；理解系统管理模块在整个会计信息系统中的意义。

技能目标

通过本项目实训，掌握用友ERP U8软件用户设置、账套建立与参数修改、用户权限设置和账套数据输出、引入的操作技能。

素养目标

帮助学生初步树立会计信息保密意识和设备安全、数据安全意识；建立会计信息系统应用的岗位责任意识和分工协作的集体意识。

项目导图

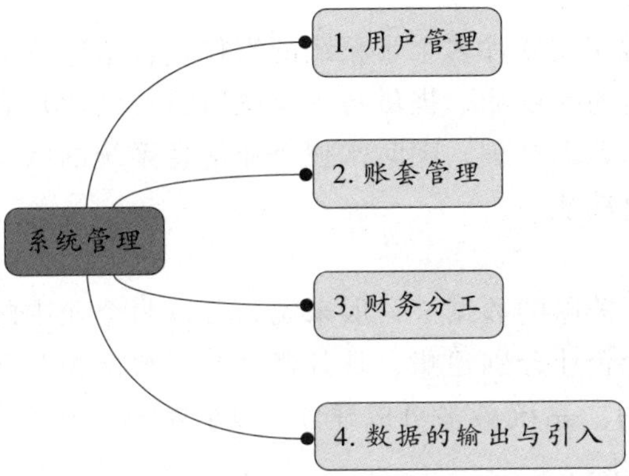

任务一 用户管理

任务资料

用户资料（见表2-1-1）。

表2-1-1 用户资料

编号	姓名	口令
001	张明	1
002	李伟	2
003	王刚	3
004	赵亮	4
005	周军	5
006	刘云	6

任务要求

1.根据所给资料，进行增加用户操作。

2.选择某一用户进行删除操作，然后重新添加该用户。

知识导航

重难点微课 2-1

系统管理平台介绍

用友ERP U8软件管理系统由多个子系统组成，各子系统既相互独立，又彼此联系，共同服务于企业的财务管理业务。各子系统共享基础信息和基础数据库，可以完整地实现企业财务管理工作。

系统管理是一个对用友软件多个子系统的操作进行集中管理的控制平台，它为各子系统提供公共的账套与年度账，提供各子系统所需要的用户和权限，便于对各子系统进行统一操作管理和数据维护，随时掌握企业信息系统的状态。

一、系统管理主要功能

（一）账套管理

账套是指一组相互关联的数据。一般来说，可以为企业中的每个独立核算单位建立账套，也可以为多个企业分别建账，且各账套之间数据相互独立，互不影响，使资源得以最大程度地利用。系统最多可以建立999个账套。账套管理包括账套的建立、修改、引入、输出和删除。

（二）年度账管理

在用友ERP U8软件中，不仅可以为不同企业（部门）建立多个账套，每个账套中还可以存放不同年度的会计数据，称为年度账。年度账的管理包括建立、引入、输出、清空年度数据和结转上年数据。

（三）用户及权限的集中管理

为了保证系统及数据的安全与保密，系统管理提供了用户及权限的集中管理功能。通过对不同用户的分工和权限管理，一方面可以避免与业务无关的人员进入系统，另一方面可以对系统所包含的各子系统的操作进行协调，以保证各负其责，分工明确。用户及权限管理主要包括设置用户、定义角色及设置用户权限。

（四）设立统一的安全机制

在系统管理中，为了保证系统及数据的安全与保密，系统管理还提供了查看功能列表、上机日志、设置数据自动备份等安全机制，并可以适时进行异常任务的清除和单据锁定清除。

二、系统管理员与账套主管

用友 ERP U8软件只允许以两种身份注册进入系统管理，一是以系统管理员的身份，二是以账套主管的身份。二者的权限是有区别的。

系统管理员负责整个系统的管理和维护工作，其是系统本身预定的用户，名为admin。系统管理员可以建立、删除、引入和输出账套，设置用户、角色及其权限，进行备份计划设置，监控系统运行过程及清除异常任务等。系统管理员只能进入系统管理模块，不能进入到具体账套的企业应用平台进行业务操作。

账套主管具有指定账套的所有权限，可进行账套参数的修改和账套的管理（包括年度账），并对该账套的用户权限进行设置。账套主管既可以进入系统管理模块，也可以登录企业应用平台，进入所主管的账套进行业务操作。

三、角色与用户管理

角色是指在企业管理中拥有某一类职能的组织，角色可以理解为岗位（或职位）的名称（如会计主管和出纳），对于公司管理而言，职员之间岗位的变动是经常发生的。当职员（用户）的岗位发生变动时，重新给他们分配权限会很烦琐，可以预先在系统中给不同角色设置好权限，之后设置用户时，只要指定用户所归属的角色，该用户就会自动继承相应角色的权限。

用户可以理解为具体的操作人员，因此用户也称为操作员。用友软件的用户根据其权限不同可分为以下三类：

（一）系统管理员

即admin，系统预设，不能删除，具有系统管理相关权限。

（二）账套主管

由admin在建账时从普通用户中指定，或对某用户赋予账套主管权限，具有所辖账套的最高权限，可以进行所辖账套的任何业务操作。

（三）普通用户

由admin增加，由admin或账套主管赋予其某子系统的具体操作权限，只能对有权限操作的业务进行处理。

用友软件中可以有多个用户，一个用户可对多个账套进行权限范围内的操作，不同账套中，用户编号必须唯一。一个角色可以拥有多个用户，一个用户也可以分属于多个不同的角色。

在设置角色后，可以定义角色的权限，如果用户归属此角色，其相应具有角色的权限。此功能的好处是方便控制操作员权限，可以依据职能统一进行权限的划分。

设置用户后，系统对于登录操作要进行相关的合法性检查，其作用类似于Windows的用户账号，只有设置了具体的用户之后，才能进行相关的操作。用户主要完成本账套用户的增加、删除、修改等维护工作。

用户和角色的设置不分先后顺序，用户可以根据自己的需要先后设置。当然，企业也可以不启用角色功能，独立给用户赋予权限。

操作录屏2-1

用户管理

任务实施

【操作步骤】

1.注册系统管理

（1）以系统管理员“admin”的身份，执行“开始”→“程序”→“用友ERP-U8 V10.1”→“系统管理”命令，进入“系统管理”窗口。

（2）执行“系统”→“注册”命令，打开“登录”对话框，如图2-1-1所示。单击“登录”按钮，以系统管理员admin身份进入“系统管理”，密码为空。

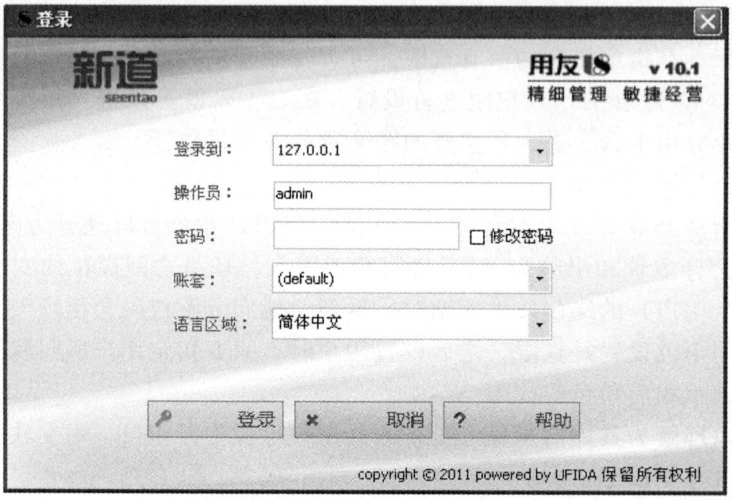

图2-1-1 系统管理登录

特别提示：

① 系统中预先设定的系统管理员“admin”的密码为空。

② 常见问题：在登录过程中，账套栏无法显示“（default）”数据源账套。原因：数据库安装不成功或应用服务器配置不成功。解决办法：执行“开始”→“程序”→“用友ERP-U8 V10.1”→“系统服务”→“应用服务器配置”命令，增加“（default）”数据源；如果仍然无法显示，则需要重新安装SQL Server数据库。

2.增加用户

（1）在“系统管理”窗口，执行“权限”→“用户”命令，打开“用户管理”窗口。

（2）单击工具栏上的“增加”按钮，打开“操作员详细情况”对话框，按“任务资料”填写“张明”的信息，即编号“001”、姓名“张明”、口令和确认口令“1”，如图2-1-2所示。继续单击“增加”按钮，分别输入其他用户信息。

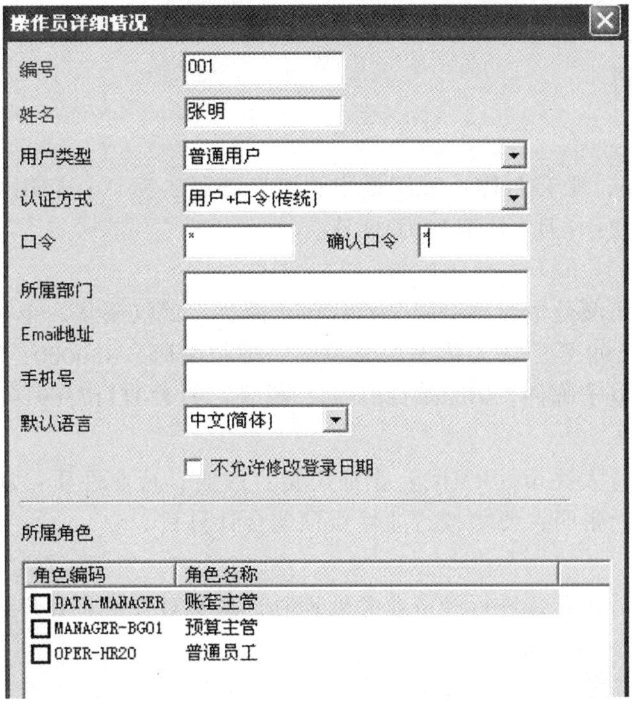

图2-1-2　操作员详细情况

（3）输入结束后，单击“取消”按钮，返回“用户管理”窗口，所有操作员以列表方式显示，如图2-1-3所示。最后单击工具栏上的“退出”按钮，返回“系统管理”窗口。

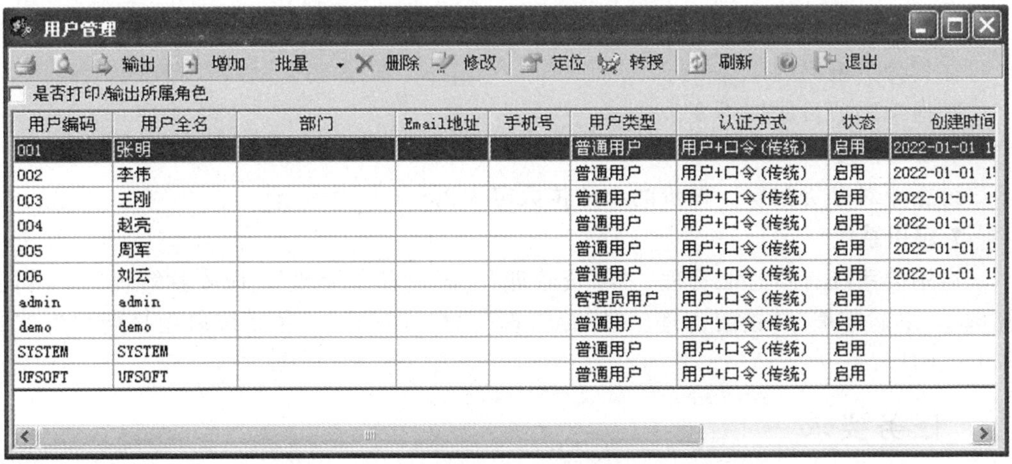

用户编码	用户全名	部门	Email地址	手机号	用户类型	认证方式	状态	创建时间
001	张明				普通用户	用户+口令(传统)	启用	2022-01-01 1
002	李伟				普通用户	用户+口令(传统)	启用	2022-01-01 1
003	王刚				普通用户	用户+口令(传统)	启用	2022-01-01 1
004	赵亮				普通用户	用户+口令(传统)	启用	2022-01-01 1
005	周军				普通用户	用户+口令(传统)	启用	2022-01-01 1
006	刘云				普通用户	用户+口令(传统)	启用	2022-01-01 1
admin	admin				管理员用户	用户+口令(传统)	启用	
demo	demo				普通用户	用户+口令(传统)	启用	
SYSTEM	SYSTEM				普通用户	用户+口令(传统)	启用	
UFSOFT	UFSOFT				普通用户	用户+口令(传统)	启用	

图2-1-3　用户管理

3.减少用户

执行“权限”→“用户”命令，打开“用户管理”窗口，选中要删除的操作员，单击工具栏上的“删除”按钮即可。

学思践悟2-1

账号和密码，安全要靠它

任务测试2-1

用户管理

任务二　账套管理

任务资料

1.账套信息

账套号：666；账套名称：武汉爱华；账套路径：默认；启用会计期：2022年1月；会计期间设置：1月1日至12月31日。

2.单位信息

单位名称：武汉爱华商贸有限公司；单位简称：武汉爱华；单位地址：武汉市洪山区白沙洲大道199号；法人代表：李卫国；邮政编码：430000；联系电话及传真：027-88750000；电子邮件：whah@126.com；税号：91420111736919053T。

3.核算类型

记账本位币：人民币（RMB）；企业类型：商业；行业性质：2007年新会计制度科目；账套主管：张明；要求按行业性质预置会计科目。

4.基础信息

该企业无外币核算，进行经济业务处理时，需要对存货、客户进行分类，供应商无分类。

5.分类编码方案

科目编码级次为4-2-2-2-2；

部门编码方案为1-2；

客户分类编码方案为1-2；

结算方式编码方案为1-2；

收发类别编码为1-1；

存货分类编码为2-2-2；

其他编码项目保持不变。

6.数据精度

该企业对存货数量、单价的小数位数定为2。

7.启用系统

启用的系统有“总账管理”“薪资管理”“固定资产管理”“应收款管理”“应付款管理”“采购管理”“销售管理”“库存管理”“存货核算”。各系统启用日期均为2022年1月1日。

任务要求

1.根据所给资料，建立公司账套。

2.账套建立完毕，暂不启用需要的子系统（在项目三的企业应用平台中启用）。

3.对该公司所建账套资料进行检查，如有错误进行修改。

知识导航

重难点微课 2-2

账套管理

在使用用友软件之前，必须将单位手工账建立在计算机系统中，形成电子账套，从而方便单位使用和管理。

一、账套与账套库

新建账套就是利用软件在计算机中为本单位建立一套独立完整的账簿核算体系，账套的建立标志着会计软件中已经有了一套专门为本单位服务的财务系统。拥有多个核算单位的客户，可以拥有多个账套（最多可以拥有999个账套）。

在系统管理功能中，与账套相联系的还有账套库。企业是持续经营的，用友ERP U8软件支持在一个账套库中保存连续多年的数据，形成该账套的账套库。

在用友ERP U8软件中，账套和账套库是有一定区别的。账套是账套库的上一级，由一个或多个账套库组成。一个账套对应一个经营实体或核算单位，账套中的某个账套库对应这个经营实体的某年度区间内的业务数据。例如，某单位建立“001正式账套”后在2020年使用，2021年年初建立2021年账套库继续使用，则“001正式账套”有两个账套库，即“001正式账套2020年”和“001正式账套2021年”；如果希望连续使用也可以不建新账套库，直接录入2021年的数据，这时“001正式账套”只有一个账套库，即“001正式账套2020—2021年”。

二、编码方案

为了便于对经济业务数据进行分级核算、统计和管理，系统要求预先设置某些基础资料的编码规则，即规定各种编码的级次及各级的长度。这种设置编码级次和各级编码长度的方案即为编码方案。这里通常采用群码方案，这是一种分段组合编码，每一段都有固定的位数。编码的分段数称为级数，每段的固定位数称为级长，编码的总长度等于各段级长的总和。

编码级次及各级编码长度的设置，决定了核算单位如何对经济业务资料进行分级核算、统计和管理。例如，某企业会计科目编码规则为4-2-2，即科目级次为3级，一级科目编码为4位长，其余各级科目编码均为2位长，则编码“1002”代表一级科目“银行存款”，编码“100201”可代表二级科目“银行存款—工行存款”，编码“10020101”可代表“银行存款—工行存款—人民币存款”。

任务实施

操作录屏 2-2

账套管理

【操作步骤】

1.建立账套

（1）以系统管理员“admin”的身份，在“系统管理”窗口执行“账套”→“建立”命令，打开“创建账套”对话框，进入“账套信息”窗口，输入账套信息，如图2-2-1所示。

账套号：用来标识某账套，不允许与已存账套的账套号重复。

账套名称：用来标识某账套，它与账套号一起显示在系统正在运行的屏幕上。

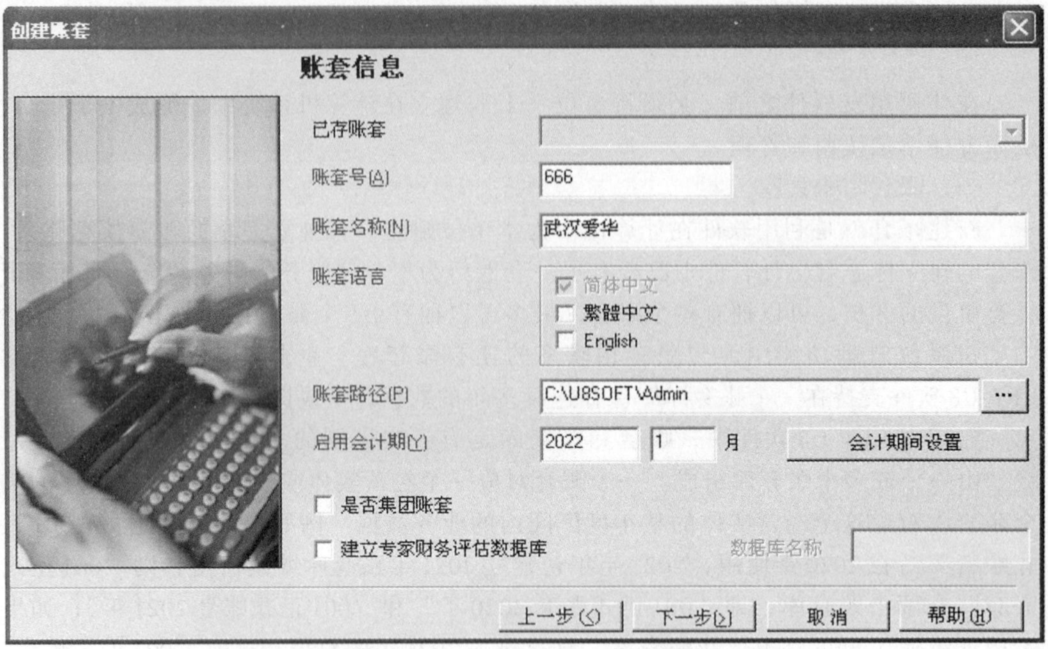

图2-2-1　创建账套—账套信息

账套路径：用来确定新建账套被放置的位置，系统默认路径为C：\U8SOFT\Admin，用户可以利用“…”按钮参照修改。

启用会计期：必须输入。系统默认为计算机的系统日期。

（2）账套信息输入完成后，单击“下一步”按钮，输入单位信息。输入完成后，单击“下一步”按钮，进入“核算类型”窗口，如图2-2-2所示，输入核算类型。

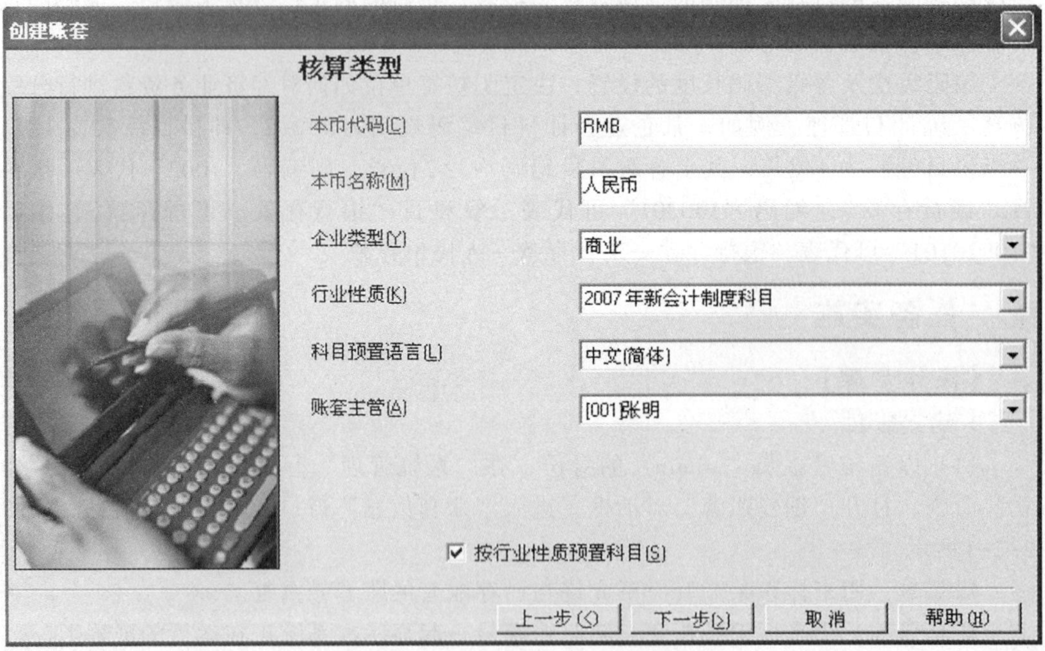

图2-2-2　创建账套—核算类型

行业性质：必须从下拉列表框中选择输入，系统按照所选择的行业性质预置科目，通常选择“2007年新会计制度科目”。

账套主管：系统默认为预设的用户“demo”，也可以从下拉列表框中选择一人作为账套主管。

按行业性质预置科目：如果用户希望预置所属行业的会计科目，则选中该复选框。

（3）核算类型输入完成后，单击“下一步”按钮，进入“基础信息”窗口，确定基础信息，如图2-2-3所示。

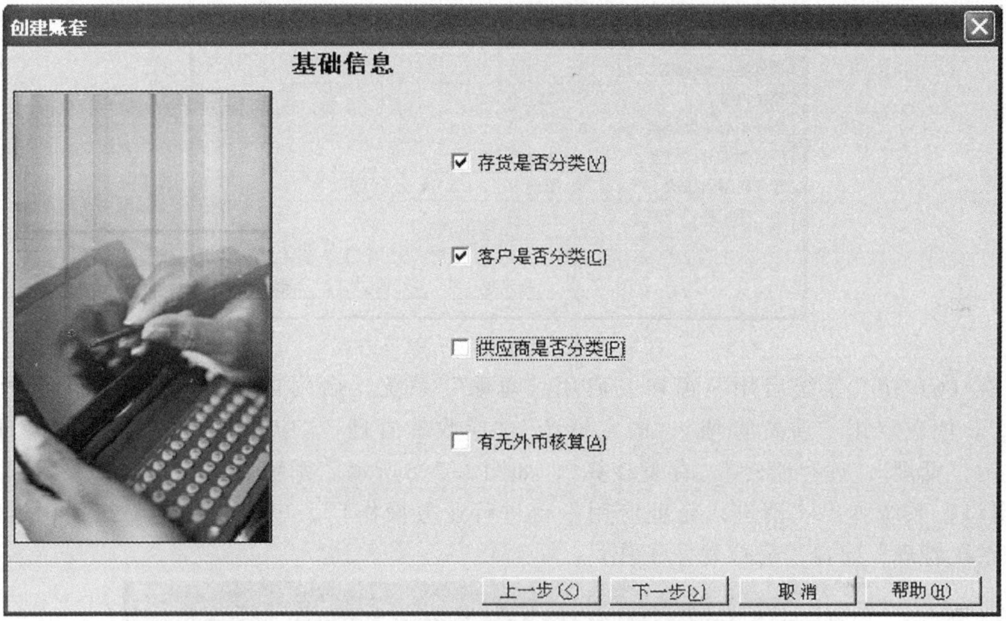

图2-2-3　创建账套—基础信息

如果单位的存货较多，且类别繁多，可以选中“存货是否分类”复选框，表明要进行存货分类管理；如果单位的存货较少且类别单一，也可以选择不进行存货分类。客户是否分类、供应商是否分类设置，意义和存货是否分类类似，取决于企业的管理要求。

有无外币核算：如果单位有外币业务，可以选中此复选框；否则，可以不进行设置。

（4）基础信息设置完成后，单击“下一步”按钮，进入“创建账套_开始”窗口，单击“完成”按钮，系统提示“可以创建账套了吗？”，单击“是”按钮，进入“编码方案”窗口，设置企业编码方案，如图2-2-4所示。

单击“确定”按钮后，再单击“取消”按钮，打开“数据精度”对话框，定义数据精度。定义数据精度即定义数据的小数位数，如果需要进行数量核算，则必须认真填写该项。

（5）数据精度设置完成后，单击“确定”按钮，系统弹出“现在进行系统启用的设置？”提示框，单击“是”按钮，进入“系统启用”窗口。

编码方案

项目	最大级数	最大长度	单级最大长度	第1级	第2级	第3级	第4级	第5级	第6级	第7级	第8级	第9级
科目编码级次	13	40	9	4	2	2	2	2				
客户分类编码级次	5	12	9	1	2							
存货分类编码级次	8	12	9	2	2	2						
部门编码级次	9	12	9	1	2							
地区分类编码级次	5	12	9	2	3	4						
费用项目分类	5	12	9	1	2							
结算方式编码级次	2	3	3	1	2							
货位编码级次	8	20	9	2	3	4						
收发类别编码级次	3	5	5	1	1							
项目设备	8	30	9	2	2							
责任中心分类档案	5	30	9	2	2							
项目要素分类档案	6	30	9	2	2							
客户权限组级次	5	12	9	2	3	4						
供应商权限组级次	5	12	9	2	3	4						

确定(O) 取消(C) 帮助(F)

图2-2-4 创建账套—编码方案

（6）在“系统启用”窗口，启用“总账”系统，启用自然日期为2022年1月1日。依次启用“薪资管理”“固定资产”“应收款管理”“应付款管理”“采购管理”“销售管理”“库存管理”“存货核算”，如图2-2-5所示。系统启用完毕后，关闭当前窗口，系统弹出“请进入企业应用平台进行业务操作！”，单击“确定”按钮，返回“系统管理”窗口，完成建账工作。

系统启用

全启 刷新 退出

[666]武汉爱华账套启用会计期间2022年1月

系统编码	系统名称	启用会计期间	启用自然日期	启用人
☑GL	总账	2022-01	2022-01-01	admin
☑AR	应收款管理	2022-01	2022-01-01	admin
☑AP	应付款管理	2022-01	2022-01-01	admin
☑FA	固定资产	2022-01	2022-01-01	admin
☐NE	网上报销			
☐NB	网上银行			
☐WH	报账中心			
☐SC	出纳管理			
☐CA	成本管理			
☐PM	项目成本			
☐FM	资金管理			
☐BM	预算管理			
☐CM	合同管理			
☐PA	售前分析			
☑SA	销售管理	2022-01	2022-01-01	admin
☑PU	采购管理	2022-01	2022-01-01	admin
☑ST	库存管理	2022-01	2022-01-01	admin
☑IA	存货核算	2022-01	2022-01-01	admin

图2-2-5 系统启用

特别提示：

① 只有系统管理员才能建立账套。建完账套后，账套信息中的账套号、账套路径、启用会计期及核算类型中除行业性质以外的信息不能修改。这些不能修改的信息如果设置错误，只能删除账套后再建。

② 系统启用也可以由账套主管在“企业应用平台”基础信息中进行。

2.修改账套

以账套主管“001 张明”的身份登录“系统管理”，执行“账套”→“修改”命令，浏览账套参数信息。如有错误，则进行相应的修改。

特别提示：

① 系统管理员建完账套后，在未使用相关信息的基础上，如果需要对某些信息进行修改或补充，可通过账套修改功能来完成。账套修改功能也可供检查、核实账套信息使用。

② 只有账套主管可以进行账套参数修改，系统管理员无权进行账套参数修改。

③ 以“001 张明”的身份登录系统时，如果显示“口令不正确”，则应以“admin”身份进行用户口令查询和修改后，再以“001 张明”的身份登录；如果显示“读取数据源出错：不存在的用户或已被注销!”，则应检查001张明在666账套中是否被授予了账套主管权限，或检查该用户是否已被注销。

④ 如果编码方案或数据精度设置错误，那么在账套未使用的前提下，也可以由账套主管注册企业应用平台后在“基础设置”中修改。

学思践悟 2-2

参与6S管理，劳动最光荣

任务测试 2-2

账套管理

任务三　财务分工

任务资料

1.账套主管—001 张明：具有软件操作和管理的所有权限。

2.会计—002 李伟：具有公用目录设置及总账管理、应收款管理、应付款管理、存货核算、薪资管理和固定资产管理等系统的所有操作权限。

3.出纳—003 王刚：具有在总账管理系统凭证中出纳签字（四级）和出纳（三级）的全部权限。

4.销售员—004 赵亮：具有公共单据、公用目录设置和销售管理系统的全部权限。

5.采购员—005 周军：具有公共单据、公用目录设置和采购管理系统的全部权限。

6.库管员—006 刘云：具有公共单据、公用目录设置和库存管理系统的全部权限。

任务要求

1.根据所给资料，为6位操作员进行功能级权限设置。

2. 查看出纳员王刚的操作权限。

知识导航

随着经济的发展，会计信息化软件用户对权限管理的要求不断变化、提高，越来越多的信息表明，权限管理必须向更细、更深的方向发展。用友 ERP U8 软件提供集中权限管理方案，除了提供用户对各模块操作的权限之外，还相应提供了金额的权限管理、对数据的字段级权限和记录级权限的控制等功能。

一、用友ERP U8软件三个层次的权限管理

（一）功能级权限管理

功能级权限管理包括各功能模块相关业务的查看和权限分配。例如，赋予用户 System 对某账套拥有总账系统、薪资管理系统的全部权限。

（二）数据级权限管理

数据级权限管理包括两个方面：一是字段级权限控制；二是记录级权限控制。例如，设定用户李伟只能录入某一种类别的凭证。

（三）金额级权限管理

金额级权限管理主要用于完善内部金额控制，实现对具体金额数量划分级别，对不同岗位和职位的操作员进行金额级别控制，限制他们制单时可以使用的金额数量，不涉及内部系统控制的不在管理范围内。例如，设定用户张明只能录入金额在 10 000 元以下的凭证。

二、权限的设置

功能级权限在“系统管理”→“权限”中设置，数据级权限和金额级权限由账套主管在“企业应用平台”→“系统服务”→“权限”中设置。数据级权限和金额级权限的设置必须在系统管理的功能级权限设置完成后才能进行。

任务实施

操作录屏 2-3

财务分工

【操作步骤】

1. 功能级权限的设置

（1）系统管理员在“系统管理”窗口中执行“权限”命令，进入“操作员权限”窗口。选择“001 张明”，单击“账套主管”前的复选框，系统提示“设置普通用户：[001] 账套主管权限吗？”，如图 2-3-1 所示。单击“是”，系统将所有权限赋予张明。

特别提示：

① 一个账套可以设定多个账套主管。

② 账套主管自动拥有该账套的所有权限。如果在建立账套时已经将 001 张明选定为账套主管，则此处系统已将所有权限赋予张明，无须再次设置权限。

（2）选择“002 李伟”，单击工具栏上的“修改”按钮，根据任务资料，在窗口右边的权限列表中找到相应的权限级次，勾选前面的复选框，全部设置完成后单击窗口上方的“保存”按钮。

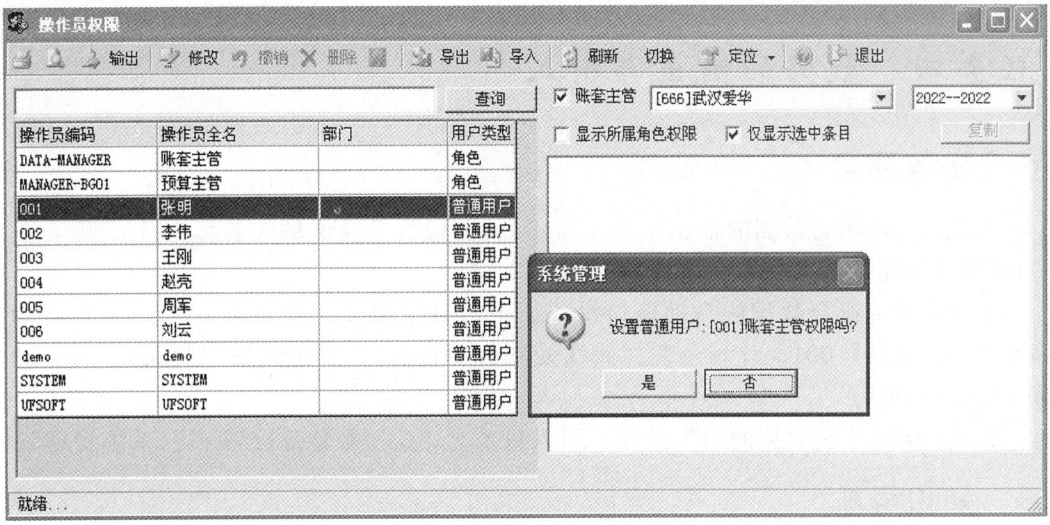

图2-3-1 账套主管权限设置

（3）按照上述方法，设置其他人的操作权限。

2.功能级权限的查看

在“操作员权限”窗口，选择“003王刚”，单击工具栏上的“修改”按钮，可以查看之前为他设置的功能权限，如图2-3-2所示。如果有错误，可以进行修改。单击工具栏右上角的“退出”按钮，返回“系统管理”窗口。

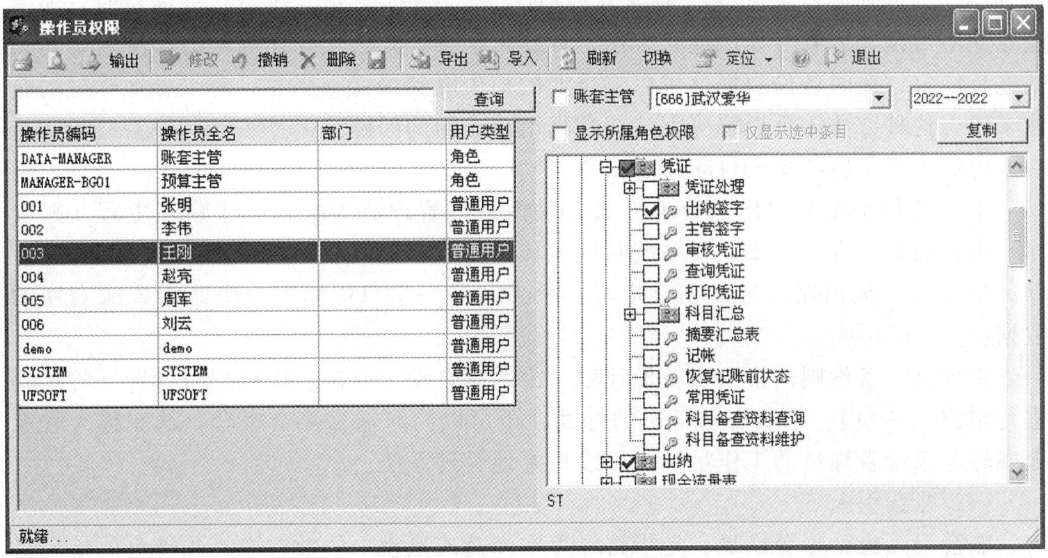

图2-3-2 操作员权限的查看

特别提示：

①设置权限时，一定要注意先分别选中“账套”和相应的“用户”，再赋权，这样才能使“账套”和“用户”关联起来。

②已经被赋权的用户登录后，系统只会显示该用户有操作权限的功能菜单，其他功能则被屏蔽。

学思践悟2-3

保持界限感，赢得安全感

任务测试2-3

财务分工

任务四　数据的输出与引入

任务要求

1.进行666账套数据的输出（手工备份），备份目录及文件夹名称：“C：/账套备份/项目二系统管理”。

2.进行666账套数据的自动备份操作，备份目录及文件夹名称：“C：/账套自动备份”（计划编号001，计划名称“武汉爱华自动备份”，发生频率“每天”，开始时间17：00：00）。

3.进行666账套数据的引入操作，引入目录为“C：/账套备份/项目二系统管理”。

知识导航

重难点微课
2-3

数据的输出与引入

会计信息系统数据存放的介质和路径与手工环境不同，为了确保数据的安全性，用户需要定期进行数据管理。账套数据管理包括账套数据的输出、引入、删除、结转和清空等操作。

一、账套输出

账套输出是指将所选的账套数据进行备份输出。定时对企业的数据进行备份并存储到不同的介质上（如光盘、网盘等），对于确保数据的安全性是非常重要的。如果企业受不可预知因素（如地震、火灾、计算机病毒、人为误操作等）的影响需要对数据进行恢复，此时备份数据就可以将企业的损失降到最低。当然，对于异地管理的企业来说，这种方法还可以解决审计和数据汇总方面的问题。

二、手工备份和系统自动备份

手工备份是账套输出的一种方式，是由系统管理员（账套）或账套主管（账套库）根据数据管理的需要，在系统管理模块执行账套输出或账套库输出功能，时间可以灵活安排，输出路径可以临时指定。手工备份一次只能输出一个账套或账套库的数据。

系统自动备份则需要预设备份计划，由系统自动定时按备份计划对设置好的账套进行输出（备份）。系统自动备份的好处在于可以同时输出多个账套，这在很大程度上减轻了系统管理员的工作量，也可以更好地管理系统。

三、账套引入

账套引入也称账套恢复，是指将保存在光盘或磁盘上的数据恢复到硬盘的指定目录中，或将系统外某账套的数据引入本系统中。该功能的作用主要体现在以下两个方面：

第一，当系统账套数据遭到破坏时，将最近备份的账套数据引入本账套中。

第二，有利于集团公司的操作，子公司的账套数据可以定期引入母公司系统中，以便进行账套数据的分析、审核和合并。

任务实施

操作录屏2-4

数据的输出与引入

【操作步骤】

1.账套输出（手工备份）

（1）以系统管理员的身份注册进入“系统管理”。

（2）执行“账套”→“输出”命令，打开“账套输出”对话框，选择需要输出的账套，将“同步输出文件服务器上相关文件”前复选框中的“√”去掉，如图2-4-1所示。

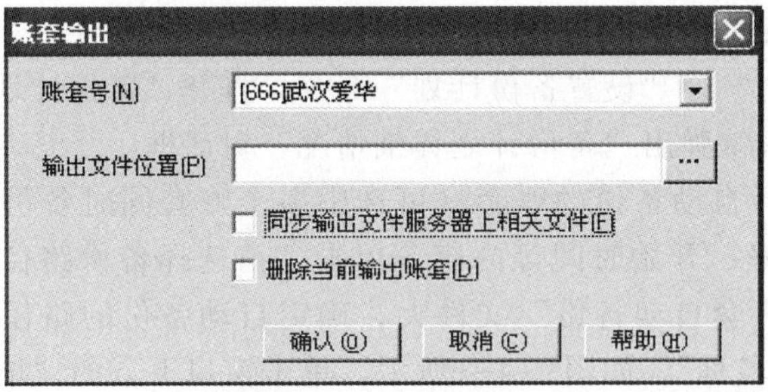

图2-4-1　账套输出

（3）点击“输出文件位置”栏的“…”按钮，系统弹出“请选择账套备份路径”对话框，选中C盘根目录，点击“新建文件夹”，建立“账套备份”文件夹，然后选中“账套备份”文件夹，继续点击“新建文件夹”，建立“项目二系统管理”文件夹，如图2-4-2所示。用户也可以选择指定路径后，按“确定”按钮完成输出，系统将输出的账套数据备份在“C：/账套备份/项目二系统管理”中。

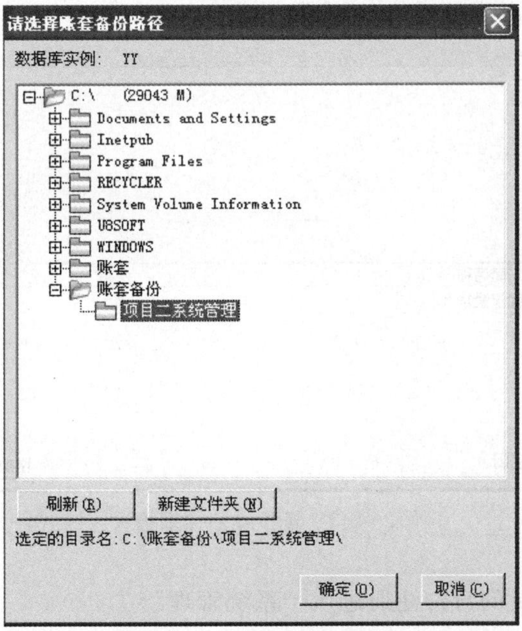

图2-4-2　选择账套备份路径

特别提示：

①选择账套备份路径时一定要双击打开选中的文件夹，否则输出完成后，文件夹是空的。输出后建议前往指定文件夹查看，账套文件有两个，一个是UFDATA.BAK，存放账套数据；另一个是UfErpAct.Lst，存放账套号、账套路径等基本参数。两个文件缺一不可。

②在“账套输出”对话框中，如果选中“删除当前输出账套”复选框，可同时删除当前的账套。

2.账套输出（自动备份）

（1）以系统管理员的身份注册进入“系统管理”。

（2）执行“系统”→“设置备份计划”命令，打开“备份计划设置”对话框，单击“增加”按钮，系统弹出“备份计划详细情况”对话框。

（3）选择要进行自动备份的账套（可选中多个账套同时备份），输入计划编号、计划名称、发生频率、开始时间等内容，单击“请选择备份路径”后的“增加”按钮，在C盘建立“账套自动备份”文件夹，确定自动备份的路径，选择窗口下方的“账套号”和“账套名称”，如图2-4-3所示。单击窗口下方的“增加”按钮，即可完成自动备份计划的设置。

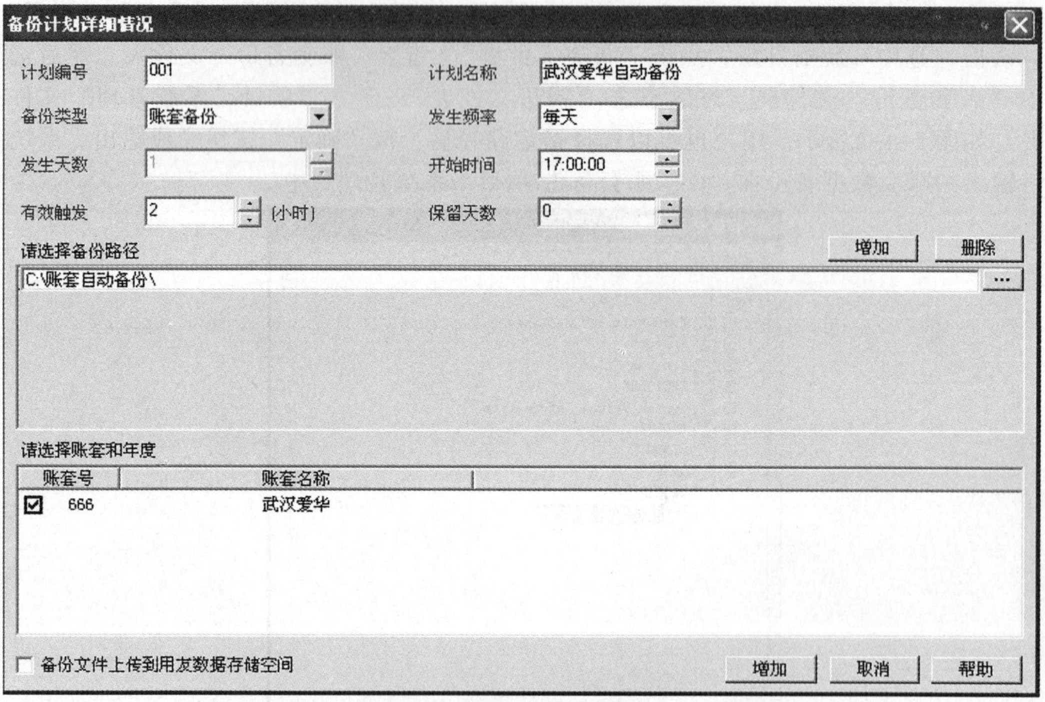

图2-4-3　备份计划详细情况

3.账套引入

（1）以系统管理员的身份注册进入“系统管理”。

（2）执行“账套”→“引入”命令，打开“请选择账套备份文件”对话框。

（3）选择要引入的账套备份文件，如图2-4-4所示。单击“确定”按钮，系统弹出“请选择账套引入的目录”对话框，单击“确定”按钮，即可引入数据，系统出现“账套引入成功”提示框。

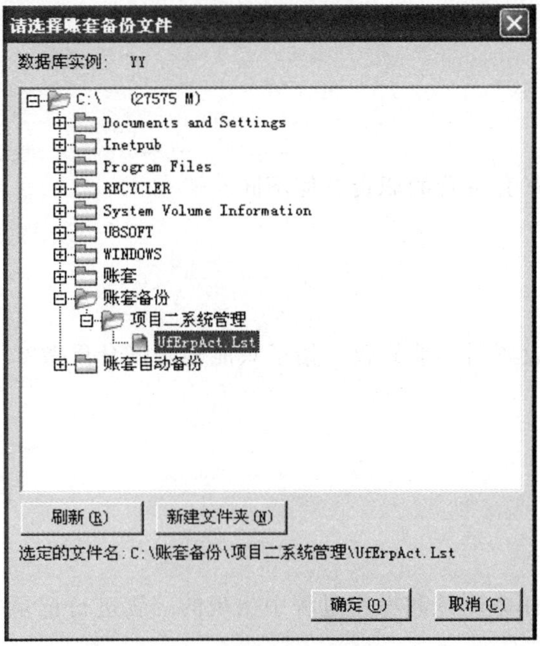

图2-4-4 选择账套备份文件

特别提示：

① 如果引入的账套编号与系统中已存的账套号重复，则系统会提示“此项操作将覆盖账套当前的所有信息，继续吗?”，可以根据需要选择覆盖或放弃。

② 账套引入时最好先关闭杀毒软件。

③ 账套库引入的操作与账套引入的操作基本一致，不同之处在于：账套引入由系统管理员操作，引入的默认文件名是UfErpAct.Lst；账套库引入则由账套主管操作，引入的默认文件名是UfErpYer.Lst。

学思践悟2-4

信息安全，没有硝烟的战场

任务测试2-4

数据的输出与引入

项目反馈与评价

重难点梳理

1.系统管理员与账套主管的职责有何不同？

2.哪些账套参数设置后不能修改？错了只能删除账套重做？

易错点分析

请将你在本项目任务测试和操作过程中出现的问题进行记录并分析。

项目评价

多维评价量表

序号	评价内容	设定分值	评价主体	得分情况
线上环节	自主学习进度	20	平台自评	
	任务测试准确度	10	平台自评	
	小计	30		
线下环节	安全与规范操作意识	10	学生自评	
	劳动、探究与合作意识	10	小组互评	
	实训操作进度	20	小组互评	
	实训数据准确度	20	教师评议	
	项目反思态度	10	教师评议	
	小计	70		
	合计	100		

项目三

基础设置

知识目标

通过本项目的学习，了解用友ERP U8软件各子系统基础档案包含的内容；理解基础设置对整个会计信息系统正常使用的意义。

技能目标

通过本项目实训，掌握用友ERP U8软件各子系统基础档案数据的录入方法。

素养目标

通过本项目的学习，理解基础工作对于全局的重要性，强化全局意识，养成脚踏实地、细致谨慎的职业习惯。

项目导图

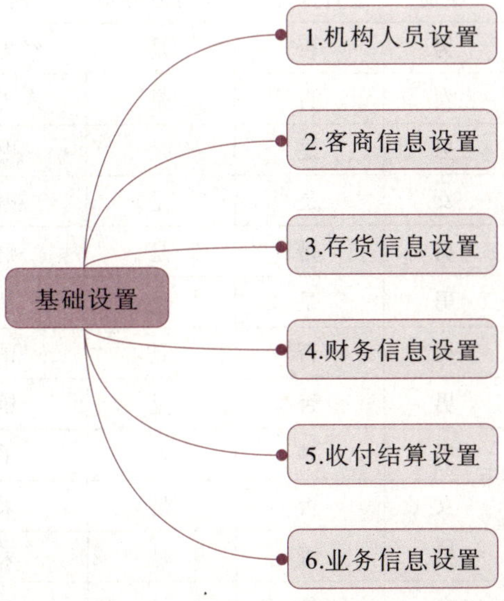

任务一　机构人员设置

任务资料

1.部门档案（见表3-1-1）

表3-1-1　部门档案

部门编码	部门名称	部门属性	部门编码	部门名称	部门属性
1	管理部	管理部门	3	销售部	市场营销
101	经理办公室	综合管理	4	采购部	采购供应
102	人力资源部	人事管理	5	仓储部	仓储管理
2	财务部	财务管理			

2.人员类别（见表3-1-2）

表3-1-2　人员类别

人员类别编码	人员类别名称
101	在职人员
10101	管理人员
10102	采购人员
10103	销售人员

3.在职人员档案（见表3-1-3）

表3-1-3　在职人员档案

人员编码	人员姓名	性别	是否操作员	是否业务员	所属部门	人员类别
001	李卫国	男	否	是	经理办公室	管理人员
002	何林	女	否	是	人力资源部	管理人员
003	张明	男	是	是	财务部	管理人员
004	李伟	女	是	是	财务部	管理人员
005	王刚	男	是	是	财务部	管理人员
006	赵亮	男	是	是	销售部	销售人员
007	赵军	男	否	是	销售部	销售人员
008	宋飞	男	否	是	销售部	销售人员
009	周军	男	是	是	采购部	采购人员
010	孙朋	女	否	是	采购部	采购人员
011	张军	男	否	是	采购部	采购人员
012	刘云	女	是	是	仓储部	管理人员
013	王强	男	否	是	仓储部	管理人员

任务要求

根据上述资料，进行机构人员基础档案设置。

知识导航

一、企业应用平台介绍及系统启用

重难点微课 3-1

企业应用平台介绍及系统启用

重难点微课 3-2

机构人员设置

用友ERP U8软件管理系统分为财务会计、管理会计、供应链、生产制造、人力资源、集团应用、决策支持和企业应用集成等产品组，每个产品组又包含若干个模块，大多数模块既可以独立运行，又可以集成应用。一方面，企业可以根据自身的管理特点选购不同的子系统；另一方面，企业可以采取循序渐进的策略有计划地先启用一些模块，一段时间以后再启用另外一些模块。

有两种方法可以进行系统启用设置：一种是在建账完成后由系统管理员在“系统管理”中进行系统启用设置；另一种是在建账结束后由账套主管在“企业应用平台”→“基础设置”→“基本信息”中进行系统启用设置。

企业应用平台是用友ERP U8软件的唯一入口，实现了用友ERP U8软件中各产品统一登录、统一管理的功能。企业员工可以通过企业应用平台了解本企业的各种信息，定义自己的业务工作，设计自己的工作流程。

在企业应用平台的桌面上，系统设置了3张选项卡，即“基础设置”、“系统服务”和“业务工作”。操作员可通过选择不同的功能单元，进入有权限的相关模块进行工作。“基础设置”是为系统的日常运行做好基础工作，主要包括“基本信息”、“基础档案”、“个人参数”和“单据设置”等细项。在“基本信息”中，用户可以对建账过程中确定的编码方案和数据精度进行修改，并进行系统启用设置。

二、机构人员设置

基础档案是系统日常业务处理时必需的基础资料，是系统运行的基石。一个账套由若干个子系统构成，这些子系统共享公用的基础档案信息。在启用新账套之前，操作员应根据企业的实际情况，结合系统基础档案设置的要求，事先做好基础数据的准备工作。

机构人员信息包括部门档案、人员类别、人员档案等信息。

1.部门档案

部门档案主要用于记录本单位的部门，可以是实际部门，也可以是虚拟部门，如果某部门不进行财务核算或业务管理，则可以不在系统中设置部门档案。部门档案信息包括部门编码、部门名称、负责人、部门属性等。

2.人员类别

为了对人员进行更好的管理，企业可以对职员进行分类设置和管理，定义人员类别，人员类别通常是按树形层次结构进行分类的，系统预置了正式工、合同工、实习生三类顶级类别，企业可以自定义扩充人员子类别。

3.人员档案

人员档案是指企业各职能部门中需要进行核算和业务管理的职员信息，并非企业的所有员工，信息包括人员编码、姓名、所属部门等，在设置人员档案之前必须先设置部门档案。

任务实施

操作录屏3-1

机构人员设置

【操作步骤】

1.以账套主管“001张明”的身份登录企业应用平台

（1）执行“开始”→“程序”→“用友ERP-U8 V10.1”→“企业应用平台”命令或双击桌面“企业应用平台”图标，进入企业应用平台登录窗口。

（2）输入操作员“001”或“张明”，输入密码“1”，在“账套”下拉列表框中选择“[666]（default）武汉爱华”，输入操作日期“2022-01-01”，如图3-1-1所示。

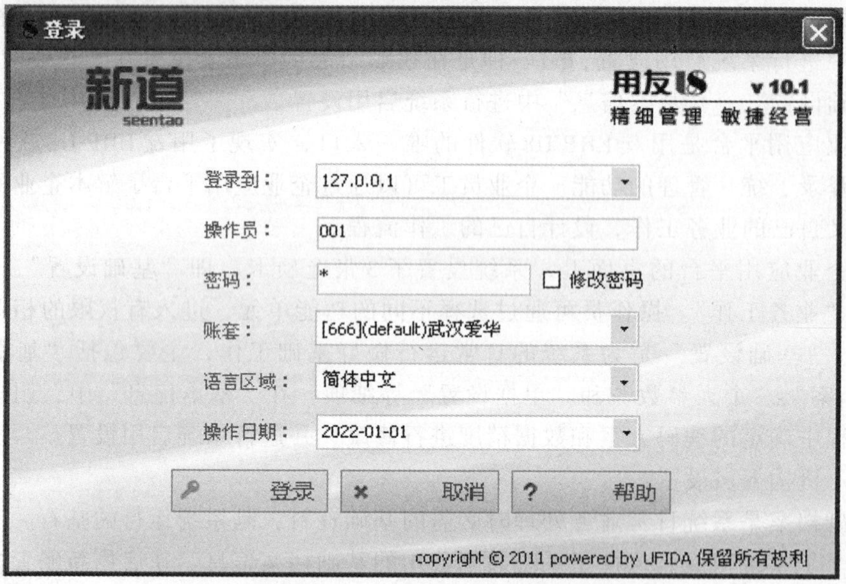

图3-1-1　企业应用平台登录

（3）单击“登录”按钮，登录到企业应用平台。如有未启用的系统，可执行“基础设置”→“基本信息”→“系统启用”命令完成系统启用设置。

2.定义部门档案

（1）以账套主管“001张明”的身份进入企业应用平台，执行“基础设置”→“基础档案”→“机构人员”→“部门档案”命令。

（2）点击“增加”按钮，依次录入部门基础信息，如图3-1-2所示。

特别提示：

① 建立部门档案时，应先从上级部门开始输入，再建立下级部门档案。

② 部门编码必须符合编码规则。如果在此发现编码方案不适合，则可以在部门档案数据为空时修改部门编码方案。修改方法有两种：一种方法是在“系统管理”中修改账套参数中的编码方案；另一种方法是在企业应用平台的“基本信息”中修改编码方案。

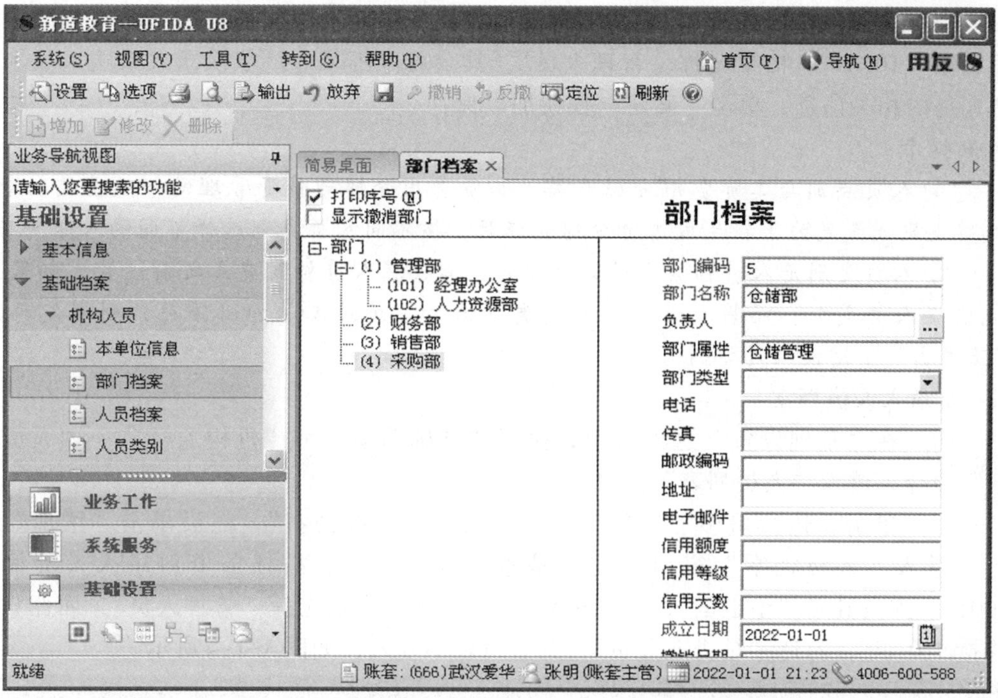

图3-1-2　部门档案

3.定义人员类别

（1）在“基础设置”选项卡中，执行“基础档案”→“机构人员”→“人员类别”命令，进入“人员类别”窗口。

（2）选择“正式工”，单击“修改”按钮，进入“修改档案项”窗口，修改档案名称为“在职人员”，其余可以不录入，如图3-1-3所示。

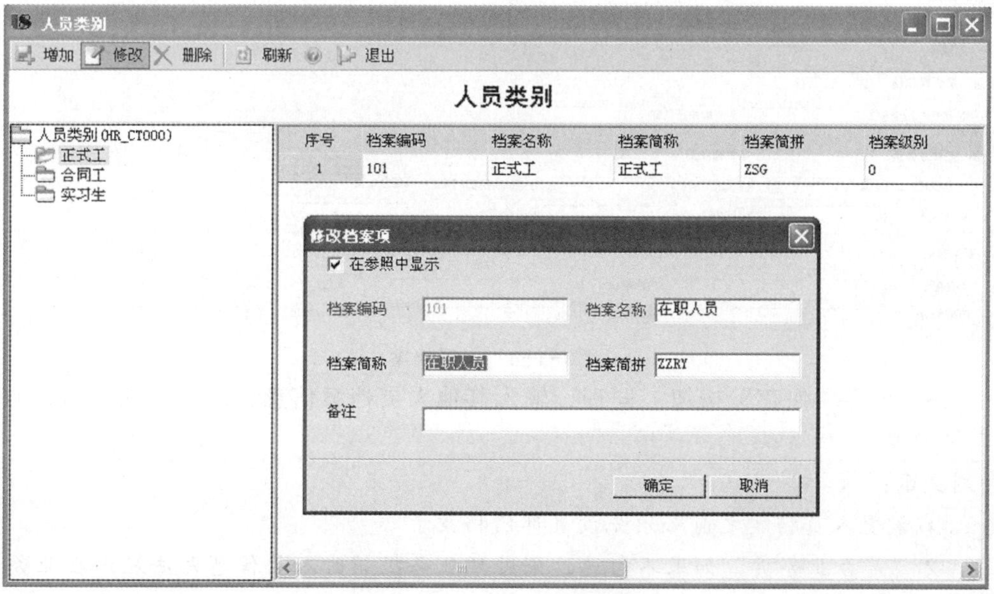

图3-1-3　修改人员类别

（3）选择“在职人员”，单击“增加”按钮，进入“增加档案项”窗口，录入档案编码“10101”、档案名称“管理人员”，其余可以不录入。依次录入采购人员和销售人员的相关信息，单击“确定”按钮加以保存。

特别提示：

①人员类别与工资费用分摊有关，工资费用分摊是薪资管理的一项重要功能。人员类别设置是为了在生成工资分摊凭证时，按不同人员类别选择不同的入账科目。

②人员类别是人员档案中的必录项目，需要在人员档案建立之前设置。如果未先设置人员类别，而将人员档案所属类别选为“正式工”加以保存，则不能再在“正式工”下增设人员类别。

4.录入人员档案

（1）在“基础设置”选项卡中，执行“基础档案”→“机构人员”→“人员档案”命令，进入“人员列表”窗口。

（2）单击左边窗口中“部门分类”下的“经理办公室”，然后单击“增加”按钮，进入“人员档案”窗口，在“基本”选项卡中，按任务资料录入人员编码“001”、人员姓名“李卫国”，性别选择“男”，人员类别选择“管理人员”，雇佣状态选择“在职”，勾选“是否业务员”，其余可以不录入，如图3-1-4所示。

图3-1-4　人员档案

（3）单击“保存”按钮。同理，输入其他人员档案信息，录入完成后可以查看“人员列表”。

任务测试3-1

机构人员设置

特别提示：

①设置人员档案之前必须先设置部门档案。

②“是否业务员”如果不勾选，则处理业务报销时人员信息无法显示在业务员列表中。

任务二 客商信息设置

任务资料

1.客户分类（见表3-2-1）

表3-2-1 客户分类

类别编码	类别名称
1	批发客户
2	代销客户
3	零售客户

2.客户档案（见表3-2-2）

表3-2-2 客户档案

客户编码	客户名称	客户简称	所属分类	税号	开户行	账号	地址	联系电话	法定代表人
001	武汉明创商贸有限公司	武汉明创	1	91420106558743754S	中国工商银行武汉市中北路支行	3202765000043256777	武汉市武昌区中北路999号	027-82993456	王思齐
002	武汉永新科技有限公司	武汉永新	1	914201115468329884	中国银行武汉市武珞路支行	42007729000005489333	武汉市洪山区武珞路322号	027-87852131	陈永新
003	黄石格西贸易有限公司	格西商城	1	91420200MA49L55689	中国银行武汉市天平路支行	42001607000003456777	黄石市下陆区天平路31号	0714-6222876	刘一鸣
004	武汉美联商行	美联商行	2	91420107MA4F113986	中国工商银行武汉市厂前路支行	3202996500002333768	武汉市青山区厂前路4号	027-68860011	程力清
005	零散客户	零散客户	3						

3.供应商档案（见表3-2-3）

表3-2-3 供应商档案

供应商编码	供应商名称	供应商简称	税号	开户行	账号	地址	联系电话	法定代表人
001	上海兴宝科技有限公司	上海兴宝	913100007655718200	中国建设银行上海市民生路支行	62176002369345262388	上海市浦东新区民生路1号	021-51819399	张卫东
002	上海悦宏物联网科技有限公司	上海悦宏	91310000783803993P	交通银行上海市兴贤支行	6222680146900066258	上海市嘉定区兴贤路5号	021-52874123	苗富丰
003	广东鑫海智能科技有限公司	广东鑫海	91440102MA6CLHKW7P	中国建设银行广州市新雅支行	62176002486743362365	广州市花都区新雅街7号	020-51819488	罗冠英
004	武汉雅辉科技有限公司	武汉雅辉	91420100MA5KMLPF13	中国工商银行武汉市琴台路支行	3202310283611254783	武汉市汉阳区琴台路6号	027-51819358	刘柏宏
005	武汉智创智能科技有限公司	武汉智创	91420100177697608K	中国工商银行武汉市东湖路支行	3202320375622523655	武汉市武昌区东湖路7号	027-51819374	黄文隆
006	武汉美联商行	美联商行	91420107MA4F113986	中国工商银行武汉市厂前路支行	3202996500002333768	武汉市青山区厂前路4号	027-68860011	程力清

任务要求

根据任务资料，进行客商基础档案设置。

知识导航

企业经营活动不局限于内部组织，它还包括企业下游的供应商和上游的客户。如果企业的供应商和客户较多，分布较广，则需要对供应商和客户进行分类，以便管理。

一、客户分类

企业可根据业务需要对客户进行分类，这样便于管理，如将客户按行业、地区等标准进行划分，然后，根据不同的分类建立客户档案。如果建立账套时未勾选“客户是否分类”项，则不能使用本功能。

二、客户档案

建立客户档案主要是为企业的销售管理、库存管理和应收账款管理服务。在填制销售出库单、销售发票，进行销售结算、应收款结算和有关客户统计时都会用到客户档案。在输入单据时，如果单据上的客户不在客户档案中，则需要在此先建立该客户的档案。如果在建立账套时选择了客户分类，则必须设置完成客户分类档案后再编制客户档案。

三、供应商分类

企业对供应商进行分类管理，建立供应商分类体系，可将供应商按行业、地区等进行划分后，根据不同的类别建立供应商档案。

四、供应商档案

建立供应商档案主要是为企业的采购管理、库存管理和应付款管理服务。填制采购入库单、采购发票，进行采购结算、应付款结算和有关供应商统计时都会用到供应商档案。在输入单据时，如果单据上的供货单位不在供应商档案中，则需要在此先建立该供应商的档案。

任务实施

操作录屏3-2

客商信息设置

【操作步骤】

1.设置客户分类

（1）进入企业应用平台，执行“基础设置”→“基础档案”→“客商信息”→“客户分类”命令。

（2）单击“增加”按钮，录入信息后保存，如图3-2-1所示。

> 特别提示：
>
> ① 如果建账时没有选中“客户是否分类”复选框，则在此不能进行分类设置，可由账套主管登录“系统管理”进行账套参数修改。
>
> ② 客户分类编码必须符合编码方案的规定。

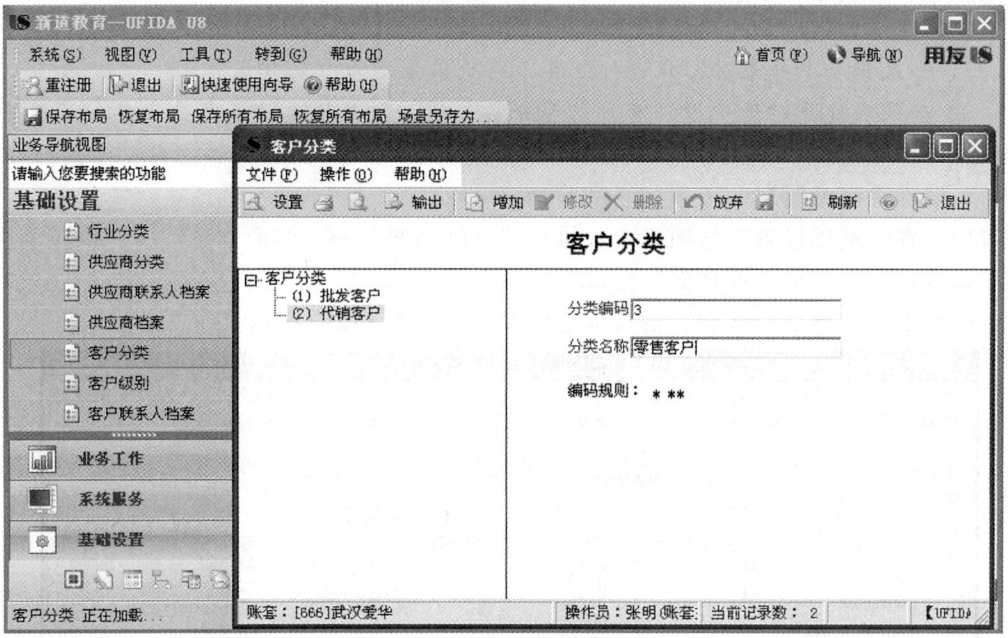

图3-2-1 客户分类

2.设置客户档案

（1）在“基础设置”选项卡中，执行“基础档案”→“客商信息”→“客户档案”命令。

（2）选择最末级客户分类，单击“增加”按钮，弹出“增加客户档案”窗口，其中包括“基本”“联系”“信用”“其他”4张选项卡，录入相关信息，选项卡中蓝色字体栏目为必填项，如图3-2-2所示。

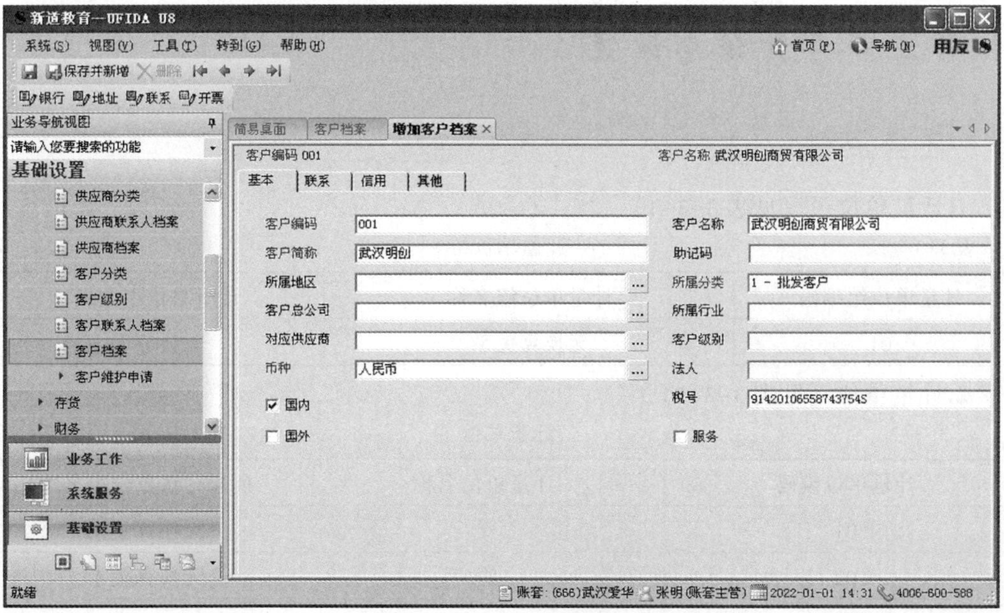

图3-2-2 客户档案

特别提示：

① 如果账套中并未对客户进行分类，则所属分类为“无分类”。

② 如果在建账时选中了“客户是否分类”项，则必须先设置客户分类，然后才能编辑客户档案。

3.设置供应商档案

（1）在“基础设置”选项卡中，执行“基础档案”→“客商信息”→“供应商档案”命令，进入“供应商档案”窗口。

（2）点击“增加”按钮，输入信息后保存，如图3-2-3所示。

任务测试3-2

客商信息设置

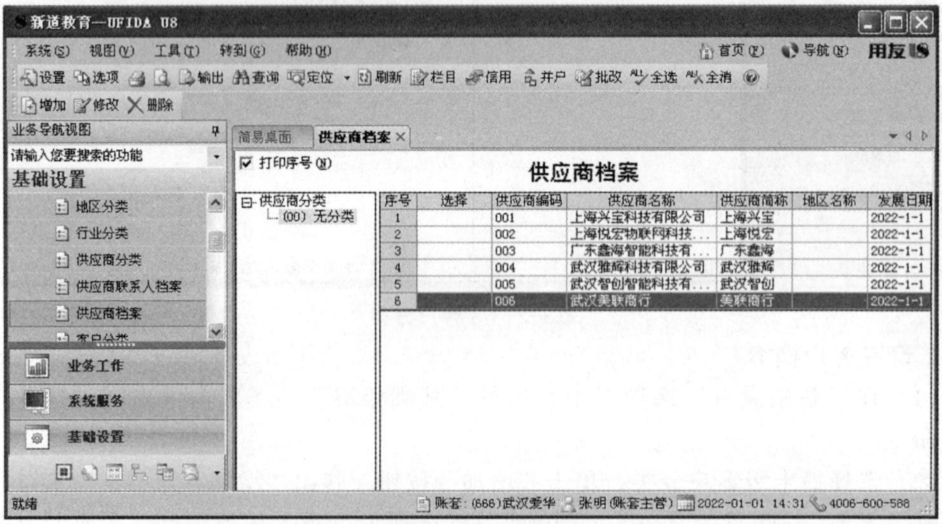

图3-2-3 供应商档案

任务三 存货信息设置

任务资料

1.计量单位组（见表3-3-1）

表3-3-1 计量单位组

计量单位组编码	计量单位组名称	计量单位组类别
01	无换算关系	无换算率

2.计量单位（见表3-3-2）

表3-3-2 计量单位

计量单位编码	计量单位名称	所属计量单位组名称
01	个	无换算关系
02	台	无换算关系
03	次	无换算关系

3.存货分类（见表3-3-3）

表3-3-3 **存货分类**

存货类别编码	存货类别名称
01	智能家居
02	智能电子设备
03	资产
04	应税劳务

4.存货档案（见表3-3-4）

表3-3-4 **存货档案**

存货编码	存货名称	存货分类	计量单位	税率	存货属性
001	智能门锁	01	个	13%	外购、外销、内销
002	智能台灯	01	个	13%	外购、外销、内销
003	智能音箱	01	个	13%	外购、外销、内销
004	智能体脂秤	01	台	13%	外购、外销、内销
005	智能车载摄像头	02	个	13%	外购、外销、内销
006	智能手环	02	个	13%	外购、外销、内销
007	智能蓝牙耳机	02	个	13%	外购、外销、内销
008	佳能打印机	03	台	13%	外购、资产
009	代销手续费	04	次	6%	外购、内销、外销、应税劳务

任务要求

根据上述资料，进行存货基础档案设置。

知识导航

重难点微课
3-3
存货信息设置

存货是企业的一项重要经济资源，是企业物流管理和财务核算的主要对象，存货设置主要包括计量单位设置、存货分类设置和存货档案设置等。

一、计量单位设置

企业的存货种类繁多，不同的存货具有不同的计量单位，所以在设置存货档案之前要先设置计量单位。

设置计量单位前，应先对计量单位进行分类，系统提供的计量单位组可分为无换算率计量单位组、浮动换算率计量单位组和固定换算率计量单位组3种。

无换算率计量单位组：该组下的所有计量单位都以单独形式存在，各计量单位之间无换算率，系统默认为主要计量单位。

浮动换算率计量单位组：设置为浮动换算率时，可以选择的计量单位组中只能包含两个计量单位，此时需要将该计量单位组中的主计量单位、辅助计量单位显示在存货卡片上。

固定换算率计量单位组：设置为固定换算率时，可以选择的计量单位组中可以包含两个以上的计量单位，且每一个辅助计量单位对主计量单位的换算率不为空，此时需要将该计量单位组中的主计量单位显示在存货卡片上。

二、存货分类设置

如果企业存货较多，可以按一定方式对存货进行分类管理，可按照存货固有的特征和属性，将存货划分为不同的类别，便于企业统计和分析业务数据。

三、存货档案设置

存货档案用于保存企业生产经营中的存货信息，是会计信息系统核算的依据和基础，必须科学、合理地对其分类，准确、完整地提供存货档案数据。存货档案主要是对企业全部存货目录的设立和管理，包括随同货物销售一起发生的应税劳务，也应设置在存货档案中。

操作录屏3-3

存货信息设置

任务实施

【操作步骤】

1.定义计量单位

（1）进入企业应用平台，在“基础设置”选项卡中，执行“基础档案”→“存货”→“计量单位”命令。点击“分组”按钮，显示“计量单位组”界面。

（2）点击“增加”按钮，输入计量单位组的编码、名称、类别等信息，点击“保存”按钮，如图3-3-1所示。

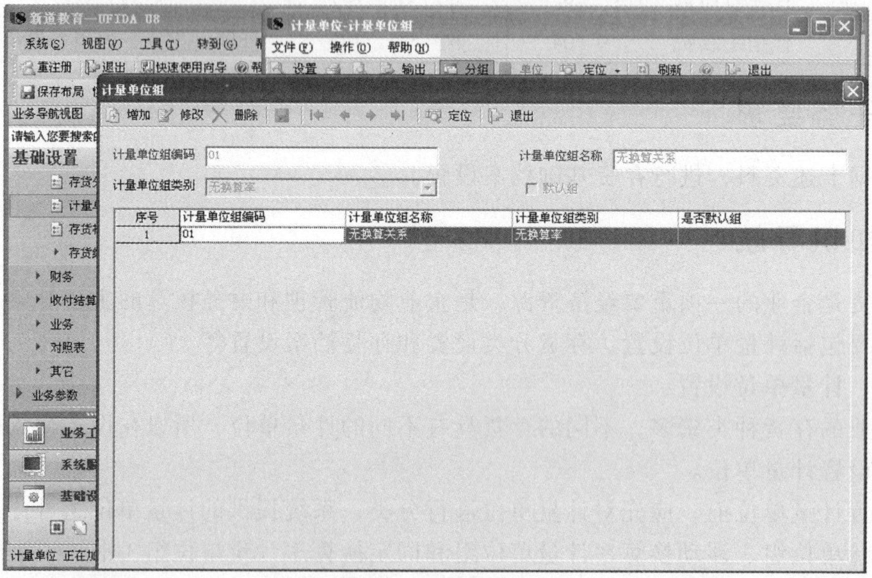

图3-3-1　计量单位组

特别提示：

① 设置的计量单位组中最多只能有一个无换算率计量单位组。

② 每个计量单位组中至少应有一个主计量单位，无换算率计量单位组无辅助计量单位，浮动换算率计量单位组只有一个辅助计量单位，固定换算率计量单位组可

有多个辅助计量单位，可以设置主计量单位和辅助计量单位之间的换算率。

（3）点击“退出”按钮，退出计量单位组窗口，显示计量单位组列表。

（4）点击“计量单位”窗口工具栏上的“单位”按钮，系统弹出“计量单位设置”窗口，点击工具栏上的“增加”按钮，输入信息后单击“保存”按钮，同理，依次输入其他计量单位资料，如图3-3-2所示。单击“退出”按钮。

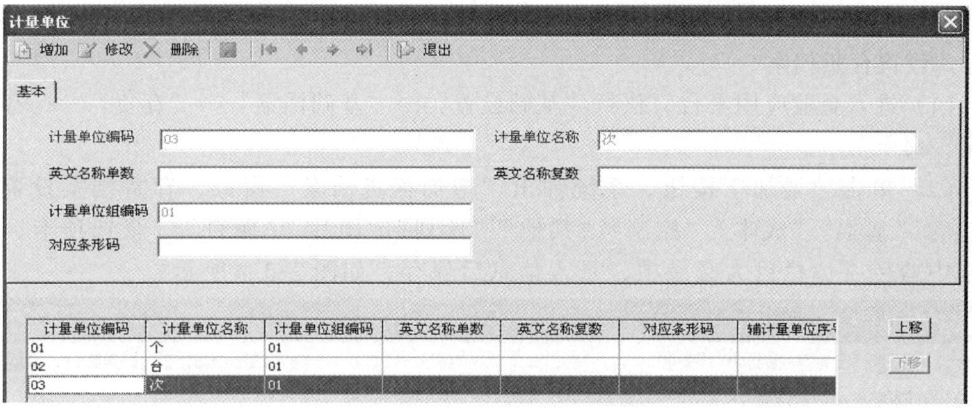

图3-3-2 计量单位

特别提示：

必须先输入计量单位组中的主计量单位，才能进行计量单位设置，“计量单位编码”和“计量单位名称”为必填项。

2.设置存货分类

（1）在“基础设置”选项卡中，执行“基础档案”→“存货”→“存货分类”命令。

（2）点击“增加”按钮，录入信息后保存，如图3-3-3所示。

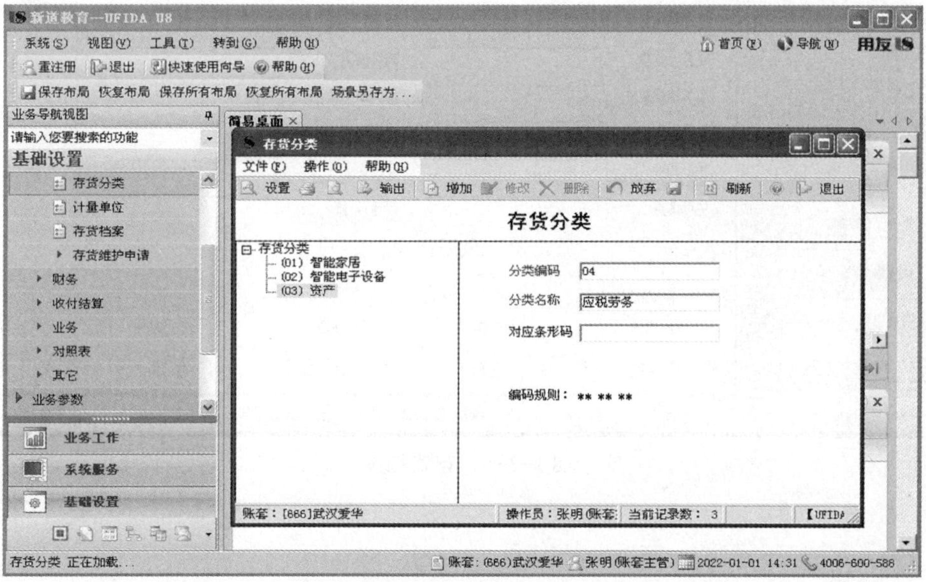

图3-3-3 存货分类

特别提示：

① “分类编码”和“分类名称”为必填项，注意存货分类必须逐级增加。

② 在企业购销业务中，经常会发生一些劳务费用，如“运输费”“装卸费”“包装费”等，这些费用也是构成企业存货成本的一个组成部分，并且它们一般具有与其他存货不同的税率。为了正确反映和核算这些劳务费用，应该在存货分类中单独设置一类“劳务费用”或“应税劳务”。

3. 设置存货档案

（1）进入企业应用平台，执行“基础设置”→“基础档案”→“存货”→“存货档案”命令。

（2）单击“增加”按钮，系统弹出“增加存货档案”窗口，存货档案设置窗口包含“基本”“成本”“控制”“其他”“计划”“图片”“附件”7张选项卡，选项卡中蓝色字体栏目为必录项，录入信息后保存，如图3-3-4所示。

任务测试3-3

存货信息设置

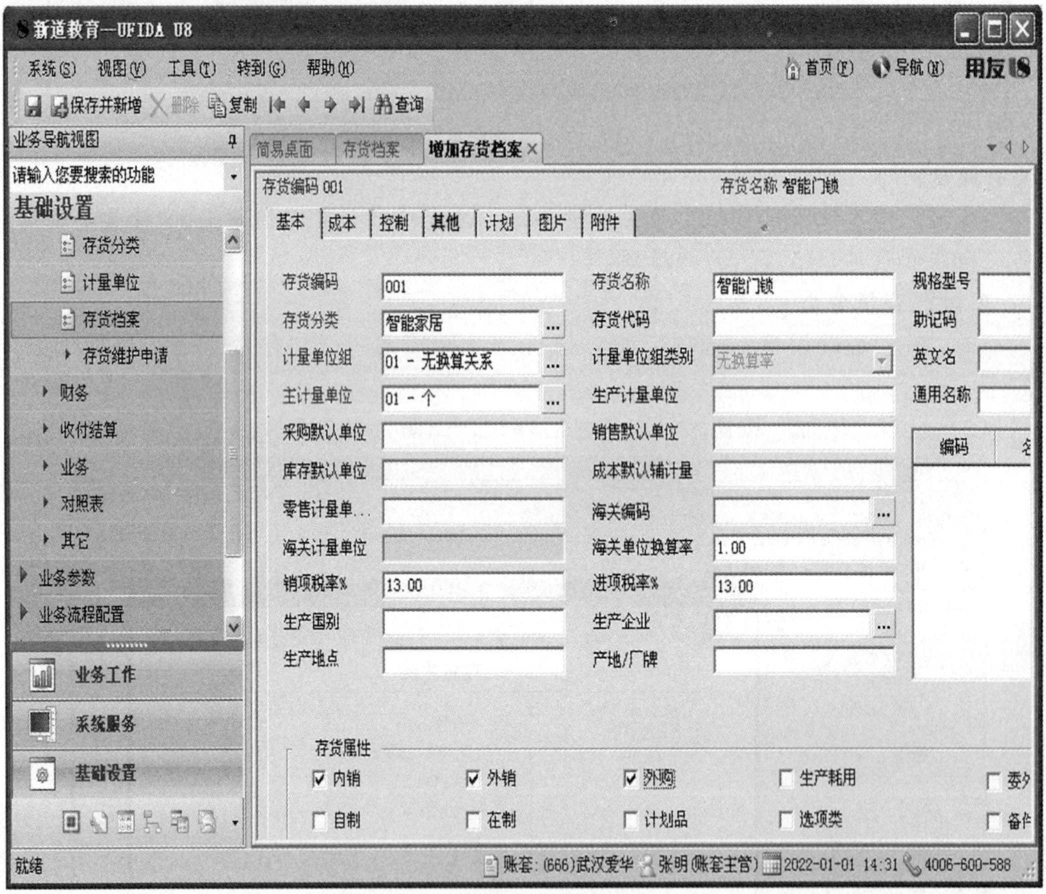

图3-3-4 存货档案

任务四 财务信息设置

任务资料

1.会计科目档案（见表3-4-1）

表3-4-1 会计科目

科目编码	科目名称	方向	辅助核算
1001	库存现金	借	日记账
1002	银行存款	借	日记账、银行账
100201	工行存款	借	日记账、银行账
1012	其他货币资金	借	
1121	应收票据	借	客户往来、应收系统受控科目
1122	应收账款	借	客户往来、应收系统受控科目
1123	预付账款	借	供应商往来、应付系统受控科目
1131	应收股利	借	
1132	应收利息	借	
1221	其他应收款	借	个人往来
1231	坏账准备	贷	
1402	在途物资	借	
1403	原材料	借	
1405	库存商品	借	
1411	周转材料	借	
141101	包装物	借	
141102	低值易耗品	借	
1511	长期股权投资	借	
1601	固定资产	借	
1602	累计折旧	贷	
1604	在建工程	借	
1605	工程物资	借	

续表

科目编码	科目名称	方向	辅助核算
1606	固定资产清理	借	
1701	无形资产	借	
1801	长期待摊费用	借	
1901	待处理财产损溢	借	
190101	待处理流动资产损溢	借	
190102	待处理固定资产损溢	借	
2001	短期借款	贷	
2201	应付票据	贷	供应商往来、应付系统受控科目
2202	应付账款	贷	
220201	一般应付款	贷	供应商往来、应付系统受控科目
220202	暂估应付款	贷	供应商往来
2203	预收账款	贷	客户往来、应收系统受控科目
2211	应付职工薪酬	贷	
221101	工资	贷	
221102	社会保险费	贷	
221103	设定提存计划	贷	
221104	住房公积金	贷	
221105	工会经费	贷	
2221	应交税费	贷	
222101	应交增值税	贷	
22210101	进项税额	借	
22210102	销项税额	贷	
22210105	转出未交增值税	借	
22210108	进项税额转出	贷	
22210109	转出多交增值税	贷	
222102	未交增值税	贷	

续表

科目编码	科目名称	方向	辅助核算
222103	应交城建税	贷	
222104	应交教育费附加	贷	
222105	应交地方教育附加	贷	
222106	应交企业所得税	贷	
222107	应交个人所得税	贷	
2231	应付利息	贷	
2232	应付股利	贷	
2241	其他应付款	贷	
224101	代扣职工三险一金	贷	
2501	长期借款	贷	
2502	应付债券	贷	
4001	实收资本	贷	
4002	资本公积	贷	
4101	盈余公积	贷	
4103	本年利润	贷	
4104	利润分配	贷	
410401	提取法定盈余公积	贷	
410402	提取任意盈余公积	贷	
410403	未分配利润	贷	
410404	其他	贷	
6001	主营业务收入	贷	
6051	其他业务收入	贷	
6111	投资收益	贷	
6301	营业外收入	贷	
6401	主营业务成本	借	
6402	其他业务成本	借	

续表

科目编码	科目名称	方向	辅助核算
6403	税金及附加	借	
6601	销售费用	借	
660101	职工薪酬	借	
660102	业务招待费	借	
660103	委托代销手续费	借	
660104	差旅费	借	
660105	折旧费	借	
660106	办公费	借	
660109	其他	借	
6602	管理费用	借	
660201	职工薪酬	借	部门核算
660202	办公费	借	部门核算
660203	水电费	借	部门核算
660204	差旅费	借	部门核算
660205	折旧费	借	部门核算
660209	其他	借	
6603	财务费用	借	
660301	利息支出	借	
660302	手续费	借	
660303	现金折扣	借	
660309	其他	借	
6702	信用减值损失	借	
6711	营业外支出	借	
6801	所得税费用	借	
6901	以前年度损益调整	借	

指定“1001库存现金”为现金科目，“1002银行存款”为银行科目。

2.凭证类别

采用通用记账凭证格式。

任务要求

1. 根据上述资料，进行会计科目档案设置，并进行出纳会计科目指定设置。

2. 根据上述资料，进行凭证类别设置。

知识导航

财务信息设置是为了各个业务子系统与总账系统之间建立起财务信息桥梁，主要包括会计科目增加、修改、凭证类别设置等操作。

重难点微课 3-4

财务信息——会计科目设置

操作录屏3-4

财务信息设置

任务实施

【操作步骤】

1.会计科目设置

（1）增加会计科目

①在“基础设置”选项卡中，执行“基础档案”→“财务”→“会计科目”命令，进入“会计科目”窗口，显示所有2007年新会计制度科目。

②单击“增加”按钮，进入“新增会计科目”窗口，输入明细科目的相关内容，如输入科目编码“100201”、科目名称“工行存款”；选择“日记账”和“银行账”，单击“确定”按钮，如图3-4-1所示。

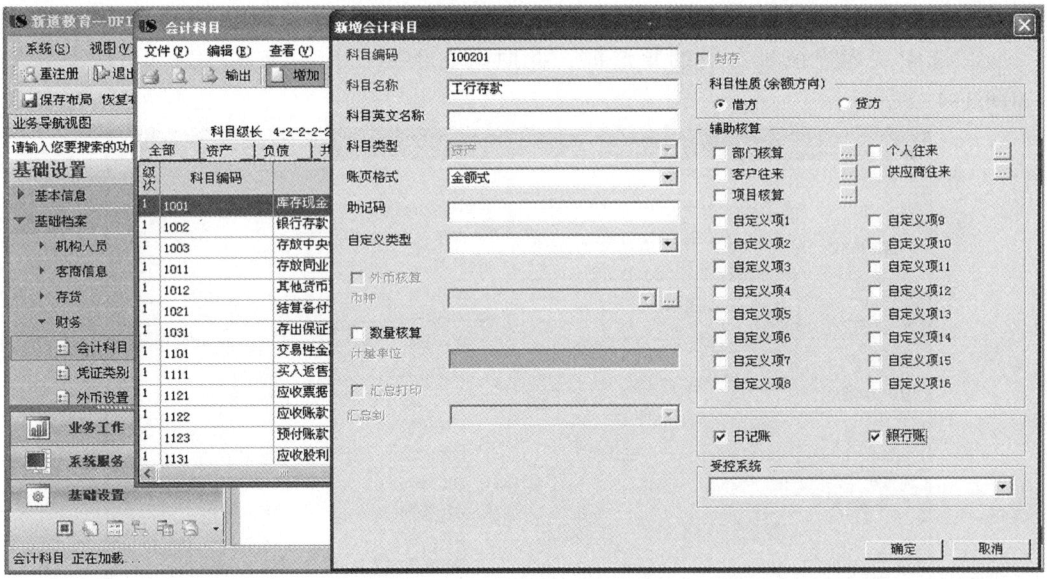

图3-4-1　新增会计科目

主要栏目说明：

科目类型：行业性质为企业时，科目类型分为资产、负债、共同、所有者权益、成本和损益六类。

账页格式：系统提供了金额式、外币金额式、数量金额式、外币数量式四种账页格式供选择，用于定义该科目在账簿打印时的默认打印格式。

辅助核算：也叫辅助账类。用于说明本科目是否有其他核算要求，系统除了完成一般的总账、明细账核算外，还提供了部门核算、个人往来、客户往来、供应商往来和项目核算供企业选择。凡是设置有辅助核算内容的会计科目，在录入期初余额或填制凭证时，都需要录入相应的辅助核算内容。

日记账、银行账：选择了"日记账"的科目可以生成日记账数据供查询，选择了"银行账"的科目可以执行银行对账等功能。

受控系统：如果设置某科目为受控科目，受控于某一系统，则使用该科目制单时只能在该受控系统中进行，而不能在总账系统中进行。例如，"应收账款"可设置为受控于"应收系统"，"应付账款"可设置为受控于"应付系统"。

③依次新增其他会计科目，单击"关闭"按钮。

特别提示：

① 增加会计科目时，必须遵循自上而下的原则，即先增加上级科目，再增加下级科目；会计科目编码要符合编码规则；编码不能重复。

② 会计科目如果要进行数量核算，应选中"数量核算"复选框，并设置相应的计量单位。以后在录入该科目的期初余额和用该科目制单时，不仅要录入金额，还要录入物品数量。

（2）修改会计科目

①在"会计科目"窗口，双击"1122应收账款"，或在选中"1122应收账款"后单击"修改"按钮，打开"会计科目_修改"对话框。

②选中"客户往来"前的复选框，此时，右下角受控系统显示为"应收系统"，如图3-4-2所示。

图3-4-2 修改会计科目——辅助核算

③单击“确定”按钮。同理，修改任务资料中的其他会计科目。

特别提示：

在修改“应收账款”会计科目时，如果通过下拉框将右下角受控系统显示为空白，则表示该应收往来业务可以在总账系统中进行制单。

（3）指定会计科目

①在“会计科目”窗口执行“编辑”→“指定科目”命令。

②进入“指定科目”对话框，选择左边“现金科目”单选按钮，单击“>”按钮，将“1001库存现金”从“待选科目”窗口选入“已选科目”窗口，如图3-4-3所示，然后单击“确定”按钮。

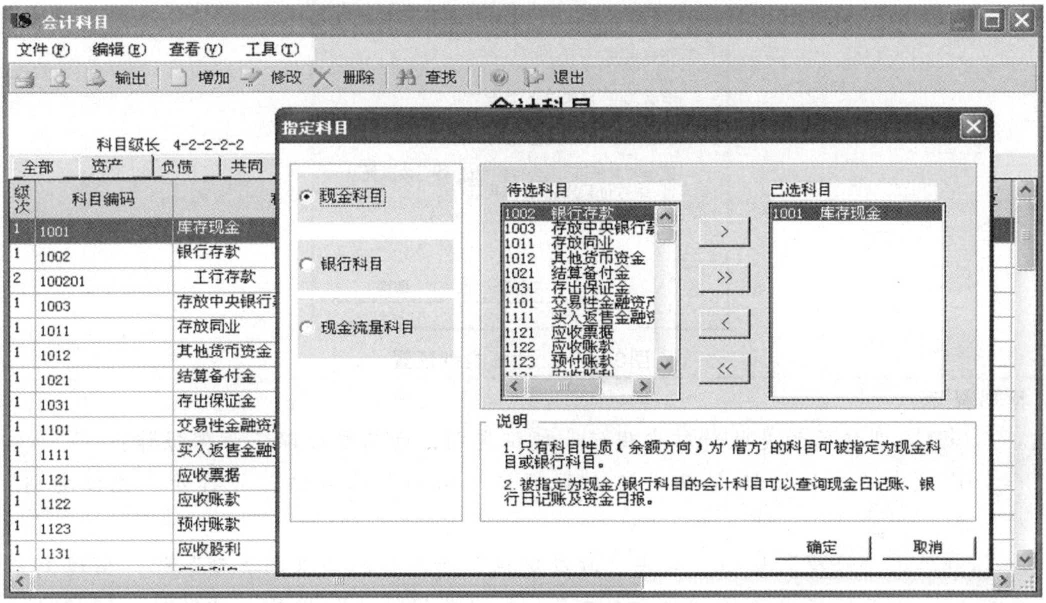

图3-4-3 指定会计科目

③同理，进行银行存款科目指定。

特别提示：

① 指定会计科目是指指定出纳的专管科目。只有指定会计科目后，才能执行出纳签字，才能查看库存现金日记账和银行存款日记账。

② 被指定的“现金科目”和“银行科目”必须是一级科目。

（4）删除会计科目

① 在“会计科目”窗口，选择要删除的会计科目。

② 单击“删除”按钮，系统显示“记录删除后不能修复！真的删除此记录吗？”提示框。

③ 单击“确定”按钮，即可删除该科目。

特别提示：

① 如果要删除已设置有明细科目的会计科目，应自下而上操作，先删除明细科目，再删除一级科目。

② 如果科目已录入期初余额或已制单，则不能删除，必须先删除余额或凭证后，才能进行相应操作。

③ 被指定为现金科目或银行科目的会计科目不能删除；若想删除，必须先取消指定。

2. 凭证类别设置

① 在“基础设置”选项卡中，执行“基础档案”→“财务”→“凭证类别”命令，进入“凭证类别预置”窗口。

② 选中“记账凭证”前的单选按钮，如图3-4-4所示。单击“确定”按钮。

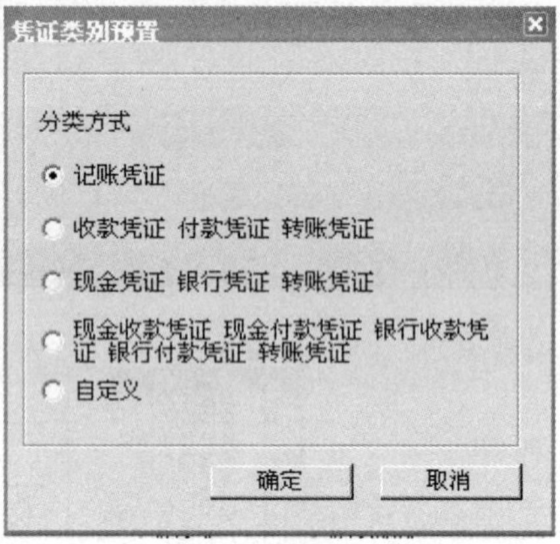

图3-4-4　凭证类别预置

特别提示：

如果企业使用的是收付转专用记账凭证类别，则需要按以下步骤操作：

① 选中“收款凭证 付款凭证 转账凭证”前的单选按钮，并打开“凭证类别”对话框。

② 单击“修改”按钮，双击“收款凭证”所在行的“限制类型”栏，出现倒三角按钮，从下拉框中选择“借方必有”，在“限制科目”栏录入“1001，100201”，或单击参照按钮，分别选择“1001”及“100201”。同理，完成对付款凭证和转账凭证的设置，如图3-4-5所示。

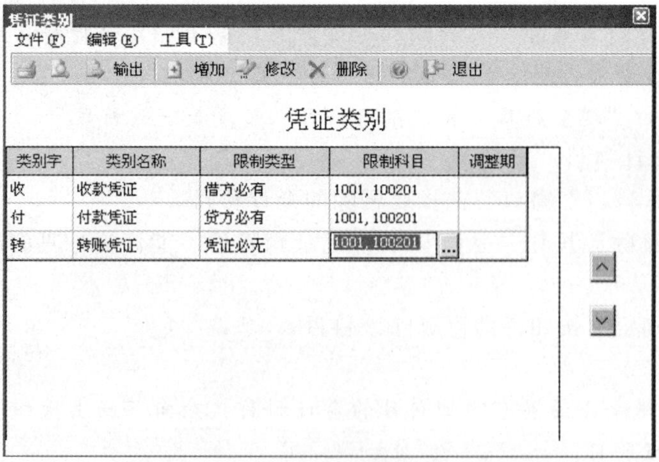

图3-4-5　凭证类别定义

任务测试3-4

财务信息设置

任务五　收付结算设置

任务资料

1.结算方式（见表3-5-1）

表3-5-1　结算方式

结算方式编码	结算方式名称	票据管理
1	现金结算	否
2	支票结算	是
201	现金支票	是
202	转账支票	是
3	商业汇票	是
301	商业承兑汇票	是
302	银行承兑汇票	是
4	网银转账	否
5	委托收款	否
6	其他	否

2.开户银行

编码：01；开户银行：中国工商银行武汉市白沙洲支行；账号：3202000980952678127。

3.付款条件（见表3-5-2）

表3-5-2　付款条件

付款条件编码	信用天数	优惠天数1	优惠率1	优惠天数2	优惠率2
01	60	20	2	40	1

任务要求

根据上述资料，进行收付结算基础档案设置。

知识导航

收付结算信息包括结算方式信息、开户银行及付款条件信息。

一、结算方式

为了便于提高与银行对账的效率，系统提供了设置银行结算方式的功能，该功能主要用来建立和管理用户在经营活动中所涉及的结算方式，其设置应该与财务结算方式一致。

二、付款条件

付款条件是指企业为了鼓励客户偿还贷款而允诺在一定期限内给予规定的折扣优待，比如可以定义一个付款条件为“2/10，1/20，n/30”，表示客户在10天内付款可以得到2%的折扣；在11—20天内付款可以得到1%的折扣，21—30天内付款无折扣。付款条件将主要在采购订单、销售订单、采购结算、销售结算、客户目录、供应商目录中引用，系统最多同时支持4个时间段的折扣优待。

任务实施

操作录屏3-5

收付结算设置

【操作步骤】

1.设置结算方式

（1）进入企业应用平台，在“基础设置”选项卡中，执行“基础档案”→“收付结算”→“结算方式”命令，进入“结算方式”窗口。

（2）点击“增加”按钮，输入结算方式后保存，如图3-5-1所示。

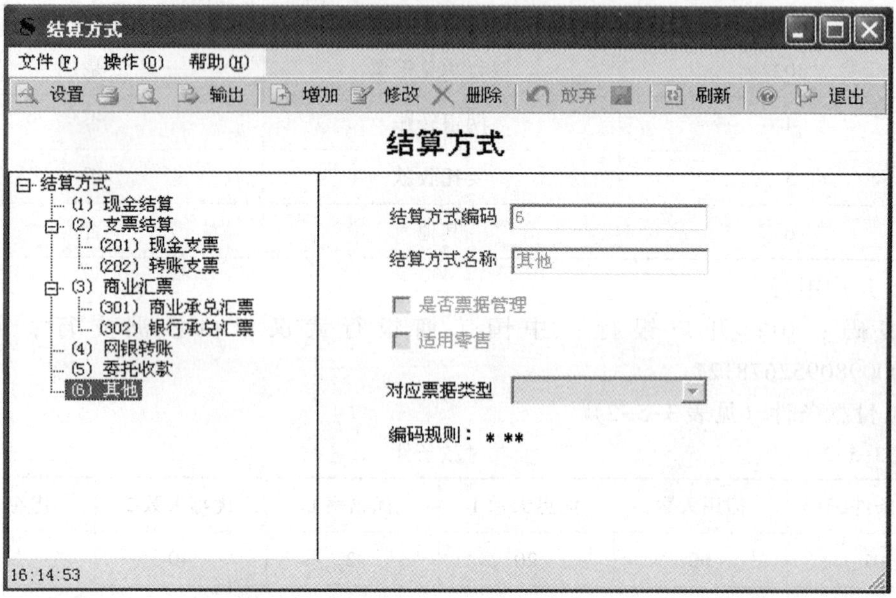

图3-5-1 结算方式

特别提示：

① 如果选中“是否票据管理”复选框，则在执行该种结算方式时，系统会提示记录发生该笔业务的票据信息，否则不会提示。

② 在总账系统中，结算方式会在使用银行账类科目填制凭证时使用，并可作为银行对账的一个参数。

2.开户银行设置

（1）在“基础设置”选项卡中，执行“基础档案”→“收付结算”→“银行档案”命令，进入“银行档案”窗口。

（2）选择“01中国工商银行”，单击“修改”按钮，取消企业账户账号定长。

（3）继续执行“基础档案”→“收付结算”→“本单位开户银行”命令，进入“本单位开户银行”窗口。

（4）单击“增加”按钮，输入信息后保存，如图3-5-2所示。

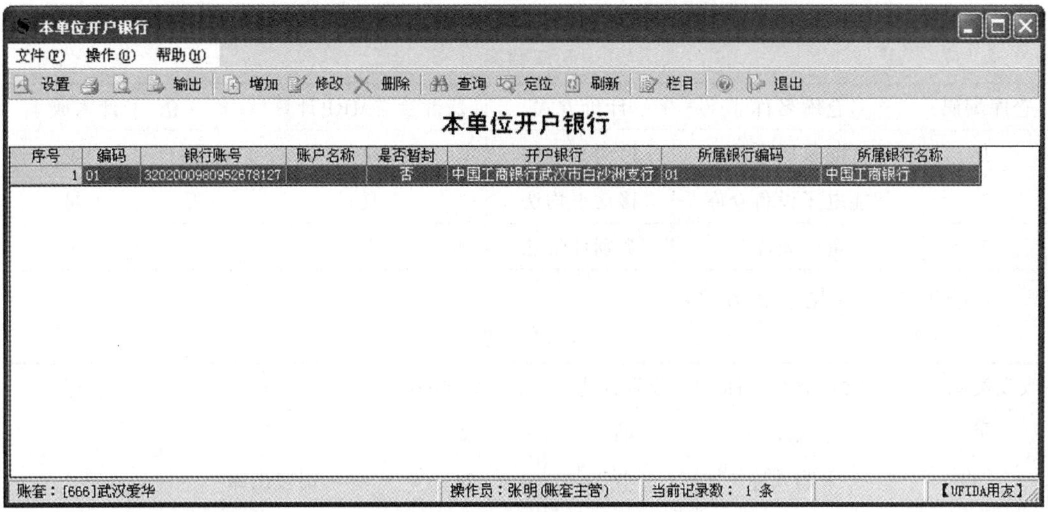

图3-5-2　本单位开户银行

3.设置付款条件

（1）在“基础设置”选项卡中，执行“基础档案”→“收付结算”→“付款条件”命令，进入“付款条件”窗口。

（2）单击“增加”按钮，输入信息后保存，如图3-5-3所示。

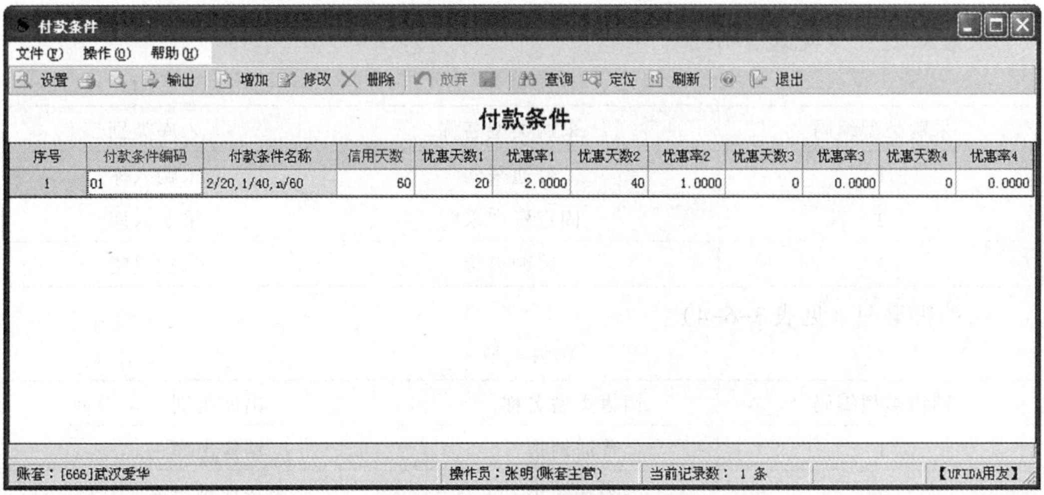

图3-5-3　付款条件

特别提示：

输入信用天数、优惠天数和优惠率，自动形成付款条件名称，不可修改。

任务测试3-5

收付结算设置

任务六 业务信息设置

任务资料

1.仓库档案（见表3-6-1）

表3-6-1 仓库档案

仓库编码	仓库名称	计价方式	是否参与MRP计算	资产仓	计入成本
1	智能家居仓库	移动平均法	是	否	是
2	智能电子设备仓库	移动平均法	是	否	是
3	资产仓库	个别计价法	否	是	否

2.收发类别（见表3-6-2）

表3-6-2 收发类别

收发类别编码	收发类别名称	收发标志	收发类别编码	收发类别名称	收发标志
1	入库	收	2	出库	发
11	采购入库	收	21	销售出库	发
12	采购退货	收	22	销售退货	发
13	调拨入库	收	23	调拨出库	发
14	盘盈入库	收	24	委托代销出库	发
15	其他入库	收	25	盘亏出库	发
			26	其他出库	发

3.采购类型（见表3-6-3）

表3-6-3 采购类型

采购类型编码	采购类型名称	入库类别
1	普通采购	采购入库
2	固定资产采购	采购入库
3	采购退货	采购退货

4.销售类型（见表3-6-4）

表3-6-4 销售类型

销售类型编码	销售类型名称	出库类别
1	普通销售	销售出库
2	委托销售	委托代销出库
3	销售退货	销售退货

5.费用项目

费用项目分类：0无分类。

费用项目：01委托代销手续费（所属分类0）；02运输费（所属分类0）。

6.单据编号设置

采购订单、采购专用发票、采购普通发票，完全手工编号；销售订单、销售专用发票、销售普通发票、零售日报，完全手工编号。

7.设置数据权限控制

取消对所有“记录级”业务对象的权限控制。

任务要求

1.根据上述资料，进行业务信息设置。

2.根据上述资料，进行单据编号设置。

3.根据上述资料，进行数据权限控制设置。

知识导航

一、仓库档案

仓库是用于存放存货的场所，对存货进行核算和管理，首先应对仓库进行管理，因此，设置仓库档案是供应链管理系统的重要基础工作之一，设置的仓库可以是企业实际在用的仓库，也可以是虚拟的仓库。

二、收发类别

收发类别，是为用户对材料的出入库情况进行分类、汇总、统计而设置的，表示材料的出入库类型。收发类别不一定单指材料，也可包括商品出入库类型，用户可根据各单位需要自由灵活地进行设置。

三、采购类型

采购类型是由用户根据企业需要自行设定的项目，用户在使用用友采购管理系统，填制采购入库单等单据时，会涉及采购类型栏目，便于企业进行分类统计，如果企业需要按采购类型进行统计，那就应该建立采购类型项目。

四、销售类型

用户在处理销售业务时，可以根据自身的实际情况自定义销售类型，以便于按销售类型业务数据进行统计和分析，完成对销售类型的设置和管理后，用户可以根据业务需要方便地增加、修改、删除、查询和打印。

五、费用项目

用户在处理销售业务中代垫费用和销售支出费用时，应先行在本功能中设定这些费用项目。完成对费用项目的设置和管理后，用户可以根据业务的需要方便地增加、修改、删除、查询和打印。

六、数据权限

用友ERP U8软件提供了三个层次的权限管理，即功能级权限管理、数据级权限管理和金额级权限管理。用户必须先在“系统管理”中分配功能权限，然后才能进行数据权限设置。

在进行数据权限设置之前，需要事先进行数据权限控制设置。用户可以根据需要先在数据权限默认设置表中选择需要进行权限控制的对象，一旦进行了控制设置，则需要对控制对象进行具体数据权限的分配，包括记录级、字段级和金额级权限分配。企业如果不需要进行权限精细管理，也可以取消默认设置表中已进行控制的对象。

任务实施

操作录屏3-6

业务信息设置

【操作步骤】

1.仓库档案设置

（1）进入企业应用平台，执行“基础设置”→“基础档案”→“业务”→“仓库档案”命令，进入“仓库档案”窗口。

（2）点击“增加”按钮，显示“增加仓库档案”界面，录入信息后保存，如图3-6-1所示。

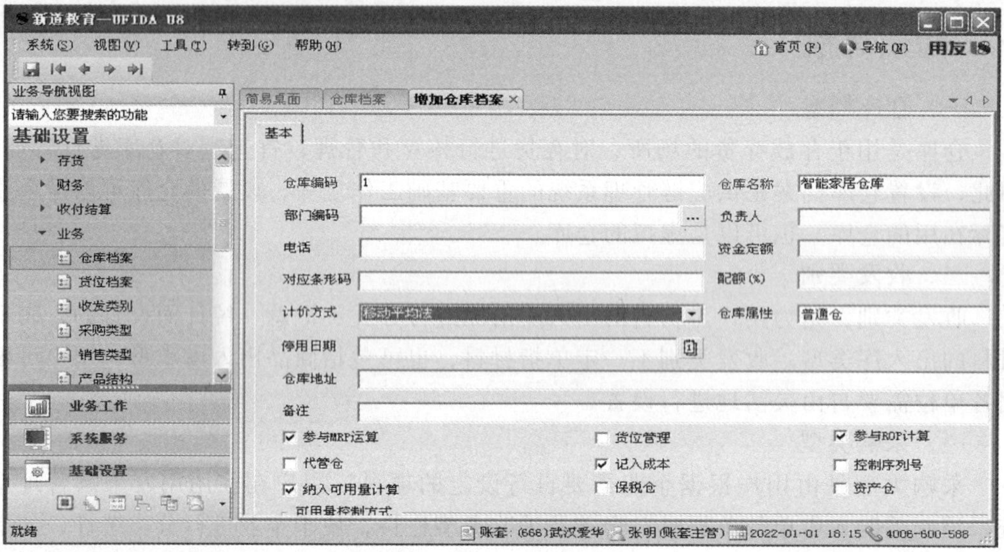

图3-6-1 仓库档案

特别提示：

① “仓库编码”和“仓库名称”为必填项，名称可重复，编码不能重复。

② 每个仓库必须选择一种计价方式，系统提供六种计价方式。工业企业包括计划价法、全月平均法、移动平均法、先进先出法、个别计价法；商业企业有售价法、全月平均法、移动平均法、先进先出法、个别计价法。

③ 仓库属性下拉框有3种选择：普通仓、现场仓、委外仓。系统默认为普通仓。

2.收发类别设置

（1）进入企业应用平台，执行“基础设置”→“基础档案”→“业务”→“收发类别”命令，进入“收发类别”窗口。

（2）点击“增加”按钮，录入信息后保存，如图3-6-2所示。

3.采购类型设置

（1）进入企业应用平台，执行“基础设置”→“基础档案”→“业务”→“采购类型”命令，进入“采购类型”窗口。

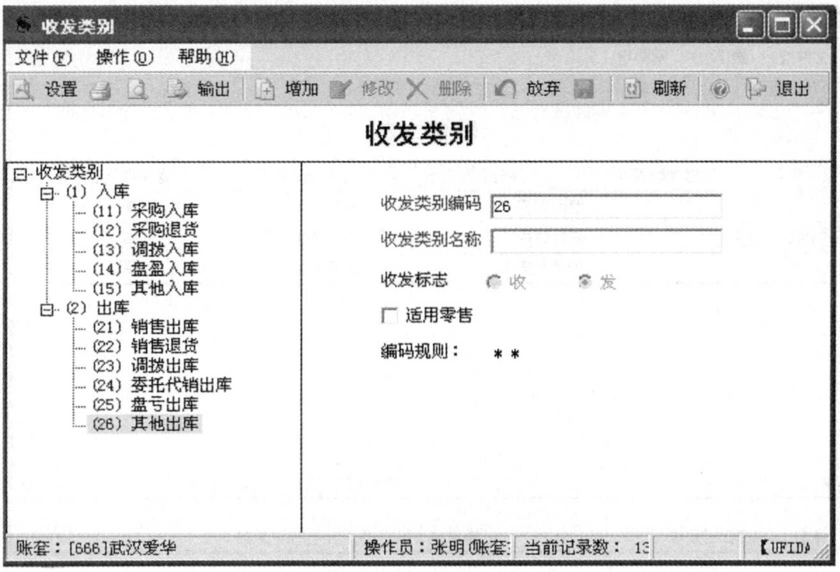

图3-6-2 收发类别

（2）点击“增加”按钮，录入信息后保存，如图3-6-3所示。

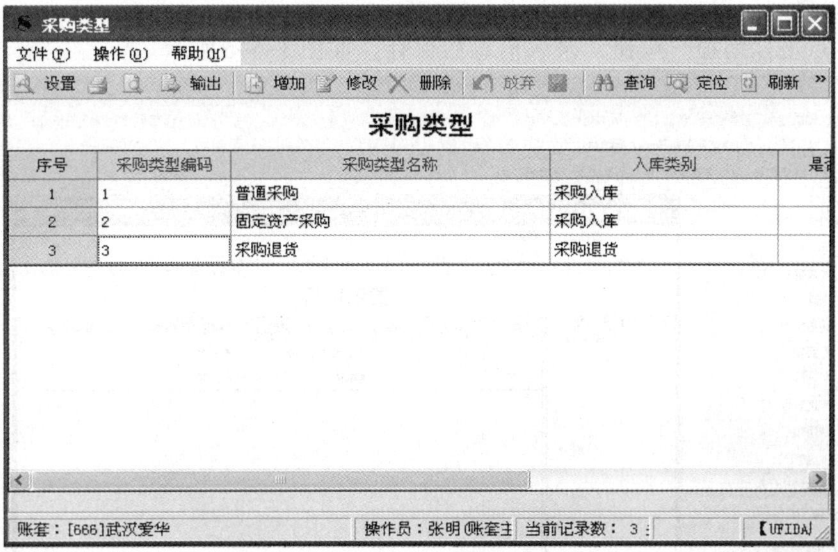

图3-6-3 采购类型

4.销售类型设置

（1）进入企业应用平台，执行“基础设置”→“基础档案”→“业务”→“销售类型”命令，进入“销售类型”窗口。

（2）点击“增加”按钮，录入信息后保存，如图3-6-4所示。

5.费用项目设置

（1）进入企业应用平台，执行“基础设置”→“基础档案”→“业务”→“费用项目分类”命令，进入“费用项目分类”窗口，输入费用项目分类编码“0”，输入费用项目分类名称“无分类”，保存。

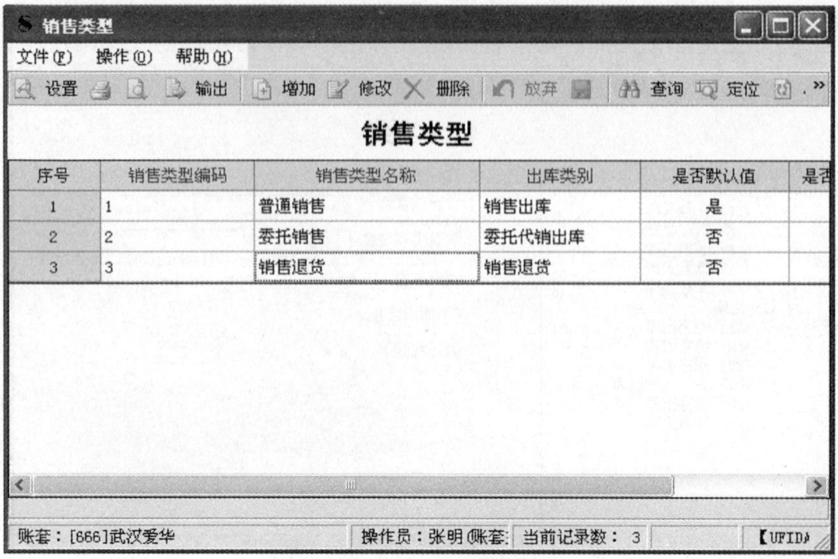

图3-6-4　销售类型

（2）执行“基础设置”→“基础档案”→“业务”→“费用项目”命令，进入“费用项目档案”窗口。

（3）点击“增加”按钮，录入信息后保存，如图3-6-5所示。

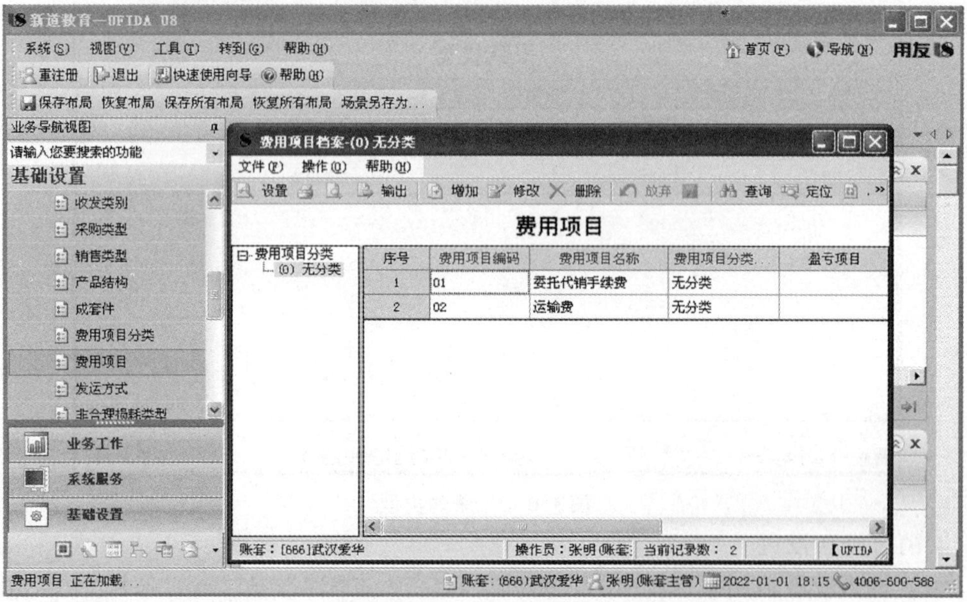

图3-6-5　费用项目

6.单据编号设置

（1）进入企业应用平台，执行“基础设置”→“单据设置”→“单据编号设置”命令，进入“单据编号设置”窗口。

（2）点开“采购管理”，选择“采购专用发票”，单击“修改”按钮，选择“完全手工编号”，如图3-6-6所示，单击“保存”。依次对其他单据编号进行设置后退出。

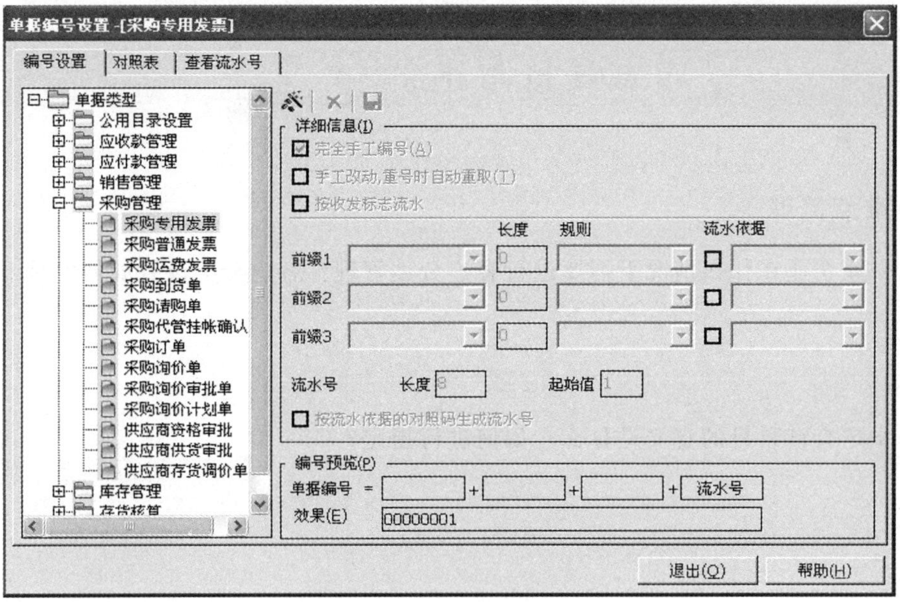

图3-6-6　单据编号设置

7.数据权限控制设置

（1）进入企业应用平台，执行“系统服务”→“权限”→“数据权限控制设置”命令，进入“记录级”页面，如图3-6-7所示。

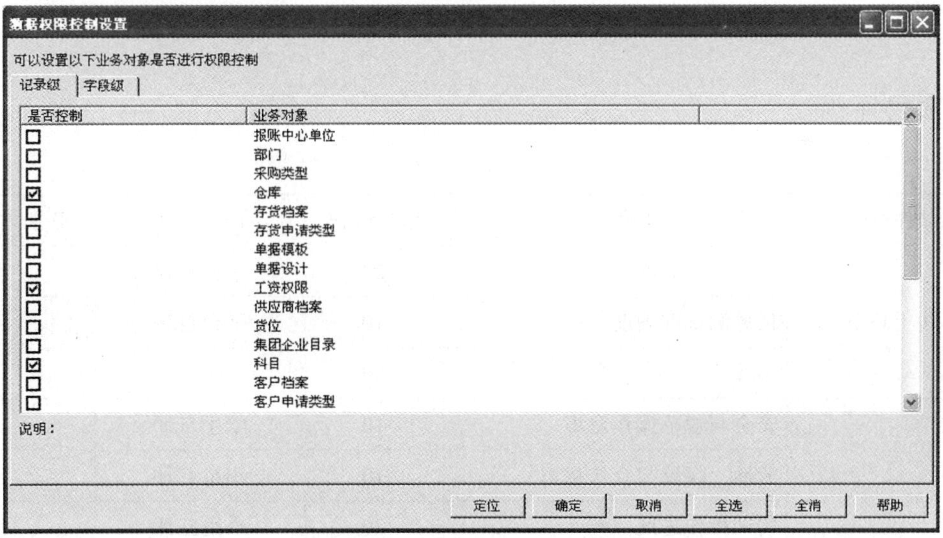

图3-6-7　数据权限控制设置

（2）单击“全消”按钮，单击“确定”按钮后退出。

特别提示：

如果要对系统默认的“仓库”、“工资权限”和“科目”等三个业务对象进行数据权限控制，则还需要在数据权限分配中对它们进行具体权限分配。本案例无需启用数据权限功能，因此需要进行“全消”操作，如果不取消控制，后续操作将受到影响。

学思践悟3-1

小疏漏，
大风险

任务测试3-6

业务信息设置

项目反馈与评价

重难点梳理

1.一家企业在什么情况下需要进行客户分类管理？客户分类设置如何实现？

2.指定会计科目的意义是什么？如何进行指定？

易错点分析

请将你在本项目任务测试和操作过程中出现的问题进行记录并分析。

项目评价

多维评价量表

序号	评价内容	设定分值	评价主体	得分情况
线上环节	自主学习进度	20	平台自评	
	任务测试准确度	10	平台自评	
	小计	30		
线下环节	安全与规范操作意识	10	学生自评	
	劳动、探究与合作意识	10	小组互评	
	实训操作进度	20	小组互评	
	实训数据准确度	20	教师评议	
	项目反思态度	10	教师评议	
	小计	70		
	合计	100		

项目四

系统初始设置

知识目标

通过本项目的学习，了解各子系统控制参数的类型及内涵，理解各子系统期初数据产生的原因，体会各子系统初始数据之间的联系。

技能目标

通过本项目实训，掌握各系统参数设置及初始数据的录入方法，并做到对账一致。

素养目标

通过系统初始设置，培养学生的因果逻辑思维和局部与整体的辩证思维，养成严谨细致的工作态度。

项目导图

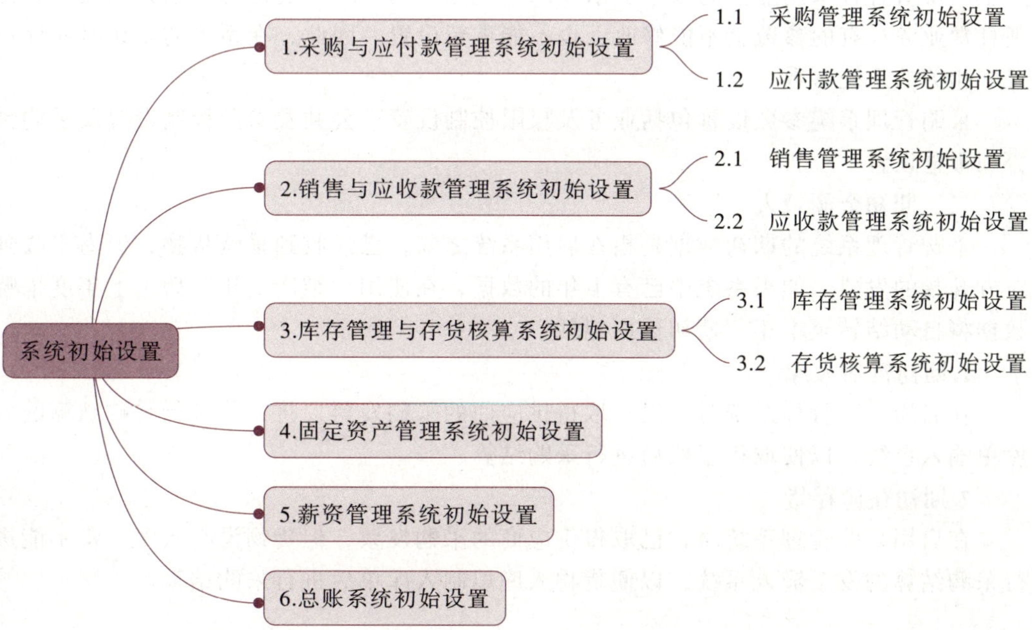

重难点微课
4-1

采购与应付款管理系统初始设置

任务一　采购与应付款管理系统初始设置

子任务1　采购管理系统初始设置

任务资料

1.系统控制参数

专用发票默认税率13%；允许超订单到货及入库。

2.期初数据

2021年12月15日，收到从上海兴宝科技有限公司采购的500个智能门锁，预估单价500元/个，商品已验收入智能家居仓库，至今尚未收到发票，录入期初采购入库单。

任务要求

1.根据上述资料，进行采购管理系统参数设置。

2.根据上述资料，进行采购期初单据录入。

3.采购期初记账。

知识导航

一、参数设置

采购管理系统参数设置，是指在处理日常采购业务之前，确定采购业务的范围、类型以及对各种采购业务的核算要求。因为一旦采购管理系统进行期初记账或开始处理日常业务，有的参数就不能修改，也不能重新设置。因此，在系统初始化时应该设置好相关的系统参数。

采购管理系统参数设置包括业务及权限控制设置、公共及参照控制设置及采购预警和报警设置。

二、期初余额录入

采购管理系统的期初数据是指在启用系统之前，已经收到采购货物，但尚未收到对方开具的发票。如果系统中已有上年的数据，在使用“结转上年”后，上年度采购数据将自动结转至本年。期初数据包括：

1.期初暂估入库

在启用采购管理系统时，没有取得供应商的采购发票，将不能进行采购结算的入库单输入系统，以便取得发票后进行采购结算。

2.期初在途存货

在启用采购管理系统时，已取得供应商的采购发票，但货物没有入库，将不能进行采购结算的发票输入系统，以便货物入库填制入库单后进行采购结算。

3.期初受托代销商品

在启用采购管理系统时，将没有与供应商结算完的受托代销商品数据输入系统，以便在受托代销商品销售后，能够进行受托代销结算。

期初记账是将采购期初数据记入有关采购账，期初记账后，期初数据不能增加、修改，除非取消期初记账。在采购期初记账前，需要先将期初暂估入库、期初在途存货和期初受托代销商品录入采购系统中。

任务实施

【操作步骤】

1.系统控制参数

操作录屏4-1

采购管理系统初始设置

（1）执行“业务工作”→“供应链”→“采购管理”→“设置”→“采购选项”命令，按要求对设置进行更改，单击“确定”按钮，如图4-1-1和图4-1-2所示；保存后退出。

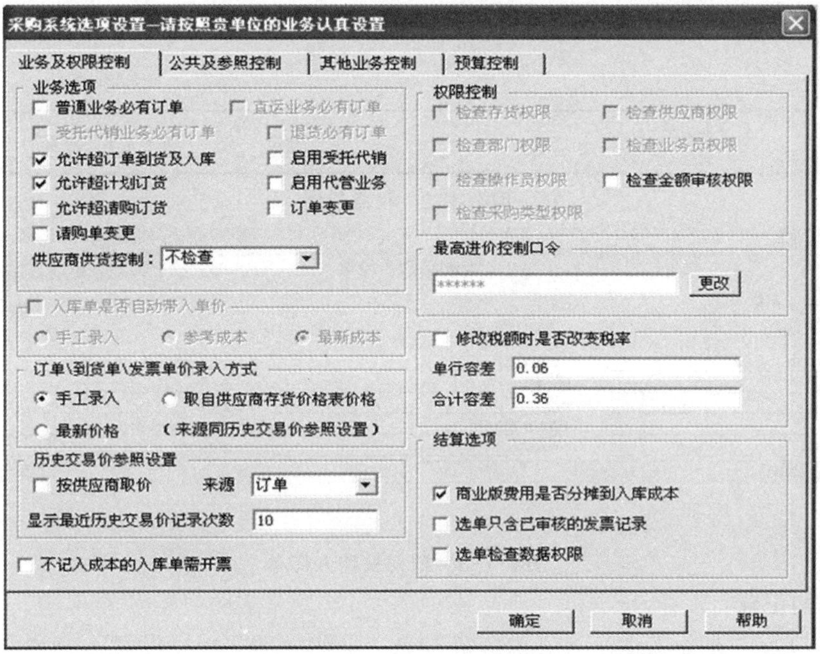

图4-1-1 采购系统选项设置

2.期初数据

（1）执行“业务工作”→“供应链”→“采购管理”→“采购入库”→“采购入库单”命令，进入“期初采购入库单”窗口。

（2）单击“增加”按钮，录入信息后保存，如图4-1-3所示。

特别提示：

① 如果采购货物尚未运达企业但发票已经收到，可以录入期初采购发票，表示企业的在途物资，待货物运达后，再办理采购结算。

② 开票日期必须在启用日期之前。

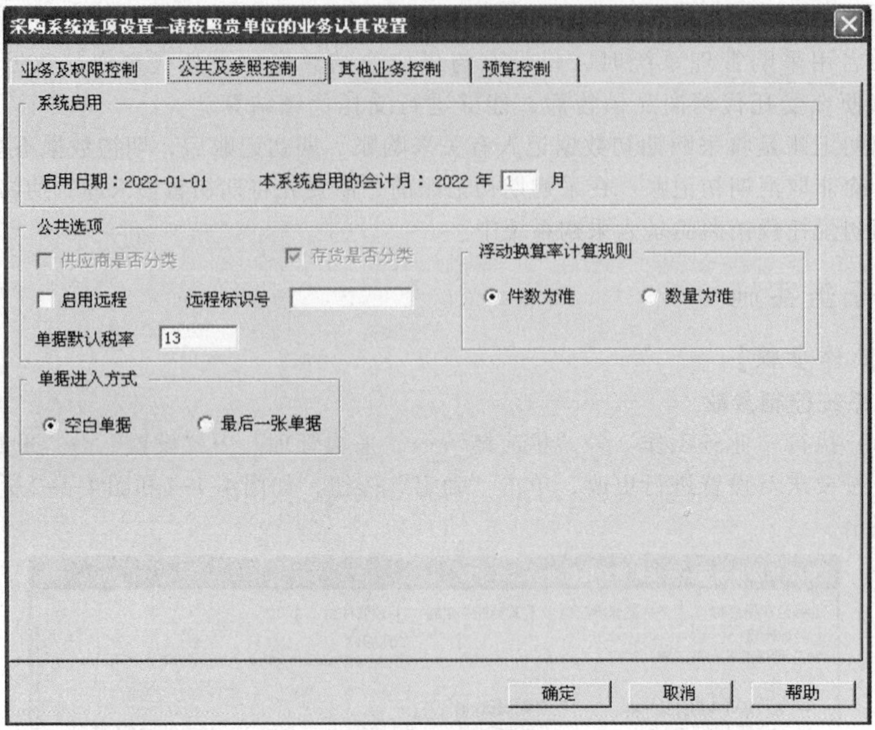

图4-1-2　税率设置

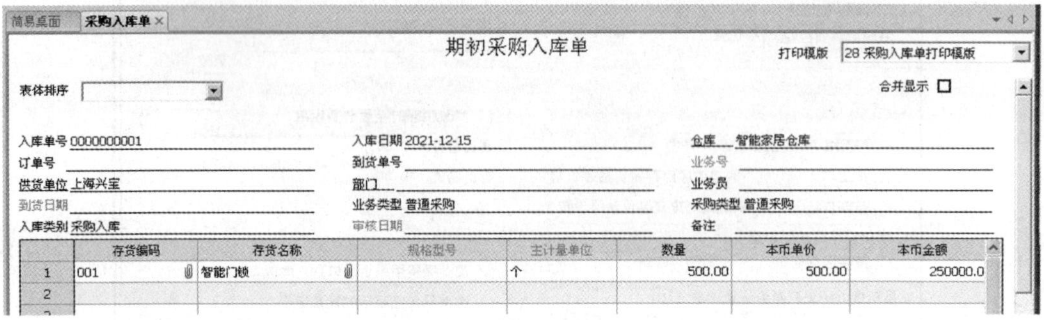

图4-1-3　期初采购入库单

3.期初记账

（1）执行“业务工作”→“供应链”→“采购管理”→“设置”→“采购期初记账”命令，进入“期初记账”窗口，如图4-1-4所示。

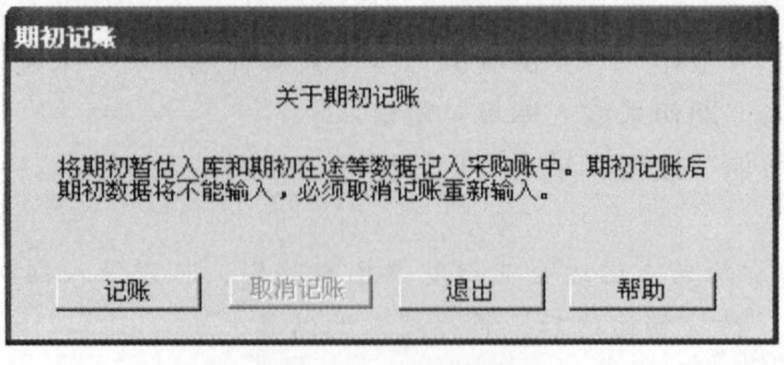

图4-1-4　期初记账

（2）单击“记账”按钮，显示“期初记账完毕！”。

特别提示：

①没有期初数据时，也可以期初记账，以便输入日常采购单数据。

②记账后，如要取消记账，则单击“取消记账”按钮，系统将把期初记账数据设置为未期初记账状态。

③在采购管理系统期初记账前，录入采购入库单、采购发票和受托代销单，系统会自动显示为期初入库单、期初采购发票和期初受托代销单。期初记账后，所录入的采购入库单、采购发票和受托代销单都可以在后期执行正常的业务操作。

④采购管理系统期初记账前，期初入库单等期初数据可以修改、删除；期初记账后，不允许修改或删除。

子任务2　应付款管理系统初始设置

任务资料

1.应付款管理系统控制参数

应付款核销方式：按单据；勾选“自动计算现金折扣”。

2.应付款科目设置（见表4-1-1）

表4-1-1　应付款科目设置

科目类别	设置方式
基本科目设置	应付科目（本币）：220201 预付科目（本币）：1123 采购科目：1402 固定资产采购科目：1601 税金科目：22210101 现金折扣科目：660303 银行承兑科目：2201 票据利息科目：660301
产品科目设置	智能家居采购科目：1402，采购税金科目：22210101； 智能电子设备采购科目：1402，采购税金科目：22210101； 资产采购科目：1601，采购税金科目：22210101； 应税劳务采购科目：660103，采购税金科目：22210101
结算方式科目设置	现金结算：1001 现金支票结算：100201 转账支票结算：100201 网银转账：100201 委托收款：100201

3.账期内账龄区间（见表4-1-2）

表4-1-2　　账期内账龄区间

序号	起止天数	总天数
01	0—30	30
02	31—60	60
03	61—90	90
04	91以上	

4.逾期账龄区间（见表4-1-3）

表4-1-3　　逾期账龄区间

序号	起止天数	总天数
01	1—30	30
02	31—60	60
03	61—90	90
04	91以上	

5.应付账款——一般应付款期初余额（见表4-1-4）

表4-1-4　　应付账款——一般应付款期初余额（采购专用发票）

日期	供应商	摘要	方向	金额
2021-12-25	上海悦宏	采购智能台灯200个，无税单价250元/个，税率13%，发票号5678213，付款条件“2/20，1/40，n/60”	贷	56 500

6.应付票据期初余额（见表4-1-5）

表4-1-5　　应付票据期初余额

日期	供应商	摘要	方向	金额
2021-12-11	广东鑫海	采购智能音箱100个，无税单价450元/个，税率13%，银行承兑汇票票号6255413，到期日2022-01-11，承兑银行：中国工商银行	贷	50 850

任务要求

1.根据上述资料，进行应付款管理系统参数设置。

2.根据上述资料，进行应付款管理系统期初余额录入。

知识导航

在联用应付款管理系统与采购管理系统的情况下，两个系统存在着数据传递关系。因此，启用采购管理系统的同时，应该启用应付款管理系统。应付款管理系统参数设置和期初余额录入，都是系统的初始化工作，应该在处理日常业务之前完成。

一、参数设置

应付款管理系统参数设置主要包括应付账款核销方式、单据审核日期依据、汇兑损益处理方式、费用支出单类型、应付账款核算类型等参数设置，基本科目、控制科目、产品科目、结算方式科目等科目设置，账龄区间、报警级别及单据类型等信息录入。

二、期初余额录入

应付款管理系统期初余额，包括未结算完的发票和应付单、预付款单据、未结算完的应付票据，这些期初数据必须是账套启用会计期间前的数据。

期初发票是指还未核销的应付账款，在系统中以采购发票的形式列示，已核销部分金额不显示。

期初应付单是指还未结算的其他应付单，在系统中以应付单的形式列示，已核销部分金额不显示。

期初预付单是指提前支付给供应商的款项，在系统中以付款单的形式列示。

期初应付票据是指还未结算的商业汇票，在系统中以应付票据的形式列示。

当进入第二年年度处理时，系统自动将上年度未处理完的单据转为下一年度的期初余额。

任务实施

操作录屏4-2

应付款管理系统初始设置

【操作步骤】

1.系统参数控制

执行“业务工作”→“财务会计”→“应付款管理”→“设置”→“选项”命令，进入“账套参数设置”窗口，在“核销设置”选项卡下，单击“编辑”按钮，应付款核销方式选择“按单据”，如图4-1-5所示。在“常规”选项卡下，勾选“自动计算现金折扣”，如图4-1-6所示，单击“确定”按钮。

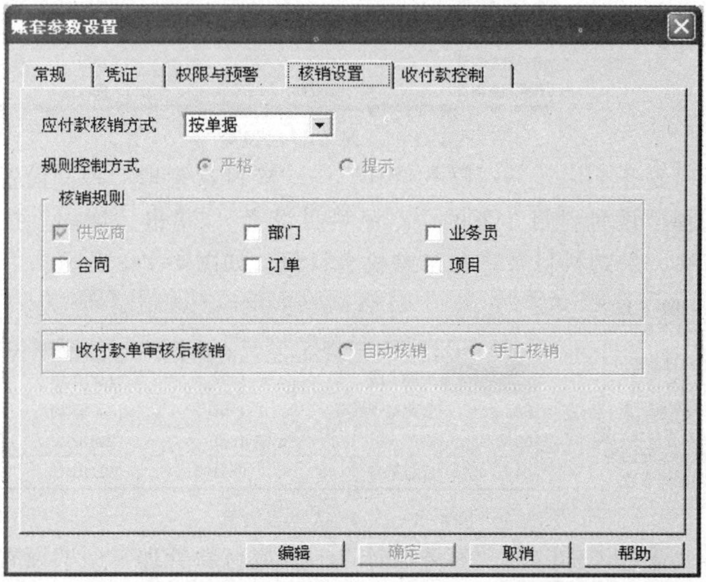

图4-1-5 应付款管理系统账套参数设置——“核销设置”选项卡

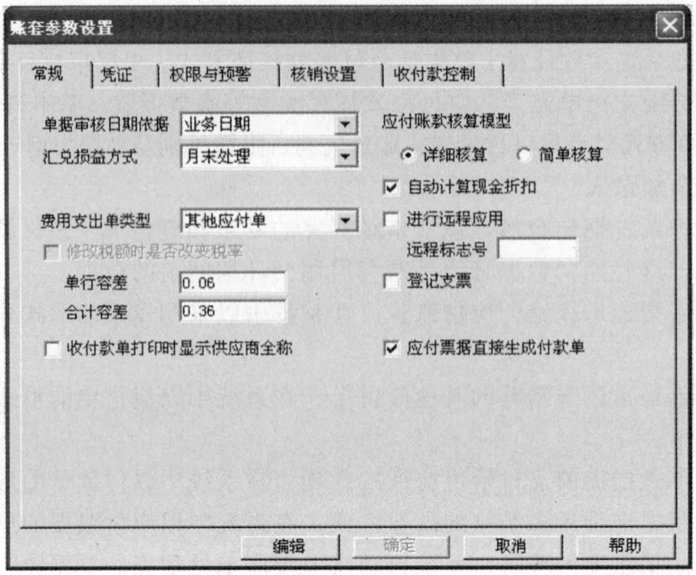

图4-1-6　应付款管理系统账套参数设置——“常规”选项卡

2.科目设置

（1）执行“业务工作”→“财务会计”→“应付款管理”→“设置”→“初始设置”命令，选择“设置科目”下的“基本科目设置”，单击“增加”按钮，录入基础科目种类、科目及币种，如图4-1-7所示。

基础科目种类	科目	币种
应付科目	220201	人民币
预付科目	1123	人民币
采购科目	1402	人民币
固定资产采购科目	1601	人民币
税金科目	22210101	人民币
现金折扣科目	660303	人民币
银行承兑科目	2201	人民币
票据利息科目	660301	人民币

图4-1-7　基本科目设置

（2）执行“业务工作”→“财务会计”→“应付款管理”→“设置”→“初始设置”命令，选择“设置科目”下的“产品科目设置”，单击“增加”按钮，录入类别编码、类别名称、采购科目及产品采购税金科目，如图4-1-8所示。

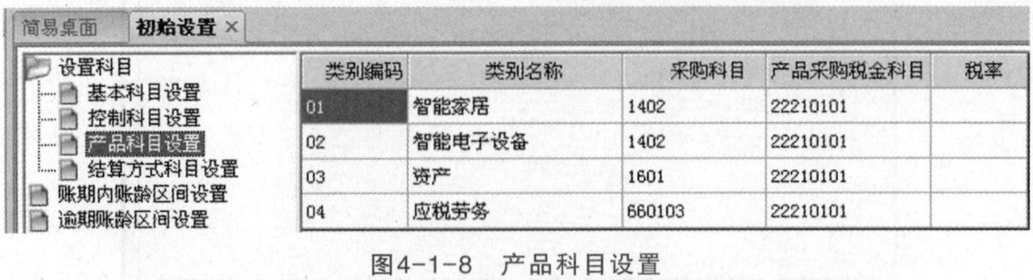

类别编码	类别名称	采购科目	产品采购税金科目	税率
01	智能家居	1402	22210101	
02	智能电子设备	1402	22210101	
03	资产	1601	22210101	
04	应税劳务	660103	22210101	

图4-1-8　产品科目设置

（3）执行“业务工作”→“财务会计”→“应付款管理”→“设置”→“初始设置”命令，选择“设置科目”下的“结算方式科目设置”，单击“增加”按钮，录入结算方式及科目，如图4-1-9所示。

图4-1-9 结算方式科目设置

3.账期内账龄区间设置

（1）执行“业务工作”→“财务会计”→“应付款管理”→“设置”→“初始设置”命令，选择“账期内账龄区间设置”。

（2）点击“增加”按钮，录入起止天数等信息后，保存，如图4-1-10所示。

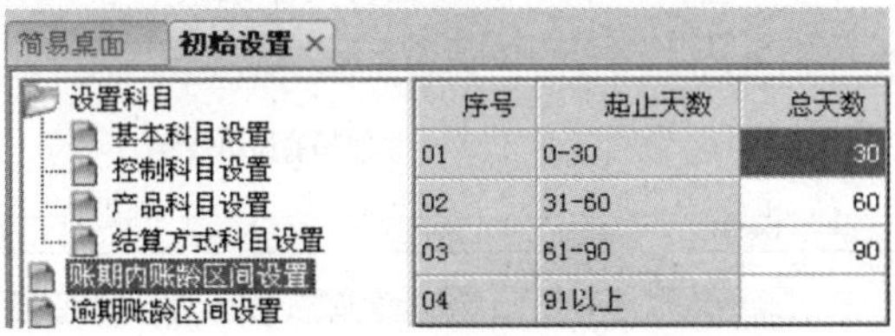

图4-1-10 账期内账龄区间设置

4.逾期账龄区间设置

（1）执行“业务工作”→“财务会计”→“应付款管理”→“设置”→“初始设置”命令，选择“逾期账龄区间设置”。

（2）点击“增加”按钮，录入起止天数等信息后，保存。

5.应付账款期初余额设置

（1）进入企业应用平台，执行“业务工作”→“财务会计”→“应付款管理”→“设置”→“期初余额”命令，进入“期初余额-查询”窗口。

（2）选择查询的条件，单击“确认”，系统打开“期初余额明细表”，单击“增加”，选择“采购专用发票”，单击“确定”。选择“采购发票”界面，点击“增加”，如图4-1-11所示。

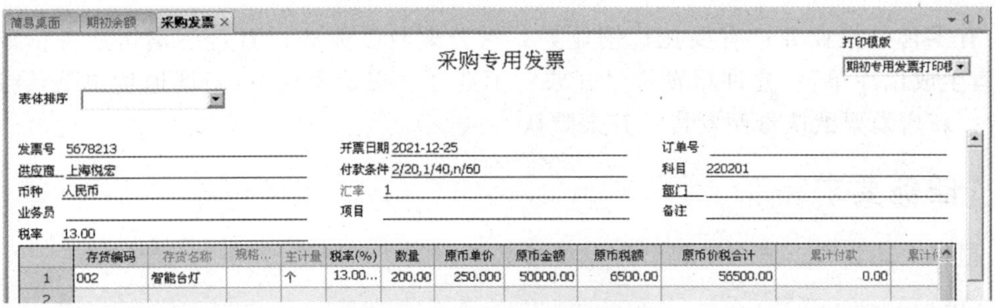

图4-1-11 期初采购发票录入

（3）录入信息后保存退出。

（4）按照同样的操作步骤，选择“应付票据”，单击“确定”，录入银行承兑汇票信息，如图4-1-12所示。保存退出，点击“刷新”按钮，更新期初余额明细表信息，如图4-1-13所示。

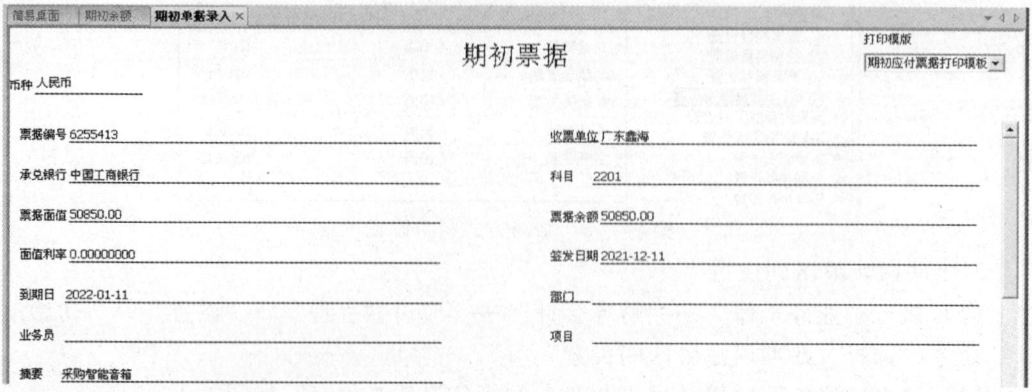

图4-1-12　期初应付票据录入

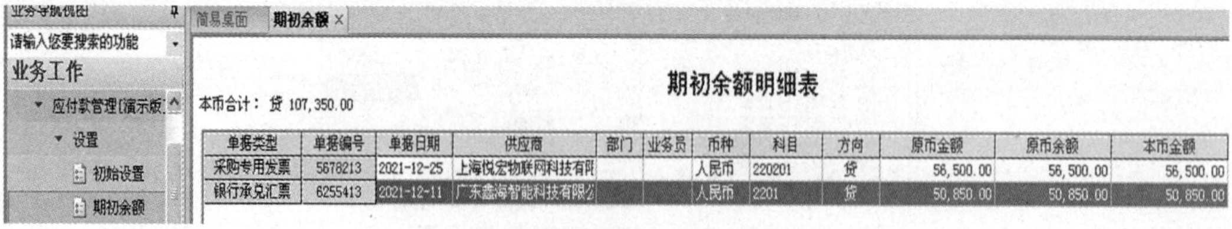

图4-1-13　期初余额明细表

任务测试4-1

采购与应付款管理系统初始设置

重难点微课4-2

销售与应收款管理系统初始设置

> 特别提示：
>
> ① 单据日期必须早于该账套启用日期。
>
> ② 发票和应付单的方向包括正向和负向。

任务二　销售与应收款管理系统初始设置

子任务1　销售管理系统初始设置

任务资料

有零售日报业务；有委托代销业务；有分期收款业务；有直运销售业务；取消“销售生成出库单”；允许超发货量开票；不选择“报价含税”；新增退货单默认参照发货；新增发票默认参照发货；其余默认。

任务要求

根据上述资料，进行销售管理系统参数设置。

知识导航

一、参数设置

销售管理系统参数设置，是指在处理日常销售业务之前，确定销售业务的范围、类型以及对各种销售业务的核算要求。因为一旦销售管理系统开始处理日常业务，有的参数就不能修改，也不能重新设置。因此，在系统初始化时应该设置好相关的系统参数。

二、期初余额录入

销售管理系统期初数据是指在启用系统之前尚未处理完成的数据，录入期初数据，以保证数据的连贯性。对于已经发货尚未开具发票的货物，应该作为期初发货单录入销售管理系统的期初数据，以便将来开具发票后，进行发票复核，即销售结算，如果系统中已有上年的数据，在使用“结转上年”后，上年度销售数据将自动结转至本年。期初单据审核有效，在本月末结账时记入有关销售账中。

销售管理系统期初数据包括：

1.期初发货单

在启用系统之前已经发货、出库，但尚未开发票的业务，包括普通销售发货单、分期收款发货单。

2.期初委托代销发货单

在启用系统之前已经发生但未完全结算的委托代销发货单。

3.期初分期收款发货单

在启用系统之前已经发生但未完全结算的分期收款发货单。

任务实施

【操作步骤】

操作录屏4-3

销售管理系统初始设置

1.系统控制参数

（1）执行“业务工作”→“供应链”→“销售管理”→“设置”→“销售选项”命令，在“业务控制”中按要求对设置进行更改，如图4-2-1所示。

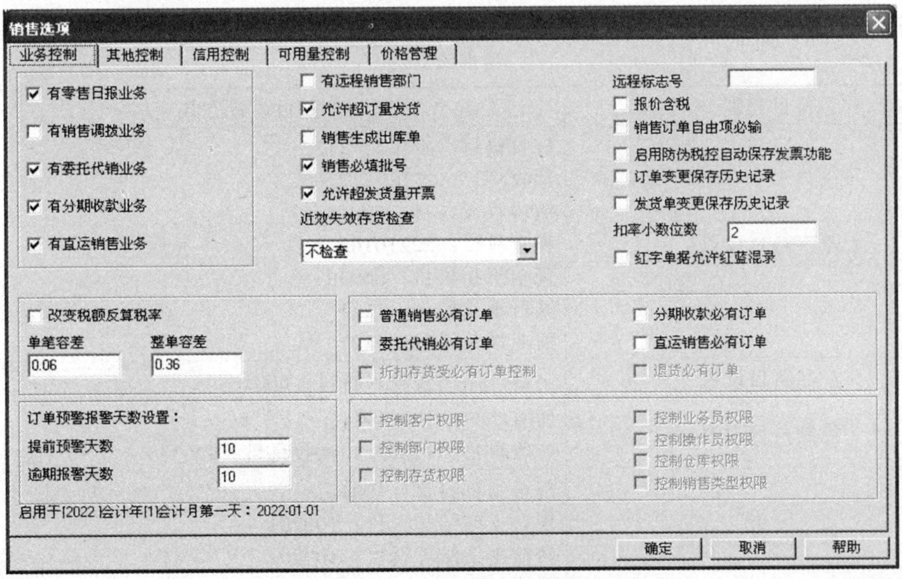

图4-2-1 销售选项—业务控制

（2）在“其他控制”中按要求对设置进行更改，单击“确定”按钮，如图4-2-2所示。

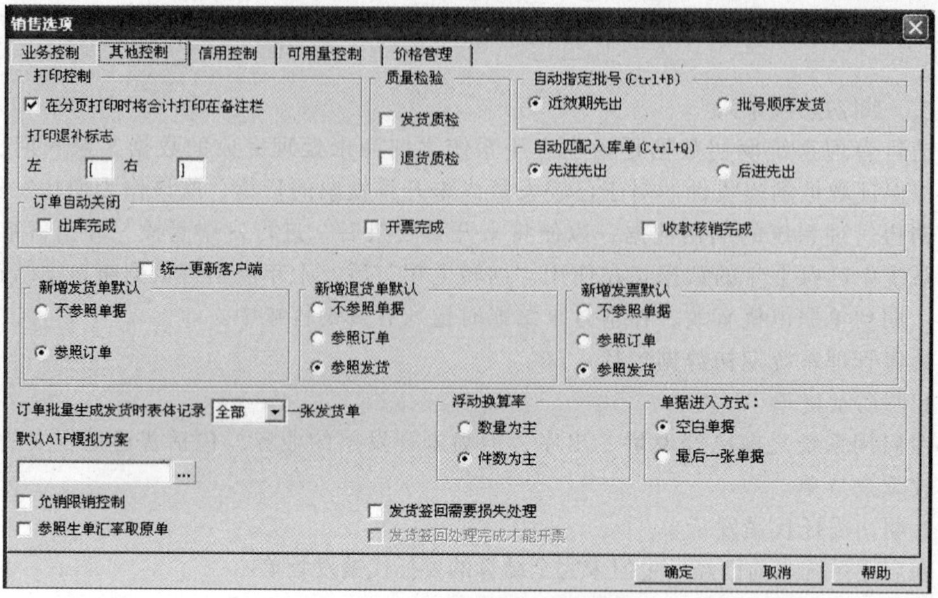

图4-2-2　销售选项—其他控制

子任务2　应收款管理系统初始设置

任务资料

1.应收款管理系统控制参数

坏账处理方式：应收余额百分比法；勾选“自动计算现金折扣”；受控科目制单方式：明细到单据；应收款核销方式：按单据。

2.科目设置（见表4-2-1）

表4-2-1　　科目设置

科目类别	科目设置方式
基本科目设置	应收科目（本币）：1122 预收科目（本币）：2203 销售收入科目：6001 税金科目：22210102 现金折扣科目：660303 银行承兑科目：1121 商业承兑科目：1121
产品科目设置	全部产品销售收入科目：6001
控制科目设置	所有客户的控制科目： 应收科目：1122　预收科目：2203
结算方式科目设置	现金结算科目：1001 现金支票结算科目：100201 转账支票结算科目：100201 网银转账科目：100201

3.坏账准备（见表4-2-2）

表4-2-2　　坏账准备

控制参数	参数设置
提取比例	0.5%
期初余额	3 390元
坏账准备科目	1231
对方科目	6702

4.账期内账龄区间（见表4-2-3）

表4-2-3　　账期内账龄区间

序号	起止天数	总天数
01	0—30天	30天
02	31—60天	60天
03	61—90天	90天
04	91天以上	

5.应收账款期初余额（表4-2-4）

表4-2-4　　应收账款期初余额

日期	客户	摘要	方向	金额
2021-12-15	武汉明创	销售部销售智能台灯2 000个，无税单价300元/个，税率13%，发票号85471234，付款条件“2/20，1/40，n/60”	借	678 000

任务要求

1.根据上述资料，进行应收款管理系统参数设置。

2.根据上述资料，进行应收款管理系统期初余额录入。

知识导航

在联用应收款管理系统与销售管理系统的情况下，两个系统存在着数据传递关系。因此，启用销售管理系统的同时，应该启用应收款管理系统。应收款管理系统参数设置和期初余额录入，都是系统的初始化工作，应该在处理日常业务之前完成。

一、参数设置

应收款管理系统参数设置主要包括应收账款核销方式、单据审核日期依据、汇兑损益处理方式、坏账处理方式、代垫费用类型、应收账款核算类型等参数设置，基本科目、控制科目、产品科目、结算方式科目等科目设置，坏账准备、账龄区间、报警级别及单据类型等信息录入。

二、期初余额录入

应收款管理系统期初余额，包括未结算完的发票和应收单、预收款单据、未结算完的应收票据，这些期初数据必须是账套启用会计期间前的数据。

期初发票是指还未核销的应收账款，在系统中以销售发票的形式列示，已核销部分金额不显示。

期初应收单是指还未结算的其他应收单，在系统中以应收单的形式列示，已核销部分金额不显示。

期初预收单是指提前收取的客户款项，在系统中以收款单的形式列示。

当进入第二年年度处理时，系统自动将上年度未处理完的单据转为下一年度的期初余额。

任务实施

操作录屏4-4

应收款管理系统初始设置

【操作步骤】

1.系统参数控制

(1) 执行“业务工作”→“财务会计”→“应收款管理”→“设置”→“选项”命令，进入“账套参数设置”窗口，点击“编辑”按钮，在“常规”选项卡下，坏账处理方式选择为“应收余额百分比法”，勾选“自动计算现金折扣”，其余选项为默认设置，如图4-2-3所示。

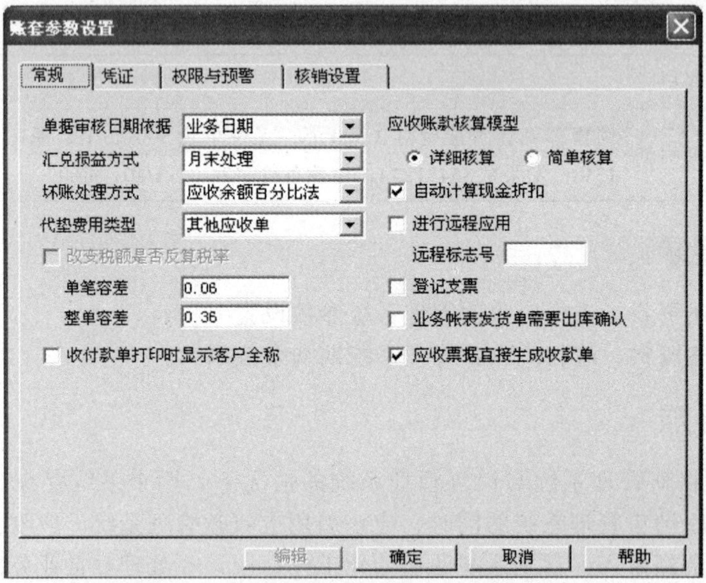

图4-2-3 应收款管理系统账套参数设置

(2) 在“凭证”选项卡下，受控科目制单方式“明细到单据”。

(3) 在“核销设置”选项卡下，应收账款核销方式默认为“按单据”，单击“确定”按钮。

2.科目设置

(1) 执行“业务工作”→“财务会计”→“应收款管理”→“设置”→“初始设

置”命令，选择“设置科目”下的“基本科目设置”，单击“增加”按钮，录入基础科目种类、科目及币种，如图4-2-4所示。

图4-2-4 基本科目设置

（2）执行“业务工作”→“财务会计”→“应收款管理”→“设置”→“初始设置”命令，选择“设置科目”下的“产品科目设置”，单击“增加”按钮，录入类别编码、类别名称及销售收入科目，如图4-2-5所示。

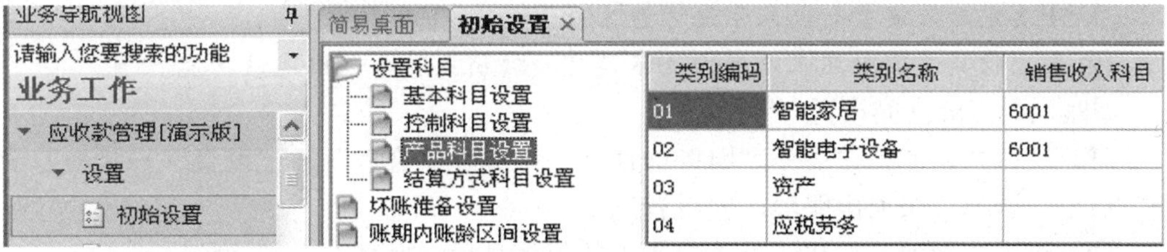

图4-2-5 产品科目设置

（3）执行“业务工作”→“财务会计”→“应收款管理”→“设置”→“初始设置”命令，选择“设置科目”下的“控制科目设置”，单击“增加”按钮，录入客户编码、客户简称及应收、预收科目，如图4-2-6所示。

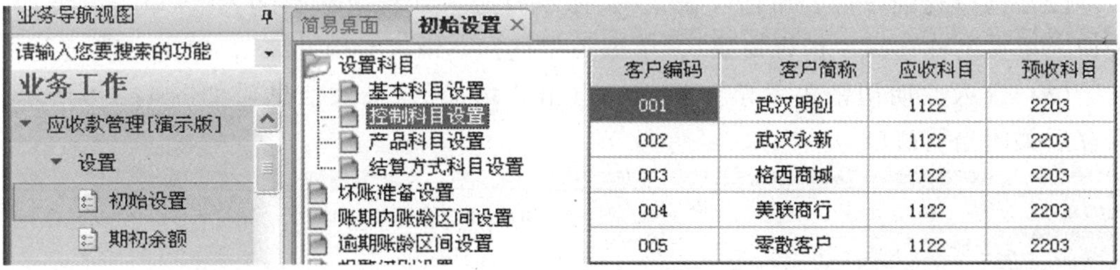

图4-2-6 控制科目设置

（4）执行“业务工作”→“财务会计”→“应收款管理”→“设置”→“初始设置”命令，选择“设置科目”下的“结算方式科目设置”，单击“增加”按钮，录入结算方式及科目，如图4-2-7所示。

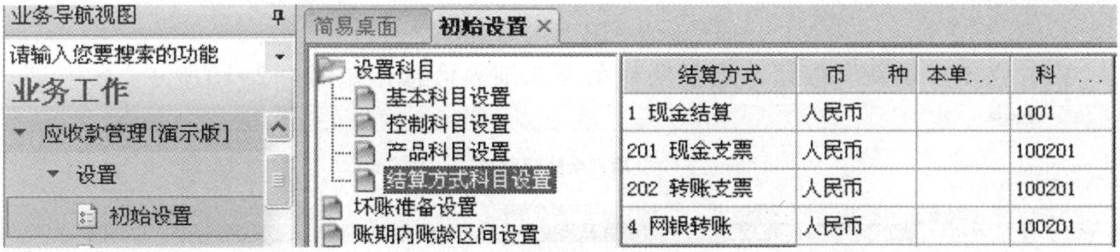

图4-2-7 结算方式科目设置

3.坏账准备设置

（1）执行“业务工作”→“财务会计”→“应收款管理”→“设置”→“初始设置”命令，选择“坏账准备设置”。

（2）录入提取比例、坏账准备期初余额、坏账准备科目等信息后，点击“确定”按钮，如图4-2-8所示。

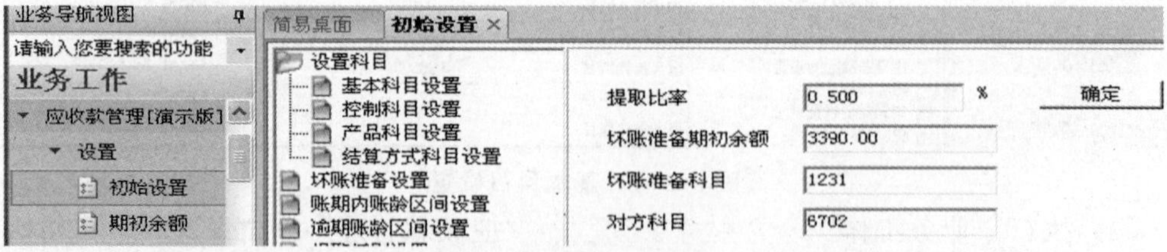

图4-2-8　坏账准备设置

特别提示：

① 修改完后必须重新进入系统才能生效。

② 在应收款选项中坏账处理方法不是直接转销法时才会出现该功能。

4.账期内账龄区间设置

（1）执行“业务工作”→“财务会计”→“应收款管理”→“设置”→“初始设置”命令，选择“账期内账龄区间设置”。

（2）点击“增加”按钮，录入起止天数等信息后，保存。

5.应收账款期初余额设置

（1）进入企业应用平台，执行“业务工作”→“财务会计”→“应收款管理”→“设置”→“期初余额”命令，进入“期初余额-查询”窗口。

（2）选择查询条件，单击“确定”，系统打开“期初余额明细表”，单击“增加”按钮，单据名称选择“销售发票”，单据类型选择“销售专用发票”，单击“确定”。

（3）进入“期初销售发票”界面，点击“增加”，录入信息后如图4-2-9所示，保存后关闭当前窗口。

图4-2-9　期初销售发票录入

（4）点击“刷新”按钮，更新期初余额明细表信息，如图4-2-10所示。

图4-2-10　期初余额明细表

特别提示：

① 单据日期必须早于该账套启用日期。

② 第一个会计期间记账后，以后会计期间期初余额只能查看，不能修改。

学思践悟 4-1

账龄分析让收账更顺，风险更小

任务测试 4-2

销售与应收款管理系统初始设置

重难点微课 4-3

库存管理与存货核算系统初始设置

任务三　库存管理与存货核算系统初始设置

子任务 1　库存管理系统初始设置

任务资料

1.系统控制参数

勾选有无委托代销业务；采购入库审核时改现存量；销售出库审核时改现存量；其他出入库审核时改现存量；自动带出单价的单据：销售出库单、其他出库单、调拨单。

2.期初数据

2021 年 12 月 31 日，对各个仓库进行了盘点，盘点结果见表 4-3-1。

表 4-3-1　盘点结果

仓库名称	存货名称	数量	结存单价	金额
智能家居仓库	智能门锁	500	500.00	250 000.00
	智能台灯	1 300	250.00	325 000.00
	智能音箱	500	450.00	225 000.00
	智能体脂秤	200	200.00	40 000.00
	小计	2 500		840 000.00
智能电子设备仓库	智能车载摄像头	200	550.00	110 000.00
	智能手环	210	200.00	42 000.00
	智能蓝牙耳机	1 200	100.00	120 000.00
	小计	1 610		272 000.00

任务要求

1.根据上述资料，进行库存管理系统参数设置。

2.根据上述资料，进行期初库存数据录入。

知识导航

一、参数设置

库存管理系统参数设置，是指在处理日常库存业务之前，确定库存业务的范围、类型以及对各种库存业务的核算要求。因为一旦库存管理系统开始处理日常业务，有的参数就不能修改，也不能重新设置。因此，在系统初始化时应该设置好相关的系统参数。

二、期初余额录入

初次使用库存管理系统时，应先输入全部末级库存的期初余额。如果系统中已有上年数据，在使用“结转上年”后，上年度各库存结存将自动结转至本年。存货核算的期初余额和库存管理系统中的期初余额分开录入，可以两边相互取数和对账。

库存管理系统期初数据包括期初结存和期初不合格品。

1.期初结存：在系统启用前各仓库各存货的期初结存情况（即启用库存管理系统时的库存现状，所以需要在此时进行盘点，然后将盘点的数据输入库存管理系统中作为期初结存）。不进行批次和保质期管理的企业，只需要录入各存货期初结存的数量；进行批次管理、保质期管理和出库跟踪入库管理的企业，须录入各存货期初结存的详细数据，如批号、生产日期、失效日期和入库单号等；进行货位管理的企业，还需要录入货位。

2.期初不合格品：在系统启用前发生的不合格品结存量，以不合格品记录单的形式录入。企业外购或生产完工，对产品进行检验后，对于严重不合格不能再使用的不合格品可当时销毁；对于可作为不合格品继续使用或等待以后处理的不合格品可先办理入库，记入不合格品备查簿，和合格品分开进行专门保管。对于在存货保管过程中，由于保管不善或其他原因产生的不合格品，也要登记不合格品备查簿，以便进行相应的处理。

任务实施

操作录屏4-5

库存管理系统初始设置

【操作步骤】

1.系统控制参数

（1）执行“业务工作”→“供应链”→“库存管理”→“初始设置”→“选项”命令，在“通用设置”中按要求对设置进行更改，如图4-3-1所示。

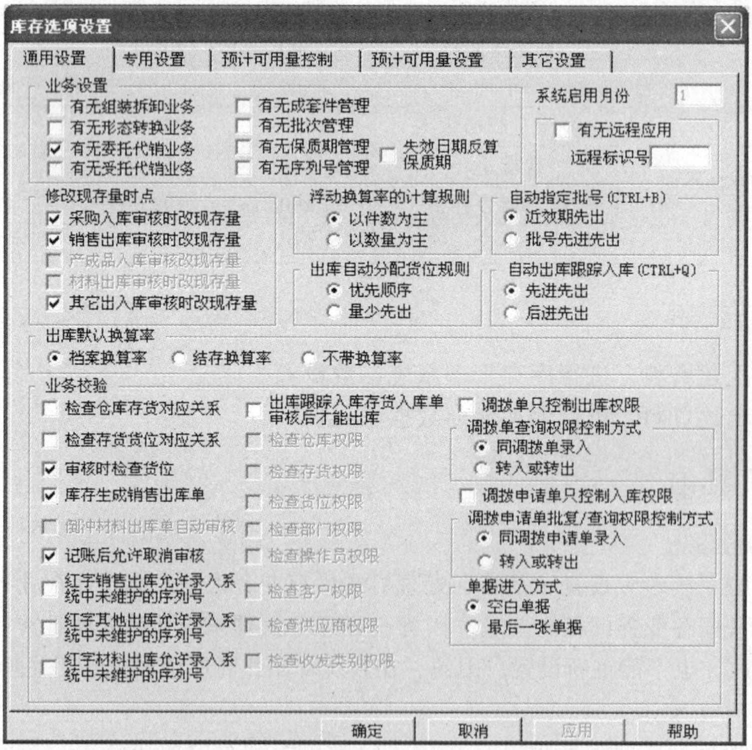

图4-3-1　库存选项设置——通用设置

（2）在“专用设置”中按要求对设置进行更改，如图4-3-2所示，单击“确定”按钮，保存后退出。

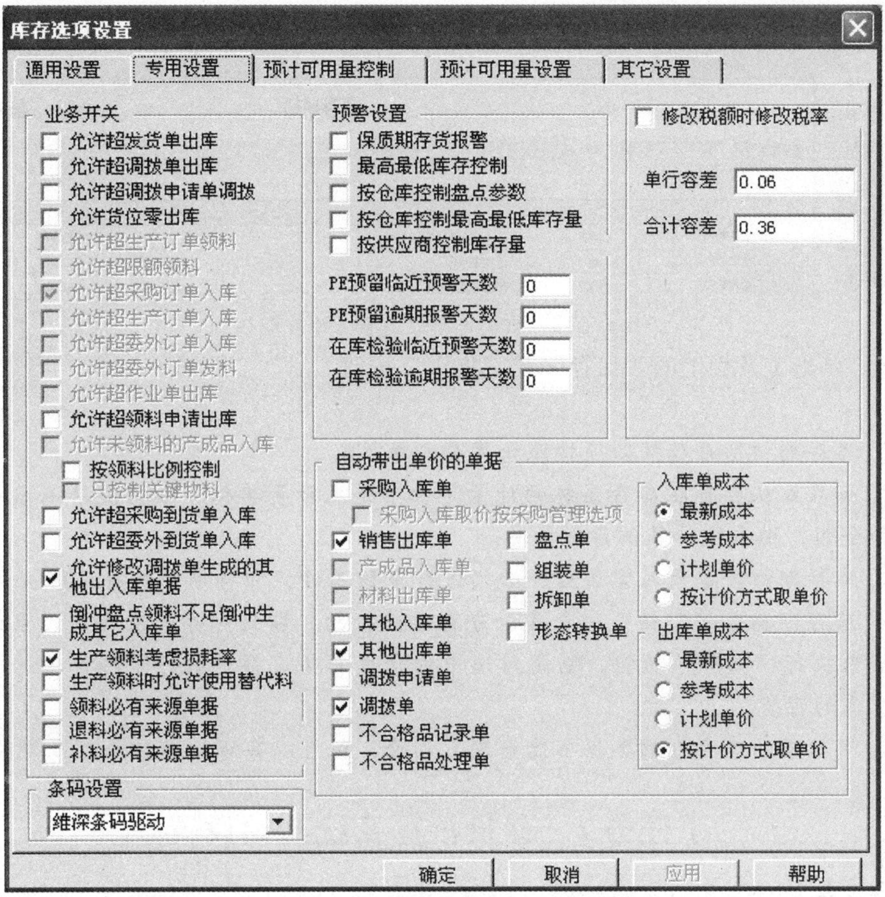

图4-3-2 库存选项设置——专用设置

2.期初结存

（1）进入企业应用平台，执行“业务工作”→“供应链”→“库存管理”→“初始设置”→“期初结存”命令，进入“库存期初”窗口。

（2）在“仓库”下拉式列表中选择录入期初余额的仓库，再单击工具栏中的“修改”按钮，输入对应的期初数据，如图4-3-3所示。

图4-3-3 智能家居仓库库存期初

（3）单击工具栏上的“保存”和“批审”按钮。

（4）在“仓库”下拉式列表中更换仓库，再单击工具栏中的“修改”按钮，输入对应的期初数据，如图4-3-4所示。

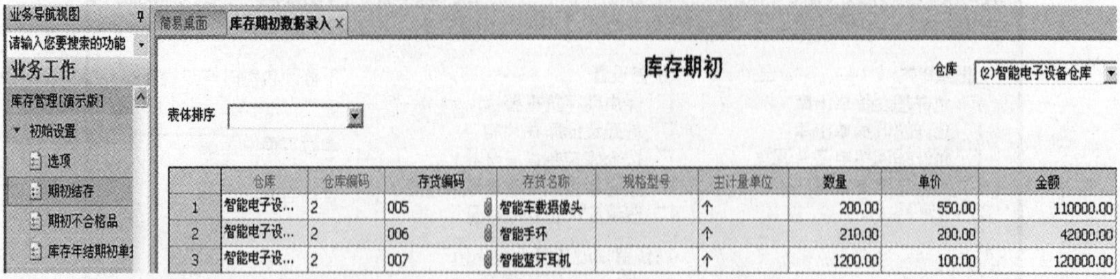

图4-3-4　智能电子设备仓库库存期初

（5）单击工具栏上的“保存”和“批审”按钮。

特别提示：

① 库存期初结存数据必须按照仓库分别录入。

② 如果默认存货在库存系统的计量单位不是主计量单位，则需要录入该存货的单价和金额，由系统计算该存货数量。

③ 库存期初数据录入完成后，必须进行审核工作，即将期初结存记账。

④ 库存期初数据审核是分仓库、分存货进行的，即针对每一条存货记录进行审核。如果执行“批审”功能，则是对选中的仓库的所有存货执行审核，但并非审核所有仓库的存货。

⑤ 审核后的库存期初数据不能修改、删除，但可以弃审后进行修改或删除。

子任务2　存货核算系统初始设置

任务资料

1.系统控制参数

核算方式：按仓库核算；暂估方式：单到回冲；销售成本核算方式：销售发票；委托代销成本核算方式：按发出商品核算。其他设置由系统默认。

2.科目设置

（1）按仓库设置存货科目（见表4-3-2）

表4-3-2　按仓库设置存货科目

仓库	存货科目	分期收款发出商品科目	委托代销发出商品科目	直运科目
智能家居仓库	1405	1406	1406	1402
智能电子设备仓库	1405	1406	1406	1402

（2）按收发类别设置对方科目（见表4-3-3）

表4-3-3 按收发类别设置对方科目

收发类别名称	对方科目	暂估科目
采购入库	在途物资1402	暂估应付款220202
采购退货	在途物资1402	
盘盈入库	待处理流动资产损溢190101	
销售出库	主营业务成本6401	
销售退货	主营业务成本6401	
盘亏出库	待处理流动资产损溢190101	
委托代销出库	主营业务成本6401	

任务要求

1.根据上述资料，进行存货核算系统参数设置。

2.根据上述资料，进行存货核算系统存货科目及对方科目设置。

3.录入存货期初数据（同库存系统期初数据），并完成存货期初记账。

知识导航

一、参数设置

存货核算系统参数设置，是指在处理日常存货业务之前，确定存货业务的范围、类型以及对各种存货业务的核算要求。因为一旦存货核算系统开始处理日常业务，有的参数就不能修改，也不能重新设置。因此，在系统初始化时应该设置好相关的系统参数。

二、期初余额录入

初次使用存货核算系统时，应先输入全部末级存货的期初余额。如果系统中已有上年数据，在使用“结转上年”后，上年各存货结存将自动结转至本年。按计划价或售价核算出库成本的存货，都应有期初差异或差价。初次使用存货核算系统时，只能从存货核算系统录入这些存货的期初差异余额或期初差价余额。

任务实施

【操作步骤】

1.系统控制参数

执行“业务工作”→“供应链”→“存货核算”→“初始设置”→“选项”→“选项录入”命令，在“核算方式”中按要求对设置进行更改，如图4-3-5所示，保存后退出。

操作录屏4-6

存货核算系统初始设置

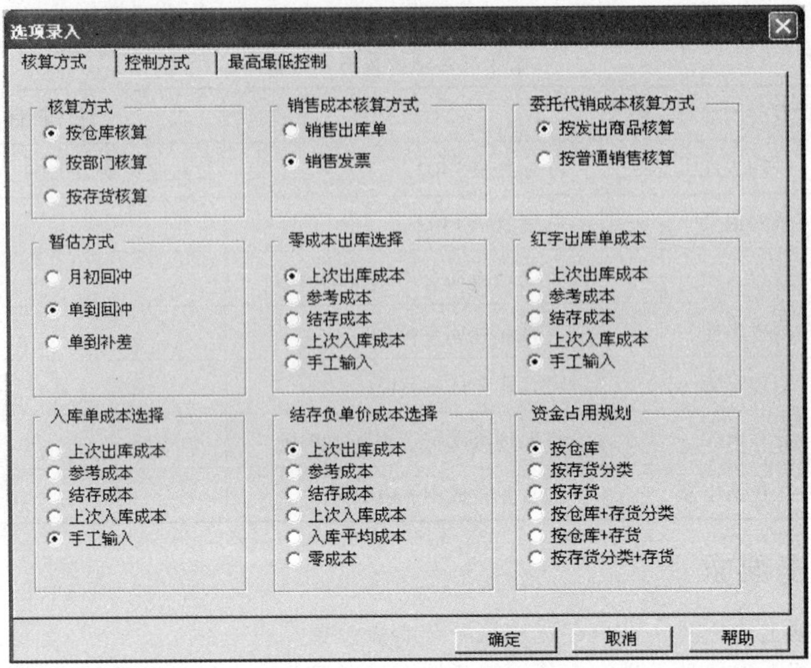

图4-3-5　存货系统选项录入

2.科目设置

（1）执行“业务工作”→“供应链”→“存货核算”→“初始设置”→“科目设置”→“存货科目”命令，按要求录入科目，如图4-3-6所示。

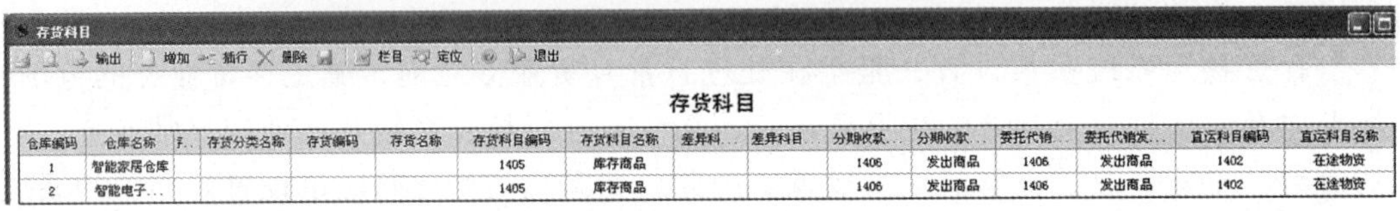

存货科目

仓库编码	仓库名称	子...	存货分类名称	存货编码	存货名称	存货科目编码	存货科目名称	差异科...	差异科目...	分期收款...	分期收款...	委托代销...	委托代销发...	直运科目编码	直运科目名称
1	智能家居仓库					1405	库存商品			1406	发出商品	1406	发出商品	1402	在途物资
2	智能电子...					1405	库存商品			1406	发出商品	1406	发出商品	1402	在途物资

图4-3-6　存货科目

（2）执行“业务工作”→“供应链”→“存货核算”→“初始设置”→“科目设置”→“对方科目”命令，按要求录入科目，如图4-3-7所示。

对方科目

收发类别编码	收发类别名称	存货分...	存货分...	存货编码	存货名称	部门编码	部门...	项目...	项...	项...	项目名称	对方科目编码	对方科目名称	暂估科目编码
11	采购入库											1402	在途物资	220202
12	采购退货											1402	在途物资	
14	盘盈入库											190101	待处理流动资...	
21	销售出库											6401	主营业务成本	
22	销售退货											6401	主营业务成本	
25	盘亏出库											190101	待处理流动资...	
24	委托代销出库											6401	主营业务成本	

图4-3-7　对方科目

3.期初数据

（1）执行“业务工作”→“供应链”→“存货核算”→“初始设置”→“期初数据”→“期初余额”命令，进入“期初余额”窗口。

（2）在“仓库”下拉式列表中选择录入期初余额的仓库，再单击工具栏中的“取数”按钮，如图4-3-8所示。

图4-3-8　存货期初数据

（3）更换仓库录入所有数据后，单击工具栏中的“记账”按钮，如图4-3-9所示。

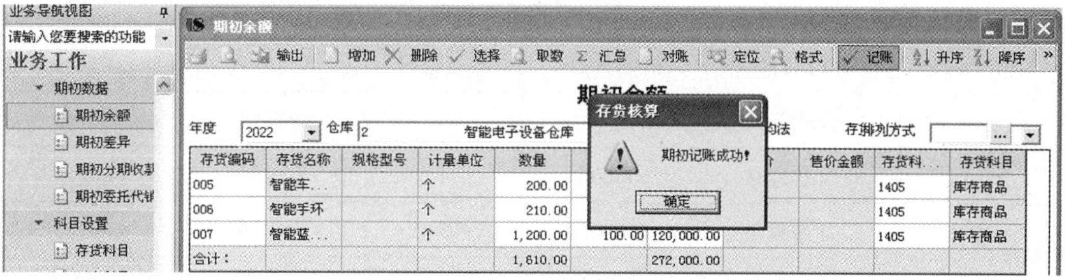

图4-3-9　存货期初记账

特别提示：

①企业若有分期收款发出商品业务或委托代销发出商品业务，则应录入发出商品期初余额，该数据来源于销售管理系统，可以点击“取数”按钮，从销售管理系统取数。

②期初数据录入完毕，期初记账后，才能开始日常业务核算，但在记账前，可进行单据的录入和账簿查询。

③如果没有期初数据可以不输入期初数据，但必须执行记账操作。

④如果期初数据有错误，可以点击“恢复”按钮，取消期初记账，修改期初数据，重新执行期初记账。

⑤如果期初数据是使用“结转上年”功能得到的，为未记账状态，只有在执行记账功能后，才能进行日常业务的处理。

⑥存货核算系统在期初记账前，可以修改存货计价方式，期初记账后，不能修改计价方式。

任务测试4-3

库存管理与存货核算系统初始设置

任务四　固定资产管理系统初始设置

任务资料

1.账套信息

（1）启用月份：2022-01。

（2）折旧信息：本账套计提折旧；计提折旧主要折旧方法：平均年限法（一）；汇总分配周期：1个月，当（月初已计提月份=可使用月份-1）时，将剩余折旧全部提足。

（3）编码方式：资产类别编码方式：2-1-1-2；固定资产编码方式：按“类别编码+部门编码+序号”自动编码；序号长度：5位。

（4）账务接口：与账务系统进行对账；固定资产对账科目：“1601 固定资产”；累计折旧对账科目：“1602 累计折旧”；在对账不平情况下不允许固定资产月末结账。

（5）补充参数：选择业务发生后立即制单；月末结账前一定要完成制单登账业务；固定资产缺省入账科目：1601；累计折旧缺省入账科目：1602；减值准备缺省入账科目：1603；增值税进项税额缺省入账科目：22210101；固定资产清理缺省入账科目：1606。

2.部门对应折旧科目（见表4-4-1）

表4-4-1　部门对应折旧科目

部门编码	部门名称	折旧科目	部门编码	部门名称	折旧科目
1	管理部		3	销售部	660105
101	经理办公室	660205	4	采购部	660205
102	人力资源部	660205	5	仓储部	660205
2	财务部	660205			

3.固定资产类别（见表4-4-2）

表4-4-2　固定资产类别

类别编码	类别名称	净残值率	计提属性	折旧方法	卡片样式
01	房屋及建筑物	5%	正常计提	平均年限法（一）	含税卡片样式
02	交通运输设备	5%	正常计提	平均年限法（一）	含税卡片样式
03	电子设备	4%	正常计提	平均年限法（一）	含税卡片样式
04	办公家具	4%	正常计提	平均年限法（一）	含税卡片样式

4.增减方式及对应科目（见表4-4-3）

表4-4-3　增减方式及对应科目

增加方式			减少方式		
编码	方式	对应科目	编码	方式	对应科目
101	直接购入	100201	201	出售	1606
102	投资者投入	4001	202	盘亏	190102
104	盘盈	6901	205	报废	1606
105	在建工程转入	1604	206	毁损	1606

5.录入原始卡片（见表4-4-4）

表4-4-4 **原始卡片**

名称	类别编号	部门	年限（月）	开始日期	原值	预计残值率	累计折旧
办公楼	01	经理办公室、人力资源部、财务部、销售部、采购部、仓储部	360	2018.12.1	4 000 000	5%	374 400
轿车	02	经理办公室	120	2018.12.20	250 000	5%	71 100
办公家具	04	经理办公室	60	2018.12.20	4 390	4%	2 528.64
联想电脑	03	经理办公室	60	2019.12.20	4 000	4%	1 536
联想电脑	03	人力资源部	60	2019.12.20	4 000	4%	1 536
联想电脑	03	财务部	60	2019.12.20	4 000	4%	1 536
联想电脑	03	仓储部	60	2019.12.20	4 000	4%	1 536
联想电脑	03	销售部	60	2019.12.20	4 000	4%	1 536
佳能传真机	03	销售部	60	2020.6.30	2 300	4%	662.40
惠普打印机	03	仓储部	60	2020.6.30	2 000	4%	576
格力空调	03	经理办公室	60	2020.6.30	2 300	4%	662.40
格力空调	03	财务部	60	2020.6.30	2 300	4%	662.40
货架	04	仓储部	60	2020.6.30	1 300	4%	374.40
合计					4 284 590		458 646.24

系统默认固定资产卡片项目、卡片样式，所有固定资产增加方式均为直接购入，使用状态均为在用。办公楼由经理办公室、人力资源部、财务部、销售部、采购部、仓储部共用，使用比例分别为10%、10%、20%、20%、20%、20%。

任务要求

1.根据上述资料，建立固定资产管理子账套，并进行固定资产管理系统参数设置。

2.根据上述资料，录入固定资产基础设置资料。

3.根据上述资料，录入固定资产原始卡片，并进行卡片查询管理操作。

重难点微课
4-4
原始卡片录入

知识导航

一、固定资产管理系统的功能

在用友ERP U8软件中，固定资产管理系统主要用于完成企业固定资产日常业务的核算和管理，生成固定资产卡片，按月反映固定资产的增加、减少、原值变化及其他变动，并输出相应的增减变动明细账，按月自动计提折旧，生成折旧分配凭证，同时输出一些同设备管理相关的报表和账簿。

二、固定资产管理系统与其他系统的关系

固定资产管理系统中资产的增加和减少、原值和累计折旧的调整、折旧的计提等，都要将有关数据以记账凭证的形式传输到总账管理系统中；同时，通过对账保持固定资产账目与总账的平衡，并可以修改、删除，以及查询凭证。固定资产管理系统为成本管理系统提供有关折旧费用的数据。UFO报表管理系统也可以通过相应的取数函数从固定资产管理系统中提取分析数据。

三、初始设置

固定资产管理系统初始设置是根据用户单位的具体情况，建立一个适用的固定资产子账套的过程。初始设置的内容包括设置控制参数、设置基础信息、输入期初固定资产卡片。

（一）设置控制参数

控制参数包括约定及说明、启用月份、折旧信息、编码方式、账务接口等。这些参数在初次启用固定资产管理系统时设置，其他参数可以在“选项”命令中补充。

（二）设置基础信息

1.资产类别设置

固定资产的种类繁多、规格不一，单位要强化固定资产管理，及时、准确地做好固定资产核算，必须科学设置固定资产分类，从而为固定资产的核算和统计提供依据。

2.部门设置

在部门设置中，用户可以对单位的所有部门进行设置，以便确定固定资产的归属。企业应用平台的“基础设置”中的部门设置是共享的。

3.部门对应折旧科目设置

对应折旧科目是指折旧费用的入账科目。资产计提折旧后，必须把折旧归入成本或费用。根据不同企业的具体情况，折旧有按部门归集的，也有按类别归集的。部门对应折旧科目的设置就是给每个部门选择一个折旧科目，这样在输入卡片时，该科目可以自动填入卡片中，不必一个一个地输入。

如果对某一上级部门设置了对应的折旧科目，那么下级部门将继承上级部门的设置。

4.增减方式设置

增减方式包括增加方式和减少方式两种。系统内置的增加方式有直接购入、投资者投入、捐赠、盘盈、在建工程转入、融资租入六种。系统内置的减少方式有出售、盘亏、投资转出、捐赠转出、报废、毁损、融资租出、拆分减少八种。在用友软件中，固定资产的增减方式可以设置两级，也可以根据需要自行增加。

5.折旧方法设置

折旧方法设置是系统自动计算折旧的基础。系统默认的折旧方法包括不提折旧、工作量法、年数总和法、双倍余额递减法、平均年限法（一）、平均年限法（二），并列出了相应的折旧计算公式。这几种折旧方法只能选用，不能删除和修改。如果这几种折旧方法不能满足企业的需要，系统还提供了折旧方法的自定义功能。

（三）输入期初固定资产卡片

固定资产卡片是进行固定资产核算和管理的依据。为了保证历史资料的连续性，用户必须将建账日期以前的数据录入系统中。此外，用户在任何时候都可以输入原始卡片。

任务实施

操作录屏 4-7

固定资产管理系统初始设置

【操作步骤】

1.启用并注册固定资产管理系统

（1）执行“开始”→“程序”→“用友 ERP-U8 V10.1”→“企业应用平台”命令，打开“登录”窗口。

（2）输入操作员“001”或“张明”，输入密码“1”，在“账套”下拉列表框中选择“[666]（default）武汉爱华”，输入操作日期“2022-01-01”，单击“登录”按钮，进入企业应用平台。

（3）如果没有启用固定资产管理系统，则执行“基础设置”→“基本信息”→“系统启用”命令，打开“系统启用”对话框，选中“FA 固定资产管理”复选框，弹出“日历”对话框，选择固定资产管理系统启用日期为2022年1月1日，单击“确定”按钮，系统弹出“确实要启用当前系统吗?”提示框，单击“是”按钮返回。

（4）执行“财务会计”→“固定资产”命令，系统弹出“这是第一次打开此账套，还未进行过初始化，是否进行初始化?”提示框，单击“是”。

2.设置控制参数

（1）打开“初始化账套向导”对话框，选择“我同意”。

（2）单击“下一步”按钮，打开“启用月份”对话框，确认启用月份为“2022.01”。

（3）单击“下一步”按钮，打开“折旧信息”对话框，选中“本账套计提折旧”复选框；选择“主要折旧方法”为“平均年限法（一）”，选择“折旧汇总分配周期”为“1个月”；选中“当（月初已计提月份=可使用月份-1）时将剩余折旧全部提足（工作量法除外）”复选框，如图4-4-1所示。

（4）单击“下一步”按钮，打开“编码方式”对话框，确定资产类别编码长度为“2112”，选择“自动编码”单选按钮，选择“固定资产编码方式”为“类别编号+部门编号+序号”，选择“序号长度”为“5”，如图4-4-2所示。

（5）单击“下一步”按钮，打开“账务接口”对话框，选中“与账务系统进行对账”复选框，选择“固定资产对账科目”为“1601，固定资产”，选择“累计折旧对账科目”为“1602，累计折旧”，不选择“在对账不平情况下允许固定资产月末结账”，如图4-4-3所示。

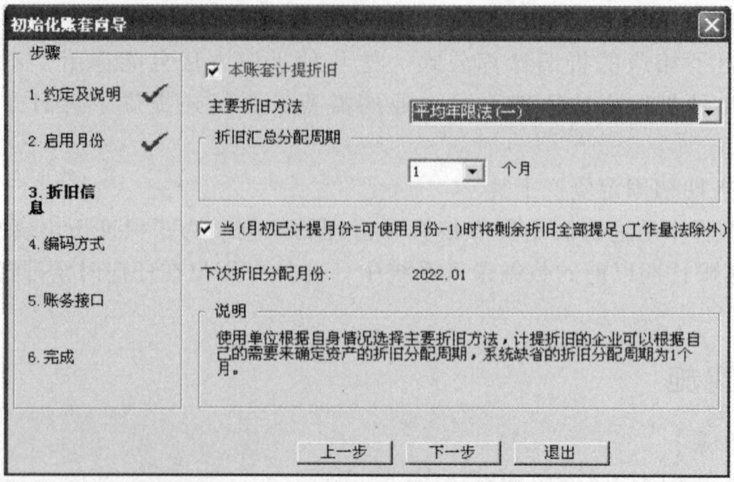

图4-4-1 初始化账套向导——折旧信息

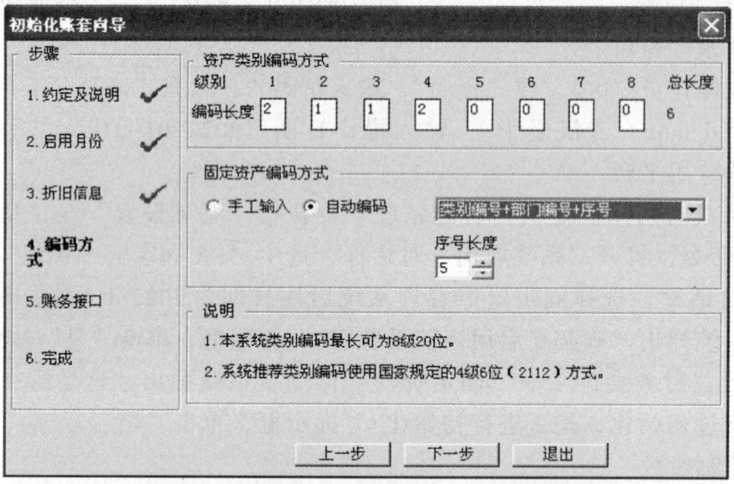

图4-4-2 初始化账套向导——编码方式

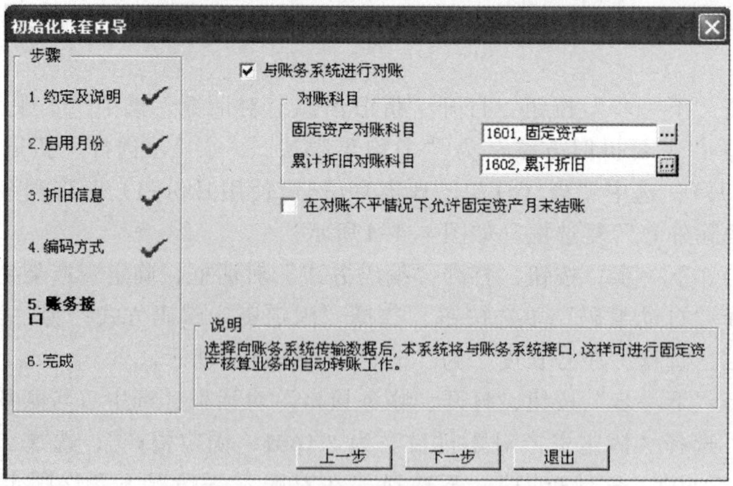

图4-4-3 初始化账套向导——账务接口

(6) 单击“下一步”按钮，打开“完成”对话框，单击“完成”按钮，完成本账套的初始化，系统弹出“已经完成了新账套的所有设置工作。是否确定所设置的信息完全正确并保存对新账套的所有设置?”提示框，单击“是”按钮，系统弹出“已成功初始化本固定资产账套!”提示框，单击“确定”按钮。

特别提示：

① 初始化设置完成后，有些参数可以在固定资产系统“设置”→“选项”命令下编辑修改，有些参数不能修改，所以初始化工作要慎重。

② 如果发现参数有错，必须改正，否则只能通过固定资产管理系统的“维护”→“重新初始化账套功能”命令实现，该操作将清空对该子账套所做的一切工作。

3.设置补充参数

(1) 执行“设置”→“选项”命令，进入“选项”窗口。

(2) 单击“编辑”按钮，打开“与账务系统接口”选项卡。

(3) 选中“业务发生后立即制单”和“月末结账前一定要完成制单登账业务”复选框，选择缺省入账科目为“1601，固定资产”“1602，累计折旧”“1603，固定资产减值准备”“22210101，进项税额”“1606，固定资产清理”，单击“确定”按钮，如图 4-4-4 所示。

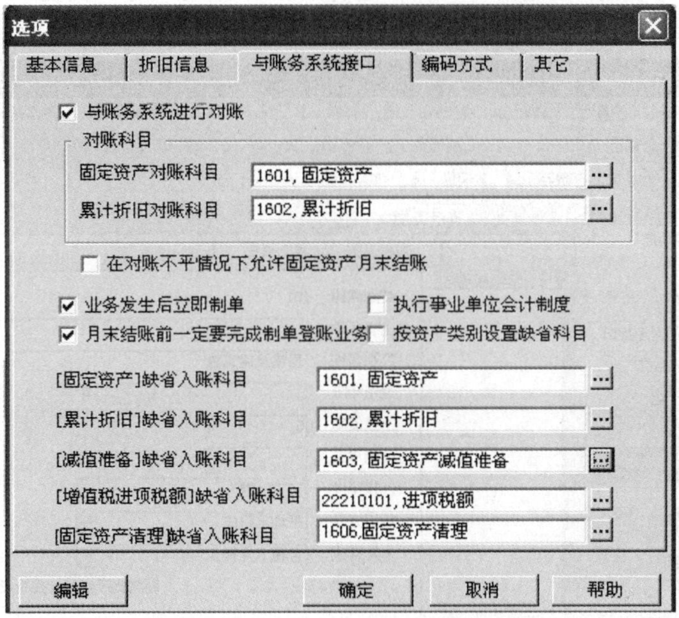

图4-4-4 选项——与账务系统接口

4.设置部门对应折旧科目

(1) 执行“设置”→“部门对应折旧科目”命令，进入“部门对应折旧科目”窗口。

(2) 选择部门“101 经理办公室”，单击“修改”按钮。

(3) 选择折旧科目“660205，折旧费用”，如图 4-4-5 所示，单击“保存”按钮。

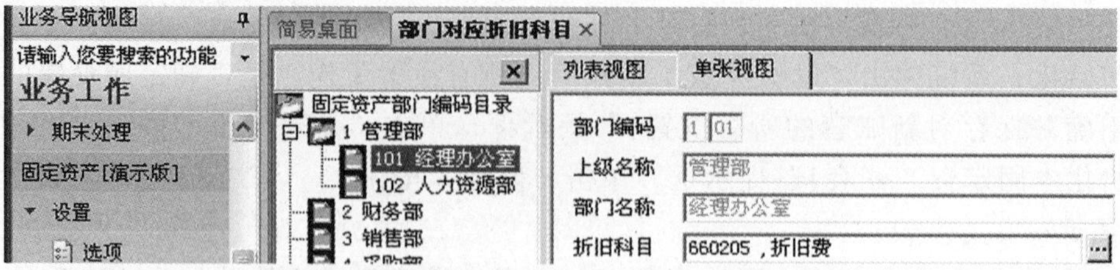

图4-4-5　部门对应折旧科目——单张视图

（4）以此方法继续录入其他部门对应的折旧科目，可单击“列表视图”查询结果。

特别提示：

如果部门对应折旧科目没有设置或者设置有错误，则期末计提折旧时，系统自动生成的记账凭证科目会出现缺失或错误。

5.设置资产类别

（1）执行“设置”→“资产类别”命令，进入“资产类别”窗口。

（2）单击“增加”按钮，输入“类别编码”为“01”，输入“类别名称”为“房屋及建筑物”，输入“净残值率”为“5%”，选择“计提属性”为“正常计提”，选择“折旧方法”为“平均年限法（一）”，选择“卡片样式”为“含税卡片样式”，如图4-4-6所示，单击“保存”按钮。

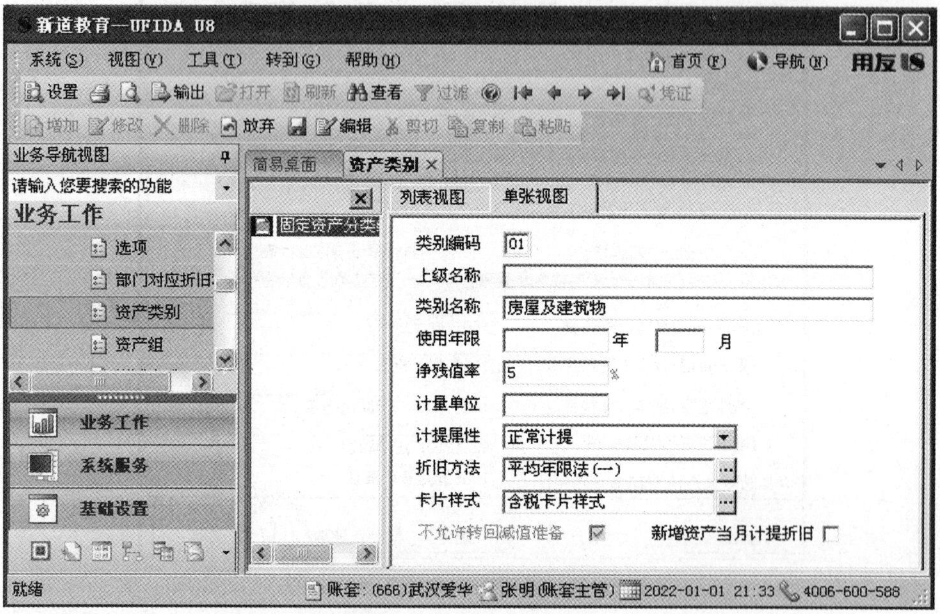

图4-4-6　设置资产类别

（3）同理，完成其他资产类别的设置。

6.设置增减方式及对应科目

（1）增加方式对应科目设置。

①执行“设置”→“增减方式”命令，进入“增减方式”窗口。在左侧列表框中，单击“直接购入”增加方式，单击“修改”按钮。

②输入“对应入账科目”为“100201，工行存款”，单击“保存”按钮，如图4-4-7所示。

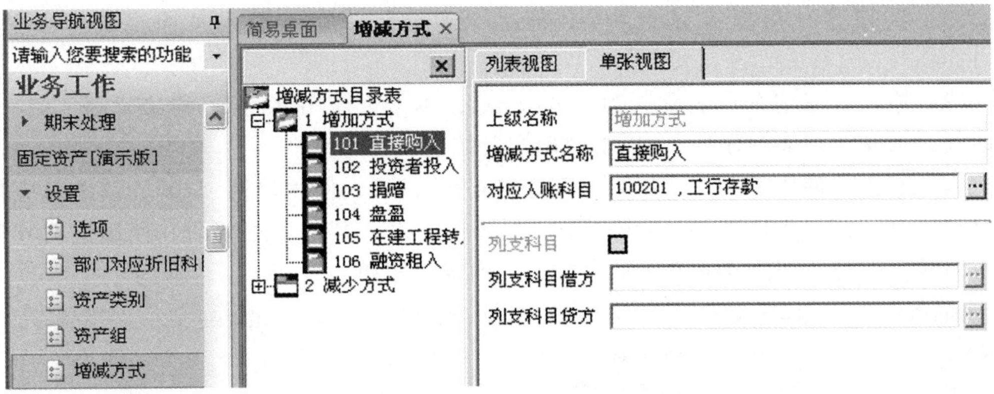

图4-4-7 增加方式对应科目设置

③同理，根据资料设置其他增加方式对应科目。

（2）减少方式

① 执行“设置”→“增减方式”命令，进入“增减方式”窗口。在左侧列表框中，单击“出售”减少方式，单击“修改”按钮。输入“对应入账科目”为“1606，固定资产清理”，单击“保存”按钮。

② 同理，根据资料设置其他减少方式对应科目。

③ 单击“列表视图”，可以查看全部增减方式对应的科目设置情况，如图4-4-8所示。

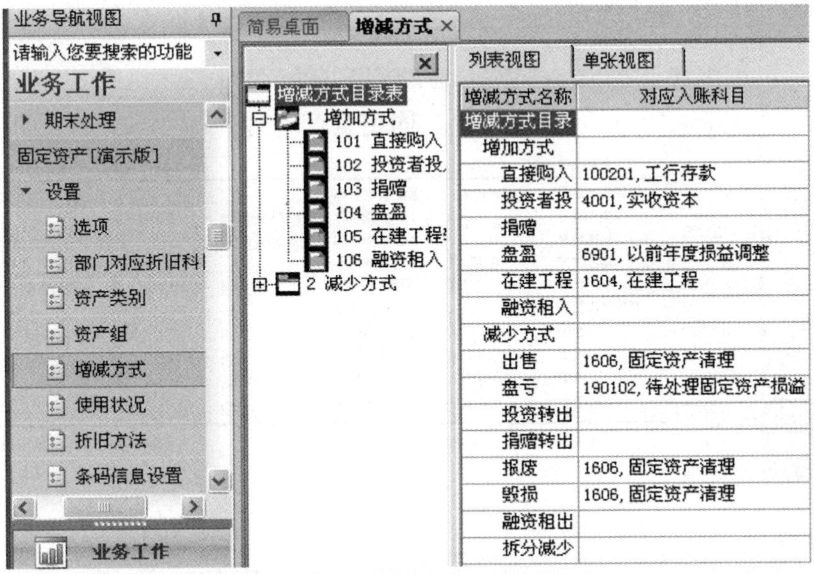

图4-4-8 增减方式对应科目列表

特别提示：

日常资产增减时，系统会根据增减方式自动生成凭证，凭证中科目的设置与此处一致。

7.录入原始卡片

（1）执行“卡片”→“录入原始卡片”命令，进入“固定资产类别档案”窗口。

（2）选择“01房屋及建筑物”，单击“确定”按钮，进入“固定资产卡片”窗口。

（3）输入“固定资产名称”为“办公楼”，单击“使用部门”，弹出“固定资产”对话框，选择“多部门使用”，单击“确定”按钮。

（4）双击“使用部门”，选择“经理办公室”，录入使用比例“10”，双击对应折旧科目“660205，折旧费”；点击“增加”按钮，录入其他使用部门、使用比例和对应折旧科目信息，如图4-4-9所示，点击“确定”按钮。

使用部门	使用比例%	对应折旧科目	项目大类	对应项目	部门编码
经理办公室	10.0000	660205，折旧费			101
人力资源部	10.0000	660205，折旧费			102
财务部	20.0000	660205，折旧费			2
采购部	20.0000	660205，折旧费			4
销售部	20.0000	660105，折旧费			3
仓储部	20.0000	660205，折旧费			5

图4-4-9　办公楼各部门使用情况

（5）双击“增加方式”，选择“直接购入”；双击“使用状况”，选择“在用”；输入“开始使用日期”为“2018-12-01”，输入“原值”为“4 000 000”，输入“累计折旧”为“374 400”，输入“使用年限（月）”为“360”；其他信息自动算出，如图4-4-10所示。

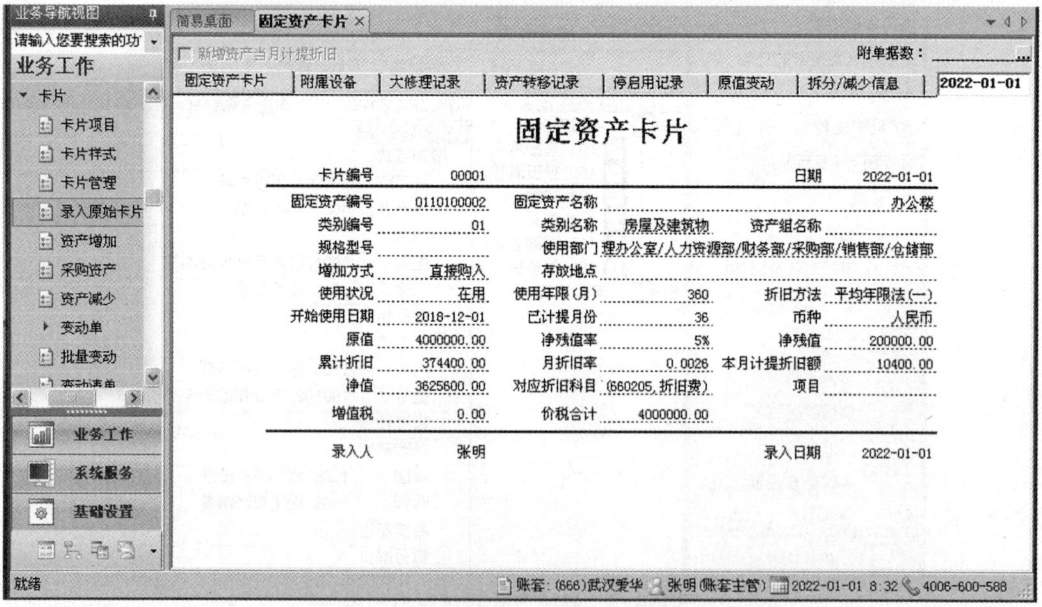

图4-4-10　固定资产卡片——办公楼

（6）单击“保存”按钮，系统弹出“数据成功保存！”提示框，单击“确定”按钮。同理，完成其他固定资产卡片的录入。

特别提示：

① 如果录入的是原始卡片，则开始使用日期必须在固定资产账套建立之前，在本例中，必须在2022-01-01之前，否则系统会提示出错。

② 如果使用系统编号，则只有在编号所需要的全部信息录入完成后，系统才会显示编号。

③ 已计提月份由系统根据开始使用日期自动计算出。

④ 与计算折旧有关的项目输入后，系统会按照输入的内容自动计算出月折旧率、本月计提折旧额，并显示在相应的项目内，用户可以将其与手工计算的值进行比较，以核对是否有错误。

学思践悟4-2

实验室设备管理隐藏大问题

任务测试4-4

固定资产管理系统初始设置

任务五 薪资管理系统初始设置

任务资料

1.薪资管理参数设置

工资类别个数：单个；币别名称：人民币；要求代扣个人所得税；不进行扣零处理；人员编码：3位；启用日期：2022年1月。

2.银行设置

增加银行档案资料，工行湖北分行白沙洲支行（05），设置个人账号长度为19。

3.人员档案（见表4-5-1）

表4-5-1 人员档案

职员编号	职员名称	性别	年龄	所属部门	代发银行	银行账号
001	李卫国	男	37	经理办公室	工行湖北分行白沙洲支行	6222080027000003223
002	何林	女	30	人力资源部	工行湖北分行白沙洲支行	6222080027000001377
003	张明	男	40	财务部	工行湖北分行白沙洲支行	6222080027000008356
004	李伟	女	29	财务部	工行湖北分行白沙洲支行	6222080027000007232
005	王刚	男	34	财务部	工行湖北分行白沙洲支行	6222080027000009452
006	赵亮	男	45	销售部	工行湖北分行白沙洲支行	6222080027000004755
007	赵军	男	40	销售部	工行湖北分行白沙洲支行	6222080027000006112
008	宋飞	男	26	销售部	工行湖北分行白沙洲支行	6222080027000007395
009	周军	男	40	采购部	工行湖北分行白沙洲支行	6222080027000002388
010	孙朋	女	33	采购部	工行湖北分行白沙洲支行	6222080027000005599
011	张军	男	29	采购部	工行湖北分行白沙洲支行	6222080027000007329
012	刘云	女	40	仓储部	工行湖北分行白沙洲支行	6222080027000004523
013	王强	男	32	仓储部	工行湖北分行白沙洲支行	6222080027000001177

以上人员全部为中方人员，计税，不核算计件工资。

4.工资项目设置（见表4-5-2）

表4-5-2 **工资项目设置**

工资项目名称	类 型	长度	小数	增减项
基本工资	数字型	8	2	增项
岗位工资	数字型	8	2	增项
奖 金	数字型	8	2	增项
交 补	数字型	8	2	增项
应发合计	数字型	10	2	增项
请假天数	数字型	8	0	其他
请假扣款	数字型	8	2	减项
社保公积金计提基数	数字型	8	2	其他
个人承担三险一金	数字型	8	2	减项
个人专项附加扣除	数字型	8	2	其他
代扣税	数字型	10	2	减项
上月累计预扣预缴税额	数字型	8	2	减项
扣款合计	数字型	10	2	减项
实发合计	数字型	10	2	增项
企业承担社会保险	数字型	8	2	其他
企业设定提存计划	数字型	8	2	其他
企业承担住房公积金	数字型	8	2	其他
应付工资	数字型	8	2	其他
累计应付工资	数字型	8	2	其他
累计减除费用	数字型	8	2	其他
累计专项扣除	数字型	8	2	其他
累计专项附加扣除	数字型	8	2	其他
累计预扣预缴应纳税所得额	数字型	8	2	其他

5.计算公式

交补=iff（人员类别=“销售人员”，800，iff（人员类别=“采购人员”，600，500））

应发合计=基本工资+岗位工资+奖金+交补

请假扣款=请假天数*25

应付工资=基本工资+岗位工资+奖金+交补-请假扣款

个人承担三险一金=社保公积金计提基数*0.183

企业承担社会保险=社保公积金计提基数*0.09

企业设定提存计划=社保公积金计提基数*0.167

企业承担住房公积金=社保公积金计提基数*0.08

累计减除费用=5 000*month（）

累计专项扣除=个人承担三险一金*month（）

累计专项附加扣除=个人专项附加扣除*month（）

累计预扣预缴应纳税所得额=累计应付工资-累计减除费用-累计专项扣除-累计专项附加扣除

扣款合计=请假扣款+个人承担三险一金+代扣税+上月累计预扣预缴税额

实发合计=应发合计-扣款合计

6.税率设置

收入额合计修改为“累计预扣预缴应纳税所得额”，扣税基数0，附加费用0。个人所得税税率表见表4-5-3。

表4-5-3 个人所得税税率表

级数	累计预扣预缴应纳税所得额	税率（%）	速算扣除数
1	不超过36 000元的部分	3	0
2	超过36 000元至144 000元的部分	10	2 520
3	超过144 000元至300 000元的部分	20	16 920
4	超过300 000元至420 000元的部分	25	31 920
5	超过420 000元至660 000元的部分	30	52 920
6	超过660 000元至960 000元的部分	35	85 920
7	超过960 000元的部分	45	181 920

任务要求

1.根据上述资料，建立薪资管理系统子账套。

2.根据上述资料，录入薪资管理系统银行信息和职员信息。

3.根据上述资料，完成工资项目设置、公式设置及个人所得税税率设置。

知识导航

一、薪资管理系统的主要功能

重难点微课 4-5 工资项目及公式设置

在用友ERP U8软件中，薪资管理系统是人力资源管理系统的一个子系统，它的主要功能包括以下方面：

（一）薪资类别管理

薪资管理系统提供处理多个工资类别的功能。如果单位按周或月多次发放工资，或者单位中有多种不同类别（部门）的人员，并且工资发放项目不同、工资计算公式也不同，但需要进行统一工资核算管理，则应选择建立多个工资类别。

如果单位中所有人员的工资统一管理，并且人员的工资项目、工资计算公式全部相同，则只需要建立单个工资类别，以提高系统的运行效率。

（二）人员档案管理

薪资管理系统提供设置人员的基础信息并对人员变动进行调整的功能，以及设置人员附加信息的功能。

（三）薪资数据管理

在薪资管理系统中，用户可以进行薪资数据管理，包括：根据不同企业的需要设计工资项目和计算公式；管理所有人员的工资数据，并对平时发生的工资变动进行调整；自动计算个人所得税，结合工资发放形式进行扣零处理或向代发工资的银行传输工资数据；自动计算、汇总工资数据；自动完成工资分摊、计提转账业务。

（四）薪资报表管理

薪资管理系统提供多层次、多角度的工资数据查询功能。

二、薪资管理系统与其他系统的关系

薪资管理系统与总账管理系统共享基础数据；薪资管理系统将工资分摊的结果生成转账凭证，传递到总账管理系统中；薪资管理系统向成本管理系统传送相关费用的合计数据。

三、初始设置

薪资管理系统的初始设置包括建立工资账套、基础信息设置和建立工资类别三部分。

（一）建立工资账套

工资账套与“系统管理”中的账套是不同的概念。“系统管理”中的账套针对的是整个核算系统，而工资账套针对的是薪资管理系统。要建立工资账套，前提是在“系统管理”中首先建立本单位的核算账套。建立工资账套时可以根据建账向导分四步进行，即参数设置、扣税设置、扣零设置、人员编码。

（二）基础信息设置

建立工资账套以后，用户要对系统运行所需的一些基础信息进行设置，主要包括以下几项：

1.部门设置

员工薪资一般是按部门进行管理的。

2.人员类别设置

人员类别与工资费用的分配、分摊有关，设置人员类别便于按人员类别进行工资汇总计算。

3.人员附加信息设置

此项设置可以增加人员信息，丰富人员档案的内容，便于对人员进行更加有效的管理。例如，增加设置人员的性别、民族、婚否等。

4.工资项目设置

工资项目设置即定义工资项目的名称、类型、宽度、小数、增减项。系统中有一些固定项目，如“应发合计”“扣款合计”“实发合计”，这些项目是工资账套中必不可少的，不能删除和重命名。其他项目可根据实际情况定义或参照增加，如“基本工资”“奖金”“事假天数”等。在此设置的工资项目是针对所有工资类别的全部工资项目。

5.银行名称设置

发放工资的银行可根据需要设置多个，这里设置的银行名称针对的是所有工资类别。例如，同一工资类别中的人员由于在不同的地点工作，因此需要在不同的银行代发工资；或者不同工资类别中的人员由不同的银行代发工资，均需要设置相应的银行名称。

（三）建立工资类别

1.人员档案设置

人员档案的设置用于登记人员姓名、职员编号、所属部门、人员类别等信息。此外，员工的增减变动也必须在本功能中处理。人员档案的操作是针对某个工资类别的，即应先打开相应的工资类别。

2.本工资类别的工资项目设置

这里只能选择系统初始设置中的工资项目，不可自行输入。工资项目的类型、长度、小数位数、增减项等不可更改。

3.计算公式设置

这是指定义某些工资项目的计算公式及工资项目之间的运算关系。例如，事假扣款=基本工资/月工作日*事假天数。运用公式可以直观地表达工资项目的实际运算过程，灵活地进行工资计算处理。定义公式可通过选择工资项目、运算符、关系符、函数等组合完成。

“应发合计”“扣款合计”“实发合计”等固定工资项目的计算公式，由系统根据工资项目设置的“增减项”自动给出。用户只能增加、修改、删除其他工资项目的计算公式。

工资项目的计算公式要符合逻辑，系统会对计算公式进行合法性检查，对于不符合逻辑的计算公式，系统将给出错误提示。定义公式时要注意先后顺序，先得到的数据应先设置公式。“应发合计”“扣款合计”“实发合计”的公式应是公式定义框中最后3个公式，并且“实发合计”的公式要在“应发合计”和“扣款合计”的公式之后。如果出现计算公式超长的情况，可将对应的工资项目名称缩短（减少字符），或者设置过渡项目。定义公式时还可以使用“函数公式向导输入”。

任务实施

【操作步骤】

1.建立工资账套

操作录屏4-8

薪资管理系统初始设置

（1）“001张明”以“2022-01-01”的日期登录企业应用平台，执行“人力资源”→“薪资管理”命令，系统弹出“建立工资套”对话框。

（2）在“参数设置”中，选择本账套所需处理的工资类别个数为“单个”，默认币别名称为“人民币 RMB”，如图4-5-1所示。

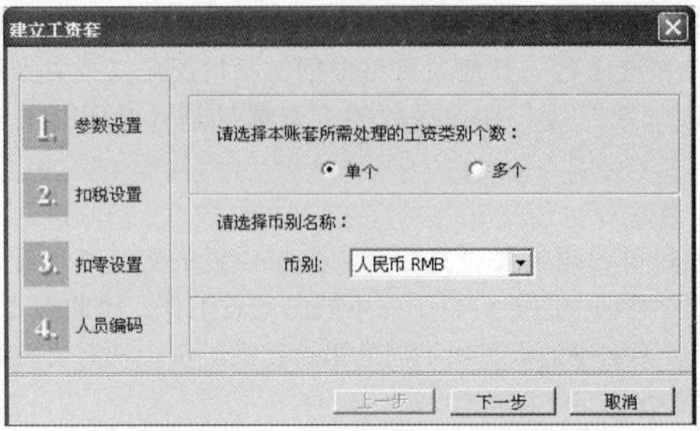

图4-5-1 建立工资套——参数设置

（3）单击“下一步”按钮，进入“扣税设置”对话框，选中“是否从工资中代扣个人所得税”复选框。

（4）单击“下一步”按钮，进入“扣零设置”对话框，本例中不进行扣零处理，所以直接单击“下一步”按钮，进入“人员编码”对话框。

（5）单击“完成”按钮，完成建立工资账套的过程。

特别提示：

① 如果薪资管理系统还没有启用，可执行“基础设置”→“基本信息”→“系统启用”命令，打开“系统启用”对话框，选中“WA 薪资管理”复选框，弹出“日历”对话框，选择薪资管理系统启用日期为2022年1月1日，单击“确定”按钮，系统弹出“确实要启用当前系统吗？”提示框，单击“是”按钮返回。

② 工资账套建立完成后，部分建账参数可以在“设置”→“选项”中进行修改。

2.设置人员附加信息

（1）执行“设置”→“人员附加信息设置”命令，打开“人员附加信息设置”对话框。

（2）单击“增加”按钮，单击“栏目参照”栏的倒三角按钮，选择“性别”；同理，增加“年龄”，如图4-5-2所示。

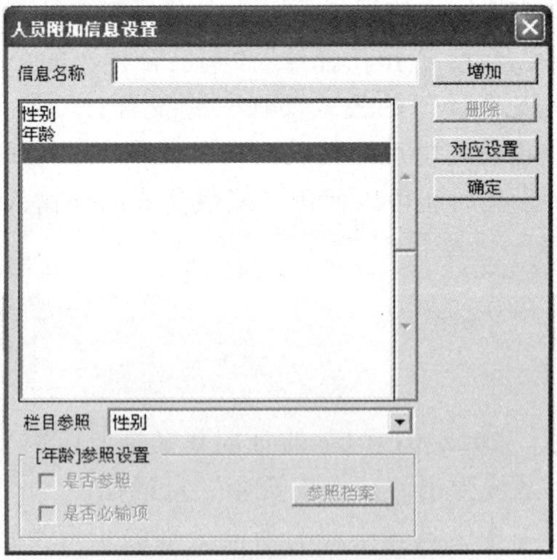

图4-5-2 人员附加信息设置

3.设置工资项目

（1）执行“设置”→“工资项目设置”命令，打开“工资项目设置”对话框。

（2）单击“增加”按钮，从“名称参照”下拉列表框中选择“基本工资”，默认类型为“数字”，小数位为“2”，增减项为“增项”。以此方法继续增加其他工资项目，并通过“上移”或“下移”等按钮根据任务资料工资项目顺序排序，如图4-5-3所示。

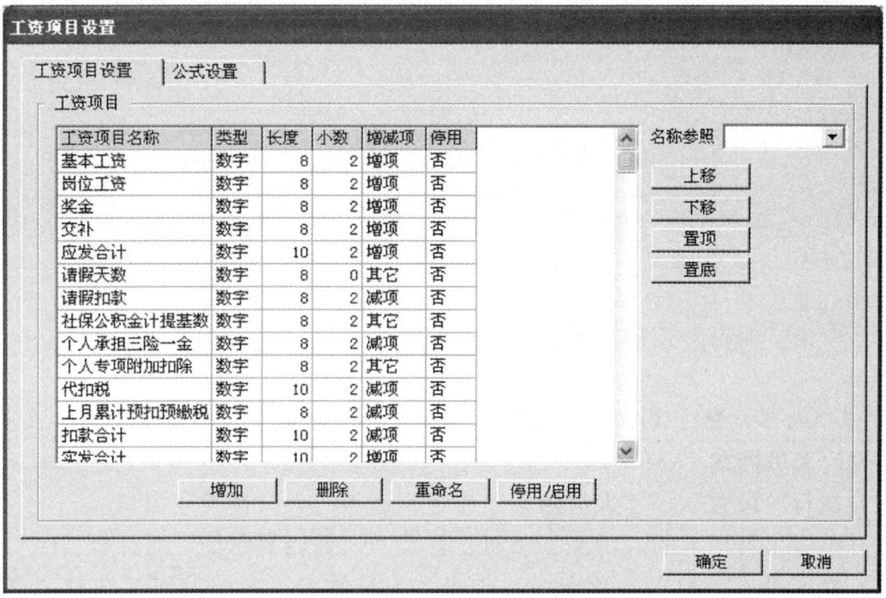

图4-5-3 工资项目设置

特别提示：

①“名称参照”下拉列表框中没有的项目可以直接输入，或者先从“名称参照”中选择一个类似的项目再进行修改，其他项目也可以根据需要修改。

②如果在“扣税设置”中选中“是否从工资中代扣个人所得税”复选框，则在此可以看到“扣税合计”“代扣税”“代付税”等预置工资项目。

③没有选择的工资项目不允许在计算公式中出现。不能删除已输入数据的工资项目和已设置计算公式的工资项目。

（3）单击“确定”按钮。

特别提示：

系统提供的固定工资项目不能修改、删除。

4.设置银行名称

（1）在企业应用平台的“基础设置”选项卡中，执行“基础档案”→“收付结算”→“银行档案”命令，单击“增加”按钮，打开“增加银行档案”对话框。

（2）根据资料增加银行名称信息，如图4-5-4所示。

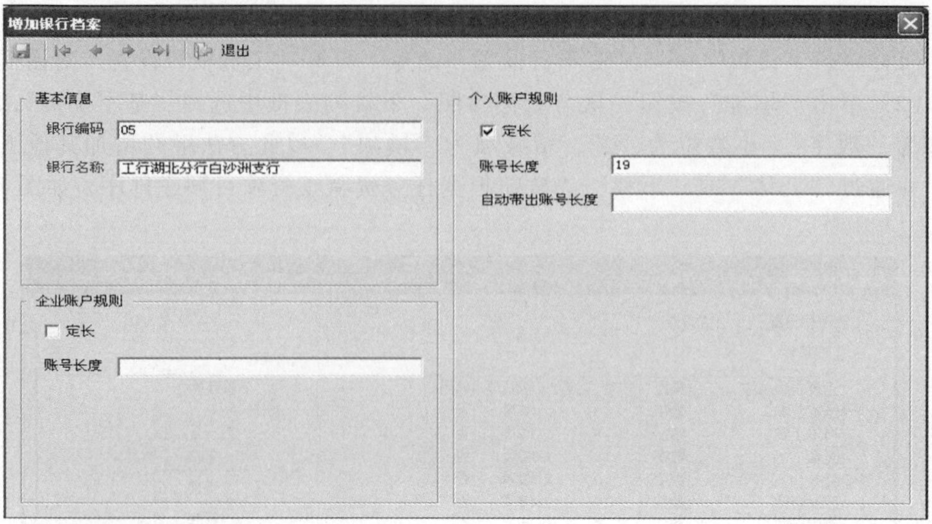

图4-5-4　增加银行档案

（3）单击“保存”按钮并退出。

特别提示：

要求个人账户账号定长，是指此银行所有人员的账号长度必须相同。

5.设置人员档案

（1）执行“设置”→“人员档案”命令，进入“人员档案”窗口。

（2）单击工具栏上的“增加”按钮，打开“人员档案明细”对话框。

（3）在“基本信息”选项卡中，单击“人员姓名”参照按钮，选择“李卫国”，人员编号“001”自动带出，薪资部门名称选择“经理办公室”，人员类别“管理人员”自动带出。

（4）单击“银行名称”下拉列表框，从下拉列表框中选择“工行湖北分行白沙洲支行”，输入银行账号“6222080027000003223”，如图4-5-5所示。

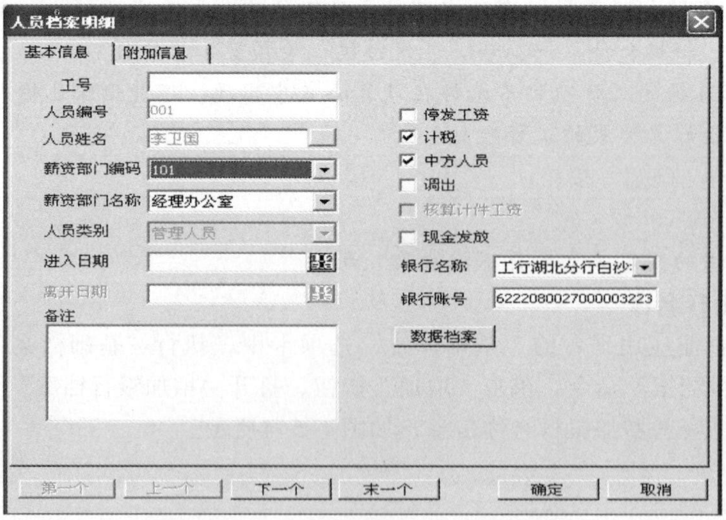

图4-5-5　人员档案明细——基本信息

（5）单击“附加信息”，输入“性别”为“男”，输入“年龄”为“37”，如图4-5-6所示，单击“确定”按钮。

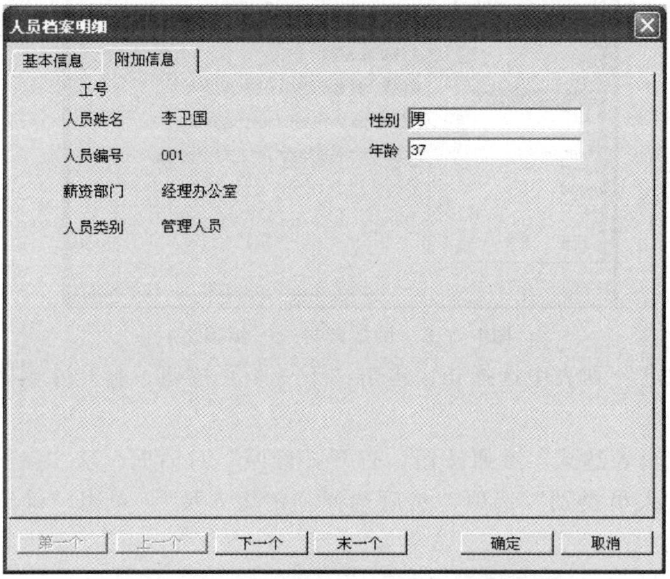

图4-5-6　人员档案明细——附加信息

（6）依上述顺序输入所有人员档案，输入结果如图4-5-7所示，最后单击工具栏上的“退出”按钮。

人员档案

总人数：13

选择	薪资部门名称	人员编号	人员姓名	人员类别	账号	中方人员	是否计税	工资停发	核算计件工资	现金发放	进入日期	离开日期	性别	年龄
	经理办公室	001	李卫国	管理人员	6222080027000003223	是	是	否	否	否			男	37
	人力资源部	002	何林	管理人员	6222080027000001377	是	是	否	否	否			女	30
	财务部	003	张明	管理人员	6222080027000008356	是	是	否	否	否			男	40
	财务部	004	李伟	管理人员	6222080027000007232	是	是	否	否	否			女	29
	财务部	005	王刚	管理人员	6222080027000009452	是	是	否	否	否			男	34
	销售部	006	赵亮	销售人员	6222080027000004755	是	是	否	否	否			男	45
	销售部	007	赵军	销售人员	6222080027000006112	是	是	否	否	否			男	40
	销售部	008	宋飞	销售人员	6222080027000007395	是	是	否	否	否			男	26
	采购部	009	周军	采购人员	6222080027000002388	是	是	否	否	否			女	40
	采购部	010	孙朋	采购人员	6222080027000005599	是	是	否	否	否			男	33
	采购部	011	张军	采购人员	6222080027000007329	是	是	否	否	否			男	29
	仓储部	012	刘芸	管理人员	6222080027000004523	是	是	否	否	否			女	40
	仓储部	013	王强	管理人员	6222080027000001177	是	是	否	否	否			男	32

图4-5-7　人员档案

特别提示：

人员档案也可以选择采用批增的方式，一次性全部增加。执行“批增”命令，在“人员批量增加”窗口，分别单击人员所在部门，然后单击“查询”按钮，系统会列示基础档案中所有人员的档案信息，单击“确定”按钮，然后将批量导入信息的不足部分补充完善即可。

6.设置计算公式

（1）设置“交补”计算公式。

①执行“设置”→“工资项目设置”，选择“公式设置”页签，单击“增加”按钮，在“工资项目”列表中增加一个空行，单击该行，在下拉列表框中选择“交补”。

②单击“函数公式向导输入”按钮，打开“函数向导——步骤之1”对话框，如图4-5-8所示。

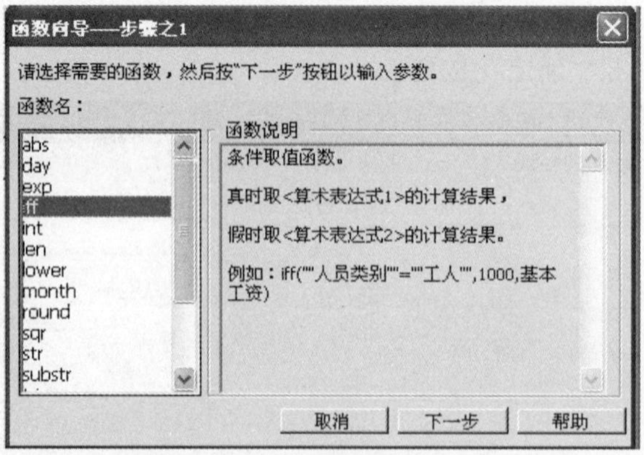

图4-5-8　函数向导——步骤之1

③从“函数名”列表中选择iff，单击“下一步”按钮，打开“函数向导——步骤之2”对话框。

④单击“逻辑表达式”参照按钮，打开“参照”对话框，从“参照列表”的下拉列表框中选择“人员类别”选项，然后选择“销售人员”，单击“确定”按钮，如图4-5-9所示。

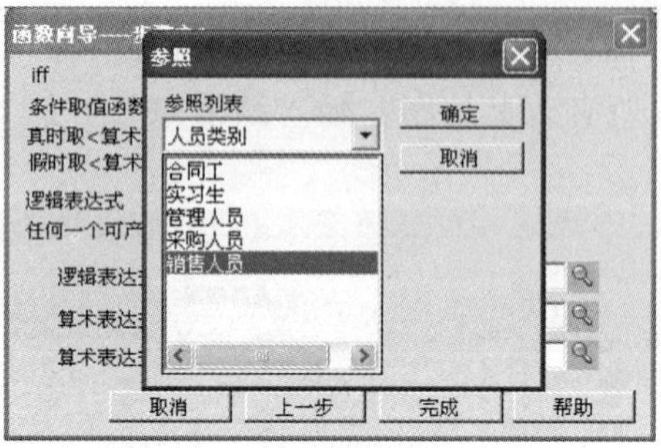

图4-5-9　函数向导——步骤之2

⑤在“算术表达式1”后的文本框中输入“800”，单击“完成”按钮返回“公式设置”界面，如图4-5-10所示。

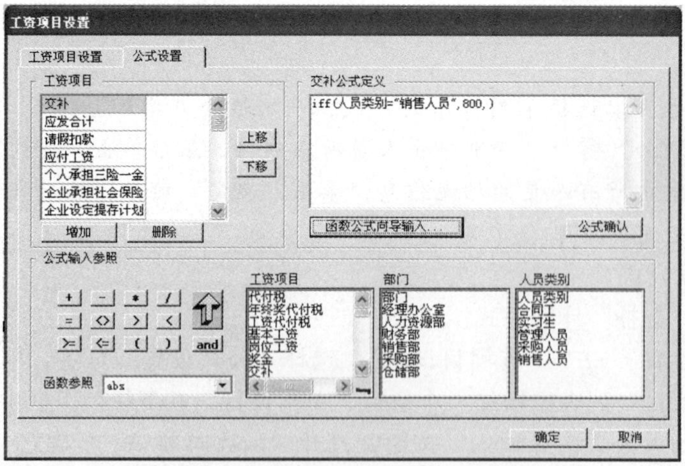

图4-5-10　“交补”计算公式设置之一

⑥将光标放在第一个算数表达式“800,”之后，单击“函数公式向导输入”按钮，打开“函数向导——步骤之1”对话框。

⑦从“函数名”列表中选择“iff”，单击“下一步”按钮，打开“函数向导——步骤之2”对话框。

⑧单击“逻辑表达式”参照按钮，打开“参照”对话框，从“参照”下拉列表框中选择“人员类别”选项，然后选择“采购人员”，单击“确定”按钮。

⑨在“算术表达式1”后的文本框中输入“600”，在“算术表达式2”后的文本框中输入“500”，如图4-5-11所示。

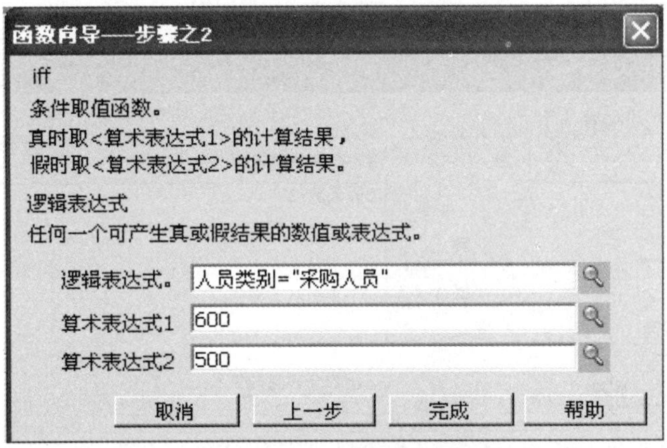

图4-5-11　设置算术表达式

⑩单击“完成”按钮，返回“公式设置”窗口，单击“公式确认”按钮。公式结果如图4-5-12所示。

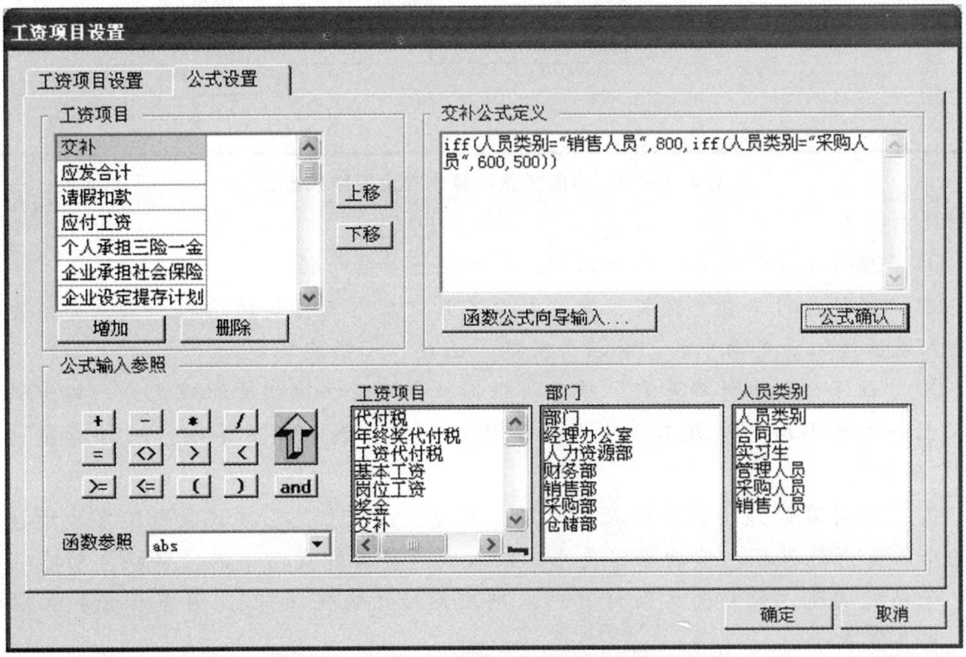

图4-5-12　“交补”计算公式设置之二

（2）设置“请假扣款”计算公式。

① 在“工资项目设置”对话框中打开“公式设置”选项卡。

② 单击“增加”按钮，在“工资项目”列表中增加一个空行，单击该行，然后在下拉列表框中选择“请假扣款”选项。

③ 单击“请假扣款公式定义”文本框，然后单击工资项目列表中的“请假天数”。

④ 单击运算符“*”，在“*”后输入数字“25”，单击“公式确认”按钮，如图4-5-13所示。

⑤ 同理，设置其他计算公式。

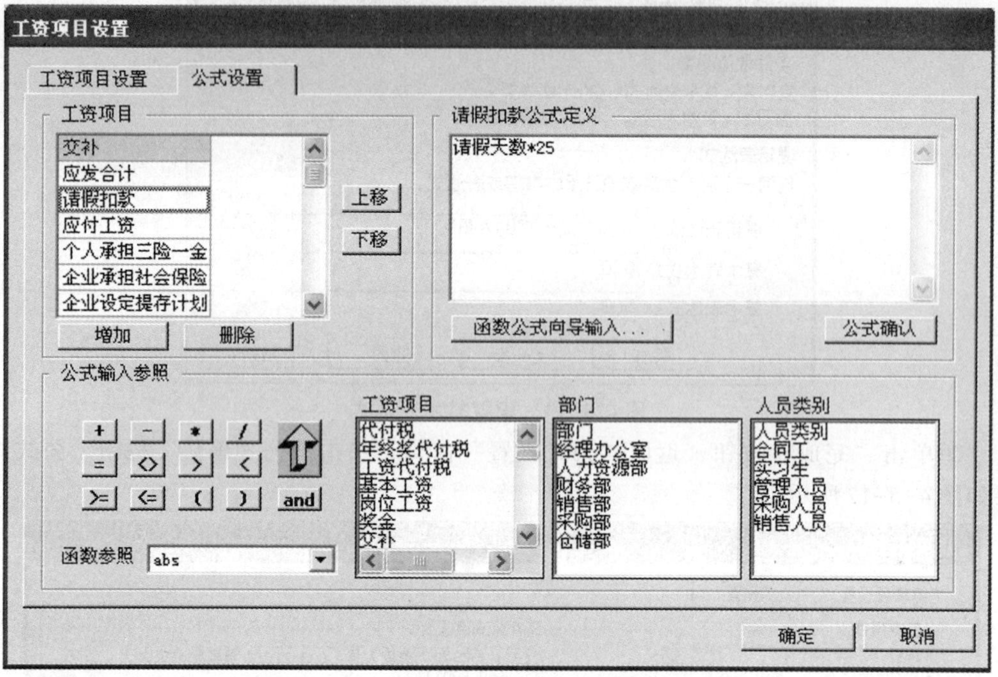

图4-5-13 请假扣款计算公式设置结果窗口

特别提示：

① “应付工资”项目：用于工资、工会经费等的计提。

② “累计应付工资”项目：是年初至本月“应付工资”的总和，该数据需要手工输入或通过工资变动中的“替换”功能“函数”子功能实现。

③ “社保公积金计提基数”项目：根据社会保险法律制度的规定，一般为职工本人上一年度平均工资或本人上月工资收入。该金额一般不等于“应付工资”或“应发合计”。

④ “上月累计预扣预缴税额”项目：是指年初至上月已按税法规定累计预扣预缴的个人所得税税额。该数据需要手工输入或通过工资变动中的“替换”功能“函数”子功能实现。此处为方便计算“本期应预扣预缴税额”“上月累计预扣预缴税额”用负数表示。

⑤ 本期应预扣预缴税额=（累计预扣预缴应纳税所得额×预扣率-速算扣除数）-累计减免税额-上月累计预扣预缴税额。“代扣税”与“上月累计预扣预缴税额”之和为“本期应预扣预缴税额”。

7.设置税率

（1）执行“设置”→“选项”命令，打开“选项”对话框，单击“编辑”按钮，在“扣税设置”中按要求选择“收入额合计”项所对应的工资项目“累计预扣预缴应纳税所得额”，如图4-5-14所示。

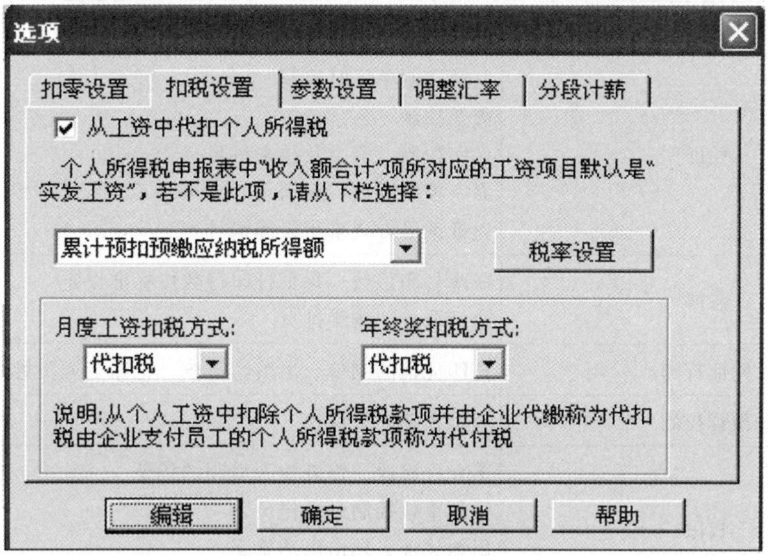

图4-5-14　修改扣税设置参数

（2）单击“税率设置”按钮，打开“个人所得税申报表——税率表”对话框，输入基数“0”，附加费用“0”，按表4-5-4数据在“代扣税”选项卡中录入个人所得税税率表，如图4-5-15所示。单击“确定”按钮，保存个人所得税税率表信息。

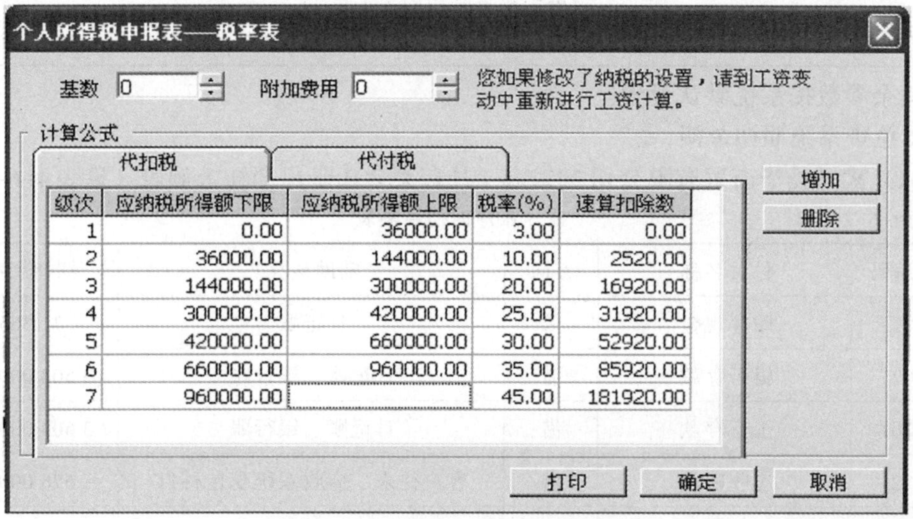

图4-5-15　设置个人所得税税率表

学思践悟4-3

个税改革背后的民生福祉

任务测试4-5

薪资管理系统初始设置

任务六　总账系统初始设置

任务资料

1.总账控制参数（见表4-6-1）

表4-6-1　　　　　　　　　　总账控制参数

选项卡	参数设置
凭证	取消“制单序时控制” 支票控制 赤字控制：资金及往来科目 赤字控制方式：提示 凭证编号方式采用系统编号
账簿	账簿打印位数、每页打印行数按标准设定 明细账打印按年排页
凭证打印	打印凭证的制单、出纳、审核、记账等人员姓名
预算控制	超出预算允许保存
权限	不允许修改、作废他人填制的凭证 凭证审核控制到操作员 出纳凭证必须由出纳签字 明细账查询权限控制到科目
会计日历	会计日历为1月1日—12月31日 数量小数位和单价小数位设置为2
其他	外汇核算采用固定汇率 部门、个人、项目按编码方式排序

其余参数按系统默认设置。

2.总账系统期初余额

（1）武汉爱华商贸有限公司2022年1月有关会计账户期初余额表（见表4-6-2）

表4-6-2　　　　　　　　　　会计账户期初余额表

科目编码	科目名称	方向	辅助核算	期初余额
1001	库存现金	借	日记账	31 365.00
1002	银行存款	借	日记账、银行账	3 504 009.00
100201	工行存款	借	日记账、银行账	3 504 009.00
1122	应收账款	借	客户往来、应收系统受控科目	678 000.00
1221	其他应收款	借	个人往来	5 000.00

续表

科目编码	科目名称	方向	辅助核算	期初余额
1231	坏账准备	贷		3 390.00
1405	库存商品	借		1 112 000.00
1601	固定资产	借		4 284 590.00
1602	累计折旧	贷		458 646.24
1701	无形资产	借		500 000.00
2201	应付票据	贷	供应商往来、应付系统受控科目	50 850.00
2202	应付账款	贷		306 500.00
220201	一般应付款	贷	供应商往来、应付系统受控科目	56 500.00
220202	暂估应付款	贷	供应商往来	250 000.00
2211	应付职工薪酬	贷		90 128.79
221101	工资	贷		69 571.79
221102	社会保险费	贷		5 490.00
221103	设定提存计划	贷		10 187.00
221104	住房公积金	贷		4 880.00
2221	应交税费	贷		67 709.05
222102	未交增值税	贷		26 450.00
222103	应交城建税	贷		1 851.50
222104	应交教育费附加	贷		793.50
222105	应交地方教育附加	贷		529.00
222106	应交企业所得税	贷		38 000.00
222107	应交个人所得税	贷		85.05
2241	其他应付款	贷		11 163.00
224101	代扣职工三险一金	贷		11 163.00
2501	长期借款	贷		1 320 000.00
4001	实收资本	贷		7 000 000.00
4104	利润分配	贷		806 576.92
410403	未分配利润	贷		806 576.92

（2）应收账款（1122）辅助账期初余额表（见表4-6-3）

表4-6-3　　应收账款（1122）辅助账期初余额表

日期	供应商	摘要	方向	金额
2021-12-15	武汉明创	销售智能台灯2 000个，无税单价300元/个，税率13%，发票号85471234，付款条件“2/20，1/40，n/60”	借	678 000.00

（3）其他应收款（1221）辅助账期初余额表（见表4-6-4）

表4-6-4　　其他应收款（1221）辅助账期初余额表

日期	凭证号数	部门名称	个人名称	摘要	方向	金额
2021-12-28	记-25	采购部	周军	出差借款	借	5 000.00

（4）应付票据（2201）辅助账期初余额表（见表4-6-5）

表4-6-5　　应付票据（2201）辅助账期初余额表

日期	供应商	摘要	方向	金额
2021-12-11	广东鑫海	采购智能音箱100个，无税单价450元/个，税率13%，银行承兑汇票票号6255413，到期日2022-01-11，承兑银行：中国工商银行	贷	50 850.00

（5）应付账款——一般应付款（220201）辅助账期初余额表（见表4-6-6）

表4-6-6　　应付账款——一般应付款（220201）辅助账期初余额表

日期	供应商	摘要	方向	金额
2021-12-25	上海宏悦	采购智能台灯200个，无税单价250元/个，税率13%，发票号5678213，付款条件“2/20，1/40，n/60”	贷	56 500.00

（6）应付账款——暂估应付款（220202）辅助账期初余额表（见表4-6-7）

表4-6-7　　应付账款——暂估应付款（220202）辅助账期初余额表

日期	供应商	摘要	方向	金额
2021-12-15	上海兴宝	采购智能门锁500个，暂估单价500元	贷	250 000.00

任务要求

1.根据上述资料，进行总账系统参数设置。

2.根据上述资料，录入总账系统期初余额。

3.进行总账期初余额试算平衡操作。

重难点微课 4-6

总账系统初始设置

知识导航

总账管理系统初始设置是由企业根据自身的行业特性和管理需求，将通用的总账管理系统设置为适合企业自身特点的专用系统的过程。总账管理系统初始设置主要包括会计科目设置、凭证类别设置、系统选项设置和期初数据录入等内容。其中，会计科目设置、凭证类别设置属于基础档案设置内容，前文已经涉及，本项目只介绍系统选项设置和期初数据录入的相关内容。

一、系统选项设置

系统在建立新账套后，由于具体情况需要或业务变更需要，会发生账套信息与核算内容不符的情况，这时可以通过系统选项设置调整。用户可对凭证、账簿、凭证打印、预算控制、权限、会计日历、其他、自定义项核算等操作控制选项进行修改。

二、期初数据录入

总账管理系统需要录入的期初数据包括期初余额和累计发生额，企业建账的时间不同，录入的期初数据也会不同。

如果选择年初建账，则只需要准备各账户上年年末的余额作为新一年的期初余额，且年初余额和月初余额是相同的。比如，某企业2022年1月开始启用总账管理系统，则只需要整理该企业2021年12月末各账户的期末余额作为2022年1月初的期初余额，因为2022年没有累计数据发生，所以2022年1月的月初余额也是2022年的年初余额。

任务实施

【操作步骤】

操作录屏4-9

总账系统初始设置

1.总账系统设置

（1）“001张明”以“2022-01-01”的日期登录企业应用平台。执行“业务工作”→“财务会计”→“总账”→“设置”→“选项”命令，进入“选项”窗口。

（2）单击“编辑”按钮，按照任务资料，在“选项”窗口各选项卡下，勾选或去掉相应的参数。设置完毕后，如图4-6-1所示。单击“确定”按钮退出。

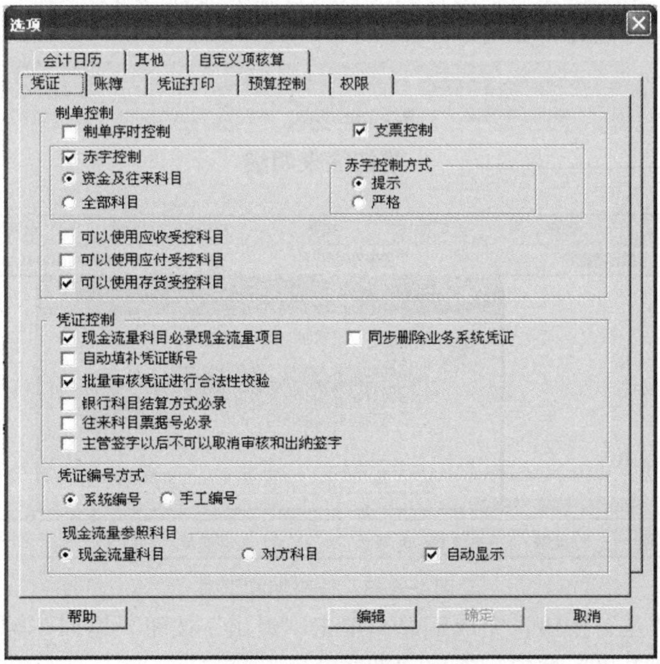

图4-6-1　总账系统选项

2.录入总账期初数据

（1）执行“业务工作”→“财务会计”→“总账”→“设置”→“期初余额”命令，进入“期初余额录入”窗口。

（2）按照任务资料，在“期初余额”栏直接录入库存现金、银行存款、坏账准备、库存商品、固定资产、累计折旧、无形资产、实收资本和利润分配等科目的期初余额。

（3）在“期初余额录入”窗口，双击“应收账款”科目行，进入“辅助期初余额”窗口。单击“往来明细”按钮，进入“期初往来明细”窗口。

（4）单击“引入”按钮，系统提示“确定要引入期初吗?”，如图4-6-2所示。

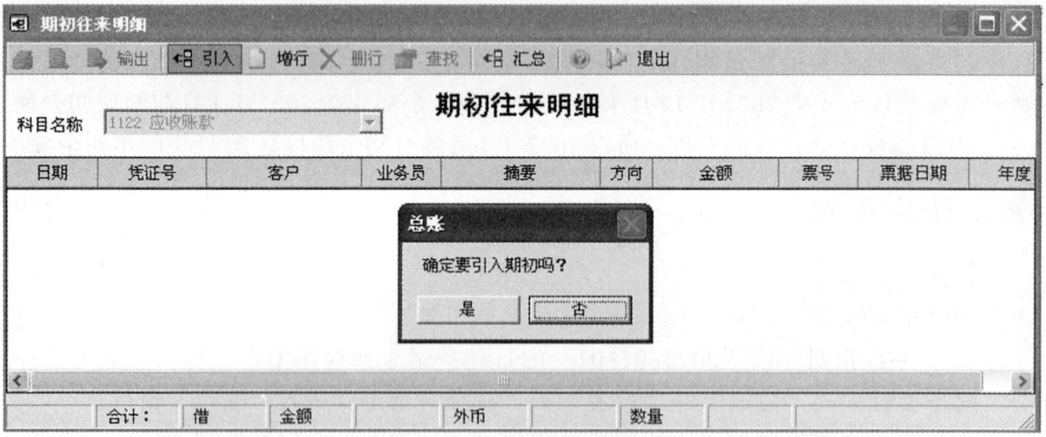

图4-6-2　往来期初引入

（5）单击“是”按钮，系统将从应收款管理系统引入期初数据，单击“汇总”按钮，系统提示是否汇总，如图4-6-3所示。

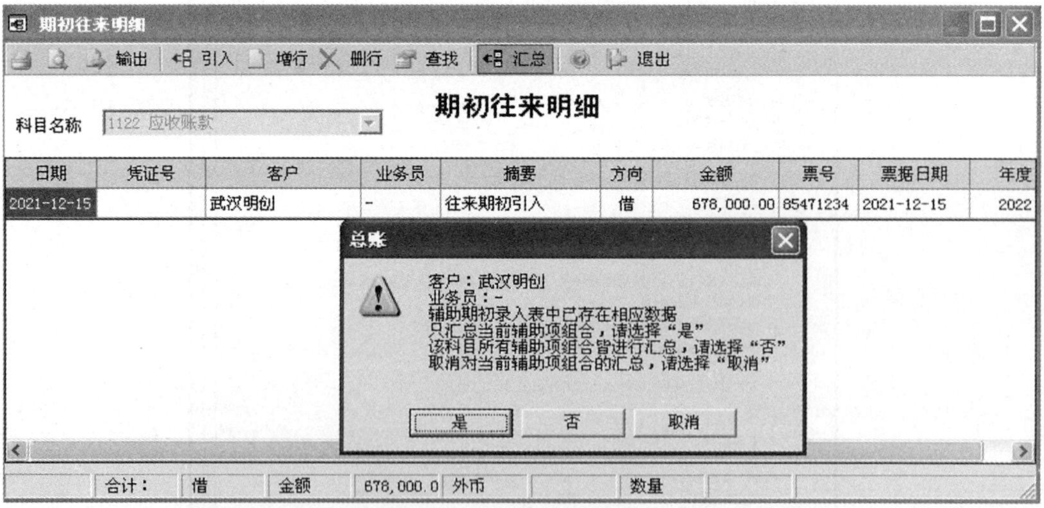

图4-6-3　往来期初汇总

（6）单击“是”按钮，完成汇总。单击“退出”按钮，返回“辅助期初余额”窗口，继续单击“退出”按钮，返回“期初余额”窗口。

（7）同理，录入应付票据、应付账款期初余额。

（8）在“期初余额录入”窗口，双击“其他应收款”科目行，进入“辅助期初余额”窗口。单击“往来明细”按钮，进入“期初往来明细”窗口。

（9）单击“增行”按钮，按照任务资料，录入其他应收款辅助账期初余额，如图4-6-4所示。

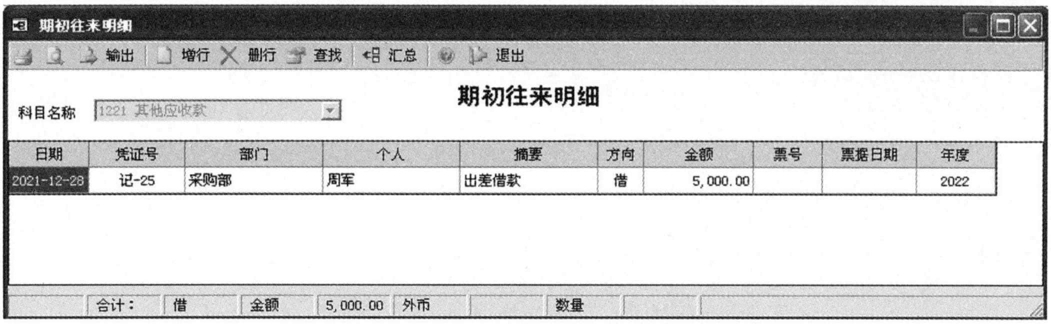

图4-6-4 其他应收款期初往来明细

（10）单击“汇总”按钮，系统提示是否汇总，单击“是”按钮，完成汇总。单击“退出”按钮，返回“辅助期初余额”窗口，继续单击“退出”按钮，返回“期初余额”窗口。

（11）期初余额录入完毕后，单击“期初余额录入”窗口的“试算”按钮，进行试算平衡，如图4-6-5所示。

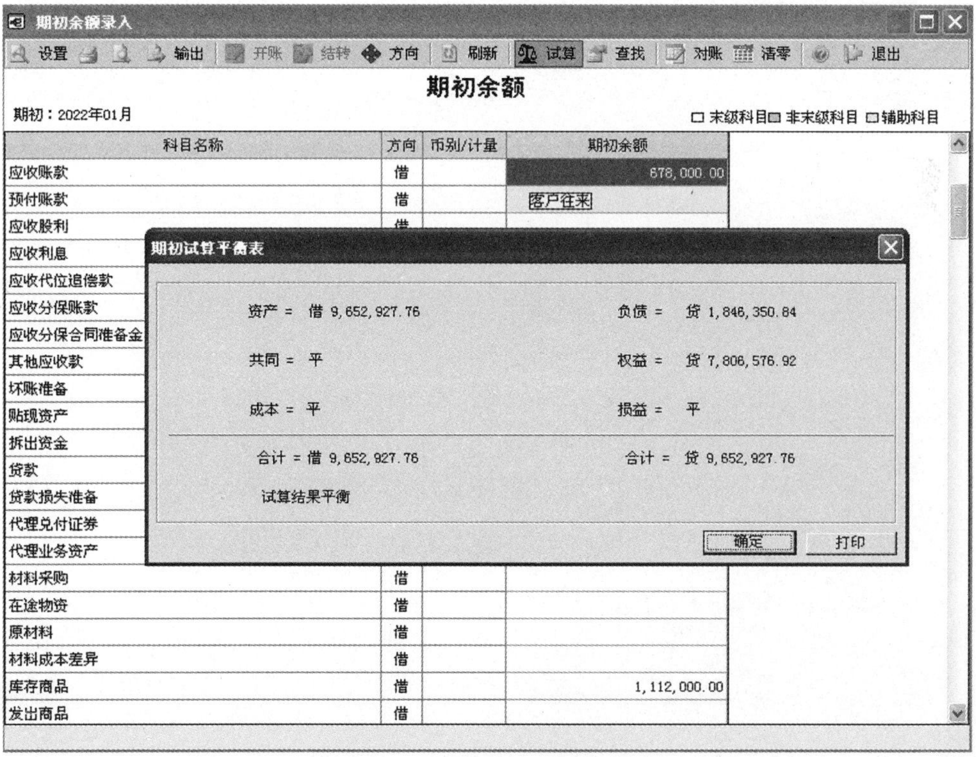

图4-6-5 期初余额试算平衡

学思践悟4-4

基础不牢，地动山摇

任务测试4-6

总账系统初始设置

特别提示：

① 往来科目的期初余额录入必须进入明细窗口，录入明细资料，否则总账系统与应收款、应付款管理系统无法对账平衡。

② 如果应收款、应付款管理系统没有录入期初数据，则可以在总账中直接录入往来明细数据。

项目反馈与评价

重难点梳理

1.总账系统期初余额录入方式有哪些?

2.哪些系统期初数据因存在传递关系而需要进行对账?

关键数据反馈

请在实训操作过程中，对系统中能反映下列关键数据的页面进行截图反馈:

1.应付款和应收款管理系统之期初余额。

2.库存管理和存货核算系统之期初余额。

3.固定资产期初累计折旧和原值金额。

4.完成实训操作后的个人所得税税率表。

5.总账系统期初试算平衡表。

易错点分析

请将你在本项目任务测试和操作过程中出现的问题进行记录并分析。

项目评价

多维评价量表

序号	评价内容	设定分值	评价主体	得分情况
线上环节	自主学习进度	20	平台自评	
	任务测试准确度	10	平台自评	
	小计	30		
线下环节	安全与规范操作意识	10	学生自评	
	劳动、探究与合作意识	10	小组互评	
	实训操作进度	20	小组互评	
	实训数据准确度	20	教师评议	
	项目反思态度	10	教师评议	
	小计	70		
	合计	100		

项目五

总账系统日常业务

知识目标

通过本项目的学习，了解总账系统的功能结构，掌握总账系统的应用流程，掌握总账系统日常业务中凭证处理和账簿管理的方法。

技能目标

通过本项目的实训，掌握填制凭证、修改凭证、删除凭证、审核凭证、凭证记账与凭证和账簿查询的操作技能。

素养目标

通过本项目的学习，培养学生坚持按会计准则办事，弘扬精益求精的工匠精神，确保账务处理结果的准确性。

项目导图

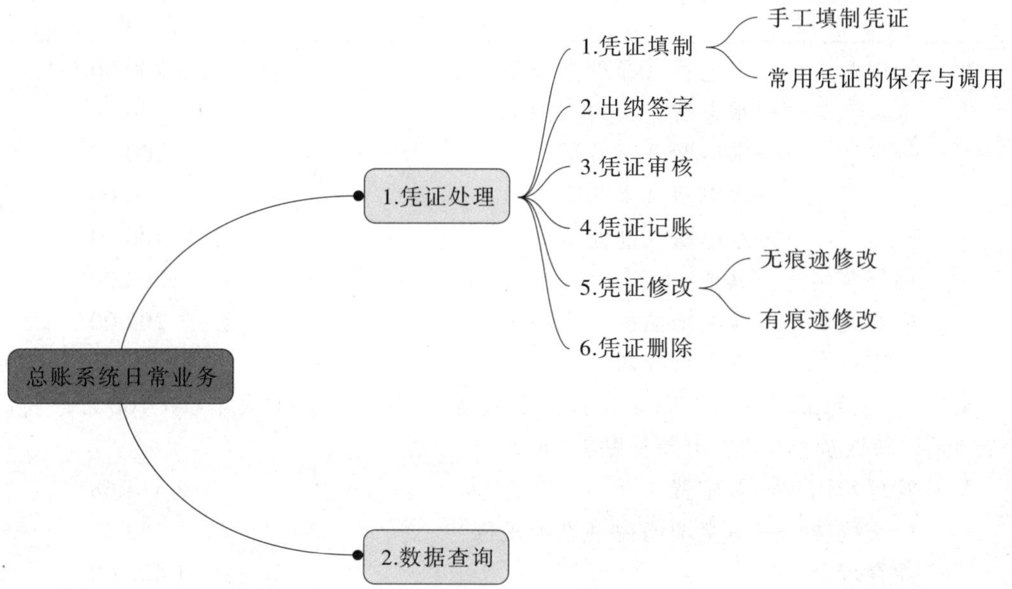

任务一 凭证处理

任务资料

2022年1月武汉爱华商贸有限公司发生部分经济业务。

5-1 原始单据

1.1日，采购部周军购买打印纸，共计300元，以现金支付，收到电子普通发票1张。(故意设错)

借：销售费用——办公费 300.00

贷：库存现金 300.00

5-2 原始单据

2.2日，财务部出纳王刚开出1张现金支票2 000元，去银行提现备用，支票号00209881。

借：库存现金 2 000.00

贷：银行存款——工行存款 2 000.00

5-3 原始单据

3.2日，收到水费发票872元、电费发票1 130元及银行付款通知，水费、电费表见表5-1-1。

表5-1-1 水费、电费表 单位：元

部 门	水费	电费
经理办公室	100.00	100.00
人力资源部	100.00	100.00
财务部	100.00	100.00
销售部	100.00	100.00
采购部	200.00	100.00
仓储部	200.00	500.00
合 计	800.00	1 000.00

借：管理费用——水电费（经理办公室） 200.00

——水电费（人力资源部） 200.00

——水电费（财务部） 200.00

——水电费（采购部） 300.00

——水电费（仓储部） 700.00

销售费用——其他 200.00

应交税费——应交增值税（进项税额） 202.00

贷：银行存款——工行存款 2 002.00

5-4 原始单据

4.7日，采购部周军出差归来，报销差旅费3 578元，其中火车票1 106元，住宿费954元，餐饮费318元，出差补贴1 200元。

借：管理费用——差旅费 3 414.68

应交税费——应交增值税（进项税额） 163.32

库存现金 1 422.00

贷：其他应收款——周军 5 000.00

5.8日，销售部赵亮报销业务招待费1 000元（增值税普通发票），以现金支付。 5-5 原始单据

借：销售费用——业务招待费 1 000.00

贷：库存现金 1 000.00

6.9日，财务部支付网银转账手续费100元，并收到银行扣款回单。 5-6 原始单据

借：财务费用——手续费 100.00

贷：银行存款——工行存款 100.00

7.9日，缴纳上月未交增值税26 450元、城建税1 851.50元、教育费附加793.50元、地方教育附加529元。 5-7 原始单据

借：应交税费——未交增值税 26 450.00

——应交城建税 1 851.50

——应交教育费附加 793.50

——应交地方教育附加 529.00

贷：银行存款——工行存款 29 624.00

8.10日，开出现金支票00209882支付2021年12月工资69 571.79元。 5-8 原始单据

借：应付职工薪酬——工资 69 571.79

贷：银行存款——工行存款 69 571.79

9.10日，缴纳2021年12月社保、公积金共计31 720元。其中企业社保（工伤保险和医疗保险）5 490元，企业设定提存计划（养老保险和失业保险）10 187元，企业承担住房公积金4 880元；代扣职工个人社保及公积金共11 163元。 5-9 原始单据

借：应付职工薪酬——社会保险费 5 490.00

——设定提存计划 10 187.00

——住房公积金 4 880.00

其他应付款——代扣职工三险一金 11 163.00

贷：银行存款——工行存款 31 720.00

10.10日，缴纳2021年12月个人所得税85.05元。 5-10 原始单据

借：应交税费——应交个人所得税 85.05

贷：银行存款——工行存款 85.05

任务要求

1.根据上述资料，进行经济业务的凭证填制。

2.根据记字2号凭证生成常用凭证，代号为01，说明为“提现备用”，并调用生成的常用凭证，填制本月10日从工行提现1 000元的业务凭证。

3.对调用常用凭证生成的提现凭证进行凭证作废、整理操作。

4.由出纳王刚对凭证进行出纳签字审核操作。

5.由张明对全部凭证进行审核。

6.由张明查询本月未记账的记字1号凭证。

7.由张明对全部凭证进行记账。

8.记账后发现第一笔业务会计科目有误，用红字冲销法进行错账更正，并由相关操作员进行出纳签字、凭证审核和记账。

9.查询本月全部已记账凭证。

知识导航

凭证是记录企业发生的各项经济业务的载体，是总账系统数据的唯一来源。凭证处理是总账系统的核心功能，主要包括填制凭证、审核凭证、凭证记账等。

一、填制凭证

在实际工作中，用户可以直接在计算机上根据审核无误的原始凭证填制记账凭证（即前台处理），也可以先由人工制单，然后集中输入（即后台处理）。企业采用哪种方式，应根据本单位的实际情况决定。一般来说，业务量不多或者基础较好的企业可以采用前台处理方式；如果是第一年使用，或处于人机并行阶段，则比较适合采用后台处理方式。

（一）增加凭证

记账凭证的内容一般包括两部分：一是凭证头部分（凭证类别、凭证编号、制单日期、附单据数）；二是凭证正文部分（摘要、科目、辅助项、金额）。

（二）生成和调用常用凭证

用户可以将某张凭证作为常用凭证保存，以后可按代号调用这张常用凭证。

在填制一张与常用凭证类似或完全相同的凭证时，用户可调用此常用凭证，这样会加快凭证的录入速度。

（三）修改凭证

在填制凭证的过程中，通过翻页查找或输入查询条件，可以找到要修改的凭证，这时将光标移到需要修改的地方即可进行修改。可修改的内容包括摘要、科目、辅助项、金额及方向等。

外部系统传递过来的凭证不能在总账系统中修改，只能在生成该凭证的系统中修改。

（四）作废/恢复凭证

当不想要某张凭证或者某张凭证出现不便修改的错误时，可以将其作废。凭证上显示“作废”字样，表示已将该凭证作废，作废凭证仍保留凭证内容及凭证编号。

若当前凭证已作废，还可执行“作废/恢复”命令，取消作废标志，并将其恢复为有效凭证。

（五）整理凭证

整理凭证就是删除所有作废凭证，并对未记账凭证重新编号。若本月已有凭证记账，那么本月最后一张已记账凭证之前的凭证将不能进行凭证整理，只能对其后面的未记账凭证进行凭证整理。

（六）制作红字冲销凭证

对于已记账的凭证，若发现有错误，则可以通过执行“冲销凭证”命令制作一张红字冲销凭证。通过红字冲销法生成的凭证，应视同正常凭证进行保存管理。

（七）查看凭证的有关信息

总账系统的填制凭证功能不仅是各账簿数据的输入口，而且具有强大的信息查询功能。通过这一功能，用户可以查询符合条件的凭证信息。

二、审核凭证

为了确保登记到账簿的每一笔经济业务的准确性和可靠性，制单员填制的每一张凭证都必须经过审核员的审核。审核凭证主要包括出纳签字、主管签字和凭证审核三个方面的工作。

（一）出纳签字

出纳人员可通过出纳签字功能对制单员填制的带有现金科目、银行科目的凭证进行检查核对，主要核对出纳凭证的出纳科目及金额是否正确。审查后认为错误或者有异议的凭证，应交由制单员修改后再检查核对。

（二）主管签字

为了加强对制单的管理，系统还提供了“主管签字”功能供用户选择。选择该功能后，制单员填制的凭证必须经主管签字后才能记账。

（三）凭证审核

凭证审核是由具有审核权限的操作员根据财会制度，对制单员填制的记账凭证进行检查核对，主要审核记账凭证是否与原始凭证相符、会计分录是否正确等。审核后认为有错误或者有异议的凭证，应交由填制人员修改后再审核。

三、凭证记账

记账凭证经审核签字后，即可用来登记总账、明细账、日记账、部门账、往来账及项目账等。记账工作由计算机自动进行，不用人工干预。

任务实施

重难点微课 5-1

填制凭证

操作录屏5-1

填制凭证-业务1

【操作步骤】

1.填制记账凭证

业务1：无辅助核算业务（有意设错，便于练习红字冲销）

（1）以“002 李伟”的身份注册进入企业应用平台。若已经以其他操作员的身份进入企业应用平台，则需要单击左上角的“重注册”按钮。

（2）选中“业务工作”选项卡，执行“总账”→“凭证”→“填制凭证”命令，进入“填制凭证”窗口。

（3）单击“增加”按钮或者按“F5”快捷键。

（4）单击凭证类别的参照按钮，选择“记账凭证”。

（5）修改制单日期为“2022.01.01”。

（6）在“摘要栏”直接录入“购买办公用品，现金付讫”。

（7）在凭证第一行录入科目名称“销售费用/办公费”，或者录入科目代码“660106”，或者单击参照按钮（或按“F2”快捷键），选择损益类科目“660106 销售费用/办公费”。

（8）在“借方金额”栏录入“300”。

（9）按回车键复制上一行摘要，在“科目名称”栏录入科目名称“库存现金”，或者录入科目代码“1001”，或者单击参照按钮（或按“F2”快捷键），选择资产类科目“1001 库存现金”。

（10）在“贷方金额”栏录入“300”，或者直接按“=”键，进行借贷自动平衡。

（11）单击“保存”按钮，系统弹出“凭证已成功保存！”提示框，单击“确定”按钮返回，如图5-1-1所示。

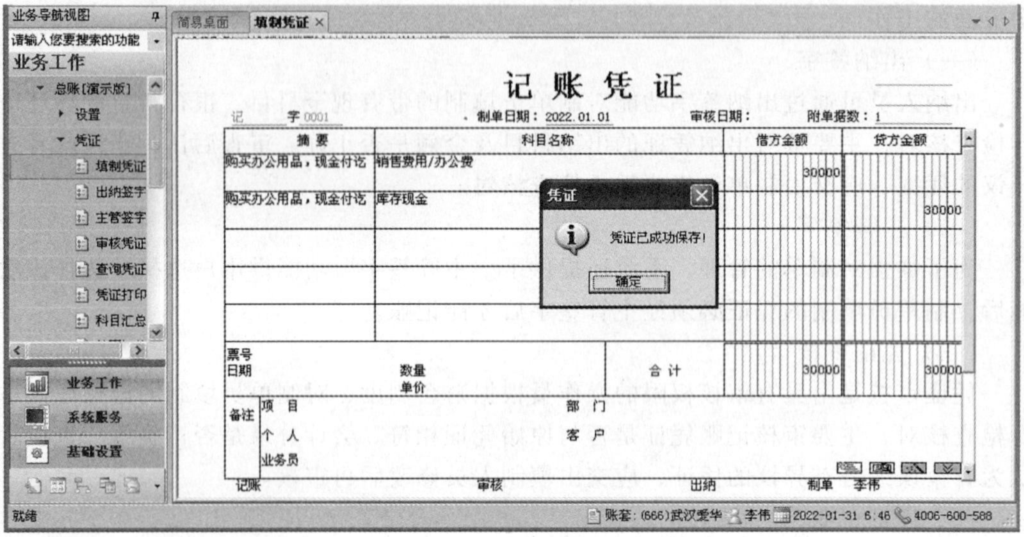

图5-1-1　填制业务1凭证

特别提示：

① 凭证日期应大于等于总账系统启用日期，并小于等于计算机系统日期。如果录入日期后系统提示“日期不能超前建账日期”，则需要在“基础设置”选项卡的“基本信息”→“系统启用”中检查总账系统启用日期；如果录入日期后系统提示“日期不能滞后系统日期”，则需要检查计算机系统日期。

② 凭证中不同行的摘要可以相同也可以不同，但不能为空。每行摘要都必须随相应的会计科目在明细账、日记账中出现。

③ 输入的科目名称或科目编码必须是最末级科目。

④ 分录中的金额不能为零，但可以为红字，即如果金额是负数，则在金额处按“-”，系统会显示金额为红字，但在打印凭证时，该金额前会打印出“-”。如果凭证的金额录错了方向，可以按“空格”键改变借贷方向。

⑤ 在总账选项中，系统规定每页凭证可以有5行，当某张凭证超过5行时，系统将自动在凭证号后标上几分之一，如付0001号0002/0003表示付款凭证第0001号凭证共有3张分单，当前光标所在分录是在第二张分单上。

⑥ 凭证填制完成后，在未审核前可以直接进行修改。

⑦ 如果在设置凭证类别时已经设置了不同种类凭证的限制类型及限制科目，则在填制凭证时，如果凭证类别选择错误，那么在保存凭证时，系统会提示凭证不能满足的条件，此时应根据业务类型重新选择凭证类别。

操作录屏5-2

填制凭证-业务2

业务2：辅助核算业务——银行账辅助核算

（1）参照业务1凭证的填制过程，录入本业务凭证的凭证头信息、摘要栏信息、借方“库存现金”科目及金额信息。

（2）在凭证第二行录入科目名称“银行存款/工行存款”，或者录入科目代码“100201”，或者单击参照按钮（或按“F2”快捷键），选择资产类科目“100201银行存款/工行存款”。

（3）按回车键，出现“辅助项”对话框，在“结算方式”栏单击参照按钮，双击“现金支票”或直接录入现金支票的编码“201”，在“票号”栏录入“00209881”，单击“确定”按钮，如图5-1-2所示。

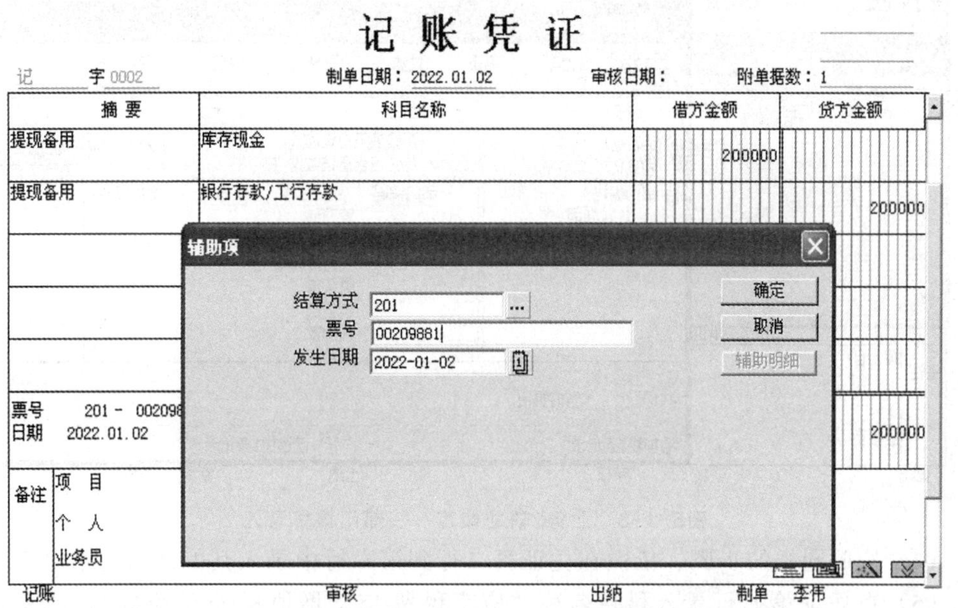

图5-1-2 业务2结算方式录入

（4）凭证输入完成后，单击“保存”按钮。若此张支票尚未登记，则系统弹出“此支票尚未登记，是否登记?”对话框。

（5）单击“是”按钮，弹出“票号登记”对话框。

（6）输入领用日期“2022-01-02”，领用部门“2-财务部”，姓名“005-王刚”，限额“2 000”，用途“提现备用”等内容，单击“确定”按钮，所登记内容在支票登记簿中可查看。

（7）单击“保存”按钮，保存该凭证。

特别提示：

凡是涉及“银行账”的科目，均应输入结算方式及票号，否则将导致期末无法与银行账对账。如果系统未弹出提示输入结算方式、票号等内容的“辅助项”窗口，说明在科目设置时，未在有关“银行存款”科目中选中“银行账”复选框。

业务3：辅助核算业务——部门核算和银行账辅助核算

（1）参照业务1凭证的填制过程，录入本业务凭证的凭证头信息、摘要栏信息。

操作录屏5-3

填制凭证-业务3

（2）在凭证第一行“科目名称”栏录入科目名称“管理费用/水电费”，或者录入科目代码“660203”，或者单击参照按钮（或按“F2”快捷键），选择损益类科目“660203管理费用/水电费”。

（3）按回车键，出现“辅助项”对话框，单击参照按钮，选择“经理办公室”，如图5-1-3所示。或直接录入经理办公室的编码“101”，单击“确定”按钮。

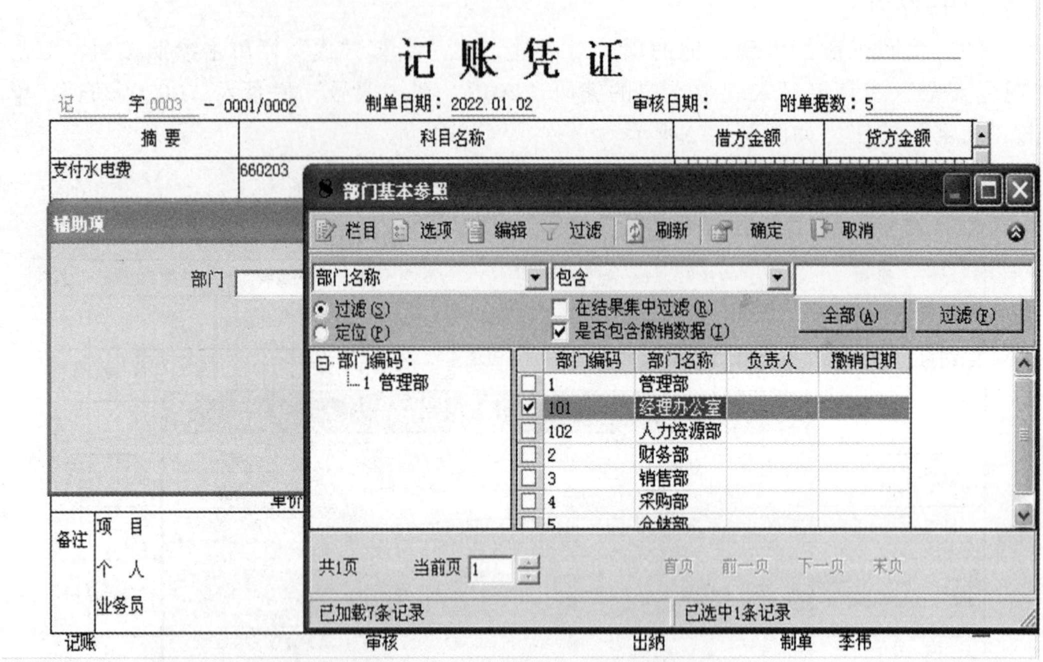

图5-1-3 业务3辅助核算——部门核算录入

（4）按照同样的步骤，依次在凭证第二行到第六行中录入其他部门的水电费。

（5）在凭证第七行录入科目名称“应交税费/应交增值税/进项税额”，或者录入科目代码“22210101”，或者单击参照按钮（或按“F2”快捷键），选择负债类科目“22210101应交税费/应交增值税/进项税额”。

（6）在凭证第八行录入科目名称“银行存款/工行存款”，或者录入科目代码“100201”，或者单击参照按钮（或按“F2”快捷键），选择资产类科目“100201银行存款/工行存款”。

（7）按回车键，出现“辅助项”对话框，在“结算方式”栏单击参照按钮，双击“网银转账”或直接录入网银转账的编码“4”，在“票号”栏录入“10283769425”，单击“确定”按钮。

（8）单击“保存”按钮，保存该凭证。

特别提示：

点击“辅助项”窗口的参照按钮后，如果无法查看部门信息，则有可能是“基础档案”中的部门信息没有录入，此时应先完善部门档案再选择；或者是该操作员没有部门查询的权限，此时应在数据权限设置中进行相应的设置。

业务4：辅助核算业务——部门核算和个人往来辅助核算

操作录屏5-4

填制凭证-业务4

（1）参照业务1凭证的填制过程，录入本业务凭证的凭证头信息、摘要栏信息。

（2）在凭证第一行“科目名称”栏录入科目名称“管理费用/差旅费”，或者录入科目代码“660204”，或者单击参照按钮（或按“F2”快捷键），选择损益类科目“660204管理费用/差旅费”。

（3）按回车键，出现“辅助项”对话框，单击参照按钮，选择“采购部”或直接录入采购部的编码“4”，单击“确定”按钮。

（4）依次在凭证第二行录入科目名称“应交税费/应交增值税/进项税额”，第三行录入科目名称“库存现金”。

（5）在凭证第四行录入科目名称“其他应收款”，或者录入科目代码“1221”，或者单击参照按钮（或按“F2”快捷键），选择资产类科目“1221其他应收款”。

（6）按回车键，出现“辅助项”对话框，在“部门”栏单击参照按钮，选择“采购部”或直接录入采购部的编码“4”，在“个人”栏单击参照按钮，选择“周军”或直接录入周军的编码“009”，如图5-1-4所示，单击“确定”按钮。

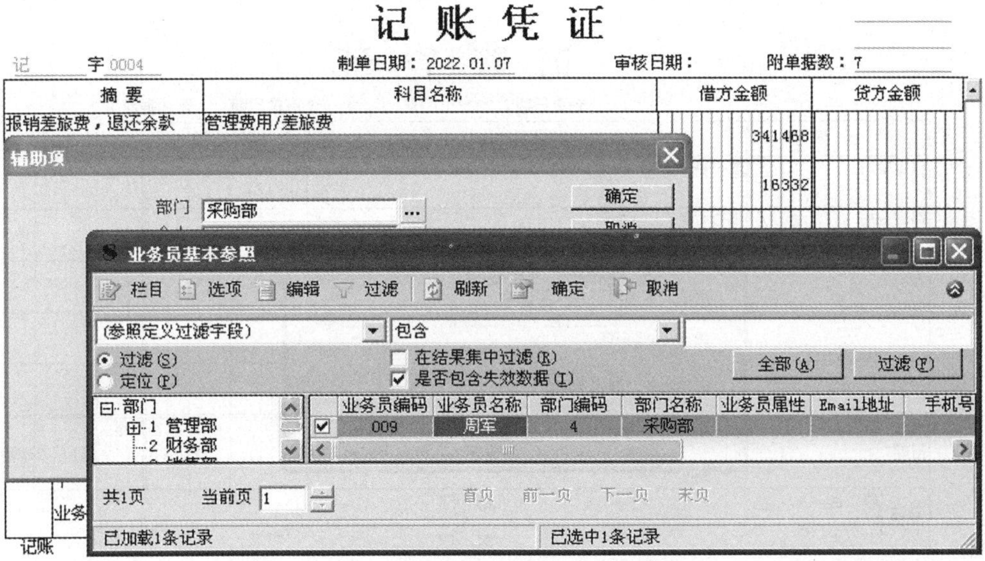

图5-1-4　业务4辅助核算——个人核算录入

（7）单击“保存”按钮，保存该凭证。

特别提示：

如果业务员基本参照窗口没有相关个人信息，则应检查在“个人档案”窗口中是否勾选“是否业务员”，否则即使添加了个人档案，也无法在业务员基本参照窗口显示。

操作录屏5-5

填制凭证-业务5—业务7

业务5：无辅助核算业务

参照业务1凭证的填制过程完成业务5记账凭证的填制。

业务6：银行账辅助核算业务

参照业务2凭证的填制过程完成业务6记账凭证的填制。

业务7：银行账辅助核算业务

参照业务2凭证的填制过程完成业务7记账凭证的填制。

操作录屏5-6

填制凭证-业务8—业务10

业务8：银行账辅助核算业务

参照业务2凭证的填制过程完成业务8记账凭证的填制。

业务9：银行账辅助核算业务

参照业务2凭证的填制过程完成业务9记账凭证的填制。

业务10：银行账辅助核算业务

参照业务2凭证的填制过程完成业务10记账凭证的填制。

操作录屏5-7

常用凭证的保存与调用

2.常用凭证的保存与调用

（1）在“填制凭证”界面，通过“←”按钮找到记字0002号凭证。

（2）在当前界面，执行“常用凭证”→“生成常用凭证”命令，系统弹出“常用凭证生成”对话框，输入代号“01”，说明“提现备用”，单击“确认”按钮将其保存为常用凭证，如图5-1-5所示。

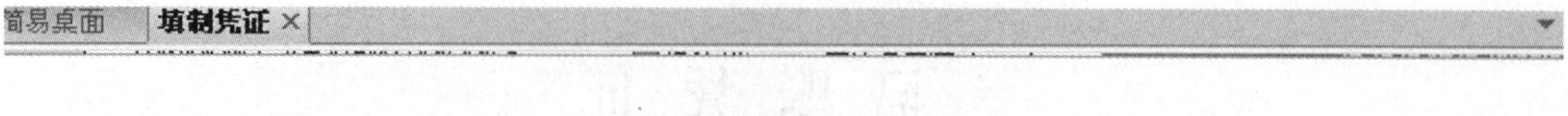

图5-1-5 常用凭证生成

（3）在“填制凭证”界面，执行“常用凭证”→“调用常用凭证”命令，系统弹出“调用常用凭证”对话框，输入编码“01”，或在“常用凭证窗口”选入“01”号常用凭证。

（4）系统自动生成一张记字0011号凭证，将业务日期改为“2022.01.10”，金额改为“1 000”，然后保存，如图5-1-6所示。

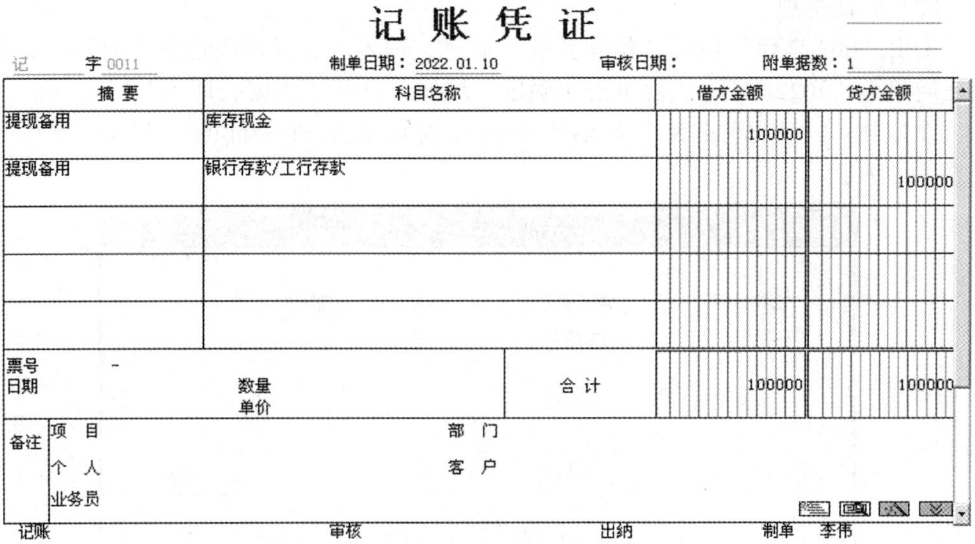

记账凭证

记 字 0011　　制单日期：2022.01.10　　审核日期：　　附单据数：1

摘要	科目名称	借方金额	贷方金额
提现备用	库存现金	100000	
提现备用	银行存款/工行存款		100000
票号 - 日期　　数量 单价	合计	100000	100000

备注　项目　　部门
　　　个人　　客户
　　　业务员

记账　　审核　　出纳　　制单　李伟

图5-1-6　调用常用凭证生成记账凭证

特别提示：

对于每月重复发生的会计业务，如果其借贷方对应科目不变，只是每次业务的日期和金额有可能发生变化，这时可利用常用凭证功能，一次生成，多次调用，提高凭证录入速度。

3.凭证作废与整理操作（凭证删除）

重难点微课 5-2

凭证删除

操作录屏 5-8

凭证删除

（1）凭证作废。

① 由“002 李伟”执行“凭证”→“填制凭证”命令，进入“填制凭证”窗口。

② 单击“上张”“下张”按钮，或通过“查询”命令，找到通过常用凭证生成的记字 0011 号凭证。

③ 执行“作废/恢复”命令，将该张凭证打上“作废”标志，如图 5-1-7 所示。

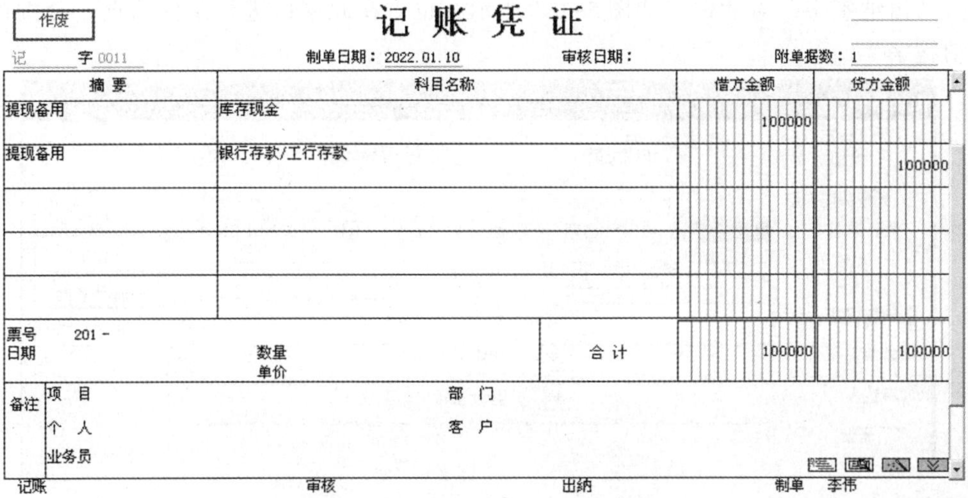

作废

记账凭证

记 字 0011　　制单日期：2022.01.10　　审核日期：　　附单据数：1

摘要	科目名称	借方金额	贷方金额
提现备用	库存现金	100000	
提现备用	银行存款/工行存款		100000
票号 201 - 日期　　数量 单价	合计	100000	100000

备注　项目　　部门
　　　个人　　客户
　　　业务员

记账　　审核　　出纳　　制单　李伟

图5-1-7　删除凭证——作废凭证

（2）凭证整理。

①由“002 李伟”执行“整理凭证”命令，进入“凭证期间选择”对话框，选择凭证期间为“2022.01”，然后单击“确定”按钮，打开“作废凭证表”对话框。

②双击“作废凭证表”对话框中需要删除凭证所在行的“删除？”栏，如图 5-1-8 所示。

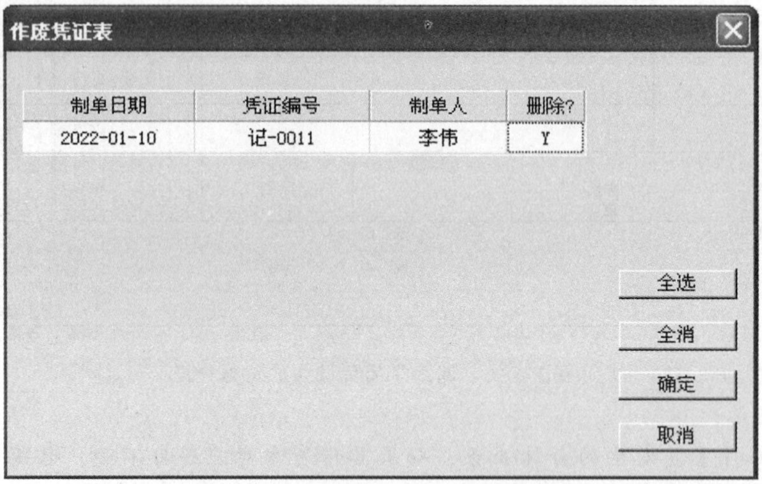

图5-1-8　删除凭证——作废凭证表

③单击“确定”按钮，系统弹出“是否还需整理凭证断号”提示框，并提供三种断号整理方式：“按凭证号重排”“按凭证日期重排”“按审核日期重排”。

④选择“按凭证号重排”，单击“是”，系统完成对凭证号的重新整理。

4.出纳签字

操作录屏5-9

出纳签字与取消签字

（1）以“003 王刚”的身份注册进入企业应用平台。若已经以其他操作员的身份进入企业应用平台，则需要单击左上角的“重注册”按钮。

（2）选中“业务工作”选项卡，执行“总账”→“凭证”→“出纳签字”命令，进入“出纳签字”对话框，如图 5-1-9 所示，也可在此窗口进行条件筛选，分批进行出纳签字。

图5-1-9　出纳签字查询条件

（3）单击“确定”按钮，选定全部需要出纳签字的凭证，进入“出纳签字列表”对话框，如图5-1-10所示。

简易桌面　出纳签字列表 ×

凭证共 10张　已签字 0张　未签字 10张　⊙ 凭证

制单日期	凭证编号	摘要	借方金额合计	贷方金额合计	制单人	签字人
2022-01-01	记 - 0001	购买办公用品，现金付讫	300.00	300.00	李伟	
2022-01-02	记 - 0002	提现备用	2,000.00	2,000.00	李伟	
2022-01-02	记 - 0003	支付水电费	2,002.00	2,002.00	李伟	
2022-01-07	记 - 0004	报销差旅费，退还余款	5,000.00	5,000.00	李伟	
2022-01-08	记 - 0005	报销业务招待费	1,000.00	1,000.00	李伟	
2022-01-09	记 - 0006	支付网银转账手续费	100.00	100.00	李伟	
2022-01-09	记 - 0007	缴纳上月税费	29,624.00	29,624.00	李伟	
2022-01-10	记 - 0008	支付21年12月工资	69,571.79	69,571.79	李伟	
2022-01-10	记 - 0009	缴纳21年12月社保、公积	31,720.00	31,720.00	李伟	
2022-01-10	记 - 0010	缴纳21年12月个人所得税	85.05	85.05	李伟	

图5-1-10　出纳签字列表

（4）双击某一要签字的凭证，进入“出纳签字”窗口。

（5）单击“签字”按钮，凭证底部的“出纳”位置被自动签上出纳人姓名，如图5-1-11所示。

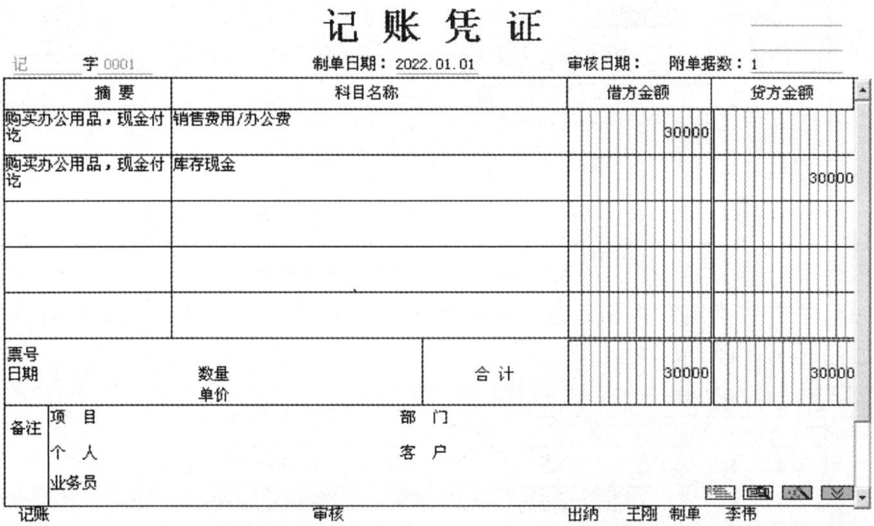

图5-1-11　单张出纳签字窗口

（6）单击“下张”按钮，依次对其他凭证进行签字，最后单击“关闭”按钮退出。

特别提示：

① 出纳凭证是指涉及现金科目和银行科目（出纳科目）的凭证。出纳签字是指由出纳人员通过“出纳签字”功能对制单员填制的凭证进行检查核对，核对的主要内容是出纳凭证的出纳科目及金额是否正确。

② 进行出纳签字的操作员应是已在“系统管理”中被赋予了出纳签字权限的操作员。

③ 只有涉及现金科目和银行科目的凭证才需要出纳签字。

④ 为了提高效率，除单张签字或单张取消签字外，也可以执行“批处理”→“成批出纳签字”或“批处理”→“成批取消签字”，即一次完成对所有收付凭证的出纳签字或取消签字。

⑤ 凭证一经签字，就不能被修改或删除，只有取消签字后才可以修改或删除。取消签字只能由出纳自己进行。依上述出纳签字的操作步骤，执行“总账”→“凭证”→“出纳签字”命令，进入“出纳签字”的签字窗口。单击“取消”按钮，凭证底部“出纳”签字处原出纳姓名会自动消失。

5.凭证审核

操作录屏 5-10 凭证审核与取消审核

（1）以“001张明”的身份注册进入企业应用平台。若已经以其他操作员的身份进入企业应用平台，则需要单击左上角的“重注册”按钮。

（2）选中“业务工作”选项卡，执行“总账”→“凭证”→“审核凭证”命令，进入“凭证审核”对话框，如图5-1-12所示，也可以在此窗口进行条件筛选，分批进行凭证审核。

图5-1-12　凭证审核查询条件

（3）单击“确定”按钮，选定全部需要审核的凭证，进入“凭证审核列表”对话框，如图5-1-13所示。

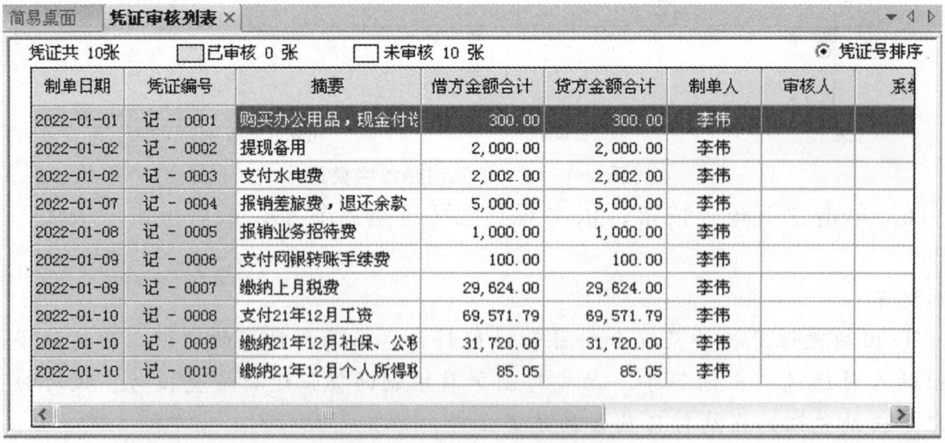

制单日期	凭证编号	摘要	借方金额合计	贷方金额合计	制单人	审核人	系
2022-01-01	记 - 0001	购买办公用品，现金付讫	300.00	300.00	李伟		
2022-01-02	记 - 0002	提现备用	2,000.00	2,000.00	李伟		
2022-01-02	记 - 0003	支付水电费	2,002.00	2,002.00	李伟		
2022-01-07	记 - 0004	报销差旅费，退还余款	5,000.00	5,000.00	李伟		
2022-01-08	记 - 0005	报销业务招待费	1,000.00	1,000.00	李伟		
2022-01-09	记 - 0006	支付网银转账手续费	100.00	100.00	李伟		
2022-01-09	记 - 0007	缴纳上月税费	29,624.00	29,624.00	李伟		
2022-01-10	记 - 0008	支付21年12月工资	69,571.79	69,571.79	李伟		
2022-01-10	记 - 0009	缴纳21年12月社保、公积	31,720.00	31,720.00	李伟		
2022-01-10	记 - 0010	缴纳21年12月个人所得税	85.05	85.05	李伟		

图5-1-13　凭证审核列表

（4）双击某一张要审核的凭证，进入“审核凭证”窗口。

（5）单击“审核”按钮，系统会在凭证底部的“审核”位置自动签上审核人姓名，并自动进入下一张需要审核的凭证，如图5-1-14所示。

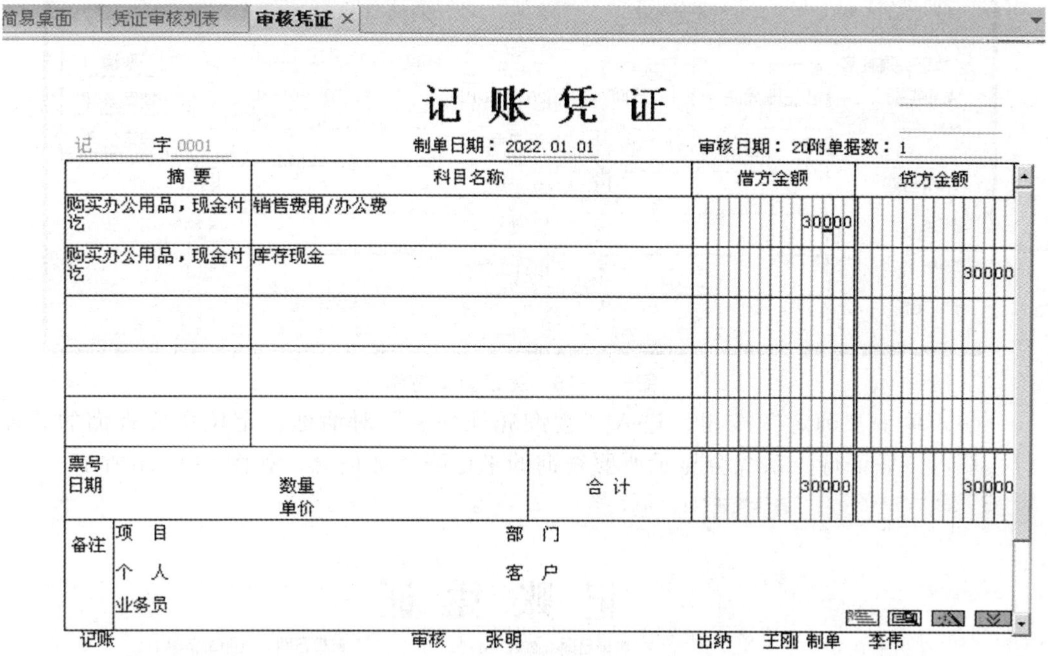

图5-1-14 审核凭证

（6）单击“关闭”按钮退出。

特别提示：

① 系统要求审核人与制单人不能为同一人，因此在审核前必须确保当前操作员不是制单人。

② 为了提高效率，除单张审核或单张取消审核外，也可以执行“批处理”→“成批审核凭证”或“批处理”→“成批取消审核”，即一次完成对所有凭证的审核或取消审核。

③ 凭证一经审核签字，就不能被修改或删除，只有取消签字后才可以修改或删除。取消签字只能由审核人自己进行。依上述凭证审核操作步骤，执行“总账”→“凭证”→“审核凭证”命令，进入“审核凭证”的签字窗口。单击“取消”按钮，凭证底部“审核”签字处原审核人姓名会自动消失。单击“下张”按钮，依次对其他凭证取消审核，最后单击“关闭”按钮退出。

6.查询未记账的记字1号凭证

操作录屏 5-11 凭证查询

（1）以“001张明”的身份注册进入企业应用平台，选中“业务工作”选项卡，执行“总账”→“凭证”→“查询凭证”命令，进入“凭证查询”对话框。

（2）在“记账范围”栏选择“未记账凭证”，在“凭证标志”栏选择“全部”，在“凭证类别”栏选择“记 记账凭证”，在“月份”栏选择“2022年1月”，在“凭证号”栏选择“1”，其余默认，如图5-1-15所示。

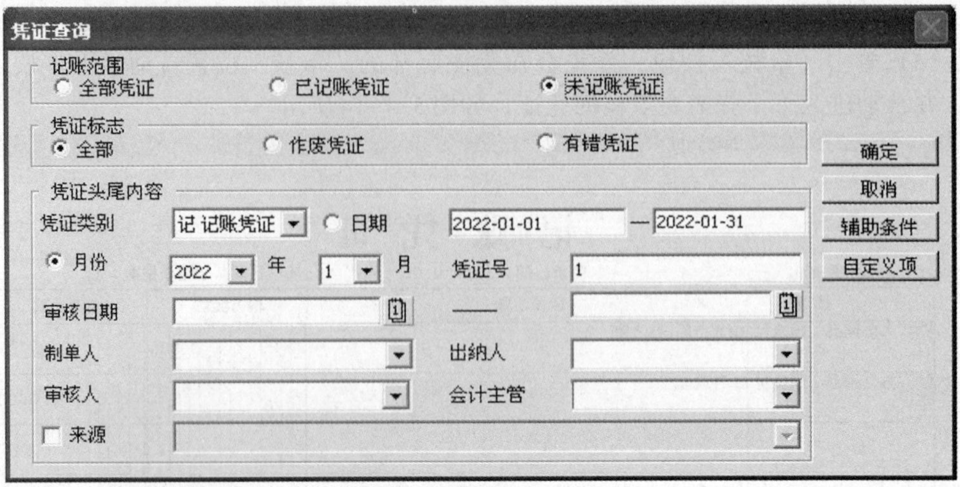

图5-1-15　凭证查询范围

（3）单击“确定”按钮，进入“查询凭证列表”对话框，定位所要查询的凭证行，双击该凭证行，系统会显示所要查询的未记账凭证信息，如图5-1-16所示。

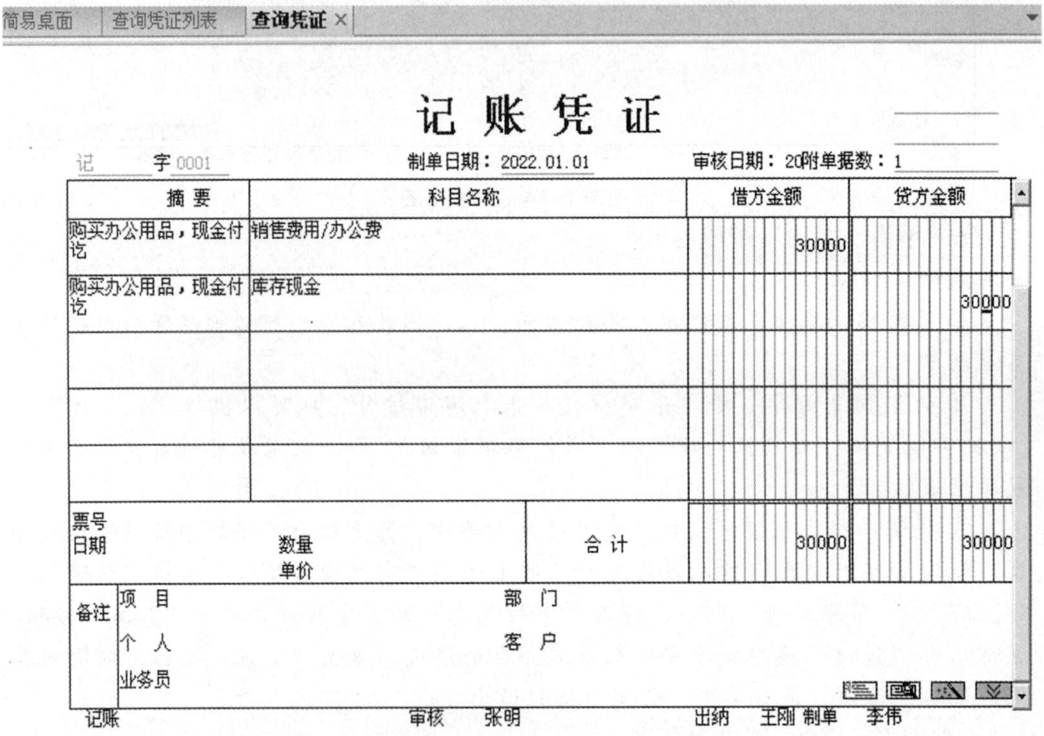

图5-1-16　查询凭证

（4）查询完毕后，单击“关闭”按钮退出。

> 特别提示：
>
> 在“查询凭证”功能中，既可以查询已记账凭证，也可以查询“未记账凭证”；在“填制凭证”窗口则只能查询未记账凭证。

7.凭证记账

操作录屏 5-12

凭证记账

（1）以“001张明”的身份注册进入企业应用平台。

（2）选中“业务工作”选项卡，执行“总账”→“凭证”→“记账”命令，进入“记账”窗口，选择“2022.01月份凭证”，“记账范围”为全选，如图5-1-17所示。

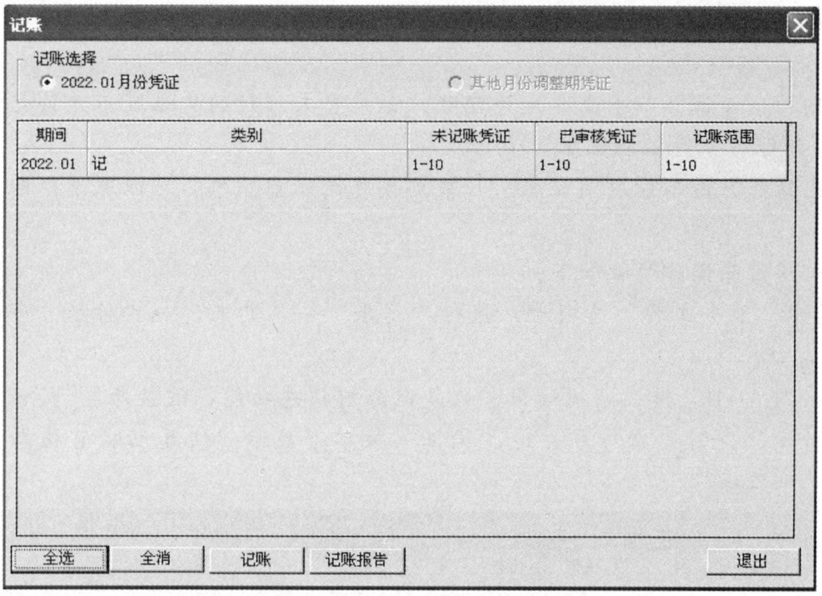

图5-1-17　选择记账范围

（3）单击“记账”按钮，系统弹出“期初试算平衡表”窗口。

（4）核对期初余额数据平衡无误后，单击“确定”按钮，系统自动进行记账，记账完毕后，系统弹出“记账完毕！”提示框，如图5-1-18所示。

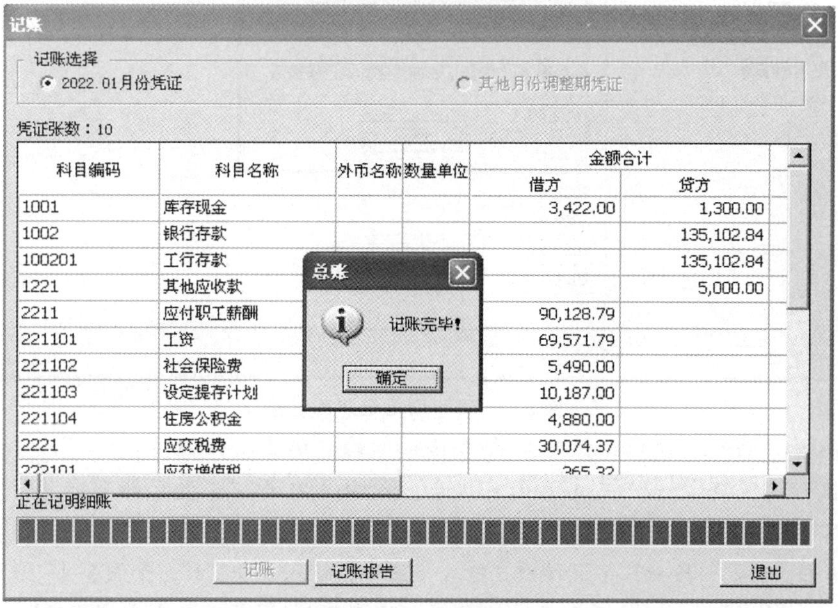

图5-1-18　记账完毕

（5）单击“确定”按钮，系统显示科目汇总表信息，可进行“预览”、“打印”或“输出”。单击“退出”按钮，记账完毕。

特别提示：

①凭证经过出纳签字及审核后，即可进行账簿登记，记账通常也称为登账或过账。系统提供的记账功能采用向导方式，这使得记账过程更加直观、明确，也便于操作。

②期初余额试算不平衡不允许记账；如果有未审核的凭证则不允许记账；上月未记账或结账，本月不能记账。

③已结账月份不能取消记账，如果要恢复记账前状态，可以取消结账后再取消记账。

④取消记账操作步骤如下：

a.选中“业务工作”选项卡，执行“总账”→“期末”→“对账”命令，进入“对账”窗口。

b.按“Ctrl+H”键，系统弹出“恢复记账前状态功能已被激活。”提示框，如图5-1-19所示，同时，在屏幕左边“凭证”菜单下显示“恢复记账前状态功能”菜单项。

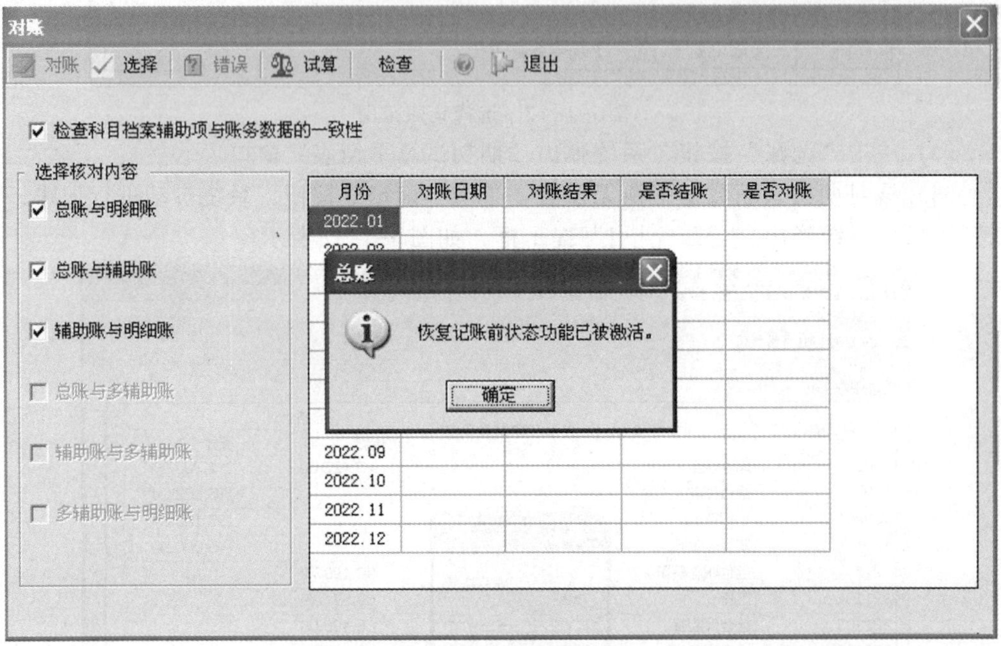

图5-1-19 恢复记账前状态

c.单击“确定”按钮，然后单击工具栏上的“退出”按钮。

d.执行“凭证”→“恢复记账前状态”命令，打开“恢复记账前状态”对话框。

e.选择一种恢复方式，如选择“最近一次记账前状态”按钮。

f.单击“确定”按钮，系统弹出“输入”窗口，输入口令“1”，如图5-1-20所示。

g.单击“确定”按钮，系统弹出“恢复记账完毕!”提示框，单击“确定”按钮。

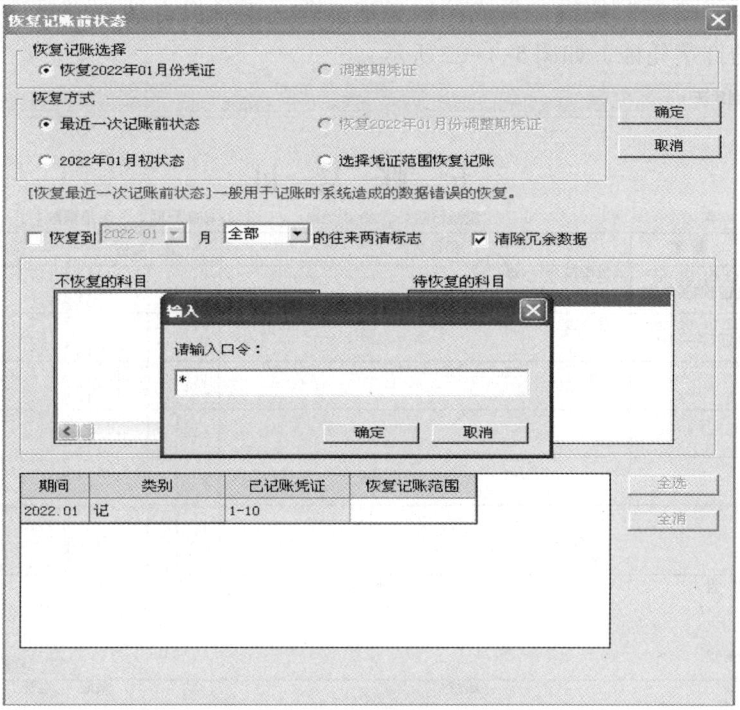

图5-1-20　选择恢复方式

8.用红字冲销法进行凭证修改

（1）以“002李伟”的身份执行“凭证”→“填制凭证”命令，进入“填制凭证”窗口。

（2）执行“冲销凭证”命令，进入“冲销凭证”窗口。选择“月份”为“2022.01”，选择“凭证类别”为“记 记账凭证”，选择“凭证号”为“1”，如图5-1-21所示。

重难点微课
5-3
红字冲销法
修改凭证

操作录屏
5-13
红字冲销法
修改凭证

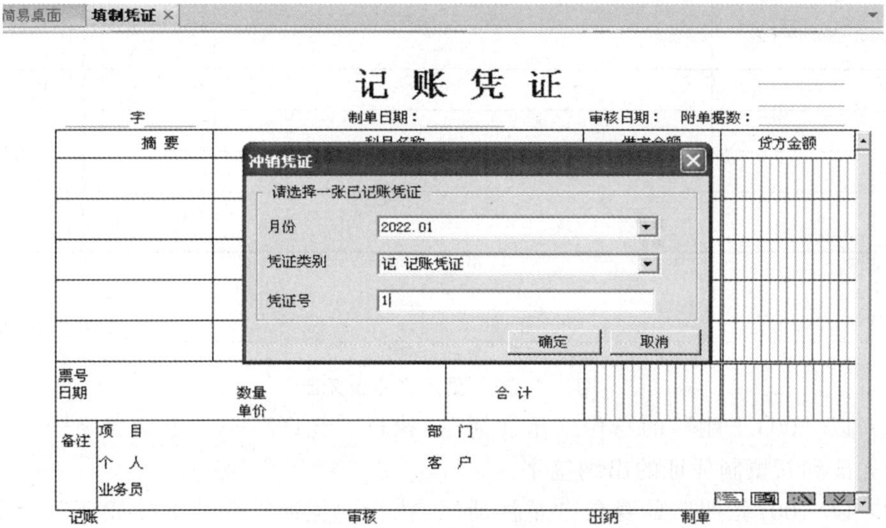

图5-1-21　选择待冲销凭证

（3）单击“确定”按钮，完成冲销凭证工作，系统会自动生成和记字0001号凭证内容一样的红字凭证，如图5-1-22所示。

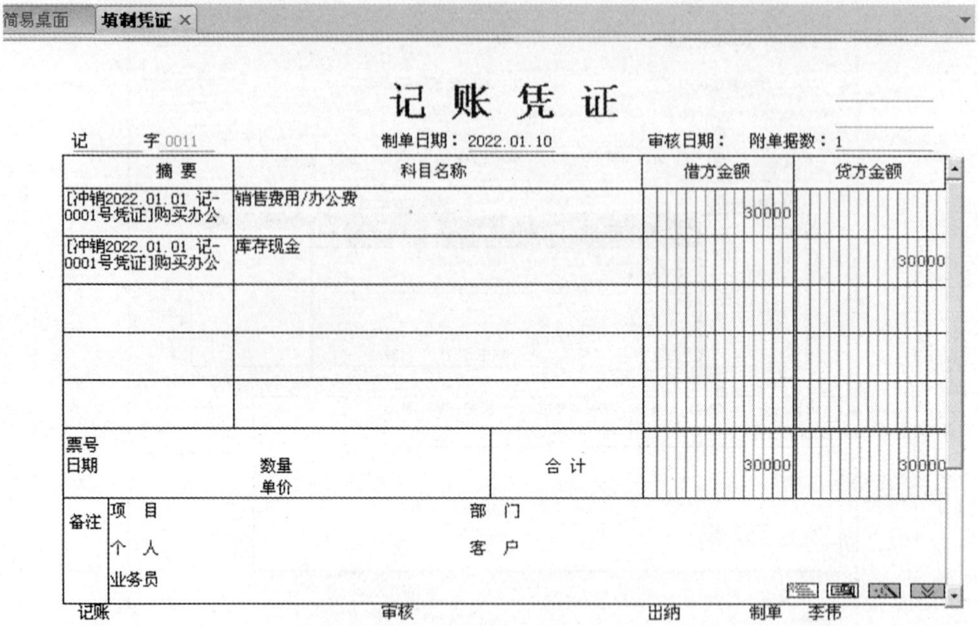

图5-1-22　红字冲销凭证

（4）单击“保存”按钮。

（5）单击“增加”按钮，按前面所述方法，填制一张正确的记账凭证，如图5-1-23所示，保存后退出该窗口。

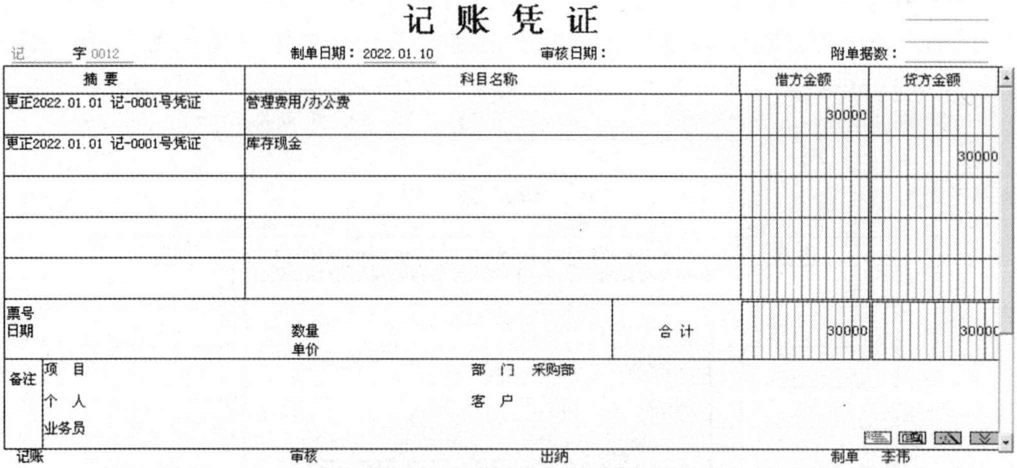

图5-1-23　更正已冲销凭证

（6）以“003王刚”的身份“重注册”，执行“凭证”→“出纳签字”命令，进行冲销凭证和新填制凭证的出纳签字。

（7）以“001张明”的身份“重注册”，执行“凭证”→“审核凭证”命令，进行冲销凭证和新填制凭证的审核。

（8）以“001张明”的身份，执行“凭证”→“记账”命令，进行未记账凭证的记账工作。

特别提示：

①冲销凭证是针对已记账凭证由系统自动生成与冲销凭证内容一样的一张红字凭证。

②制作红字冲销凭证将错误凭证冲销后，需要再填制一张正确的凭证进行更正。

③冲销凭证和新填制的正确凭证仍需要出纳签字、审核和记账。

9.查询本月已记账的全部凭证

（1）选中“业务工作”选项卡，执行“总账”→“凭证”→“查询凭证”命令，进入“凭证查询”对话框。

（2）在“记账范围”栏选择“已记账凭证”，在“凭证标志”栏选择“全部”，其余默认，如图5-1-24所示。

图5-1-24 凭证查询范围

（3）单击“确定”按钮，进入“查询凭证列表”对话框，如图5-1-25所示。定位至所要查询的凭证行，双击该凭证行，系统会显示所要查询的记账凭证信息。

简易桌面 查询凭证列表

凭证共 12张 已审核 12 张 未审核 0 张 凭证号排

制单日期	凭证编号	摘要	借方金额合计	贷方金额合计	制单人	审核人
2022-01-01	记 - 0001	购买办公用品，现金付	300.00	300.00	李伟	张明
2022-01-02	记 - 0002	提现备用	2,000.00	2,000.00	李伟	张明
2022-01-02	记 - 0003	支付水电费	2,002.00	2,002.00	李伟	张明
2022-01-07	记 - 0004	报销差旅费，退还余款	5,000.00	5,000.00	李伟	张明
2022-01-08	记 - 0005	报销业务招待费	1,000.00	1,000.00	李伟	张明
2022-01-09	记 - 0006	支付网银转账手续费	100.00	100.00	李伟	张明
2022-01-09	记 - 0007	缴纳上月税费	29,624.00	29,624.00	李伟	张明
2022-01-10	记 - 0008	支付21年12月工资	69,571.79	69,571.79	李伟	张明
2022-01-10	记 - 0009	缴纳21年12月社保、公	31,720.00	31,720.00	李伟	张明
2022-01-10	记 - 0010	缴纳21年12月个人所得	85.05	85.05	李伟	张明
2022-01-10	记 - 0011	[冲销2022.01.01 记-00	-300.00	-300.00	李伟	张明
2022-01-10	记 - 0012	更正2022.01.01 记-000	300.00	300.00	李伟	张明
		合计	141,402.84	141,402.84		

图5-1-25 查询凭证列表

（4）查询完毕后，单击“关闭”按钮退出。

学思践悟5-1

坚持准则 甘当会计信息清道夫

任务测试5-1

凭证处理

任务二　数据查询

任务要求

1.出纳查询2022年1月库存现金日记账、银行存款日记账。

2.查询“6602管理费用”总账并联查明细账和凭证。

3.查询全部科目本期发生额及余额表。

4.定义并查询“222101应交税费/应交增值税”多栏账。

5.查询“4采购部”部门总账、部门多栏明细账，并进行所有部门的收支分析。

知识导航

企业发生的经济业务，经过制单、审核、记账等程序后，就形成了正式的会计账簿。账簿管理包括基本会计核算账簿的查询、输出和各种辅助核算账簿的查询、输出。

一、基本会计核算账簿查询、输出

总账系统提供了强大的账证查询功能，可以查询并打印总账、发生额及余额表、明细账、序时账、多栏账等；不仅可以查询已记账凭证的数据，而且可以查询未记账凭证的数据；可以轻松实现总账、明细账和凭证的联查。

二、各种辅助核算账簿查询、输出

为了细化企业的核算与管理，总账系统还提供了辅助核算管理功能。辅助类型主要包括以下几种：客户往来核算、供应商往来核算、项目核算、部门核算和个人往来核算。利用辅助核算功能，可以使专项信息的查询更便捷。

任务实施

操作录屏
5-14
总账数据查询

【操作步骤】

1.查询2022年1月库存现金日记账、银行存款日记账

（1）以“003王刚”的身份注册进入企业应用平台。

（2）在“业务工作”选项卡中，执行“财务会计”→“总账”→“出纳”→“现金日记账”命令，打开“现金日记账查询条件”对话框，如图5-2-1所示。

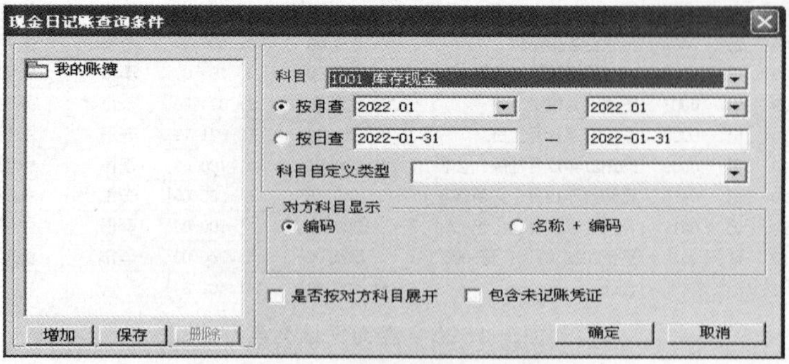

图5-2-1　现金日记账查询条件

（3）单击“确定”按钮，打开“现金日记账”窗口，如图5-2-2所示。

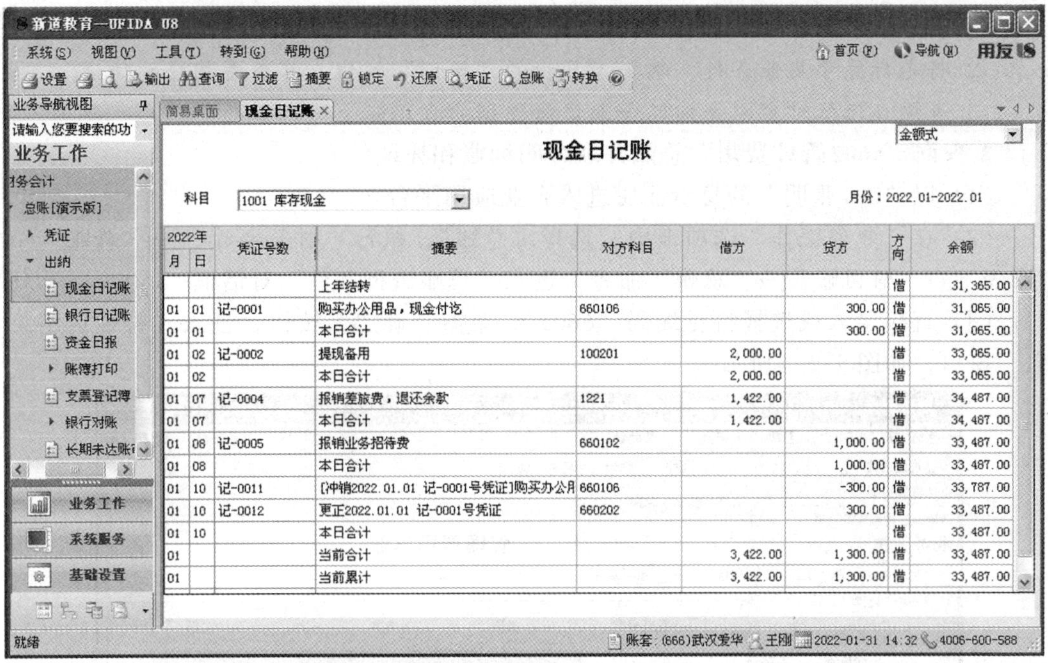

现金日记账

科目 1001 库存现金　　月份：2022.01-2022.01

2022年 月	日	凭证号数	摘要	对方科目	借方	贷方	方向	余额
			上年结转				借	31,365.00
01	01	记-0001	购买办公用品，现金付讫	660106		300.00	借	31,065.00
01	01		本日合计			300.00	借	31,065.00
01	02	记-0002	提现备用	100201	2,000.00		借	33,065.00
01	02		本日合计		2,000.00		借	33,065.00
01	07	记-0004	报销差旅费，退还余款	1221	1,422.00		借	34,487.00
01	07		本日合计		1,422.00		借	34,487.00
01	08	记-0005	报销业务招待费	660102		1,000.00	借	33,487.00
01	08		本日合计			1,000.00	借	33,487.00
01	10	记-0011	[冲销2022.01.01 记-0001号凭证]购买办公用	660106		-300.00	借	33,787.00
01	10	记-0012	更正2022.01.01 记-0001号凭证	660202		300.00	借	33,487.00
01	10		本日合计				借	33,487.00
01			当前合计		3,422.00	1,300.00	借	33,487.00
01			当前累计		3,422.00	1,300.00	借	33,487.00

图5-2-2　现金日记账

（4）单击“关闭”按钮退出。

（5）银行存款日记账查询的步骤同库存现金日记账，只是查询结果多出了“结算号”信息，用于期末与银行对账，如图5-2-3所示。

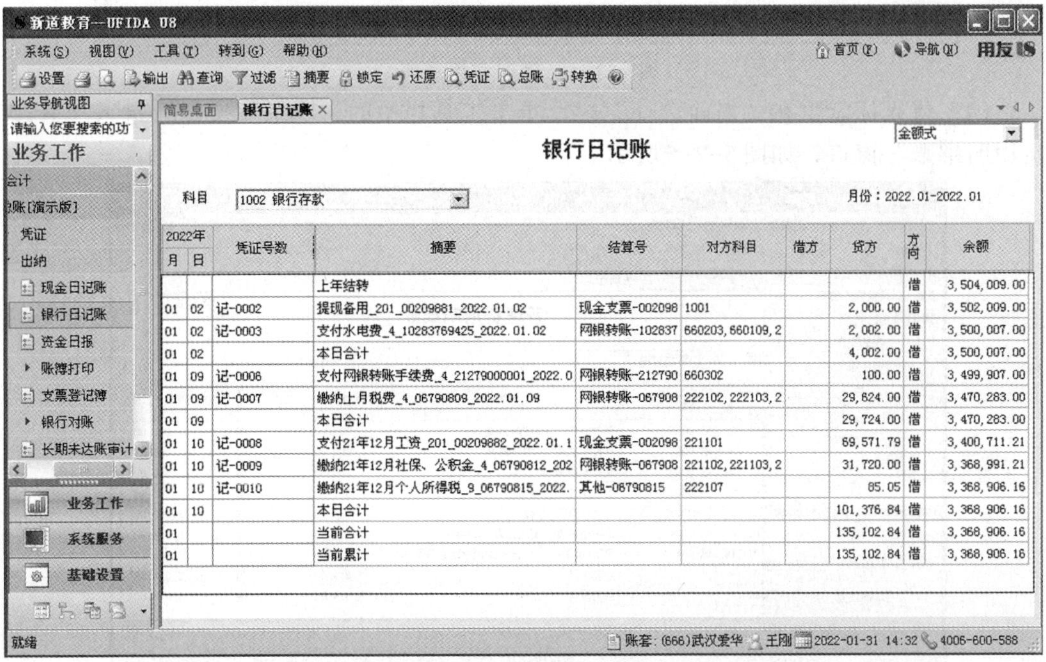

银行日记账

科目 1002 银行存款　　月份：2022.01-2022.01

2022年 月	日	凭证号数	摘要	结算号	对方科目	借方	贷方	方向	余额
			上年结转					借	3,504,009.00
01	02	记-0002	提现备用_201_00209881_2022.01.02	现金支票-002098	1001		2,000.00	借	3,502,009.00
01	02	记-0003	支付水电费_4_10283769425_2022.01.02	网银转账-102837	660203,660109,2		2,002.00	借	3,500,007.00
01	02		本日合计				4,002.00	借	3,500,007.00
01	09	记-0006	支付网银转账手续费_4_21279000001_2022.0	网银转账-212790	660302		100.00	借	3,499,907.00
01	09	记-0007	缴纳上月税费_4_06790809_2022.01.09	网银转账-067908	222102,222103,2		29,624.00	借	3,470,283.00
01	09		本日合计				29,724.00	借	3,470,283.00
01	10	记-0008	支付21年12月工资_201_00209882_2022.01.1	现金支票-002098	221101		69,571.79	借	3,400,711.21
01	10	记-0009	缴纳21年12月社保、公积金_4_06790812_202	网银转账-067908	221102,221103,2		31,720.00	借	3,368,991.21
01	10	记-0010	缴纳21年12月个人所得税_9_06790815_2022.	其他-06790815	222107		85.05	借	3,368,906.16
01	10		本日合计				101,376.84	借	3,368,906.16
01			当前合计				135,102.84	借	3,368,906.16
01			当前累计				135,102.84	借	3,368,906.16

图5-2-3　银行日记账

特别提示：

① 在日记账查询界面，单击工具栏的“总账”按钮，可查看此科目的三栏式总账。

② 将光标置于某业务行，单击工具栏的“凭证”按钮，可查看相应的凭证。

③ 查询日记账时可以查询包含未记账凭证的日记账。

2.查询“6602管理费用”总账并联查明细账和凭证

（1）以“001张明”的身份注册进入企业应用平台。

（2）在“业务工作”选项卡中，选择“总账”，执行“财务会计”→“总账”→“账表”→“科目账”→“总账”命令，进入“总账查询条件”对话框。

（3）直接录入或选择科目编码“6602”，单击“确定”按钮，进入“管理费用总账”窗口，如图5-2-4所示。

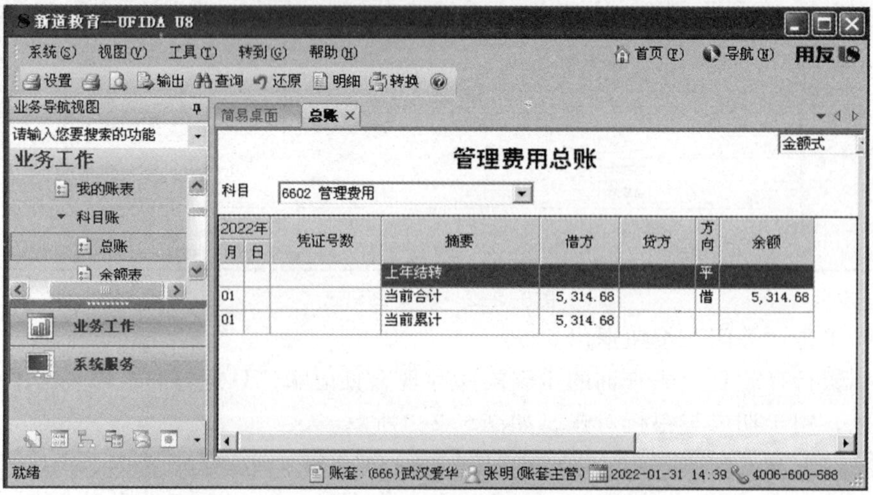

图5-2-4 管理费用总账

（4）将光标定位在“当前合计”栏，单击工具栏中的“明细”按钮，进入“管理费用明细账”窗口，如图5-2-5所示。

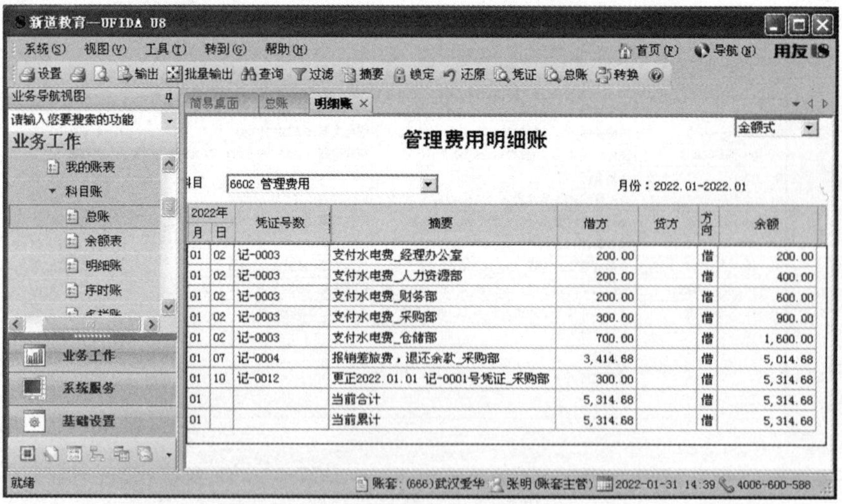

图5-2-5 管理费用总账联查明细账

（5）在“管理费用明细账”窗口，定位某业务行，单击工具栏的“凭证”按钮，进入“联查凭证”窗口，系统显示该笔业务的记账凭证，如图5-2-6所示。

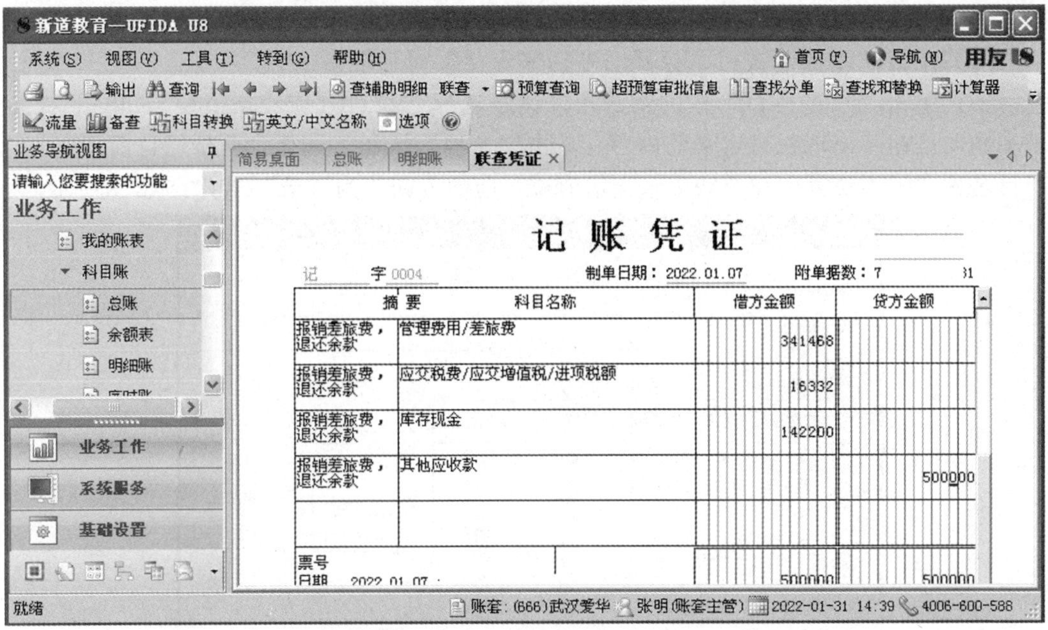

图5-2-6　明细账联查记账凭证

3.查询全部科目本期发生额及余额表

（1）在总账系统中，执行“账表”→“科目账”→“余额表”命令，打开“发生额及余额查询条件”对话框。

（2）单击“确定”按钮，进入“发生额及余额表”窗口，如图5-2-7所示。

发生额及余额表

月份：2022.01-2022.01

科目编码	科目名称	期初余额		本期发生		期末余额	
		借方	贷方	借方	贷方	借方	贷方
资产小计		10,114,964.00	462,036.24	3,422.00	141,402.84	9,976,983.16	462,036.24
2201	应付票据		50,850.00				50,850.00
2202	应付账款		306,500.00				306,500.00
2211	应付职工薪酬		90,128.79	90,128.79			
2221	应交税费		67,709.05	30,074.37			37,634.68
2241	其他应付款		11,163.00	11,163.00			
2501	长期借款		1,320,000.00				1,320,000.00
负债小计			1,846,350.84	131,366.16			1,714,984.68
4001	实收资本		7,000,000.00				7,000,000.00
4104	利润分配		806,576.92				806,576.92
权益小计			7,806,576.92				7,806,576.92
6601	销售费用			1,200.00		1,200.00	
6602	管理费用			5,314.68		5,314.68	
6603	财务费用			100.00		100.00	
损益小计				6,614.68		6,614.68	
合计		10,114,964.00	10,114,964.00	141,402.84	141,402.84	9,983,597.84	9,983,597.84

图5-2-7　发生额及余额表

4.定义并查询“222101应交税费——应交增值税”多栏账

（1）在总账系统中，执行“账表”→“科目账”→“多栏账”命令，进入“多栏账”窗口。

（2）单击“增加”按钮，打开“多栏账定义”对话框。

（3）单击“核算科目”栏的倒三角按钮，选择“222101应交增值税”，单击“自动编制”按钮，出现栏目定义的内容，单击“选项”按钮，选择“分析栏目前置”，将栏目名称“进项税额”和“转出未交增值税”前的方向改为“借”，如图5-2-8所示。

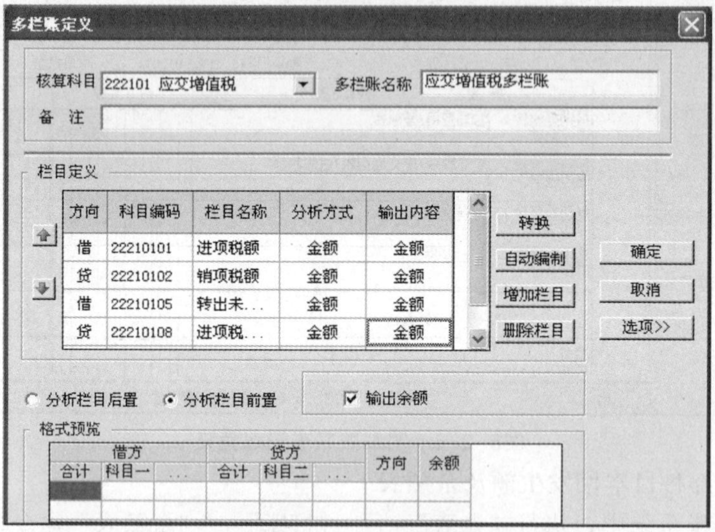

图5-2-8 多栏账定义

（4）单击“确定”按钮，完成“222101应交税费——应交增值税”多栏账的设置。

（5）单击“查询”按钮，打开“多栏账查询”对话框。单击“确定”按钮，显示“应交增值税多栏账”，如图5-2-9所示。

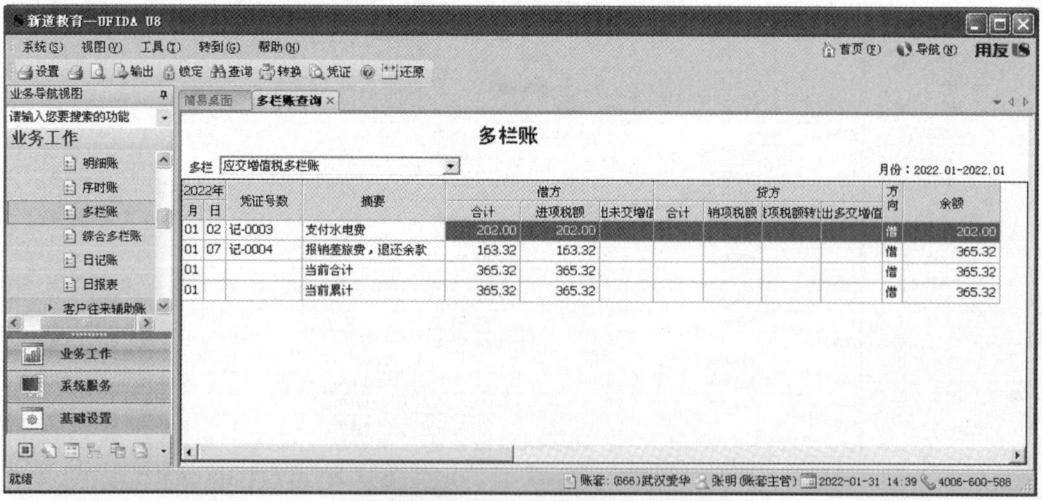

图5-2-9 应交增值税多栏账

5.查询“4采购部”部门总账、部门多栏式明细账，并进行所有部门的收支分析

（1）查询“4采购部”部门总账。

①在总账系统中，执行“账表”→“部门辅助账”→“部门总账”→“部门总账”命令，打开“部门总账条件”窗口。

②在部门栏点击选择“采购部”，单击“确定”按钮，打开“部门总账”窗口，显示查询结果，如图5-2-10所示。

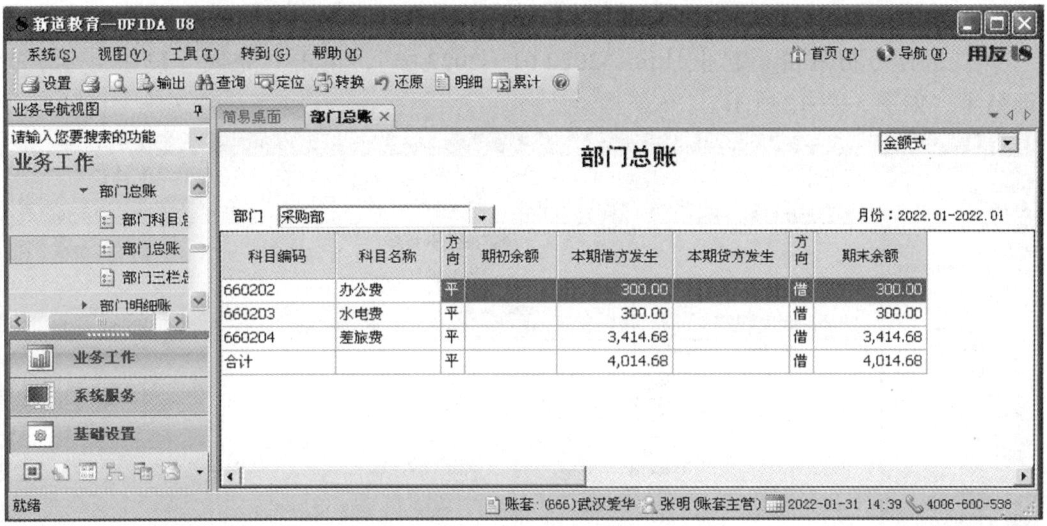

图5-2-10 部门总账

③将光标置于总账的某笔业务上，单击工具栏的“明细”按钮，可以联查明细账。

（2）查询“4采购部”部门多栏式明细账。

①在总账系统中，执行“账表”→“部门辅助账”→“部门明细账”→“部门多栏式明细账”命令，进入“部门多栏明细账条件”窗口。

②选择科目“6602管理费用”，部门“采购部”，分析方式“金额分析”，单击“确认”按钮，显示查询结果，如图5-2-11所示。

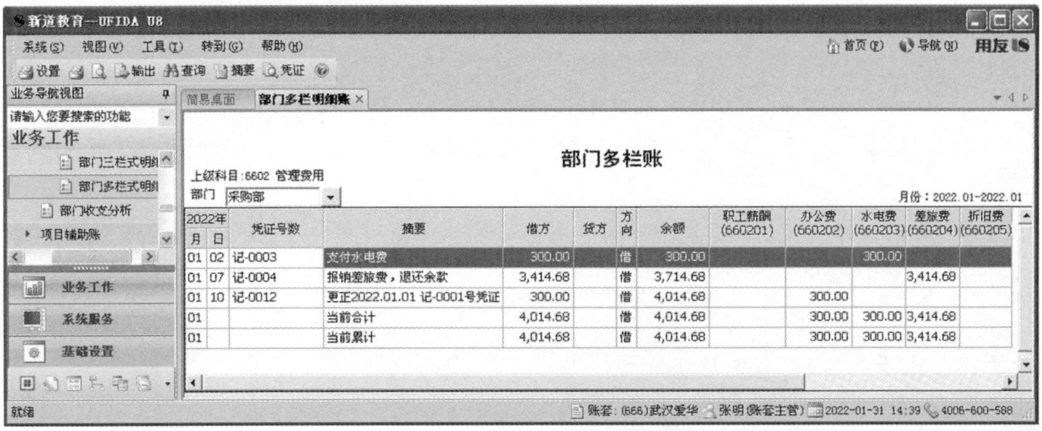

图5-2-11 部门多栏账

③将光标置于多栏账的某笔业务上，单击工具栏的“凭证”按钮，可以联查该笔业务的凭证。

（3）所有部门的收支分析。

① 在总账系统中，执行“账表”→“部门辅助账”→“部门收支分析”命令，进入“部门收支分析条件”窗口。

② 选择分析科目：选择所有的部门核算科目，单击“下一步”按钮。

③ 选择分析部门：选择所有的部门，单击“下一步”按钮。

④ 选择分析月份：起止月份“2022.01—2022.01”，单击“完成”按钮，显示查询结果，如图5-2-12所示。

学思践悟5-2

勇于纠错 弘扬精益求精的工匠精神

任务测试5-2

总账数据查询

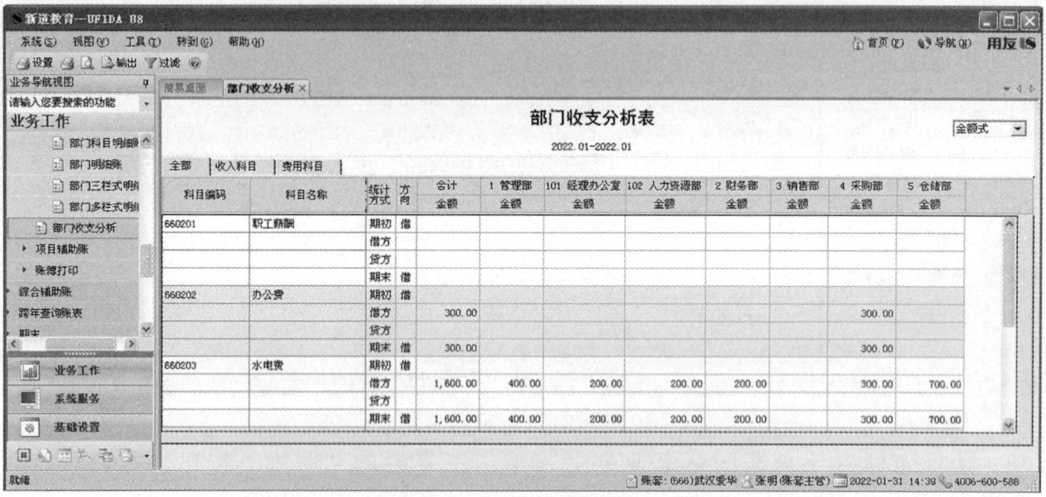

图5-2-12　部门收支分析表

项目反馈与评价

重难点梳理

1.填制记账凭证的要点有哪些?

2.怎样删除一张记账凭证?

3.已填制未审核、已审核未记账和已记账的凭证的修改方法有何不同?请分别说明。

关键数据反馈

请以适合的操作员身份进行查账，并对系统中能反映下列关键数据的页面进行截图反馈:

1.“6602管理费用”总账及明细账数据。

2.全部科目本期发生额及余额表数据。

3.“应交税费——应交增值税”多栏账数据。

4.“4采购部”部门总账、部门多栏明细账，并进行所有部门的收支分析。

易错点分析

请将你在本项目任务测试和操作过程中出现的问题进行记录并分析。

项目评价

多维评价量表

序号	评价内容	设定分值	评价主体	得分情况
线上环节	自主学习进度	20	平台自评	
	任务测试准确度	10	平台自评	
	小计	30		
线下环节	安全与规范操作意识	10	学生自评	
	劳动、探究与合作意识	10	小组互评	
	实训操作进度	20	小组互评	
	实训数据准确度	20	教师评议	
	项目反思态度	10	教师评议	
	小计	70		
	合计	100		

项目六

采购与应付款管理系统日常业务

知识目标

通过本项目的学习，掌握企业普通采购业务的处理以及特殊业务，如付定金采购业务、分期付款采购业务、采购退货业务、暂估业务的处理，掌握票据结算、付款业务等应付款管理业务的处理，了解各种采购报表的查询及分析。

技能目标

通过本项目的学习和实训，掌握请购单、采购订单、到货单、采购入库单、采购发票、采购结算在普通业务和特殊业务下的填制及处理流程，掌握应付款管理系统日常业务处理的操作。

素养目标

通过本项目的学习，培养学生规范应付款业务处理，树立客观公正、廉洁自律的职业素养，同时强化商业文化素养，培养契约精神；树立流程意识，培养爱岗敬业、廉洁自律的职业精神。

项目导图

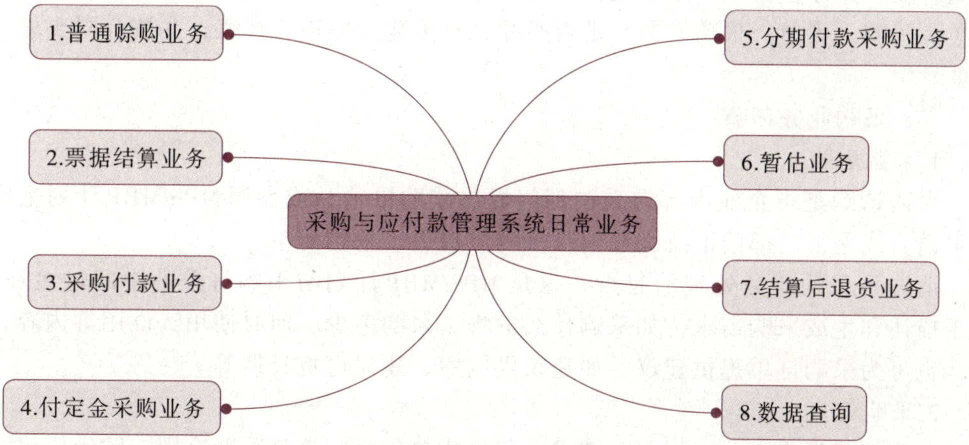

任务一　普通赊购业务处理

任务资料

6-1
原始单据

10日，采购部周军向上海兴宝科技有限公司询问智能体脂秤价格，觉得200元/台的价格合适，提出请购要求，请购数量为400台。当日，上级主管同意上述请购单，同日签订采购合同（CGHT001）。11日收到采购的智能体脂秤，验收入智能家居仓库，并收到供应商开具的增值税专用发票一张（CGFP001）。采购部将单据交给财务部门，财务部门据此确认应付账款，并确认采购成本。

任务要求

1.进行普通赊购业务的单据处理。

2.根据普通赊购业务单据生成相关凭证。

知识导航

一、普通采购业务类型

重难点微课
6-1
普通赊购业务

普通采购业务适合于大多数企业的日常采购业务，提供对采购请购、采购订货、采购入库、收货、录入采购发票、采购结算、采购付款等的全过程管理；该流程涉及企业各采购需求部门、采购部、质检部、仓储部、财务部等。

采购需求部门主要根据自己的工作需要，提出采购需求，如生产组织部门，依据生产计划和库存情况，提出生产性原料的采购需求，销售部门依据工作需要，提出促销品、宣传品等的采购需求等；采购部对各部门提出的需求进行汇总、平衡，结合最低库存、经济批量等因素，制订整体采购计划，并向供应商下达采购订单，组织进行采购，同时对到货情况、结算情况进行管理和控制；质检部负责对采购货物的质量进行检验，并提供质量检验报告，作为仓储部入库的依据；仓储部负责对货物进行入库数量审核，并办理验收入库手续；财务部对采购业务进行审核，重点审核三单（采购订单、采购入库单、采购发票）是否匹配，对采购发票进行挂账，并按合同要求支付货款。

二、采购业务环节

1.采购请购

采购请购是指企业内部向采购部门提出采购申请，或参照MPS/MRP计划生成采购申请，或是采购部门汇总企业内部采购需求提出采购清单。

请购是采购业务处理的起点，也是MPS/MRP计划与采购订单的中间过渡环节，用于描述和生成采购需求，如采购什么货物、采购多少、何时使用、谁用等内容，同时，也可为采购订单提供建议，如建议供应商、建议订货日期等。

2.采购订货

采购订货是指企业根据采购需求，与供货单位之间签订采购合同、购销协议。采购订单是企业与供应商之间签订的采购合同、购销协议等，其主要内容包括采购数量、采购金额、供应商、到货时间、到货地点、运输方式、运费等。它可以是企业采购合同中关于货物的明细内容，也可以是一种订货的口头协议，通过对采购订单的管理，可以帮助企业对采购业务进行事前预测、事中控制与监督。

3.采购到货

采购到货是采购订货和采购入库的中间环节，一般由采购业务员根据提货通知或送货单填写，确认对方所送货物、数量、价格等信息，以入库通知单的形式传递到仓库作为库管员收货的依据。

4.采购入库

采购入库是通过采购到货、质量检验环节，对合格到货的存货进行入库验收。普通采购到货填写采购入库单。采购入库单是根据采购到货签收的实收数量填制的单据。对于工业企业，采购入库单一般是指采购原材料验收入库时所填制的入库单据。对于商业企业，采购入库单一般指商品进货入库时填制的入库单据。

5.采购发票

采购发票是供应商开出的销售货物的发票，用户根据采购发票确认采购成本，进行记账和付款核销。采购发票分为：

（1）增值税专用发票：增值税专用发票扣税类别默认为应税外加，不可修改。

（2）普通发票：其中废旧物资收购凭证、农副产品收购凭证、其他收据扣税类别默认为应税内含，不可修改；其他普通发票默认税率为0，可以修改。

6.采购结算

采购结算是对采购入库单、采购发票进行勾对的过程，采购结算单记录采购入库单与采购发票的对应关系，采购结算单在存货核算系统进行制单，生成凭证。

采购结算有自动结算和手工结算两种方式。自动结算是由计算机系统自动将相同供货单位的存货相同且数量相等的采购入库单和采购发票进行结算。手工结算可以进行入库单与发票结算、蓝字入库单与红字入库单结算、蓝字发票与红字发票结算、溢余短缺处理、费用折扣分摊和费用发票结算等。

7.确认应付款

采购结算后的电子发票，会自动传递到应付款管理系统，由应付会计审核后，确认应付款，并可直接生成确定应付款的凭证。

借：在途物资

　　应交税费——应交增值税（进项税额）

　贷：应付账款

8.确认采购成本

采购成本的核算在存货核算系统中进行。经过采购结算以后的入库单，单价已经是分摊运费和损耗的，在存货核算系统中进行“正常单据记账”和财务核算后，即可确认采购成本。系统自动生成确认采购成本的凭证：

借：库存商品（原材料）

　贷：在途物资

9.支付货款

按照双方签订的采购合同，由采购部门办理付款申请，经公司相关部门领导签字审核后交由会计人员，会计人员在应付款管理系统中填写付款单，审核制证。同时由出纳支付货款，整个采购流程结束。

任务实施

操作录屏6-1

普通赊购业务

【操作步骤】

1.1月10日，在采购管理系统填制并审核采购请购单、采购订单

（1）以“005周军”的身份进入企业应用平台，执行“业务工作”→“供应链”→“采购管理”→“请购”→“请购单”命令，进入“采购请购单”窗口。单击“增加”按钮，录入信息后保存。单击“审核”按钮，直接审核该请购单，如图6-1-1所示。

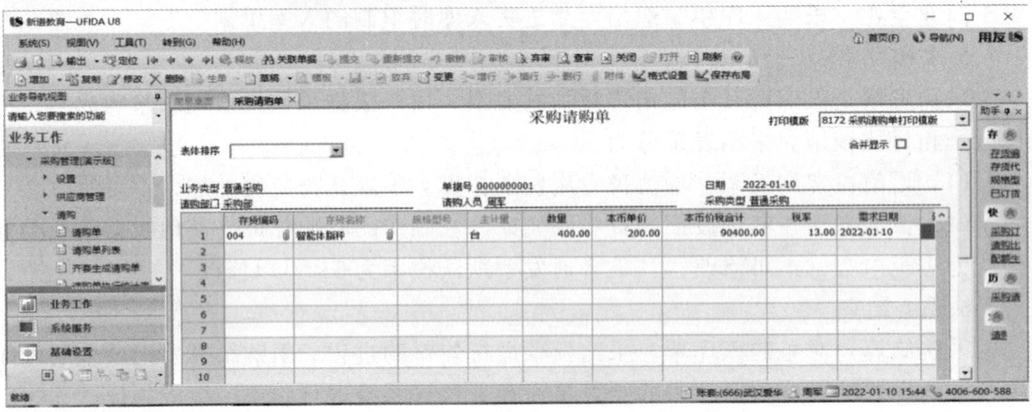

图6-1-1 采购请购单

特别提示：

① 请购单只能手工增加，不能参照其他单据生成。

② 请购单的制单人与审核人可以为同一人。

③ 如果需要修改审核后的请购单，需要先弃审，再修改，修改后单击“保存”按钮确认。

④ 查询采购请购单，可以查看请购单列表，在列表中，双击需要查询的单据，可以打开该请购单。

⑤ 没有审核的请购单可以直接删除；已经审核的请购单需要先弃审，然后才能删除。

⑥ 请购单保存后，才能显示“审核”功能按钮。

（2）执行“业务工作”→“供应链”→“采购管理”→“采购订货”→“采购订单”命令，进入“采购订单”窗口。单击“增加”按钮，单击“生单”按钮，选择“请购单”选项。打开“查询条件选择”对话框，单击“确定”按钮，进入“拷贝并执行”窗口。双击需要参照的采购请购单，单击“确定”按钮，生成采购订单，输入订单编号“CGHT001”，选择供应商“上海兴宝科技有限公司”，修改计划到货日期为“2022-01-11”，单击“保存”按钮，再单击“审核”按钮，如图6-1-2所示。

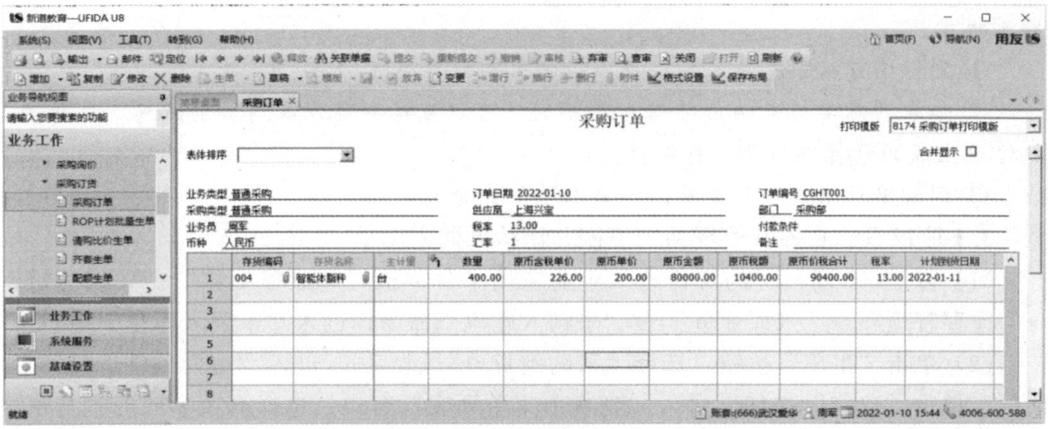

图6-1-2　采购订单

特别提示：

① 采购订单可以手工录入，也可参照采购请购单、采购订单、ROP计划生成，在这里仅以参照采购请购单为例生成，其他的方法与此方法相同。

② 参照采购请购单生成的采购订单可以直接保存并审核。

③ 采购订单是可选单据，可以只录入数量，不录入单价和金额。

④ 参照采购请购单生成的采购订单，它的信息可以修改，但是如果已经审核，则需先弃审再修改。

⑤ 参照采购请购单生成的采购订单，如果已经生成到货单或采购入库单，不能直接修改或删除采购订单信息，需要将其下游单据删除后，才能修改。

⑥ 采购订单中计划到货日期应晚于订单日期。

2.1月11日，在采购管理系统填制并审核到货单

（1）执行“业务工作”→“供应链”→“采购管理”→“采购到货”→“到货单”命令，进入“到货单”窗口。单击“增加”按钮，单击“生单”按钮，选择“采购订单”选项，打开“查询条件选择”对话框，单击“确定”按钮，进入“拷贝并执行”窗口。

（2）双击需要参照的采购订单，单击“确定”按钮，系统自动生成到货单，单击“保存”按钮，再单击“审核”按钮，如图6-1-3所示。

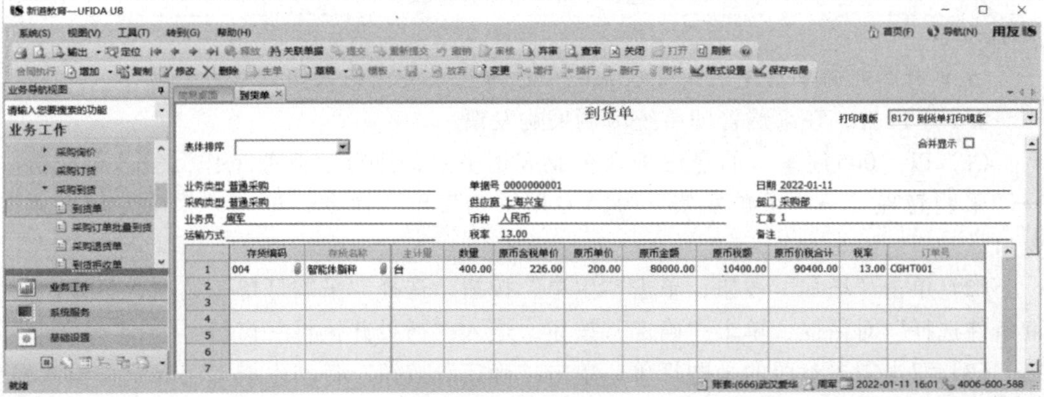

图6-1-3　到货单

特别提示：

① 到货单可以手工录入，也可以根据采购订单生成。

② 如果到货单与采购订单信息有差别，可以直接据实录入到货单信息，或者直接修改生成的到货单信息，再保存。

③ 到货单可以只录入数量，不录入单价和金额。

3. 1月11日，在库存管理系统填制并审核采购入库单

（1）以“006刘云”的身份进入企业应用平台，执行“业务工作”→“供应链”→“库存管理”→“入库业务”→“采购入库单”命令，进入“采购入库单”窗口。

（2）单击“生单”按钮，选择“采购到货单”（蓝字），进入“查询条件选择”对话框，单击“确定”按钮，进入“到货单生单列表”窗口，选择需要参照的到货单，单击“确定”按钮，系统生成采购入库单。

（3）仓库选择“智能家居仓库”，单击“保存”按钮，然后单击“审核”按钮，如图6-1-4所示。

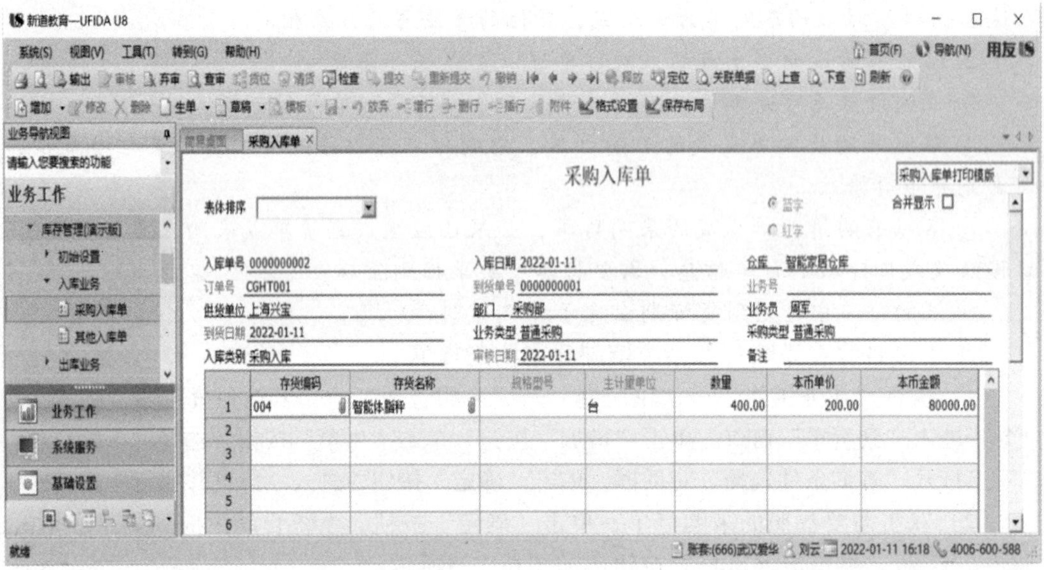

图6-1-4　采购入库单

特别提示：

生单时参照的单据是采购管理系统中已审核未关闭的采购订单或到货单。

4. 1月11日，在采购管理系统填制采购发票

（1）以“005周军”的身份进入企业应用平台，执行“业务工作”→“供应链”→“采购管理”→“采购发票”→“专用采购发票”命令，进入“采购专用发票”窗口。

（2）单击“增加”按钮，单击“生单”按钮，选择“采购订单”选项，打开“查询条件选择”对话框，单击“确定”按钮，进入“拷贝并执行”窗口。

（3）双击需要参照的采购订单，单击“确定”按钮，自动生成专用发票，输入发票号“CGFP001”，单击“保存”按钮，如图6-1-5所示。

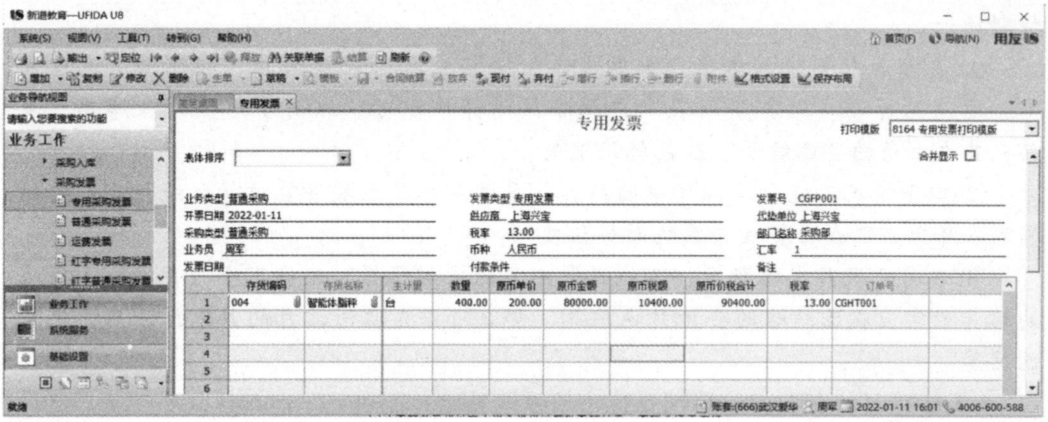

图6-1-5 采购专用发票

特别提示：

① 采购发票可以手工录入也可以根据采购订单、采购入库单生成。

② 企业在收到供货单位的发票后，如果没有收到供货单位的货物，可以对发票进行压单处理，待货物到达后，再输入系统结算；也可以先将发票输入系统，以便实时统计在途物资。

③ 如果录入采购专用发票，需要先在基础档案中设置有关开户银行信息，否则，只能录入普通发票。

④ 专用发票的单价为无税单价，普通发票的单价为含税单价。

5. 1月11日，在采购管理系统进行采购结算

执行“业务工作”→“供应链”→“采购管理”→“采购结算”→“自动结算”命令，进入“查询条件选择”对话框，选择结算模式为“入库单和发票”，单击“确定”按钮，系统显示结算成功，如图6-1-6所示。单击“确定”按钮。

图6-1-6 自动结算成功提示

特别提示：

① 要修改或删除入库单、采购发票，必须先取消采购结算，即删除采购结算单。取消结算在"结算单列表"中删除该结算单即可。取消了结算的入库单、发票，其左上角的"已结算"红色标记消失。

② 以下情况不能取消入库单的结算：采购入库单已被存货核算系统记账；待结算的入库单，已在存货核算系统做暂估处理。

③ 本月已做月末结账后，不能再做本月的采购结算，只能下个月再做。如果采购结算确实应在已结账的会计月内核算，那么可以先取消该月的月末结账后再做采购结算。

6. 1月11日，在应付款管理系统审核采购发票并制单

（1）以"002李伟"的身份进入企业应用平台，执行"业务工作"→"财务会计"→"应付款管理"→"应付单据处理"→"应付单据审核"命令，打开"应付单查询条件"对话框，单击"确定"按钮，进入"单据处理"窗口。

（2）选择需要审核的单据，单击"审核"按钮，系统弹出"本次审核成功单据[1]张"等提示信息，如图6-1-7所示，单击"确定"按钮后退出。

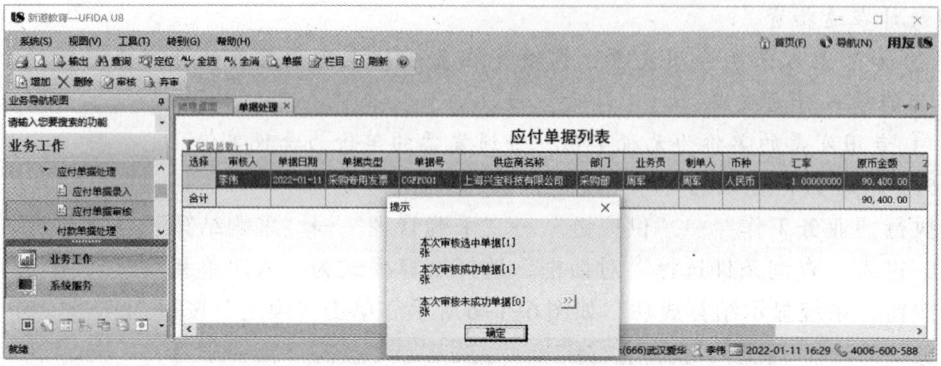

图6-1-7　应付单据列表

（3）执行"制单处理"命令，打开"制单查询"对话框，选择"发票制单"选项，如图6-1-8所示，单击"确定"按钮，进入"制单"窗口。

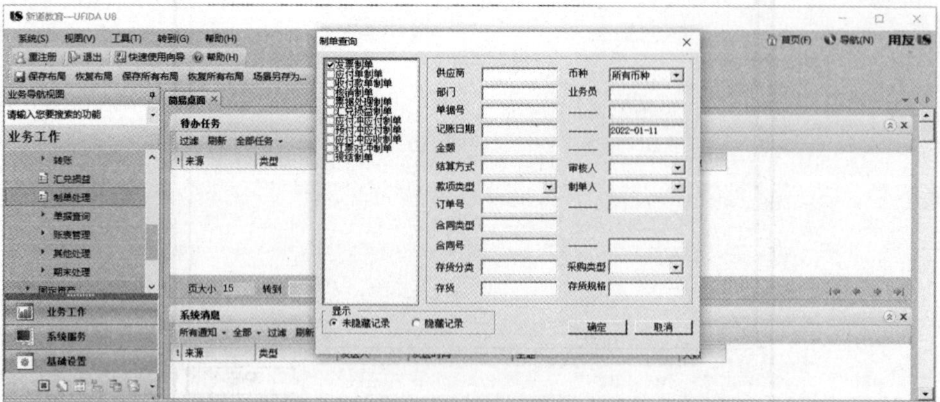

图6-1-8　制单查询

（4）选择要制单的记录行，凭证类别选择“记账凭证”，如图6-1-9所示，单击“制单”按钮，进入“填制凭证”窗口。单击“保存”按钮，凭证左上角出现“已生成”标志，表示凭证已传递到总账，如图6-1-10所示。

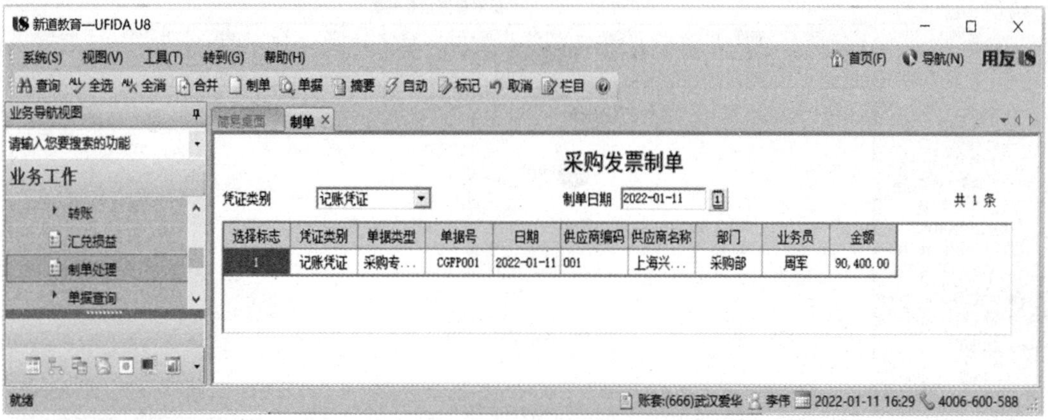

图6-1-9　制单查询

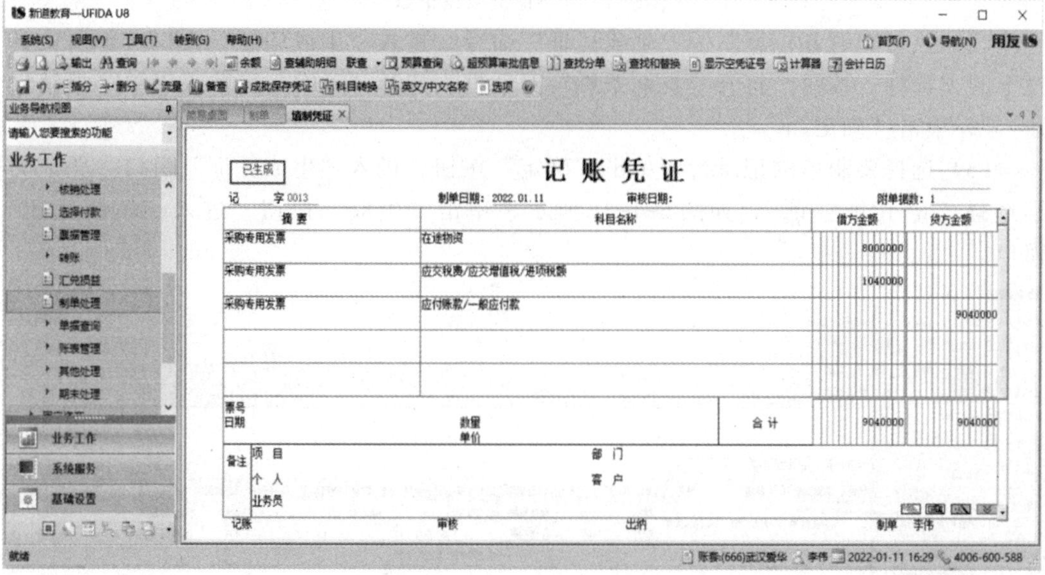

图6-1-10　采购发票生成凭证

特别提示：

对采购发票进行审核，可以选择立即制单生成凭证；也可暂不制单，在应付款管理系统中选择“制单处理”，对需要制单的业务进行批量制单或合并制单。这里为了展示普通赊购业务的全部流程，不选择立即制单。

7. 1月11日，在存货核算系统记账并生成入库凭证

（1）执行“业务工作”→“供应链”→“存货核算”→“业务核算”→“正常单据记账”命令，打开“查询条件选择”对话框。单击“确定”按钮，进入“未记账单据一览表”窗口。选择要记账的单据，单击“记账”按钮，系统显示“记账成功。”，如图6-1-11所示，单击“确定”按钮。

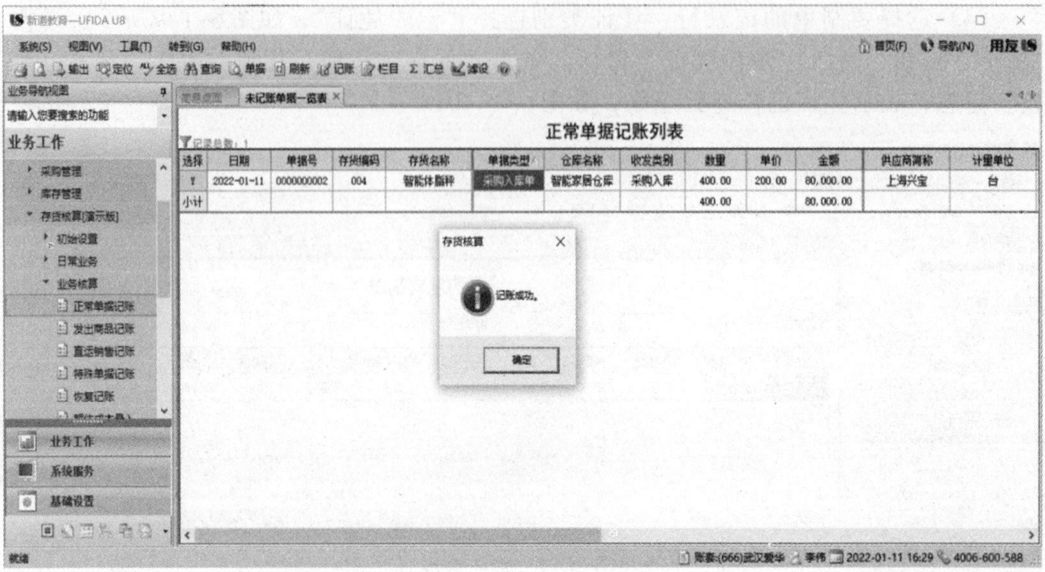

图6-1-11　正常单据记账

（2）执行“财务核算”→“生成凭证”命令，进入“生成凭证”窗口。单击工具栏上的“选择”按钮，打开“查询条件”对话框，选择“（01）采购入库单（报销记账）”，单击“确定”。

（3）选择要制单的记录行，单击“确定”按钮，进入“生成凭证”窗口。凭证类别选择“记 记账凭证”，如图6-1-12所示，单击“生成”按钮，进入“填制凭证”窗口。

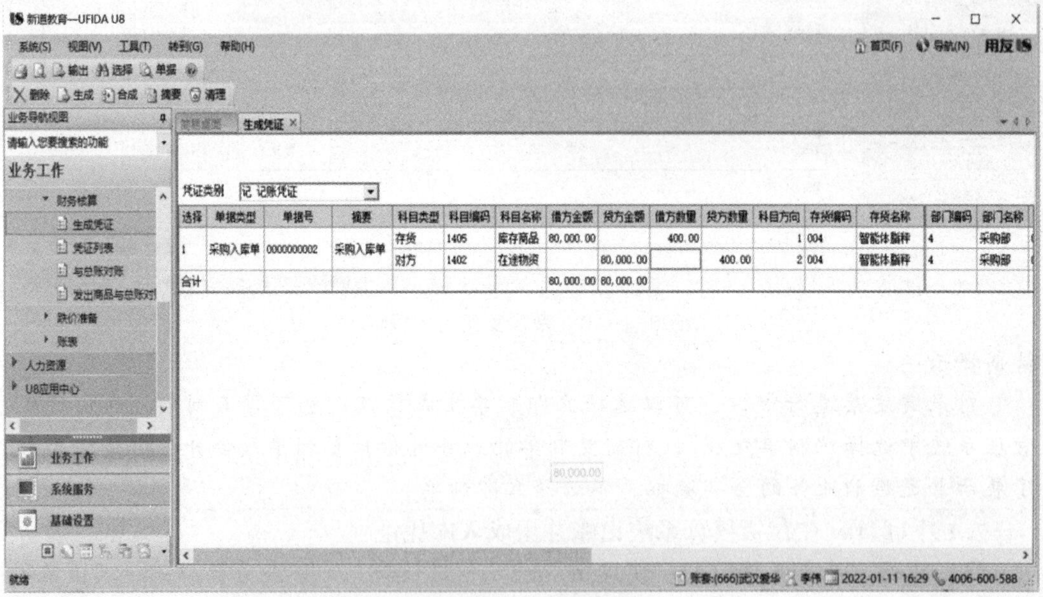

图6-1-12　生成凭证

（4）单击“保存”按钮，凭证左上角出现“已生成”标志，表示凭证已传递至总账，如图6-1-13所示。

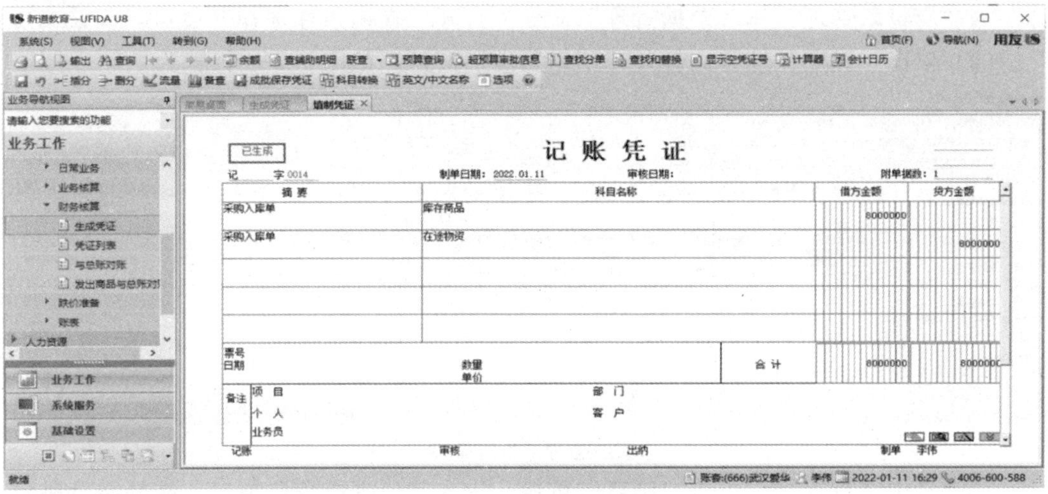

图6-1-13 存货凭证生成

特别提示：

恢复存货核算系统正常单据记账，依次点击“存货核算”→“业务核算”→“恢复记账”，双击选择需要恢复记账的单据，单击“恢复”按钮。

学思践悟6-1

货比三家 远离回扣

任务测试6-1

普通赊购业务

任务二 票据结算业务处理

任务资料

11日，应付广东鑫海的银行承兑汇票到期，票号为6255413，财务部对其结算并制单。

6-2

原始单据

任务要求

1. 进行票据结算业务处理。
2. 根据票据结算业务处理生成相关凭证。

知识导航

在企业实际业务中，商业汇票是常用结算方式之一，即企业支付的不是钱款或支票，而是在一定期限后才能兑付的商业汇票（包括银行承兑汇票或商业承兑汇票），形成应付票据。

为了更好地管理这类票据，系统设定了票据管理功能，在此功能下，可以记录票据的详细信息，也可以实现退票、结算等处理并查询应付票据。

任务实施

【操作步骤】

1月11日，在应付款管理系统进行票据结算：

（1）以“002李伟”的身份进入企业应用平台，执行“业务工作”→“财务会

操作录屏6-2

票据结算业务

计”→“应付款管理”→“票据管理”命令，打开“查询条件选择”窗口。

（2）单击“确定”按钮，打开“票据管理”窗口，如图6-2-1所示。

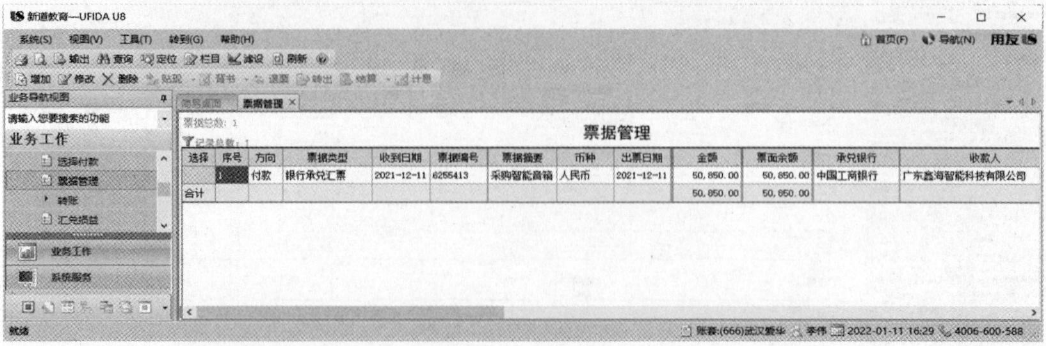

图6-2-1　票据管理

（3）选中结算单据，单击“结算”按钮，进入“票据结算”窗口，选择结算科目为“100201”，如图6-2-2所示。

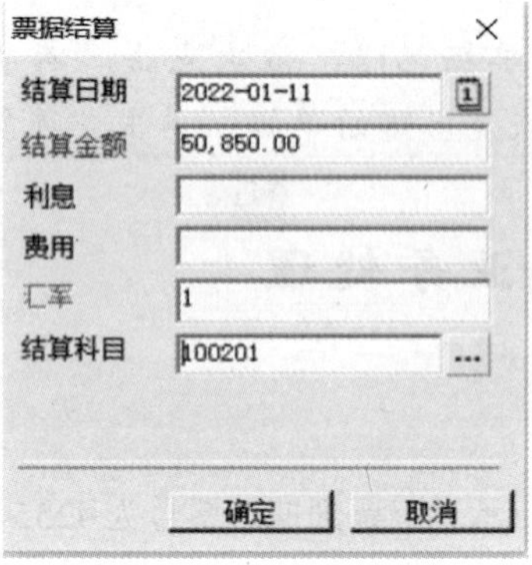

图6-2-2　票据结算

（4）单击“确定”按钮，系统提示“是否立即制单”，单击“是”按钮，进入“填制凭证”窗口。单击“保存”按钮，凭证左上角出现“已生成”标志，表示凭证已传递到总账，如图6-2-3所示。

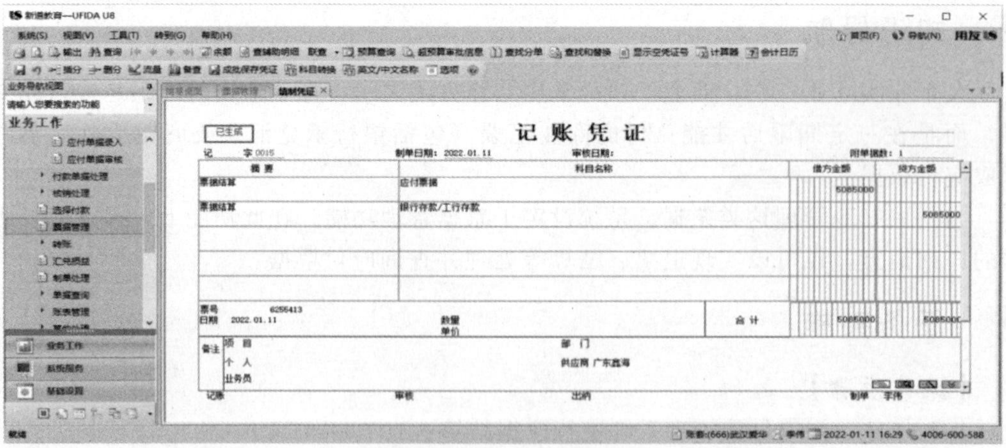

图6-2-3　生成凭证

特别提示：

① 当票据到期付款时，执行票据结算处理。

② 进行票据结算时，结算金额应是通过结算实际支付的金额。

③ 票据结算后，不能再进行其他与票据相关的处理。

④ 如要取消票据结算，先删除已生成凭证，再执行“其他处理”→“取消操作”命令，操作类型选择“票据处理”。

任务测试6-2
票据结算业务

任务三 采购付款业务处理

任务资料

12日，支付2021年12月25日从上海宏悦采购智能台灯的价税款56 500元，根据付款条件“2/20，1/40，n/60”，可享受2%的现金折扣，经与上海宏悦商定后，最终通过网银转账方式支付55 400元。

6-3
原始单据

任务要求

1.进行采购付款业务单据处理。

2.根据付款单据生成相关凭证，注意现金折扣的处理。

知识导航

企业对采购业务进行付款，一般情况下应该包括付款业务、往来核销、制单处理这几个环节。

一、付款业务

付款业务主要是对结算单据（付款单、收款单）进行管理，包括付款单、收款单的录入、审核。

付款单据是记录企业支付给供应商的应付款、预付款和其他费用等的原始单据；收款单用来记录在发生采购退货时企业收到的供应商退款。

二、往来核销

核销是指确定收、付款单与原始发票、应付单之间对应关系的操作，即需要指明每次付款付的是哪几笔采购业务的款项。往来核销是企业的日常工作之一，有利于加强对往来款项的管理。

三、制单处理

制单处理分为立即制单和批量制单。

立即制单是指在单据处理、转账处理、票据处理等功能操作中，有许多地方系统会询问是否立即制单，选择“是”按钮，可立即生成凭证。

批量制单是指在所有业务处理完毕后，使用“批量制单”功能批处理制单。

任务实施

操作录屏6-3

采购付款业务

【操作步骤】

1. 1月12日，在应付款管理系统录入付款单

（1）以“002李伟”的身份进入企业应用平台，执行“业务工作”→“财务会计”→“应付款管理”→“付款单据处理”→“付款单据录入”命令，进入“收付款单录入”窗口。

（2）单击“增加”按钮，选择供应商为“上海宏悦”，结算方式为“网银转账”，金额为“55 400”，票据号为“10283769421”，在摘要栏录入“偿还前欠货款”，单击“保存”按钮，如图6-3-1所示。

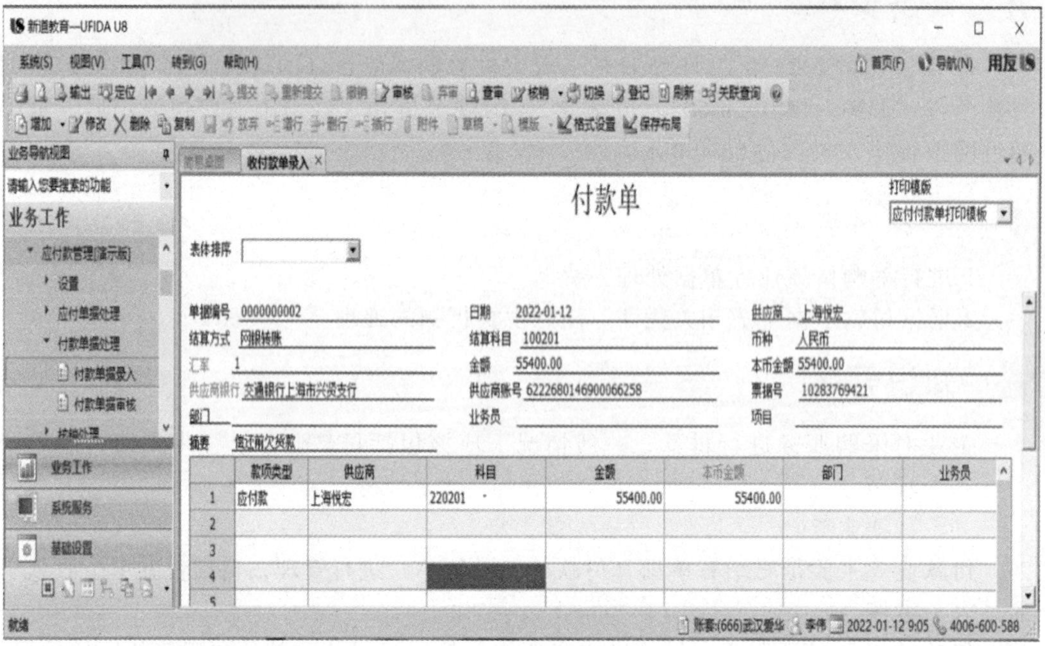

图6-3-1　付款单窗口

> **特别提示：**
>
> 在付款时，可以通过“选择付款”来进行业务处理，也可以通过“录入付款单”来进行业务处理。通过“选择付款”功能进行处理，选择付款后会自动生成一张已审核的付款单，并且已与应付单或发票核销。通过“录入付款单”则需手工录入付款单，然后审核，再进行核销后制单。

2. 1月12日，在应付款管理系统审核付款单并制单

（1）单击“审核”按钮，系统弹出“是否立即制单？”信息提示对话框，单击“否”，系统完成审核，退出“收付款单录入”界面。

（2）执行“核销处理”→“手工核销”命令，在“核销条件”窗口选择供应商“上海宏悦”，单击“确定”按钮，打开“单据核销”界面，录入本次结算金额为“55 400”，本次折扣额为“1 100”，如图6-3-2所示，单击“保存”按钮。

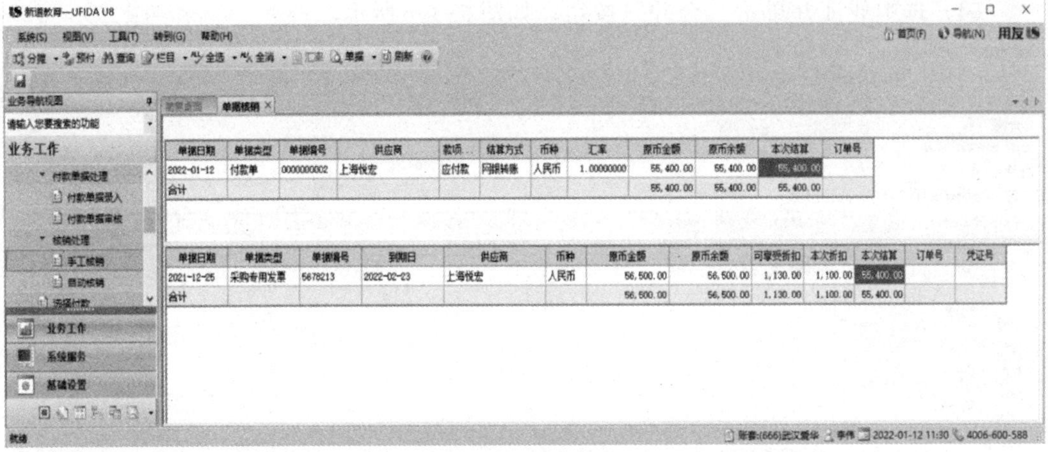

图6-3-2 单据核销

特别提示：

① 在保存核销内容后，“单据核销”窗口将不再显示已被核销的内容。

② 核销时，结算单列表中款项类型为应付款的记录默认本次结算金额为该记录上的原币金额；款项类型为预付款的记录默认本次结算金额为空。核销时可以修改本次结算金额，但是不能大于该记录的原币金额。

③ 在结算单列表中，单击“分摊”按钮，系统将当前结算单列表中的本次结算金额合计自动分摊到被核销单据列表的“本次结算”栏中。核销顺序依据被核销单据的排序顺序。

④ 如果核销后未进行其他处理，可以在期末处理的“取消操作”功能中取消核销操作。

（3）执行“制单处理”命令，打开“制单查询”对话框，勾选“收付款单制单”和“核销制单”，如图6-3-3所示，单击“确定”按钮，进入“应付制单”界面。

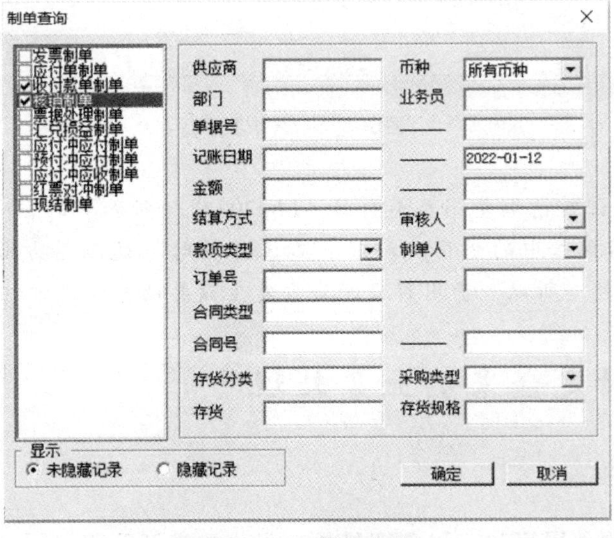

图6-3-3 制单查询

（4）选中凭证并单击“合并”按钮，如图6-3-4所示。

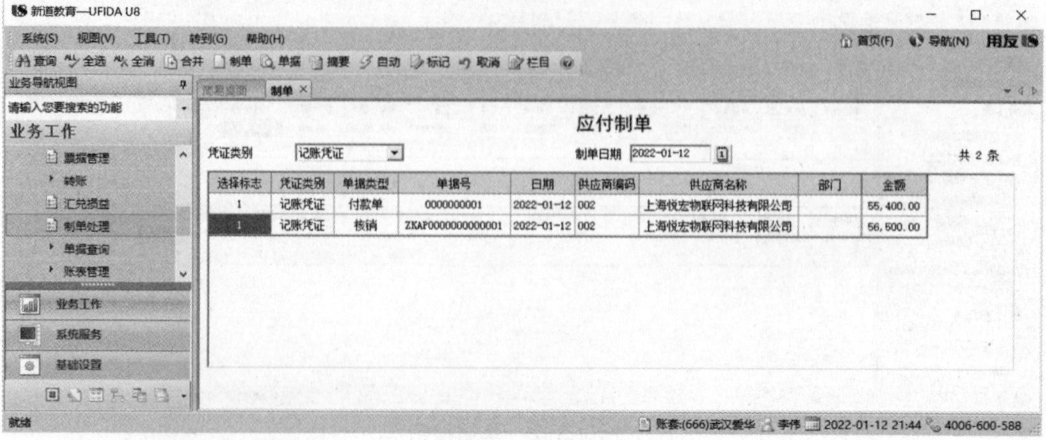

图6-3-4 应付制单

（5）单击“制单”按钮，进入记账凭证填制界面，将“财务费用”科目调整为借方红字“-1 100”，单击“保存”按钮，凭证左上角出现“已生成”标志，表示凭证已传递到总账，如图6-3-5所示。

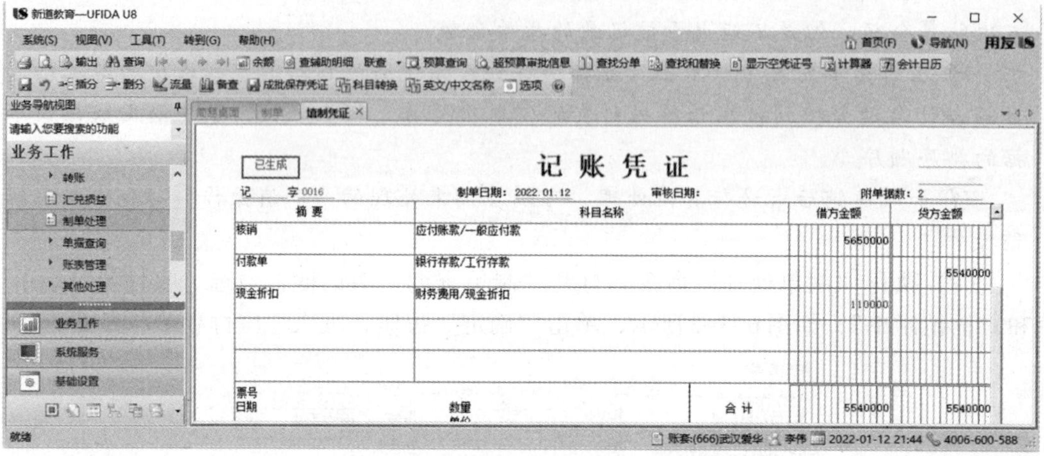

图6-3-5 生成凭证

学思践悟6-2

诚信守约
精打细算

任务测试6-3

采购付款业务

特别提示：

① 在保存凭证前请调整损益类科目“660303现金折扣”的方向为借方红字。

② 对于期间损益中的费用类科目，期末结转时，是以借方合计数为基数进行的，不考虑贷方数。所以，费用科目的贷方发生额要调整为借方红字。

任务四 付定金采购业务处理

任务资料

1.13日，采购部周军与武汉雅辉科技有限公司签订采购合同（CGHT002），订购智能车载摄像头300个，单价550元，网银支付定金5 000元，要求14日到货。

2.14日，向武汉雅辉科技有限公司采购的智能车载摄像头到货，验收入智能电子设备仓库，同日收到发票（CGFP002），货款尚未支付。

6-4 原始单据

任务要求

1.进行付定金采购业务单据处理。

2.根据付定金采购业务单据生成相关凭证。

知识导航

所谓“定金”，是指合同当事人约定一方在合同订立时或在合同履行前预先给付对方一定数量的金钱，以保障合同债权实现的一种担保方式。在付定金采购业务中，一般是签订采购合同预付部分定金，待合格入库后根据发票支付剩余货款。

任务实施

【操作步骤】

操作录屏6-4 付定金采购业务

1.1月13日，在采购管理系统填制并审核采购订单

（1）以“005周军”的身份进入企业应用平台，执行“业务工作”→“供应链”→“采购管理”→“采购订货”→“采购订单”命令，进入“采购订单”窗口。

（2）单击“增加”按钮，按照合同内容录入采购订单信息，在备注中写明“付定金采购”，并修改计划到货日期为“2022-01-14”，单击“保存”按钮，再单击“审核”按钮，如图6-4-1所示。

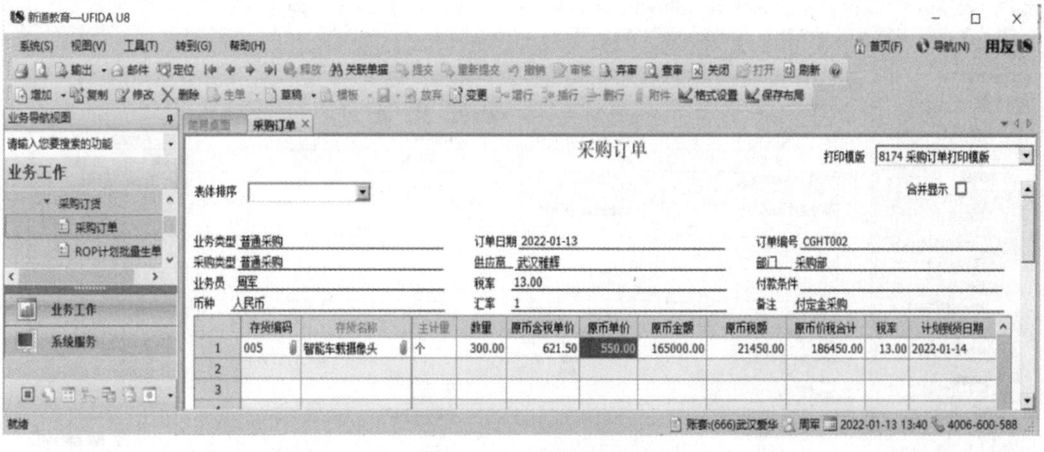

图6-4-1 采购订单

2.1月13日，在应付款管理系统支付采购定金

（1）以“002李伟”的身份进入企业应用平台，执行“业务工作”→“财务会计”→“应付款管理”→“付款单据处理”→“付款单据录入”命令，进入“收付款单录入”界面。

（2）单击“增加”按钮，选择供应商为“武汉雅辉”，结算方式为“网银转账”，金额为“5 000”，票据号为“118738328”，部门选择“采购部”，业务员选择“周军”，在摘要栏录入“付采购合同CGHT002定金”，修改款项类型为“预付款”，单击“保存”按钮，如图6-4-2所示。

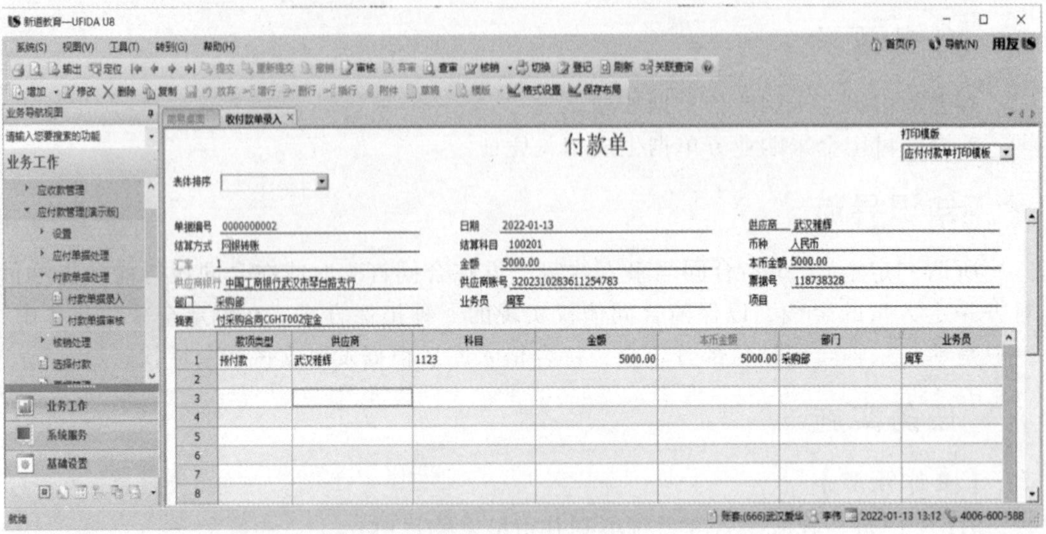

图6-4-2　付款单

（3）单击“审核”按钮，系统弹出“是否立即制单？”信息提示对话框，单击“是”，进入“填制凭证”窗口。单击“保存”按钮，凭证左上角出现“已生成”标志，表示凭证已传递到总账，如图6-4-3所示。

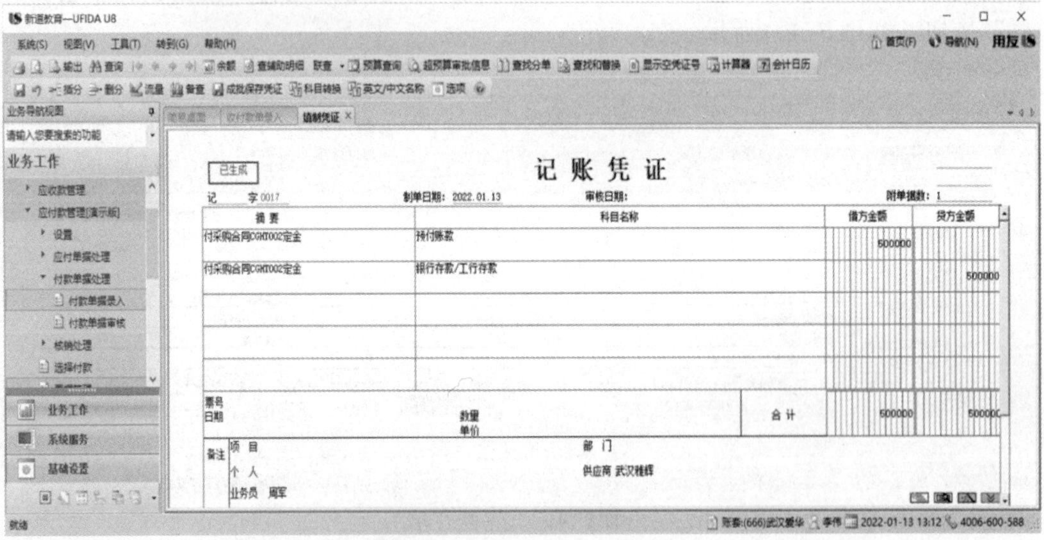

图6-4-3　生成凭证

3.1月14日，在采购管理系统填制并审核到货单

（1）以“005周军”的身份进入企业应用平台，执行“业务工作”→“供应链”→“采购管理”→“采购到货”→“到货单”命令，进入“到货单”窗口。单击“增加”按钮，单击“生单”按钮，选择“采购订单”选项，打开“查询条件选择”对话框，单击“确定”按钮，进入“拷贝并执行”窗口。

（2）双击需要参照的采购订单，单击“确定”按钮，系统自动生成到货单，单击“保存”按钮，再单击“审核”按钮。

4.1月14日，在库存管理系统填制并审核采购入库单

（1）以“006刘云”的身份进入企业应用平台，执行“业务工作”→“供应链”→“库存管理”→“入库业务”→“采购入库单”命令，进入“采购入库单”窗口。

（2）单击“生单”按钮，选择“采购到货单（蓝字）”，进入“查询条件选择”对话框，单击“确定”按钮，进入“到货单生单列表”窗口，选择需要参照的到货单，单击“确定”按钮，系统生成采购入库单。

（3）仓库选择“智能电子设备仓库”，单击“保存”按钮，然后单击“审核”按钮。

5.1月14日，在采购管理系统填制采购发票并进行采购结算

（1）以“005周军”的身份进入企业应用平台，执行“业务工作”→“供应链”→“采购管理”→“采购发票”→“专用采购发票”命令，进入“采购专用发票”窗口。

（2）单击“增加”按钮，单击“生单”按钮，选择“入库单”选项，打开“查询条件选择”对话框，单击“确定”按钮，进入“拷贝并执行”窗口。

（3）双击需要参照的入库单，单击“确定”按钮，自动生成专用发票，输入发票号“CGFP002”，单击“保存”按钮。

（4）单击“结算”按钮，自动完成采购结算，发票左上角显示“已结算”字样。

特别提示：

如果采购发票参照采购入库单自动生成，且入库单和发票数量一致，在无运费发票的情况下，可以直接点发票上方的“结算”按钮进行自动结算；如果入库单数量和发票数量不一致，只能采用手工结算。

6.1月14日，在应付款管理系统审核采购发票并制单

（1）以“002李伟”的身份进入企业应用平台，执行“业务工作”→“财务会计”→“应付款管理”→“应付单据处理”→“应付单据审核”命令，打开“应付单查询条件”对话框，单击“确定”按钮，进入“单据处理”窗口。

（2）双击需要审核的单据，进入“采购发票”界面。

（3）单击“审核”按钮，弹出“是否立即制单”对话框，单击“是”按钮，进入“制单”窗口，单击“保存”按钮，凭证左上角出现“已生成”标志，表示凭证已传递到总账，如图6-4-4所示。

7.1月14日，在存货核算系统记账并生成入库凭证

（1）执行“业务工作”→“供应链”→“存货核算”→“业务核算”→“正常单据记账”命令，打开“查询条件选择”对话框。单击“确定”按钮，进入“未记账单据一览表”窗口。选择要记账的单据，单击“记账”按钮，系统显示“记账成功”，单击“确定”按钮。

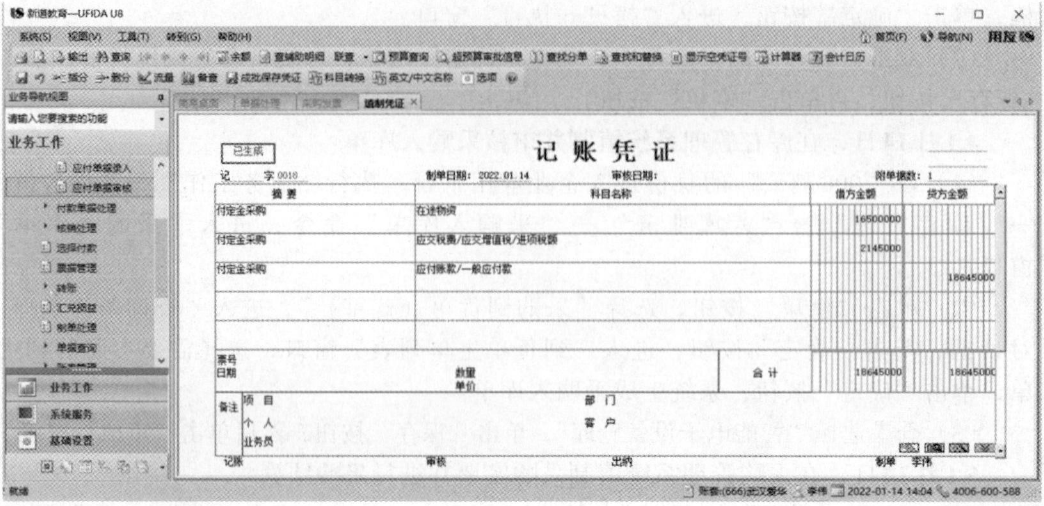

图6-4-4 生成凭证

（2）执行“财务核算”→“生成凭证”命令，进入“生成凭证”窗口。单击工具栏上的“选择”按钮，打开“查询条件”对话框，单击“确定”后，在“选择单据”界面，单击“选择”栏，或单击“全选”按钮，选中待生成凭证的单据，单击“确定”按钮，进入“选择单据”窗口。

（3）选择要制单的记录行，单击“确定”按钮，进入“生成凭证”窗口。选择凭证类别“记账凭证”，单击“生成”按钮，进入“填制凭证”窗口。

（4）单击“保存”按钮，凭证左上角出现“已生成”标志，表示凭证已传递至总账，如图6-4-5所示。

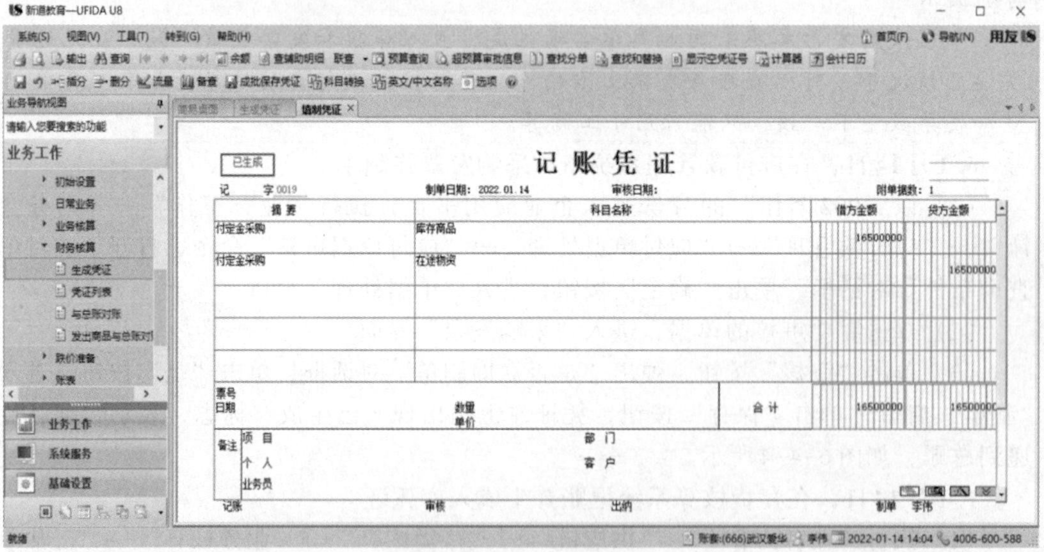

图6-4-5 生成凭证

8. 1月14日，在应付款管理系统进行预付冲应付操作

（1）执行“业务工作”→“财务会计”→“应付款管理”→“转账”→“预付冲

应付”命令，打开“预付冲应付”窗口。在“预付款”页签，选择供应商“武汉雅辉科技有限公司”，单击“过滤”按钮，在待冲账的预付款列表行的“转账金额”栏录入5 000元，如图6-4-6所示；同样在“应付款”页签过滤出应付款列表，在相应的“转账金额”栏录入5 000元，如图6-4-7所示。

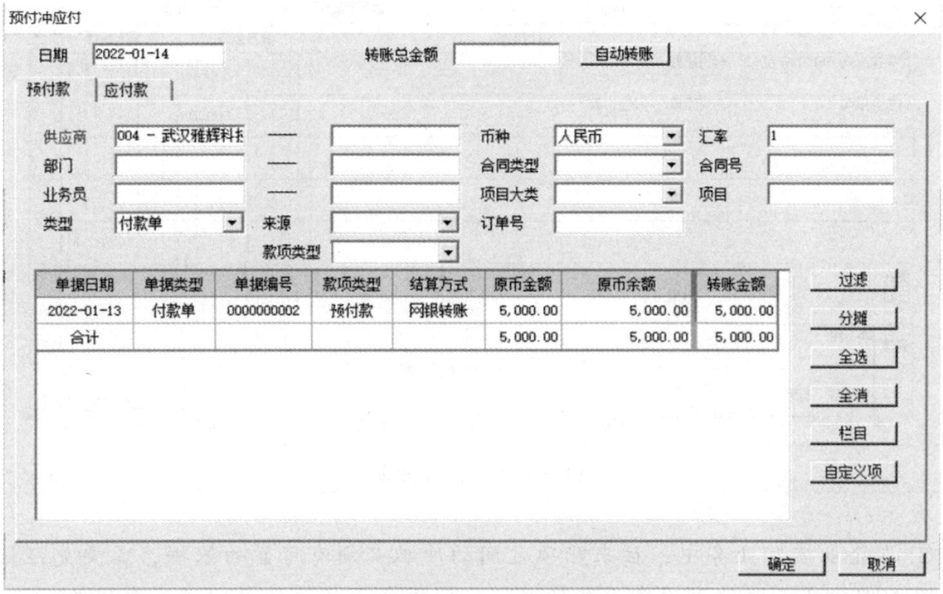

图6-4-6 预付款界面

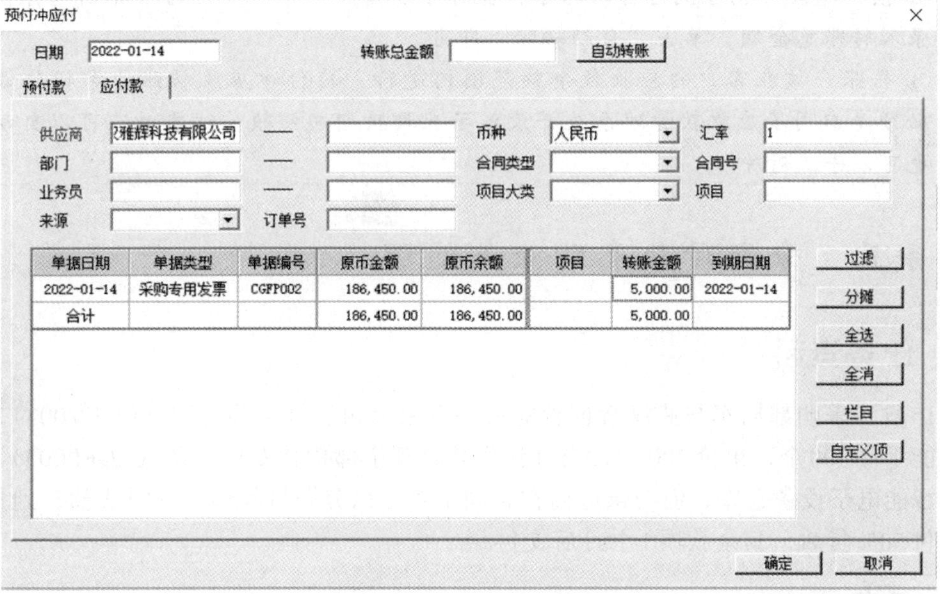

图6-4-7 应付款界面

（2）单击“确定”按钮，系统弹出“是否立即制单”对话框，单击“是”，生成预付冲应付转账凭证，单击“保存”按钮，凭证左上角出现“已生成”标志，表示凭证已传递至总账，如图6-4-8所示。

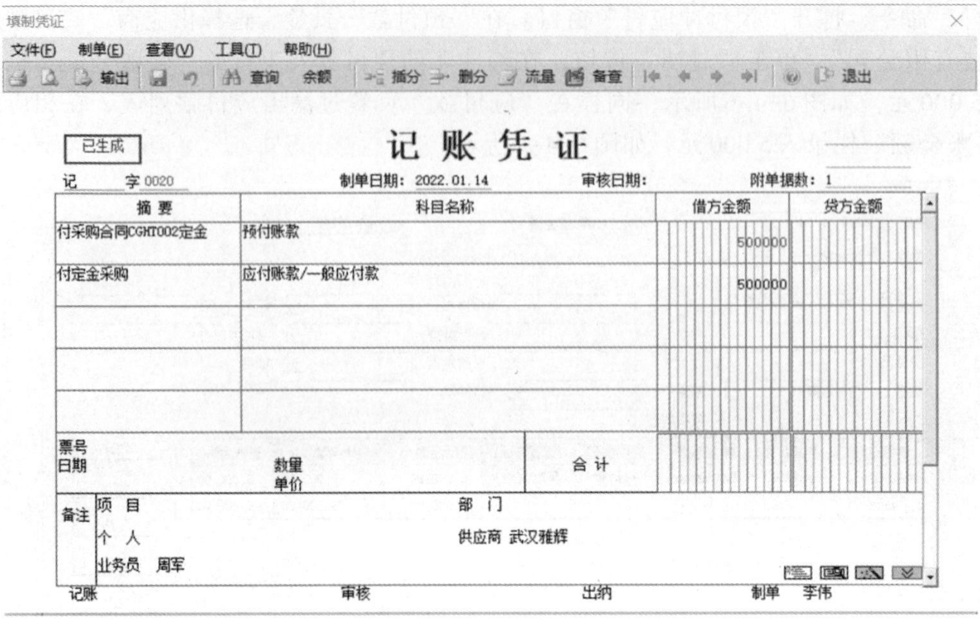

图6-4-8 生成凭证

特别提示：

① 在企业实际业务中，往来账项之间的冲抵必须有可靠的依据，需要先经过业务关系人双方或三方协商同意后才能进行，以避免因债权债务问题发生纠纷。

② 预付冲应付也可执行自动转账，操作方法是在“预付冲应付”界面选择供应商，录入转账总金额，单击“自动转账”即可。

③ 转账应该在客户的应收款余额范围内进行。应付冲应收转账业务操作的前提，必须是启用了应收款管理系统并录入了应收款期初余额。红票对冲可以自动对冲，也可以手工对冲。

任务测试6-4

付定金采购业务

任务五　分期付款采购业务处理

任务资料

6-5

原始单据

15日，采购部周军与武汉智创智能科技有限公司签订采购合同（CGHT003），订购智能手环300个，单价200元，当日到货并收到全部货款专用发票（CGFP003），验收入智能电子设备仓库，但与供应商在合同中约定以分期付款形式支付货款，到货当日支付50%货款，其余款项1个月后支付。

任务要求

1.进行分期付款采购业务单据处理。

2.根据分期付款采购业务单据生成相关凭证。

知识导航

重难点微课 6-2

分期付款采购业务

分期付款采购是指在较长的时间内按合同规定期限分期支付货款的采购方式。分期付款采购业务的款项需分多次收回，但是和付定金采购业务有本质上的区别。付定金采购一般发生在合同订立时，也就是采购到货之前，而分期付款业务则一般是先收到货物，再分期支付款项。如果分期付款不超过正常信用条件（通常指付款期限≤3年），那么分期付款业务的处理类似于普通采购业务的处理。

任务实施

操作录屏 6-5

分期付款采购业务

【操作步骤】

1. 1月15日，在采购管理系统填制并审核采购订单

（1）以“005周军”的身份进入企业应用平台，执行“业务工作”→“供应链”→“采购管理”→“采购订货”→“采购订单”命令，进入“采购订单”窗口。

（2）单击“增加”按钮，按照合同内容录入采购订单信息，在备注中写明“分期付款采购”，单击“保存”按钮，再单击“审核”按钮。

2. 1月15日，在采购管理系统填制并审核到货单

（1）执行“业务工作”→“供应链”→“采购管理”→“采购到货”→“到货单”命令，进入“到货单”窗口。单击“增加”按钮，单击“生单”按钮，选择“采购订单”选项，打开“查询条件选择”对话框，单击“确定”按钮，进入“拷贝并执行”窗口。

（2）双击需要参照的采购订单，单击“确定”按钮，系统自动生成到货单，单击“保存”按钮，再单击“审核”按钮。

3. 1月15日，在库存管理系统填制并审核采购入库单

（1）以“006刘云”的身份进入企业应用平台，执行“业务工作”→“供应链”→“库存管理”→“入库业务”→“采购入库单”命令，进入“采购入库单”窗口。

（2）单击“生单”按钮，选择“采购到货单（蓝字）”，进入“查询条件选择”对话框，单击“确定”按钮，进入“到货单生单列表”窗口，选择需要参照的到货单，单击“确定”按钮，系统生成采购入库单。

（3）仓库选择“智能电子设备仓库”，单击“保存”按钮，然后单击“审核”按钮。

4. 1月15日，在采购管理系统填制采购专用发票，进行现付处理和采购结算

（1）以“005周军”的身份进入企业应用平台，执行“业务工作”→“供应链”→“采购管理”→“采购发票”→“专用采购发票”命令，进入“采购专用发票”窗口。单击“增加”按钮，单击“生单”按钮，选择“入库单”选项，打开“查询条件选择”对话框，单击“确定”按钮，进入“拷贝并执行”窗口。选择需要参照的采购入库单，单击“确定”按钮，自动生成专用发票，修改发票号为“CGFP003”。单击“保存”按钮。

（2）单击“现付”按钮，打开“采购现付”对话框。结算方式录入“4-网银转账”，输入原币金额“33 900”，票据号录入“118738456”，如图6-5-1所示。

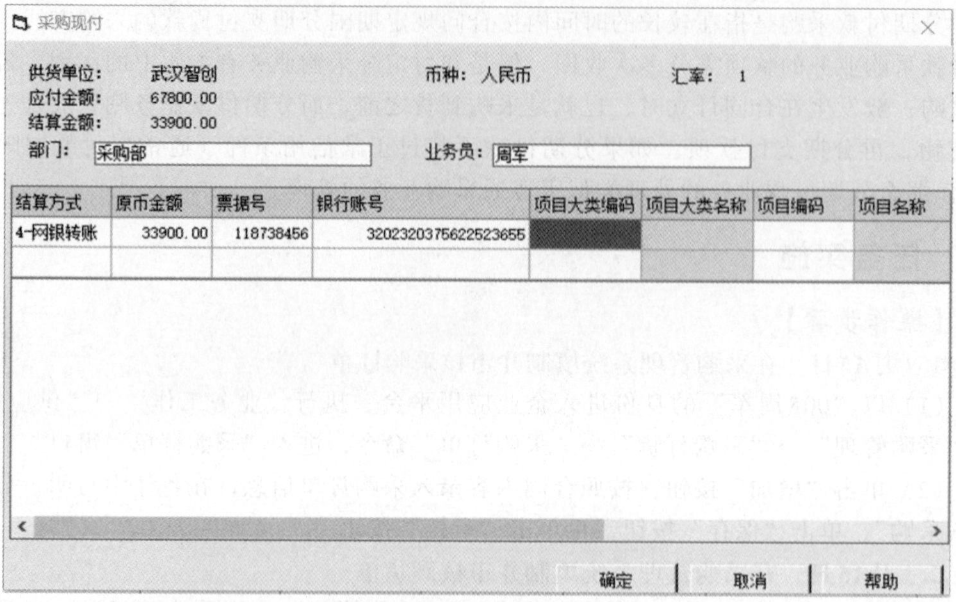

图6-5-1 采购现付

（3）单击“确定”按钮，发票左上角显示“已现付”字样。单击“结算”按钮，自动完成采购结算，发票左上角显示“已结算”字样，如图6-5-2所示。

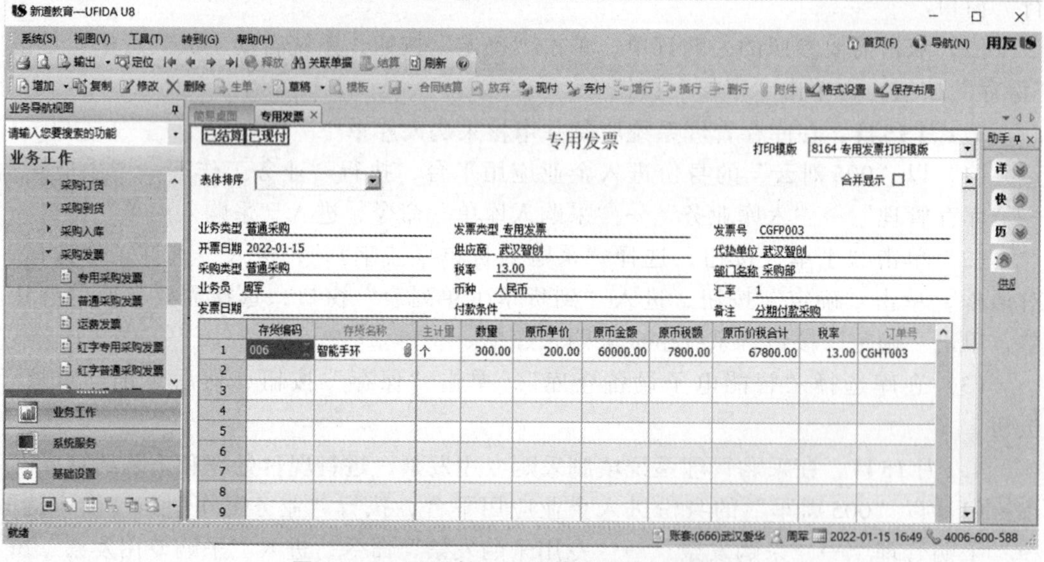

图6-5-2 已现付、已结算的采购专用发票

5.1月15日，在应付款管理系统审核采购专用发票并进行现结制单

（1）以“002李伟”的身份进入企业应用平台，执行“业务工作”→“财务会计”→“应付款管理”→“应付单据处理”→“应付单据审核”命令，打开“应付单查询条件”对话框。选择左下角“包含已现结发票”复选框，如图6-5-3所示，单击

“确定”按钮，进入“单据处理”窗口。

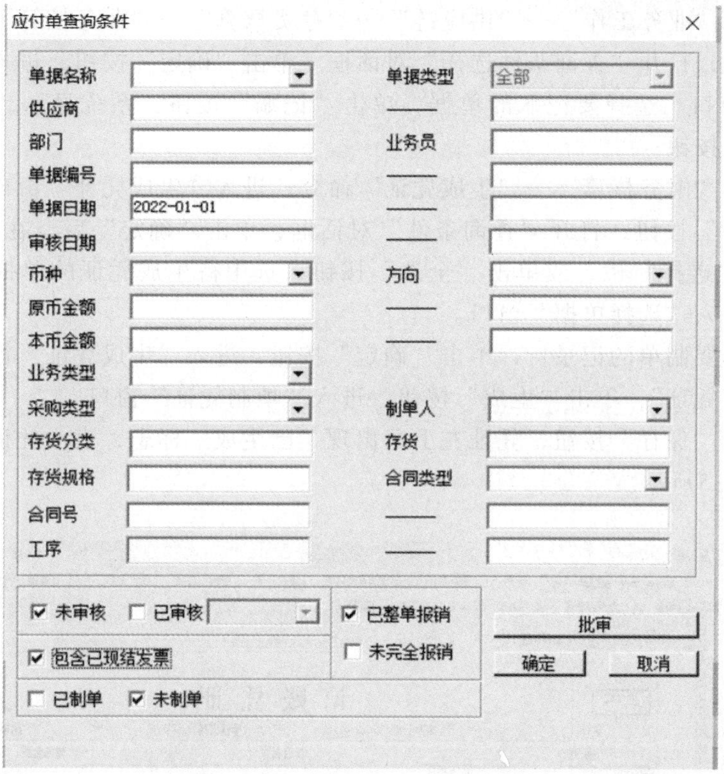

图6-5-3　过滤包含已现结的发票

（2）双击要审核的发票，进入“采购发票”界面，单击“审核”按钮，弹出“是否立即制单?”对话框，选择“是”，生成凭证，单击“保存”按钮，凭证左上角出现“已生成”标志，表示凭证已传递至总账，如图6-5-4所示。

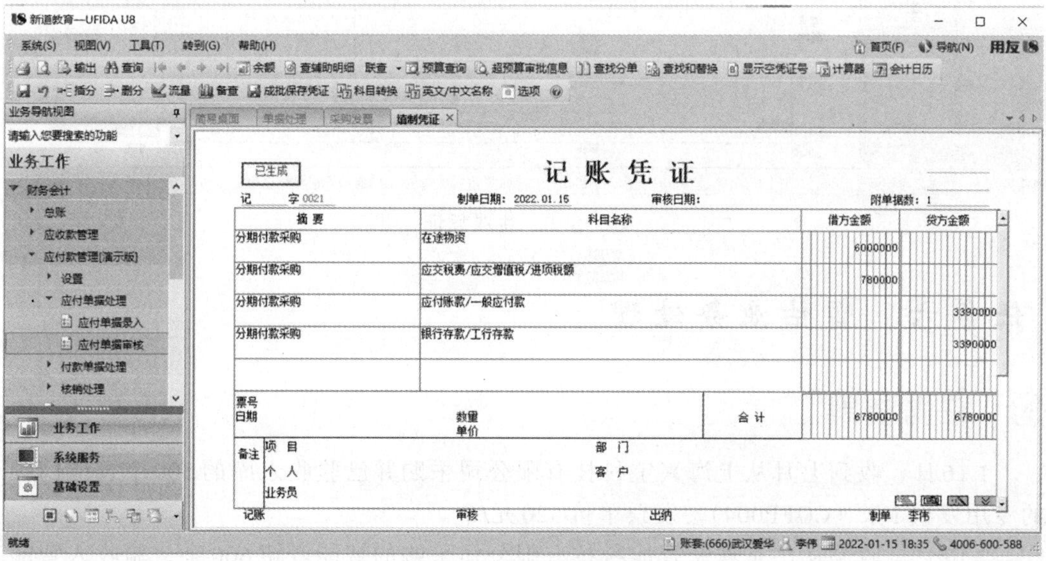

图6-5-4　生成凭证

6. 1月15日，在存货核算系统记账并生成入库凭证

（1）执行“业务工作”→“供应链”→“存货核算”→“业务核算”→“正常单据记账”命令，打开“查询条件选择”对话框。单击“确定”按钮，进入“未记账单据一览表”窗口。选择要记账的单据，单击“记账”按钮，系统显示“记账成功”，单击“确定”按钮。

（2）执行“财务核算”→“生成凭证”命令，进入“生成凭证”窗口。单击工具栏上的“选择”按钮，打开“查询条件”对话框，单击“确定”后，在“选择单据”界面，单击“选择”栏，或单击“全选”按钮，选中待生成凭证的单据，单击“确定”按钮，进入“选择单据”窗口。

（3）选择要制单的记录行，单击“确定”按钮，进入“生成凭证”窗口。选择凭证类别“记账凭证”，单击“生成”按钮，进入“填制凭证”窗口。

（4）单击“保存”按钮，凭证左上角出现“已生成”标志，表示凭证已传递至总账，如图6-5-5所示。

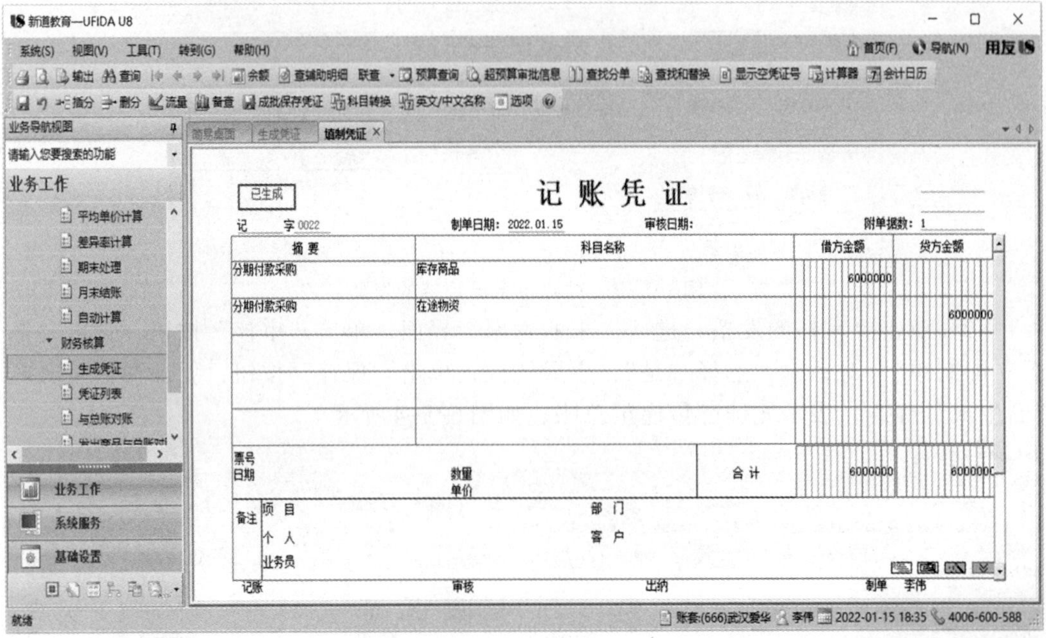

图6-5-5　生成凭证

任务测试6-5

分期付款采购业务

任务六　暂估业务处理

任务资料

6-6

原始单据

1.16日，收到上月从上海兴宝科技有限公司采购并已验收入库的500个智能门锁的专用发票1张（CGFP004），发票单价520元/个。

2.17日，收到从广东鑫海智能科技有限公司采购的智能音箱600个，验收入智能家居仓库，发票暂未收到。

任务要求

6-7
原始单据

1.进行暂估回冲业务和期末暂估处理。

2.根据暂估回冲业务单据生成相关凭证，注意暂估成本仅能在月底处理。

知识导航

重难点微课 6-3
暂估回冲业务

一、暂估业务概述

暂估是指本月存货已经入库，但采购发票尚未收到，不能确定存货的入库成本，月底时为了及时核算企业的库存成本，需要将这部分存货暂估入账。

二、暂估业务处理方式

暂估入库有三种处理方式，即：月初回冲、单到回冲、单到补差。

月初回冲是指到下月初，存货核算系统自动生成与上月末暂估入库完全相同的“红字回冲单”，冲销存货明细账，通过“制单”功能向总账传递凭证，冲销存货总账。待收到采购发票后，对采购入库单和采购发票进行结算，然后进入存货核算系统执行“结算成本处理”功能生成“蓝字回冲单”，以发票金额登记存货明细账，再通过“制单"向总账传递凭证登记总账。

单到回冲是指下月初暂不处理，待收到采购发票后进行采购结算，到存货核算系统中进行“结算成本处理”，由系统自动生成红字回冲单和蓝字回冲单。红字回冲单为暂估金额，蓝字回冲单为发票金额，即已报销金额。系统根据红、蓝字回冲单，自动登记存货明细账，根据红、蓝字回冲单“制单”登记总账。

单到补差是指月初不作处理，待收到采购发票后，先进行采购结算，然后做“结算成本处理”，如果报销金额与暂估金额的差额不为零，则会产生调整单。一张采购入库单生成一张调整单，确认后自动记入存货明细账，再选择调整单制单登记总账；如果余额为零，不做处理。

任务实施

操作录屏6-6
暂估业务

【操作步骤】

1. 1月16日，在采购管理系统中填制采购专用发票，并进行手工结算

（1）以“005周军”的身份进入企业应用平台，执行“业务工作”→“供应链”→“采购管理”→“采购发票”→“专用采购发票”命令，进入“专用发票”窗口。单击“增加”按钮，单击“生单”按钮，选择“入库单”选项，打开“查询条件选择”对话框，单击“确定”按钮，进入“拷贝并执行”窗口。

（2）选择需要参照的采购入库单，单击“确定”按钮。

（3）自动生成相应专用发票，修改发票号为“CGFP004”，原币单价改为520元。单击“保存”按钮，如图6-6-1所示。

（4）单击页面上方“结算”按钮，系统进行自动结算，专用发票左上角显示“已结算”标志。

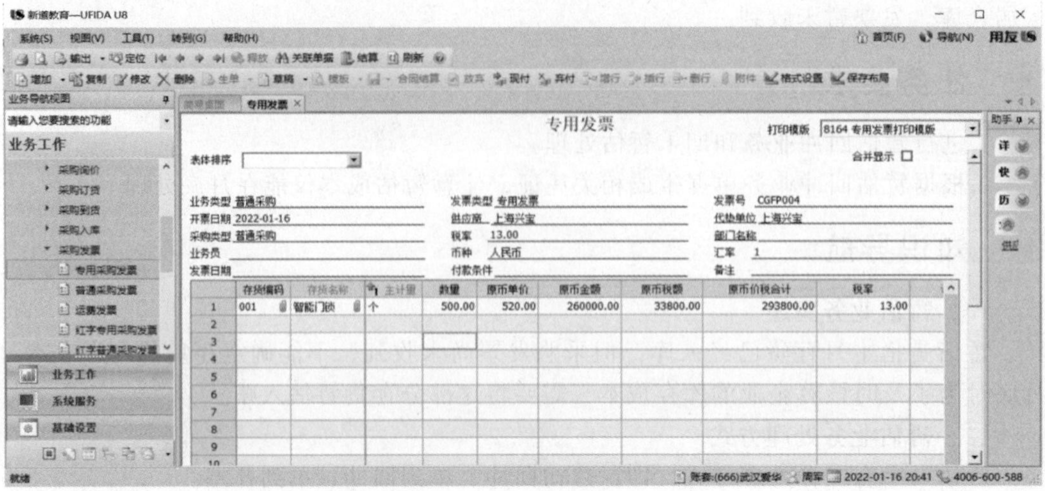

图6-6-1　采购专用发票

2. 1月16日，在应付款管理系统中审核发票并制单处理

（1）以“002李伟”的身份进入企业应用平台，执行“业务工作”→“财务会计”→“应付款管理”→“应付单据处理”→“应付单据审核”命令，打开“应付单查询条件”对话框。单击“确定”按钮，进入“单据处理”窗口。

（2）双击需要审核的单据，进入“采购发票”界面。单击“审核”按钮，弹出“是否立即制单？”对话框，单击“是”按钮，进入“制单”窗口，单击“保存”按钮，凭证左上角出现“已生成”标志，表示凭证已传递到总账，如图6-6-2所示。

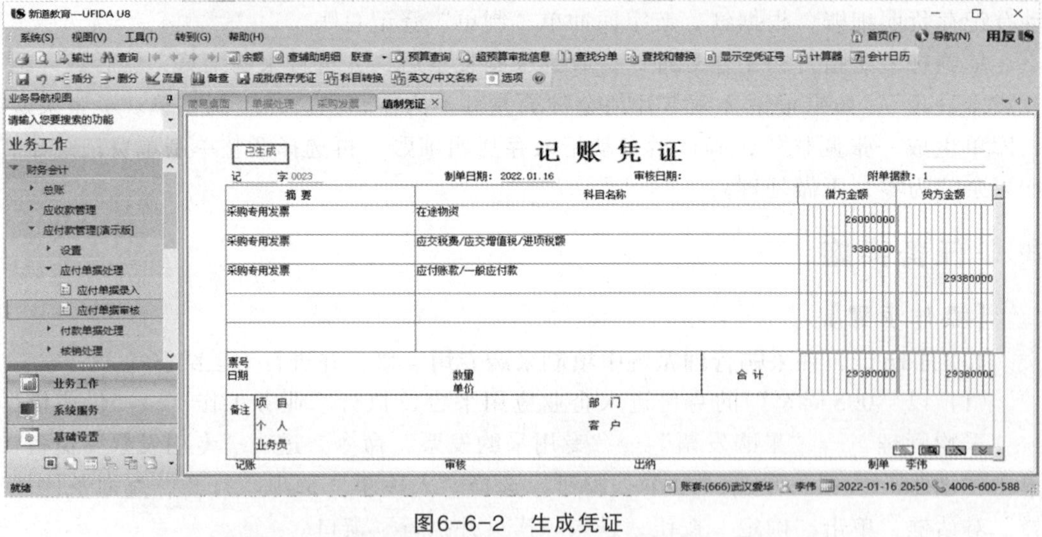

图6-6-2　生成凭证

3. 1月16日，在存货核算系统中执行结算成本处理并生成凭证

（1）执行“业务工作”→“供应链”→“存货核算”→“业务核算”→“结算成本处理”命令，打开“暂估处理查询”对话框，选择“智能家居仓库”。单击“确定”按钮，进入“结算成本处理”窗口。

（2）选择需要进行暂估结算的单据，单击“暂估”按钮，提示“暂估处理完成”，单击“确定”按钮。

（3）执行“财务核算”→“生成凭证”命令，进入“生成凭证”窗口。单击工具栏上的“选择”按钮，打开“查询条件”对话框。选择“红字回冲单、蓝字回冲单（报销）”选项，单击“确定”按钮，进入“选择单据”窗口，单击“全选”按钮。

（4）选择需要制单的单据，单击“确定”按钮，如果要将红字回冲单和蓝字回冲单分别生成一张凭证，在选择列输入数字即可，如图6-6-3所示。红字回冲单输入1，蓝字回冲单输入2，则生成凭证时会将红、蓝回冲单分开各单独生成一张凭证，如图6-6-4和图6-6-5所示。

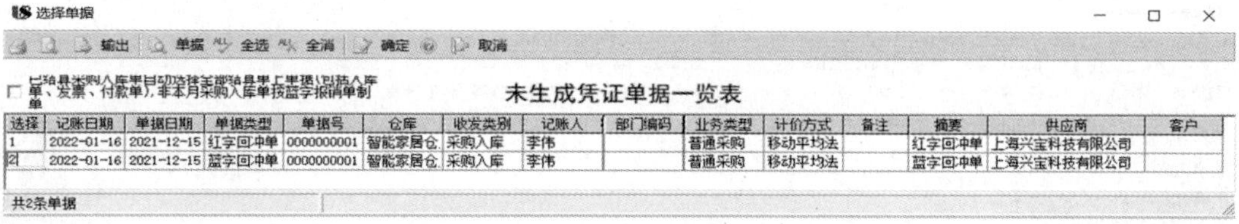

图6-6-3 未生成凭证单据选择

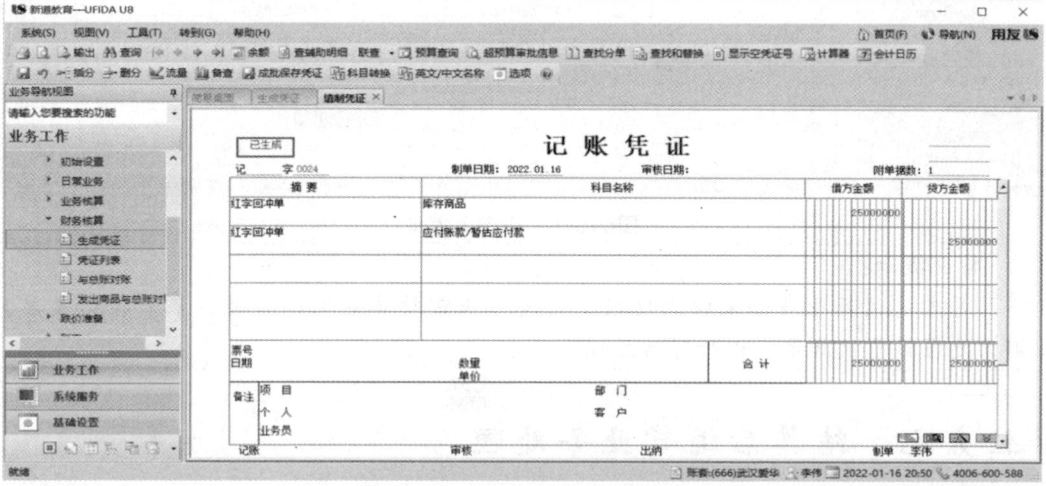

图6-6-4 红字回冲单生成的凭证

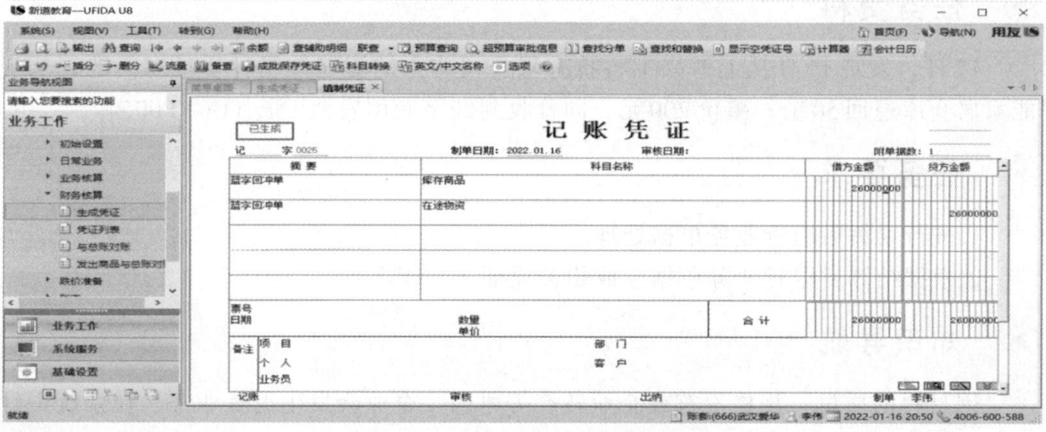

图6-6-5 蓝字回冲单生成的凭证

4.填制并审核采购入库单

因商品是暂估入库，只需在库存管理系统中填制并审核采购入库单，等收到发票后再进行后续处理。

（1）以“006刘云”的身份进入企业应用平台，执行“业务工作”→“供应链”→“库存管理”→“入库业务”→“采购入库单”命令，进入“采购入库单”窗口。

（2）单击“增加”按钮，录入相关数量信息后保存，单击“审核”按钮，如图6-6-6所示。

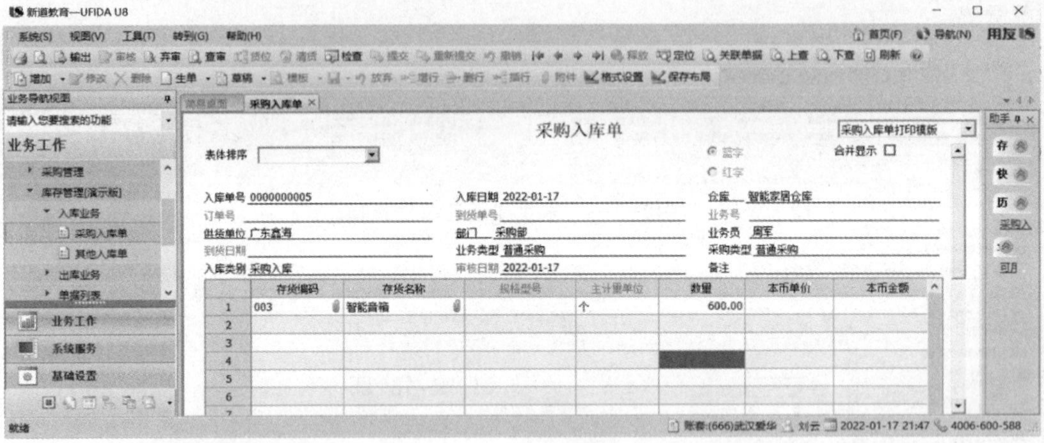

图6-6-6 采购入库单

任务测试6-6

暂估业务

> 特别提示：
>
> 月末前该笔业务如果收到发票，则进行正常结算处理；如果月末未收到发票，则需要在存货核算系统进行暂估处理。

任务七 结算后退货业务处理

任务资料

6-8

原始单据

17日，发现11日从上海兴宝科技有限公司购入的智能体脂秤质量有问题，从智能家居仓库退回50个，单价200元，同日收到红字专用发票1张（CGFP005）。

任务要求

重难点微课6-4

结算后退货业务

1.进行结算后退货业务单据处理。

2.根据结算后退货业务单据生成相关凭证。

知识导航

因材料的质量、规格不符或企业转产等原因，企业会发生退货业务。在系统中针对不同的退货业务，采取不同的处理方法。

一、结算前退货

1.结算前全额退货

结算前全额退货即已录入采购入库单，但未进行采购结算，并且全额退货。此时，应先填制一张全额数量的红字采购入库单，再把这张红字采购入库单与原入库单进行采购结算，冲抵原入库单数据。

2.结算前部分退货

结算前部分退货即已录入采购入库单，但未进行采购结算，发生部分退货。此时，应填制一张部分数量的红字采购入库单，再填制一张相对应的采购发票，发票数量即退货后的实收数量，再将红字入库单与原入库单、采购发票进行结算，冲抵原入库单数据。

二、结算后退货

结算后退货是指已经录入了采购入库单、采购发票，并且已进行了采购结算，之后发生退货。此时应填制一张红字采购入库单，再填制一张红字发票，并将这张红字入库单与红字发票进行结算，冲抵原入库单数据。

任务实施

操作录屏6-7

结算后退货业务

【操作步骤】

1. 1月17日，在采购管理系统填制并审核采购退货单

（1）以“005周军”的身份进入企业应用平台，执行“业务工作”→“供应链”→“采购管理”→“采购到货”→“采购退货单”命令，进入“采购退货单”窗口。

（2）单击“增加”按钮，单击“生单”按钮，选择“到货单”选项，打开“查询条件选择”对话框，单击“确定”按钮，进入“拷贝并执行”窗口。选择窗口上方的到货单，单击“确定”按钮，系统生成采购退货单。修改数量为-50，单击“保存”按钮，然后单击“审核”按钮，如图6-7-1所示。

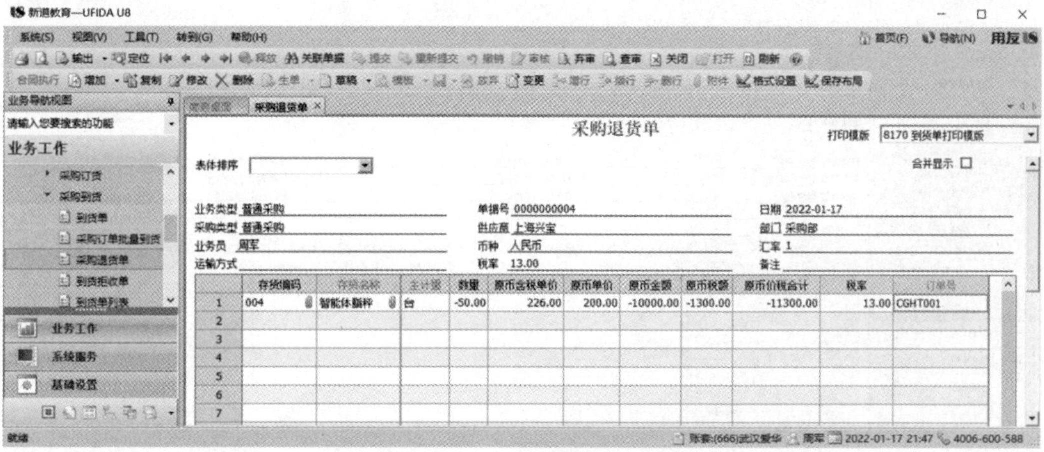

图6-7-1 采购退货单

2. 在库存管理系统中填制并审核红字采购入库单

（1）以“006刘云”的身份进入企业应用平台，执行“业务工作”→“供应链”→“库存管理”→“入库业务”→“采购入库单”命令，进入“采购入库单”窗口。

（2）单击“生单”按钮，选择“采购到货单（红字）”选项，打开“查询条件选择”对话框，单击“确定”按钮，进入“拷贝并执行”窗口。选择需要参照的采购退货单，单击“确定”按钮，在红字采购入库单界面，补充录入仓库信息“智能家居仓库”后保存，然后单击“审核”按钮，如图6-7-2所示。

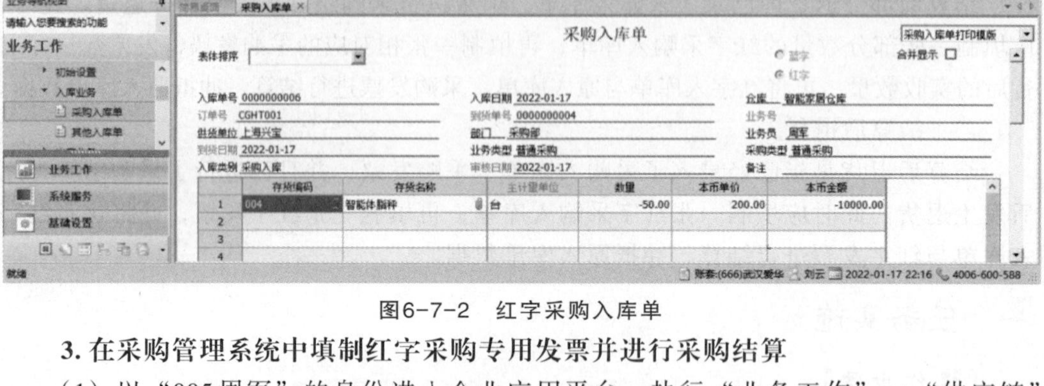

图6-7-2　红字采购入库单

3. 在采购管理系统中填制红字采购专用发票并进行采购结算

（1）以“005周军”的身份进入企业应用平台，执行“业务工作”→“供应链”→“采购管理”→“采购发票”→“红字专用采购发票”命令，单击“增加”按钮，单击“生单”按钮，选择“入库单”，单击“查询条件选择”窗口的“确定”按钮，进入“拷贝并执行”窗口，选择需要参照的采购入库单，单击“确定”按钮，生成红字“专用发票”，录入发票号“CGFP005”，单击“保存”按钮。

（2）执行页面上方的“结算”命令，系统进行红字采购入库单和红字专用发票的自动结算，并在红字专用发票左上角显示“已结算”标志，如图6-7-3所示。

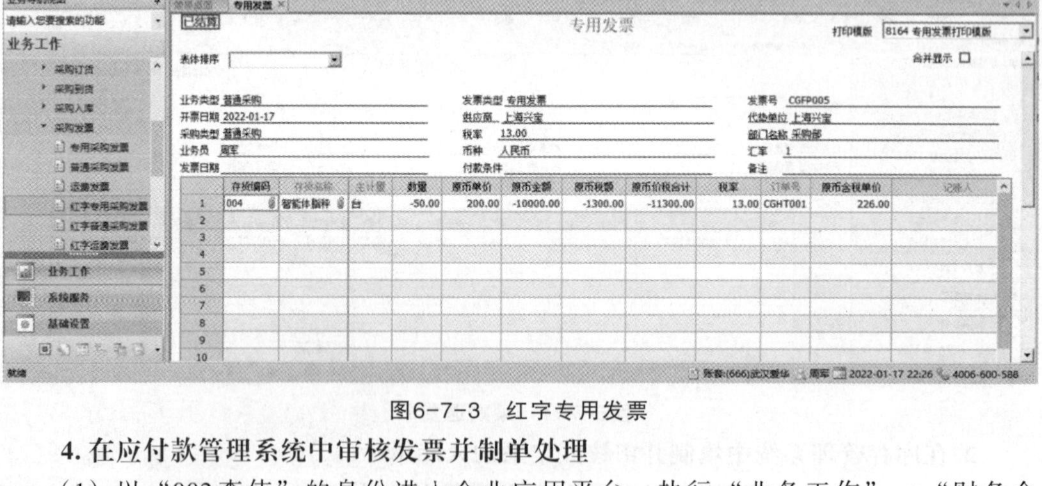

图6-7-3　红字专用发票

4. 在应付款管理系统中审核发票并制单处理

（1）以“002李伟”的身份进入企业应用平台，执行“业务工作”→“财务会计”→“应付款管理”→“应付单据处理”→“应付单据审核”命令，打开“应付单查询条件”对话框。单击“确定”按钮，进入“单据处理”窗口。

（2）双击需要审核的单据，进入“采购发票”界面。单击“审核”按钮，弹出“是否立即制单？”对话框，单击“是”按钮，进入“制单”窗口，单击“保存”按钮，凭证左上角出现“已生成”标志，表示凭证已传递到总账，如图6-7-4所示。

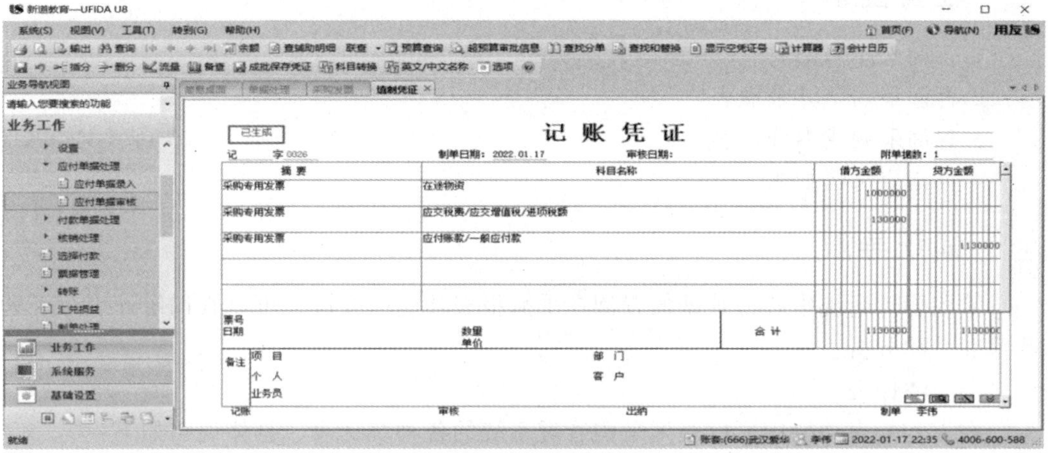

图6-7-4　生成凭证

5. 在存货核算系统中记账并生成入库凭证

（1）执行“业务工作”→“供应链”→“存货核算”→“业务核算”→“正常单据记账”命令，打开“查询条件选择”对话框。单击“确定”按钮，进入“未记账单据一览表”窗口。选择要记账的单据，单击“记账”按钮，系统显示“记账成功。”。

（2）执行“财务核算”→“生成凭证”命令，进入“生成凭证”窗口。单击工具栏上的“选择”按钮，打开“查询条件”对话框。单击“确定”按钮，进入“选择单据”窗口。选择要制单的记录行，单击“确定”按钮，进入“生成凭证”窗口。

（3）单击“生成”按钮，进入“填制凭证”窗口。单击“保存”按钮，凭证左上角出现“已生成”标志，表示凭证已传递至总账，如图6-7-5所示。

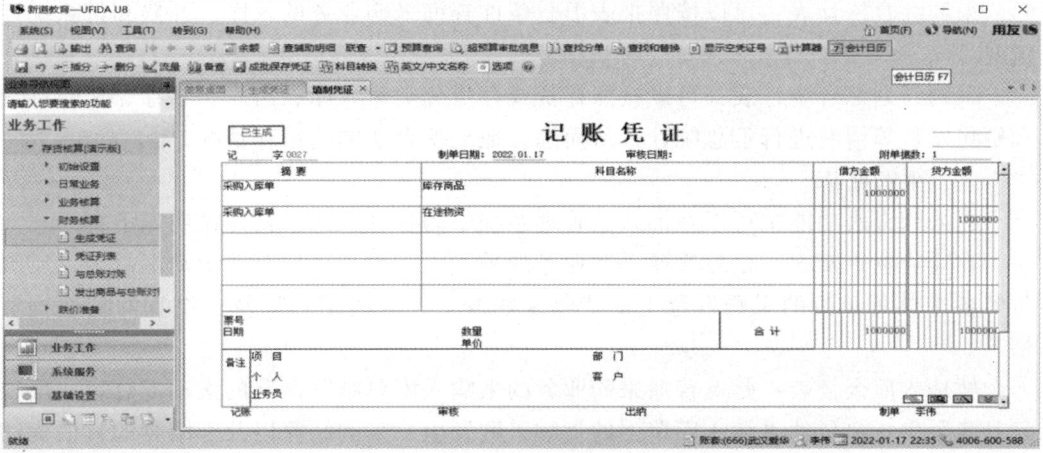

图6-7-5　生成凭证

任务测试6-7

结算后退货业务

任务八 数据查询

任务要求

1.查询入库明细表
2.查询采购结算余额表
3.查询采购成本分析表
4.查询应付明细账

知识导航

采购管理系统中各种数据的查询在采购报表功能中完成，可以查询统计表、采购账簿和采购分析。

一、统计表

在采购报表功能中可以查询采购管理系统的各种统计表，具体说明如下：

到货明细表：可以按照到货单查询存货的到货、入库和开票明细等信息。

采购明细表：可以查询采购发票的明细情况，包括数量、价税、费用和损耗等信息。

入库明细表：可以查询采购入库的明细情况。

结算明细表：可以查询采购结算的明细情况。

未完成业务明细表：可以查询未完成业务的单据明细情况，包括入库单和发票，货到票未到为暂估入库，票到货未到为在途物资。

受托结算明细表：可以查询受托代销采购入库单中各货物的入库和结算情况。

费用明细表：可以查询运费发票的明细数据。

增值税抵扣明细表：根据符合条件的采购发票产生的统计表，可以详细反映某月份增值税发票的增值税税额抵扣情况。

采购综合统计表：可以按照报表汇总条件查询采购业务的入库、开票和付款统计情况。

采购计划综合统计表：可以按照存货或存货分类对入库、出库、结存、采购订货和销售发货等情况进行汇总统计，从而综合地反映企业的购销存情况。

二、采购账簿

在采购报表功能中可以查询采购管理系统中的各种账簿，具体说明如下：

在途货物余额表：是对普通采购业务的采购入库单结算情况的滚动汇总表，反映每月各个供货单位的采购发票上的货物采购发生、采购结算以及未结算的在途物资情况。

暂估入库余额表：是对普通采购业务的采购入库单结算情况的滚动汇总表，反映每月各个供货单位的采购入库单上的货物采购发生、采购结算以及未结算的暂估货物情况。

代销商品台账：可以查询各供应商各受托代销存货在一定期间内的入库、结算和结余情况。

代销商品余额表：是代销商品台账的汇总表，反映每月各供应商的代销商品入库、结算和结余情况。

三、采购分析

在采购报表功能中可以查询采购管理系统中的各种采购分析表，具体说明如下：

采购成本分析：用户可根据采购发票，对某种货物各供货单位的实际供货价格进行对比分析。

采购类型结构分析：根据采购发票，对某段时期内各种采购类型的业务比重进行分析。

采购资金比重分析：根据采购发票，按供应商、业务员、地区、存货大类和采购类型进行某段时期内各个货物占用采购资金的比重分析。

采购费用分析：根据采购发票，进行查询期间内应税劳务占所购货物比重分析。

采购货龄综合分析：对采购入库未结算的存货，分析到目前某日期为止它们各自的货龄。

任务实施

操作录屏6-8

采购与应付款数据查询

【操作步骤】

1.查询入库明细表

（1）以“001张明”的身份进入企业应用平台，执行“业务工作”→“供应链”→“采购管理”→“报表”→“统计表”→“入库明细表”命令。

（2）弹出“查询条件选择”对话框，单击“确定”按钮。

（3）系统根据过滤条件自动显示入库明细表，如图6-8-1所示。

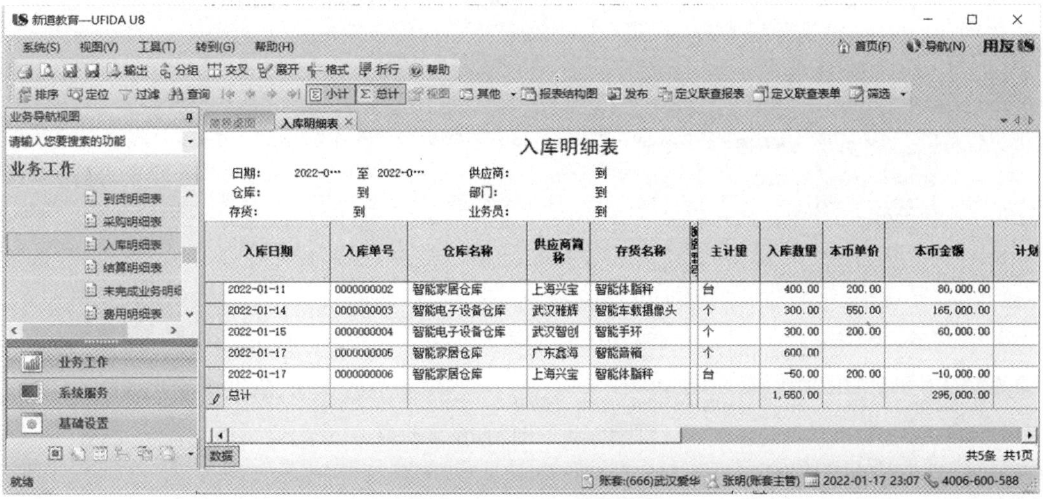

图6-8-1 入库明细表

2. 查询采购结算余额表

（1）执行“业务工作”→“供应链”→“采购管理”→“报表”→“采购账簿”→“采购结算余额表”命令。

（2）弹出“查询条件选择”对话框，单击“确定”。

（3）系统根据过滤条件自动显示采购结算余额表，如图6-8-2所示。

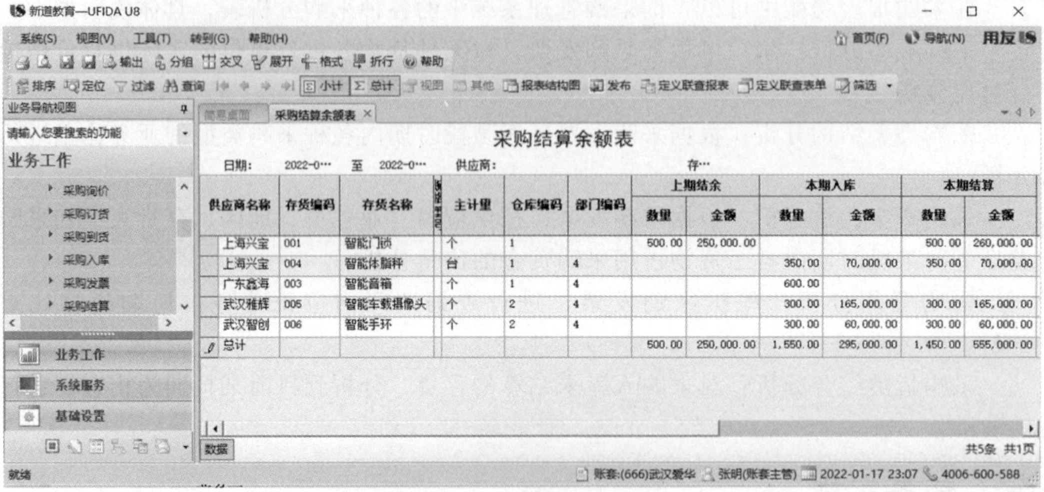

供应商名称	存货编码	存货名称	主计量	仓库编码	部门编码	上期结余 数量	上期结余 金额	本期入库 数量	本期入库 金额	本期结算 数量	本期结算 金额
上海兴宝	001	智能门锁	个	1		500.00	250,000.00			500.00	260,000.00
上海兴宝	004	智能体脂秤	台	1	4			350.00	70,000.00	350.00	70,000.00
广东鑫海	003	智能音箱	个	1	4			600.00			
武汉雅辉	005	智能车载摄像头	个	2	4			300.00	165,000.00	300.00	165,000.00
武汉智创	006	智能手环	个	2	4			300.00	60,000.00	300.00	60,000.00
总计						500.00	250,000.00	1,550.00	295,000.00	1,450.00	555,000.00

图6-8-2　采购结算余额表

3. 查询采购成本分析表

（1）执行“业务工作”→“供应链”→“采购管理”→“报表”→“采购分析”→“采购成本分析”命令。弹出“查询条件选择”对话框，单击“确定”。

（2）系统根据过滤条件自动显示采购成本分析表，如图6-8-3所示。

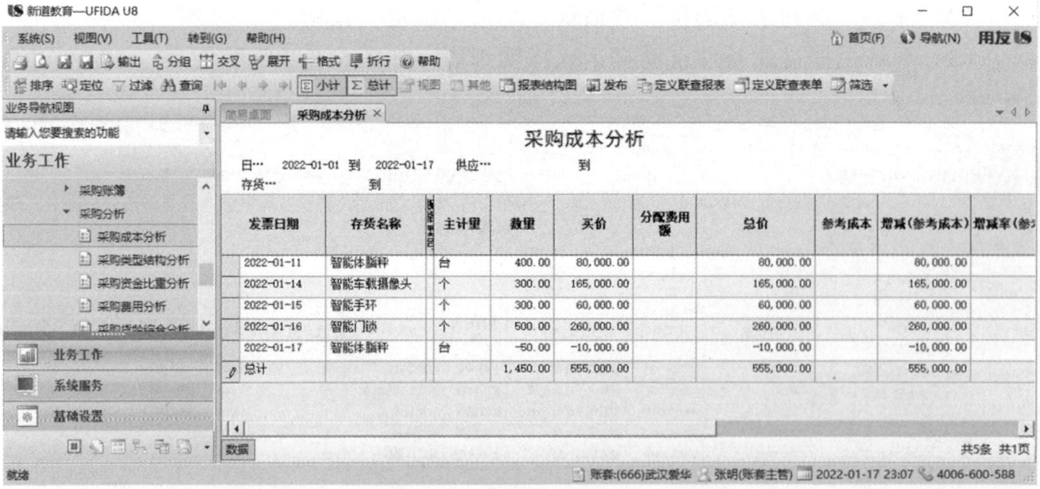

发票日期	存货名称	主计量	数量	买价	分配费用额	总价	参考成本	增减(参考成本)	增减率(参…
2022-01-11	智能体脂秤	台	400.00	80,000.00		80,000.00		80,000.00	
2022-01-14	智能车载摄像头	个	300.00	165,000.00		165,000.00		165,000.00	
2022-01-15	智能手环	个	300.00	60,000.00		60,000.00		60,000.00	
2022-01-16	智能门锁	个	500.00	260,000.00		260,000.00		260,000.00	
2022-01-17	智能体脂秤	台	-50.00	-10,000.00		-10,000.00		-10,000.00	
总计			1,450.00	555,000.00		555,000.00		555,000.00	

图6-8-3　采购成本分析表

4. 查询应付明细账

（1）执行“业务工作”→“财务会计”→“应付款管理”→“账表管理”→“业务账表”→“业务明细账”命令。弹出“查询条件选择”对话框，单击“确定”。

（2）系统根据过滤条件自动显示应付明细账，如图6-8-4所示。

应付明细账

币种：全部
期间：1 - 1

年	月	日	凭证号	供应商		单据类型	摘要	订单号	单据号	币种	本期应付	本期付款	余额	到期日
				编码	名称						本币	本币	本币	
2022	1	11	记-0013	001	上海兴宝科技有限公司	采购专用发票	采购专用发票	CGHT001	CGFP001	人民币	90,400.00		90,400.00	2022-01-11
2022	1	16	记-0023	001	上海兴宝科技有限公司	采购专用发票	采购专用发票		CGFP004	人民币	293,800.00		384,200.00	2022-01-16
2022	1	17	记-0026	001	上海兴宝科技有限公司	采购专用发票	采购专用发票	CGHT001	CGFP005	人民币	-11,300.00		372,900.00	2022-01-17
				(001)小计:							372,900.00		372,900.00	
				002	上海悦宏物联网科技有限公司		期初余额						56,500.00	
2022	1	12	记-0016	002	上海悦宏物联网科技有限公司	付款单	核销		0000000001	人民币		55,400.00	1,100.00	2022-01-12
2022	1	12	记-0016	002	上海悦宏物联网科技有限公司	核销	核销		HXAP0000000000003	人民币		1,100.00		2022-02-23
				(002)小计:								56,500.00		
2022	1	13	记-0017	004	武汉雅辉科技有限公司	付款单	付采购合同CGHT002定金		0000000002	人民币		5,000.00	-5,000.00	2022-01-13
2022	1	14	记-0018	004	武汉雅辉科技有限公司	采购专用发票	付定金采购	CGHT002	CGFP002	人民币	186,450.00		181,450.00	2022-01-14
				(004)小计:							186,450.00	5,000.00	181,450.00	
2022	1	15	记-0021	005	武汉智创智能科技有限公司	采购专用发票	分期付款采购	CGHT003	CGFP003	人民币	33,900.00		33,900.00	2022-01-15
				(005)小计:							33,900.00		33,900.00	
合...											593,250.00	61,500.00	588,250.00	

【用友软件】

图6-8-4　应付明细账

任务测试6-8

采购与应付款数据查询

项目反馈与评价

重难点梳理

1. 普通赊购和现购业务在操作流程中的主要区别是什么？

2. 如果在凭证生成之后，未记账之前，发现采购订单错误应如何修改？

3. 单据核销的作用是什么？

4. 在单到回冲业务中，红字回冲单和蓝字回冲单分别表示什么意思？

5. 结算前退货和结算后退货的区别是什么？两种业务在发票的处理上有什么不同？

关键数据反馈

请以合适的操作员身份进行查账，并对系统中能反映下列关键数据的页面进行截图反馈：

1. 查询采购明细表。

2. 查询采购发票。

3.查询采购成本分析表。

4.查询应付明细账。

易错点分析

请将你在本项目任务测试和操作过程中出现的问题进行记录并分析。

项目评价

多维评价量表

序号	评价内容	设定分值	评价主体	得分情况
线上环节	自主学习进度	20	平台自评	
	任务测试准确度	10	平台自评	
	小计	30		
线下环节	安全与规范操作意识	10	学生自评	
	劳动、探究与合作意识	10	小组互评	
	实训操作进度	20	小组互评	
	实训数据准确度	20	教师评议	
	项目反思态度	10	教师评议	
	小计	70		
	合计	100		

项目七

销售与应收款管理系统日常业务

知识目标

通过本项目的学习，了解销售管理模块的主要功能；了解不同类型销售业务的区别，理解销售管理系统与应收款管理系统、供应链其他子系统的关系。

技能目标

通过本项目的学习和实训，掌握主要销售业务、应收款业务的处理，能熟练运用销售管理系统处理普通销售业务、直运销售业务、分期收款业务、委托代销业务、零售日报业务、分批发货销售业务、销售退回业务，能熟练运用应收款管理系统处理销售收款业务、坏账处理业务等。

素养目标

引导学生了解新经济模式，理解业务实质，提高业财融合能力；建立依法纳税的法治意识；强化资金管控中的资金时间价值和风险控制意识；提高数据查询与分析的能力，提升信息素养。

项目导图

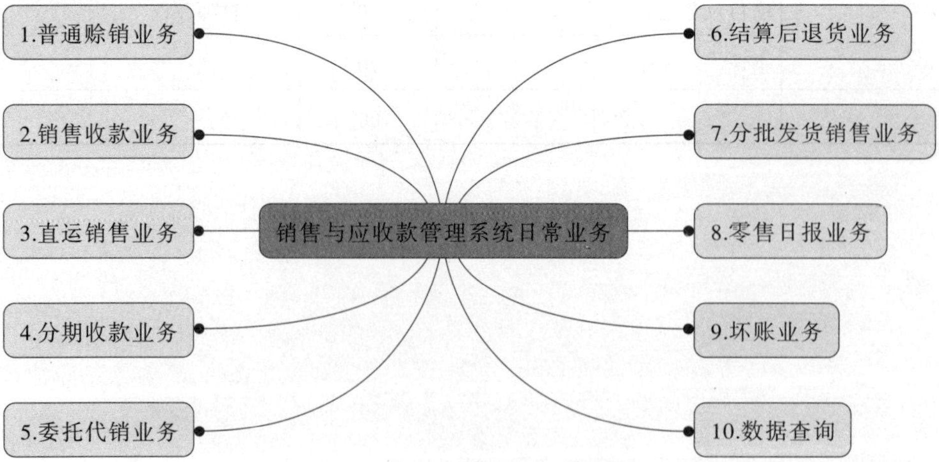

任务一 普通赊销业务处理

任务资料

18日，武汉永新科技有限公司打算购买智能蓝牙耳机1 000个，向销售部询价，销售部赵亮报价170元/个，填制并审核报价单。武汉永新科技有限公司了解后，订购1 000个智能蓝牙耳机，并要求发货日期为20日，填制并审核销售订单(XSHT001)。20日，仓储部从智能电子设备仓库发出货物，并据此开具专用发票一张(39142210)。销售部将单据交给财务部门，财务部门据此确认收入并结转成本。

7-1
原始单据

任务要求

1.进行普通销售业务的单据处理。

2.根据普通销售业务单据生成相关凭证。

知识导航

重难点微课
7-1
普通赊销业务

一、普通销售业务类型

普通销售业务模式适用于大多数企业的日常销售业务，与其他系统一起，提供对销售报价、销售订货、销售发货、销售开票、销售出库、出库成本确认、应收账款确认及收款处理全过程的处理。用户可以根据企业的实际业务情况，结合本系统对销售流程进行灵活配置。

1.销售报价

销售报价是指企业向客户提供货品、规格、价格、结算方式等信息，双方达成协议后，销售报价单可以转为有效力的销售合同或销售订单的过程。企业可以针对不同客户、不同存货、不同批量提出不同的报价和折扣率。在销售业务处理流程中，销售报价环节可以省略。

2.销售订货

销售订货是指企业与客户签订销售合同的过程，在系统中体现为销售订单。若客户经常采购某产品，或客户是企业的经销商，则销售部门无须经过报价环节即可输入销售订单。如果前面已有对客户的报价，也可以参照销售报价单生成销售订单。在销售业务处理流程中，销售订货环节是可选的。

3.销售发货

销售发货是指企业执行与客户签订的销售合同或销售订单，将货物发往客户的行为，是销售业务的执行阶段。除了根据销售订单发货外，销售管理系统也有直接发货的功能，无须事先录入销售订单，即随时可以将产品发给客户。在销售业务处理流程中，销售发货环节是必需的。

4.销售开票

销售开票是在销售过程中企业给客户开具销售发票及所附清单的过程，它是销售收入确定、销售成本计算、应交税费确认和应收账款确认的依据，是销售业务处理流程的必需环节。销售发票既可以直接填制，也可以参照销售订单或销售发货单生成。参照销售发货单开票时，多张销售发货单可以汇总开票，一张销售发货单也可生成多张销售发票。

5.销售出库

销售出库是销售业务处理流程的必要环节，在库存管理系统中用于存货出库数量核算，在存货核算系统中用于存货成本核算。根据参数设置的不同，销售出库单可在销售管理系统生成，也可以在库存管理系统生成。如果由销售管理系统生成销售出库单，只能一次销售一次出库；而由库存管理系统生成销售出库单，则可以实现一次销售分次出库。

6.出库成本确认

销售出库（开票）之后，要进行出库成本的确认。使用先进先出、移动平均、个别计价这几种成本核算方式的，在存货核算系统进行单据记账时进行出库成本核算；而使用全月平均法、计划价/售价法核算的存货，在存货核算系统进行期末处理时进行出库成本核算。

7.应收账款确认及收款处理

应收账款确认及收款处理由应收款管理系统完成。应收款管理系统主要完成对经营业务转入的应收账款的处理，提供各项应收款项的相关信息，以明确应收款项来源，有效掌握应收款核销情况，提供适时的催款依据，提高资金周转率。

二、普通销售业务处理流程

普通销售业务处理流程如图 7-1-1 所示。

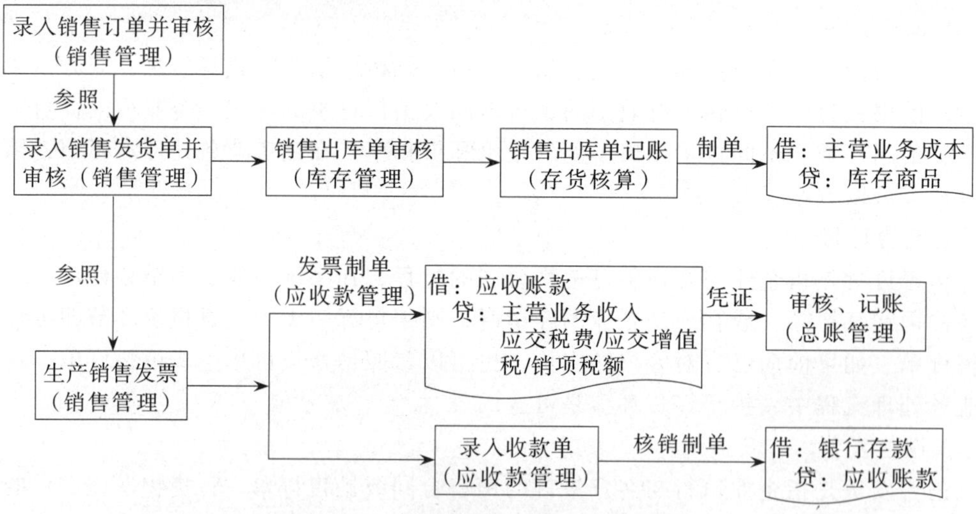

图7-1-1　普通销售业务处理流程图

三、应收业务

销售发票与应收单是应收款管理系统日常核算的原始单据。销售发票是指销售业务中的各类普通发票和专用发票。应收单是指销售业务之外的应收单据（如代垫运费等）。

如果同时使用应收款管理系统和销售管理系统，则销售发票和代垫费用产生的单据由销售管理系统录入，在应收款管理系统中需要录入的单据仅限于应收单。如果没有使用销售管理系统，则各类发票和应收单均应在应收款管理系统中录入并审核。

任务实施

操作录屏7-1

普通赊销业务

【操作步骤】

1.在销售管理系统填制并审核销售报价单、销售订单、发货单

（1）1月18日，以“004赵亮”的身份进入企业应用平台，执行“供应链”→“销售管理”→“销售报价”→“销售报价单”命令，单击“增加”按钮，录入完成后单击“保存”按钮，再单击“审核”按钮，如图7-1-2所示。

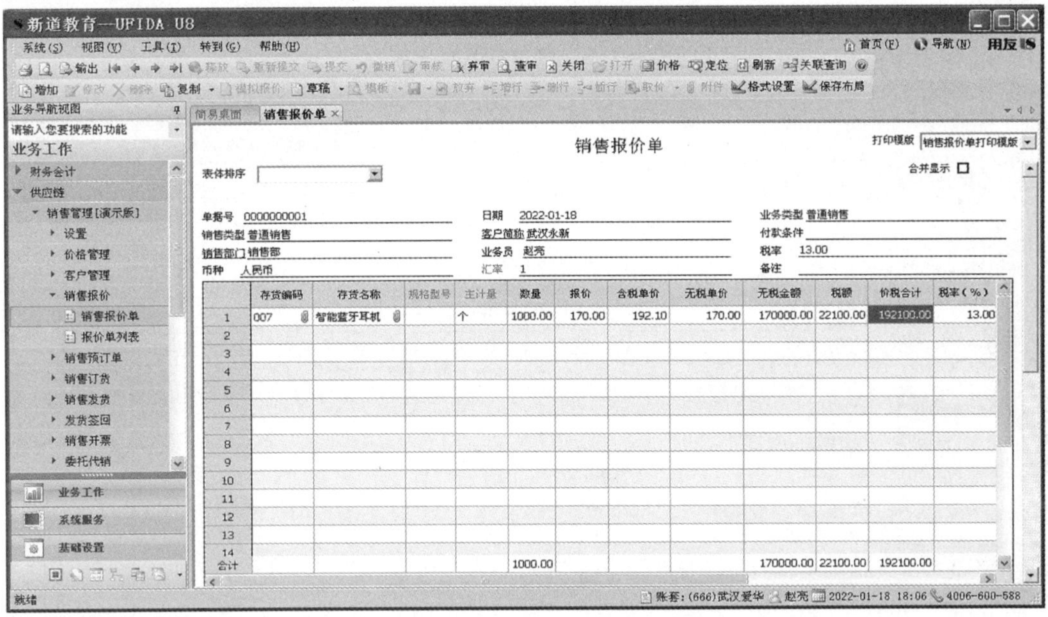

图7-1-2 销售报价单

特别提示：

① 销售报价单只能手工输入。

② 销售报价单没有审核前，可以单击“修改”按钮进行修改；如果已经审核，则必须先取消审核，然后才能修改。

③ 已经保存的销售报价单可以在报价单列表中查询，所选销售报价单打开后，可以执行弃审、修改、删除等操作。

④ 审核日期必须等于或晚于单据日期。

（2）执行“销售管理”→“销售订货”→“销售订单”命令，单击“增加”按钮，单击“生单”按钮，选择“报价”选项，双击需要参照的销售报价单，点击“OK确定”，如图7-1-3所示。系统自动根据销售报价单生成销售订单，补充订单号“XSHT001”，修改预发货日期为“2022-01-20”，单击“保存”按钮，再单击“审核”，如图7-1-4所示。

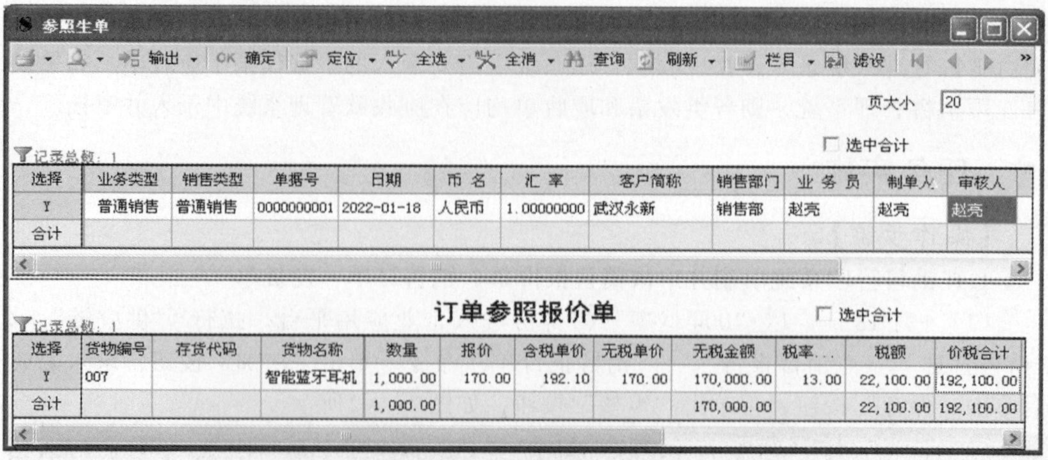

图7-1-3 订单参照报价单

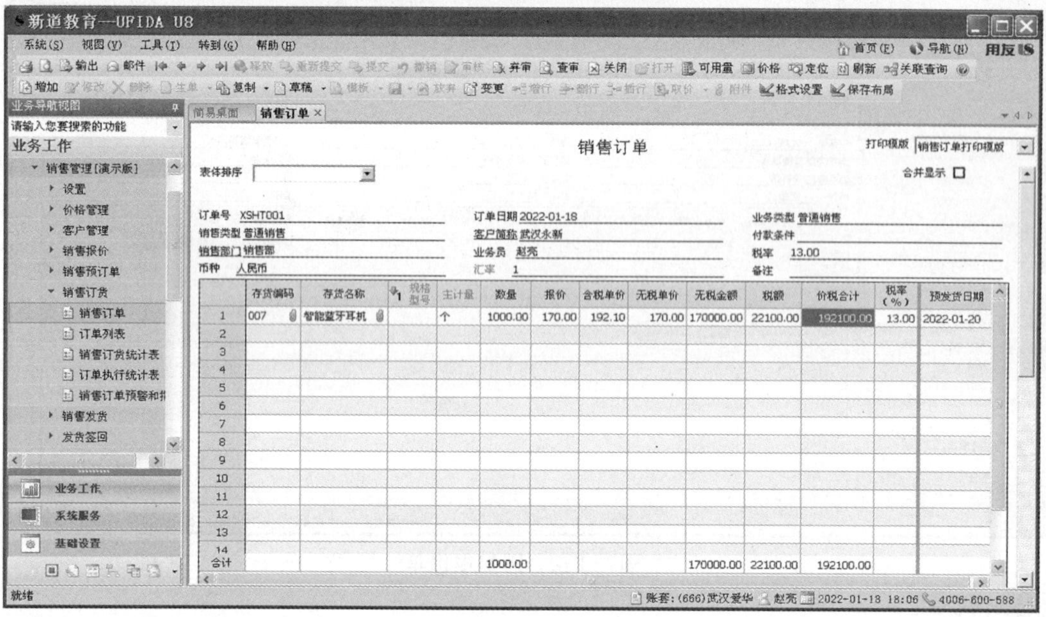

图7-1-4 销售订单

特别提示：

① 销售订单可以手工输入，也可以根据销售报价单参照生成。

② 参照销售报价单生成的销售订单，所有从销售报价单带入的信息均可修改，也可以增行、删行。注意预发货日期可能要修改。

③ 已经保存的订单可以在订单列表中查询，没有被下游参照的订单可以在打开单据后执行弃审、修改、删除等操作。

（3）“004赵亮”以“2022-01-20”的日期重注册，执行“销售管理”→“销售发货”→“发货单”命令，单击“增加”按钮，进入“查询条件选择-参照订单”窗口，双击需要参照的销售订单，系统自动根据销售订单生成发货单，仓库名称选择“智能电子设备仓库”，单击“保存”按钮，再单击“审核”，如图7-1-5所示。

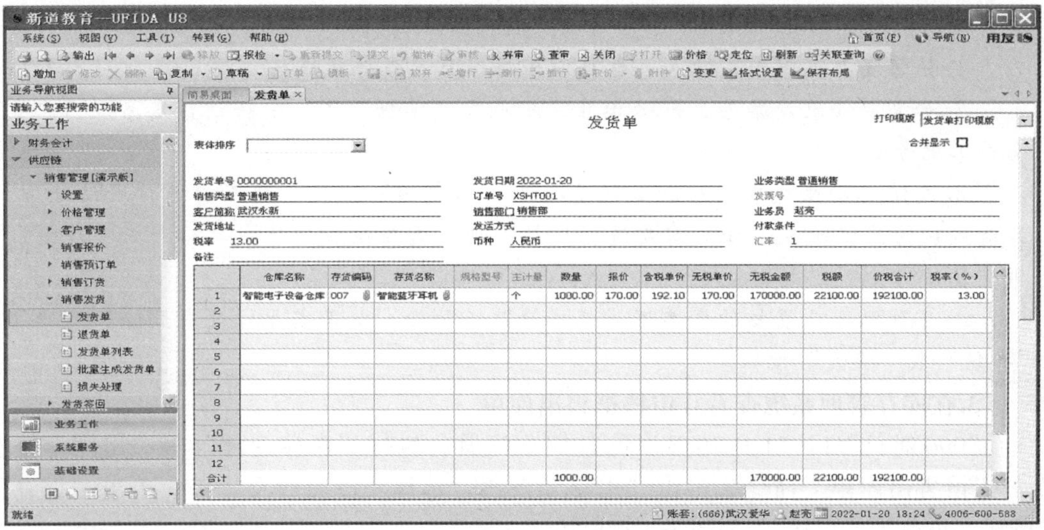

图7-1-5 发货单

特别提示：

① 销售发货单可以手工输入，也可以根据销售订单参照生成。如果销售管理系统选项中设置了“普通销售必有订单”，则只能参照生成。

② 如果发货单已经被下游单据参照，则不能直接修改、删除。如果需要修改、删除，则必须先删除下游单据，然后取消审核，再进行修改或删除。

2. 在销售管理系统填制并复核销售发票

（1）执行“销售管理”→“销售开票”→“销售专用发票”命令，单击“增加”按钮，进入“查询条件选择-发票参照发货单”窗口，选择要参照的发货单，在系统生成的销售专用发票窗口，补充发票号“39142210”，单击“保存”按钮，再单击“复核”，如图7-1-6所示。

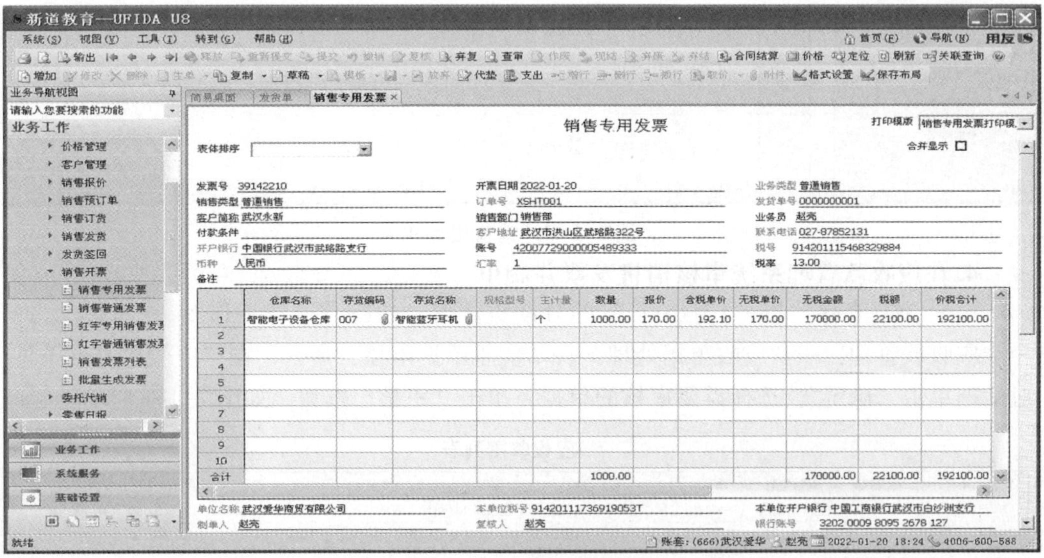

图7-1-6 销售专用发票

特别提示：

① 销售发票可以手工输入，也可以根据发货单参照生成。

② 如果要修改发票号，则必须在基础档案“单据设置”中将销售发票改为“完全手工编号”。

③ 系统自动生成发票后，如果直接单击“复核”按钮，则不能进行现结处理，只能确认为应收账款。如果需要进行现结处理，需要生成销售发票后，先“现结”，再“复核”。

④ 已现结或已复核的发票不能直接修改或删除。如果需要修改或删除，先单击“弃结”或“弃复”按钮。

3.在库存管理系统查看并审核销售出库单

“006刘云”以“1月20日”的日期重注册，执行“库存管理”→“出库业务”→“销售出库单”命令，单击“生单”按钮，选择要参照的发货单，单击“保存”按钮，再单击“审核”，如图7-1-7所示。

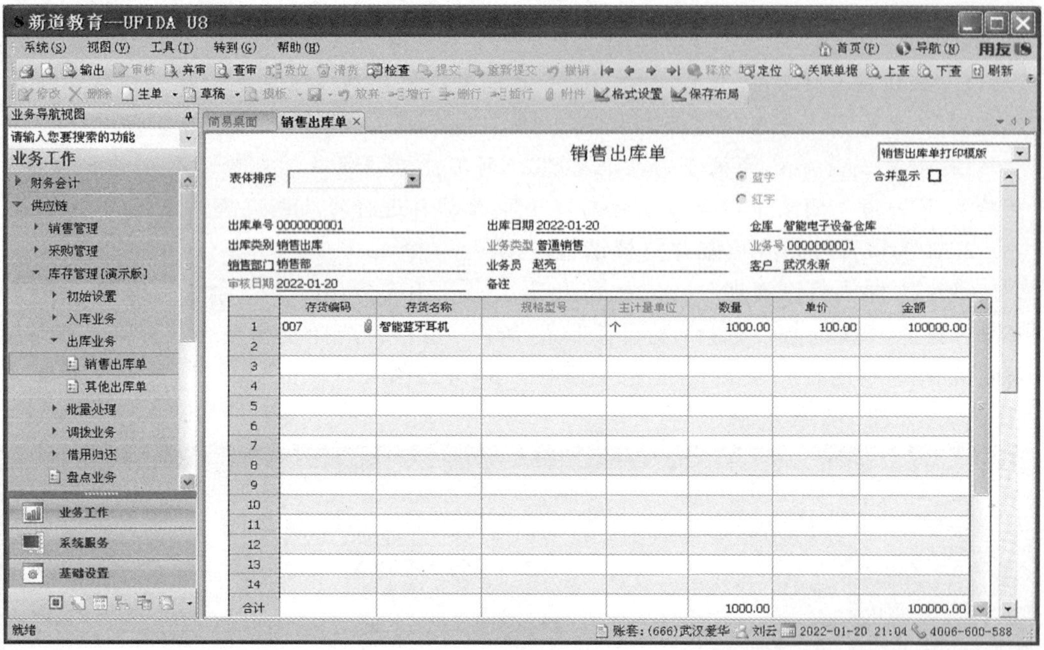

图7-1-7 销售出库单

4. 在应收款管理系统审核销售发票并制单

(1)“002李伟”以“1月20日”的日期重注册，执行“业务工作”→“财务会计”→“应收款管理”→“应收单据处理”→“应收单据审核”命令，在“应收单查询条件”对话框单击“确定”，选择需要审核的单据，单击“审核”按钮，如图7-1-8所示。

应收单据列表

记录总数：1

选择	审核人	单据日期	单据类型	单据号	客户名称	部门	业务员	制单人	币种	汇率	原币金额	本币金额
Y	李伟	2022-01-20	销售专用发票	39142210	武汉永新科技有限公司	销售部	赵亮	赵亮	人民币	1.00000000	192,100.00	192,100.00
合计											192,100.00	192,100.00

图7-1-8 应收单据审核

（2）执行“应收款管理”→“制单处理”命令，打开“制单查询”对话框，选择“发票制单”选项，进入“制单”窗口。选择要制单的记录行，单击“制单”按钮，进入“填制凭证”窗口，单击“保存”按钮，凭证自动传递到总账，如图7-1-9所示。

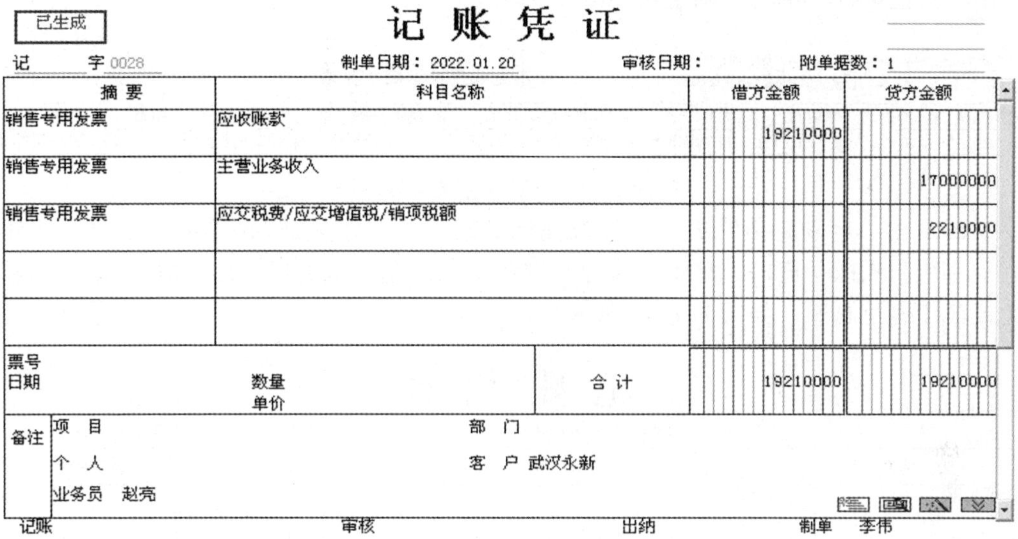

图7-1-9 生成销售凭证

特别提示：

查询应收款管理系统生成的凭证可以通过总账→凭证→查询凭证或应收款管理→单据查询→凭证查询，但修改或删除凭证只能在应收款管理系统，总账系统不能修改或删除外部系统生成的凭证。

5. 在存货核算系统记账并生成出库凭证

（1）执行“业务工作”→“供应链”→“存货核算”→“业务核算”→“正常单据记账”命令，打开“查询条件选择”对话框。单击“确定”按钮，进入“未记账单据一览表”窗口。选择要记账的单据，单击“记账”按钮，系统显示“记账成功。”，如图7-1-10所示。

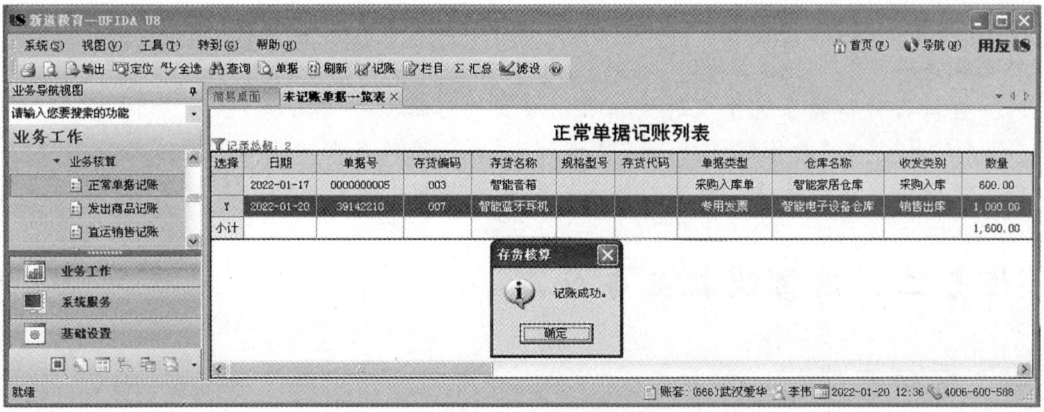

图7-1-10 正常单据记账

（2）执行“存货核算”→“财务核算”→“生成凭证”命令，进入“生成凭证”窗口。单击工具栏上的“选择”按钮，打开“查询条件”对话框。单击“全消”，选择“（26）销售专用发票”选项，单击“确定”按钮，进入“选择单据”窗口，选择要制单的记录行，单击“确定”，如图7-1-11所示。

□ 已结算采购入库单自动选择全部结算单上单据(包括入库单、发票、付款单),非本月采购入库单按蓝字报销单制单

未生成凭证单据一览表

选择	记账日期	单据日期	单据类型	单据号	仓库	收发类别	记账人	部门	部门编码	业务类型	计价方式	摘要	供应商	客户
1	2022-01-20	2022-01-20	专用发票	39142210	智能电子设	销售出库	李伟	销售部	3	普通销售	移动平均法	专用发票		武汉永新科技有限公司

图7-1-11　选择未生成凭证单据

（3）在“生成凭证”窗口，修改凭证类别为“记账凭证”，单击“生成”按钮，进入“填制凭证”窗口，单击“保存”按钮，凭证左上角出现“已生成”标志，表示凭证已传递至总账，如图7-1-12所示。

已生成

记 账 凭 证

记　字 0029　　制单日期：2022.01.20　　审核日期：　　附单据数：1

摘要	科目名称	借方金额	贷方金额
专用发票	主营业务成本	10000000	
专用发票	库存商品		10000000
票号 日期　数量 单价	合计	10000000	10000000

备注　项　目　　部　门
　　　个　人　　客　户
　　　业务员

记账　　审核　　出纳　　制单　李伟

图7-1-12　生成出库凭证

学思践悟7-1
规范开票
依法纳税

任务测试7-1
普通赊销业务

特别提示：

查询存货核算系统生成的凭证可以通过“总账”→“凭证”→“查询凭证”或“存货核算”→“财务核算”→“凭证列表”，但修改或删除凭证只能在存货核算系统，总账系统不能修改或删除外部系统生成的凭证。

任务二　销售收款业务处理

7-2
原始单据

任务资料

20日，武汉明创商贸有限公司偿还上月欠款678 000元，根据付款条件“2/20，

1/40，n/60”，武汉明创可享受1%的现金折扣（含增值税），经过协商后，武汉明创最终通过网银转账（票据号：25583769411）支付货款671 500元。

任务要求

1.进行销售收款业务的单据处理。

2.进行收款单与应收单的核销业务处理。

3.根据收款单生成相关凭证，注意现金折扣的处理。

知识导航

一、销售折扣

销售收款业务中销售折扣分为两种：商业折扣和现金折扣。

商业折扣是指企业根据市场供需情况，或针对不同的顾客，在商品标价上给予的扣除。商业折扣一般在交易发生时已经确定，应按最终成交价格进行商品收入的计量。

现金折扣是指债权人为鼓励债务人在规定的期限内付款，而向债务人提供的债务扣除。现金折扣通常发生在以赊销方式销售商品或提供劳务的交易之后。按全额（不扣除折扣）确认销售收入并开票，在收款且给予买方折扣时，将折扣金额视为融资费用通过“财务费用”计入当期损益。

二、收款业务

收款业务主要是对结算单据（收款单、付款单）进行管理，包括收款单、付款单的录入、审核。

收款单用来记录企业所收到的客户款项，款项性质包括应收款、预收款、现款结算、其他费用等。付款单用来记录发生销售退货时，企业开具的退付给客户的款项。

三、往来核销

单据核销的作用是在收回客商款项时，核销应收该客商的款项，建立收款与应收款的核销记录，监督应收款的及时核销，从而加强对往来款项的管理。

任务实施

【操作步骤】

1.填制、审核收款单

操作录屏7-2

销售收款业务

（1）“002李伟”以“2022-01-20”的日期登录企业应用平台，执行“应收款管理”→“收款单据处理”→“收款单据录入”命令，进入“收付款单录入”窗口，单击“增加”按钮，根据业务录入相关信息，结算方式选择“网银转账”，票据号录入“25583769411”，金额录入“671 500”，如图7-2-1所示。

（2）单击“保存”按钮，再单击“审核”，系统弹出“是否立即制单？”提示框，单击“否”。

收款单

打印模版 应收收款单打印模板

表体排序

单据编号	0000000001	日期	2022-01-20	客户	武汉明创
结算方式	网银转账	结算科目	100201	币种	人民币
汇率	1	金额	671500.00	本币金额	671500.00
客户银行	中国工商银行武汉市中北路支行	客户账号	3202765000043256777	票据号	25583769411
部门		业务员		项目	
摘要					

	款项类型	客户	部门	业务员	金额	本币金额	科目
1	应收款	武汉明创			671500.00	671500.00	1122
2							

图7-2-1 收款单

2. 收款单核销

执行“应收款管理”→“核销处理”→“手工核销”命令，在“核销条件”对话框选择客户“武汉明创”，在“单据核销”窗口的销售专用发票记录行录入“本次结算”金额为“671 500”，如图7-2-2所示。单击“保存”按钮。

单据日期	单据类型	单据编号	客户	款项类型	结算方式	币种	汇率	原币金额	原币余额	本次结算金额	订单号
2022-01-20	收款单	0000000001	武汉明创	应收款	网银转账	人民币	1.00000000	671,500.00	671,500.00	671,500.00	
合计								671,500.00	671,500.00	671,500.00	

单据日期	单据类型	单据编号	到期日	客户	币种	原币金额	原币余额	可享受折扣	本次折扣	本次结算
2021-12-15	销售专用发票	85471234	2022-02-13	武汉明创	人民币	678,000.00	678,000.00	6,780.00	6,500.00	671,500.00
合计						678,000.00	678,000.00	6,780.00	6,500.00	671,500.00

图7-2-2 收款单与销售专用发票核销

特别提示：

① 核销处理可以在收款单界面单击“核销”按钮，也可以在“应收款管理”→“核销处理”命令下，选择手工核销或自动核销。

② 含有现金折扣的核销业务只能采用手工核销方式。

③ 如果需要取消核销，在“应收款管理”→“其他处理”→“取消操作”命令下，操作类型选择“核销”，在“取消操作”窗口选择需取消核销的记录行，单击“OK确认”。

3. 生成含现金折扣的收款凭证

(1) 执行“应收款管理”→“制单处理”，在“制单查询”对话框，勾选“收付款单制单”和“核销制单”，如图7-2-3所示，单击“确定”。

(2) 在“制单”窗口，单击“全选”，再单击“合并”，进行收款单和核销单据合并制单处理。单击“制单”按钮，进入“填制凭证”窗口，单击“保存”按钮，凭证左上角出现“已生成”标志，表示凭证已传递至总账，如图7-2-4所示。

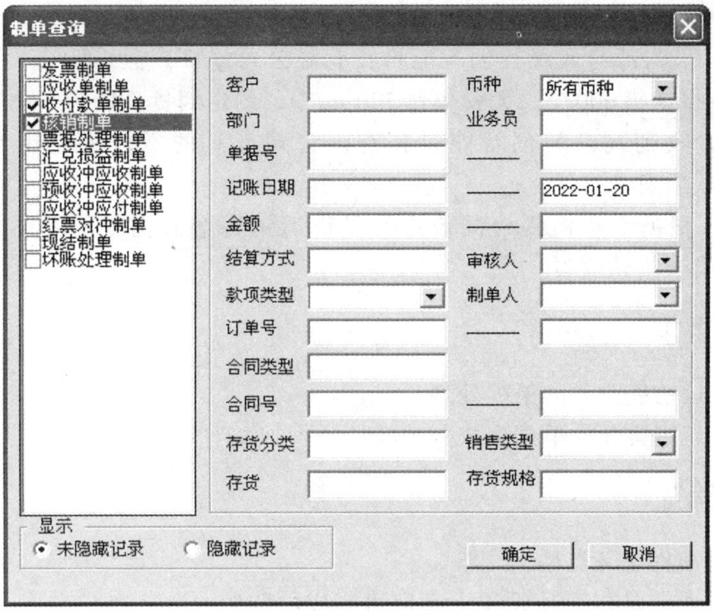

图7-2-3　制单查询

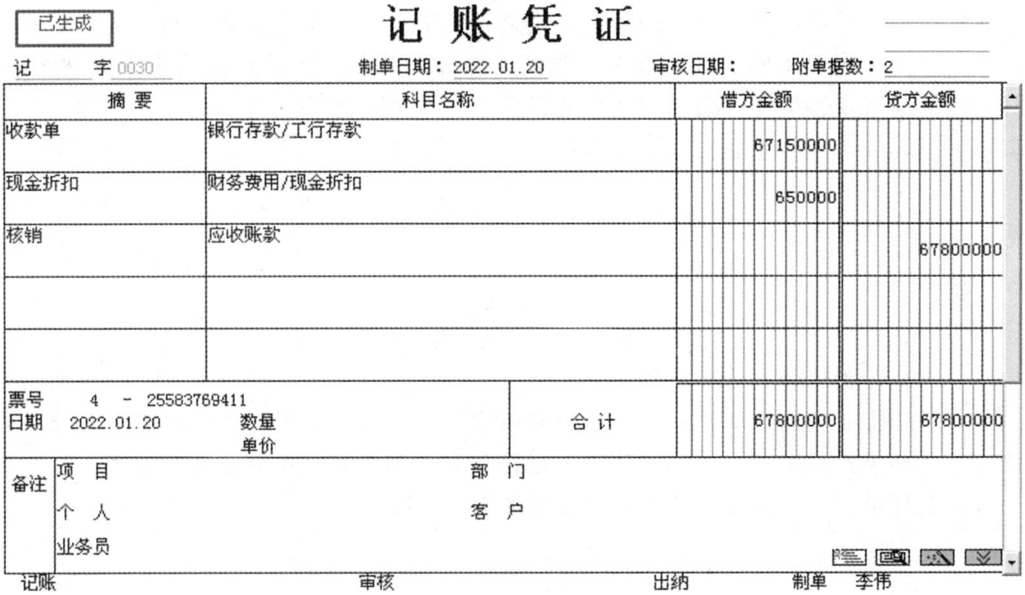

图7-2-4　生成收款凭证

任务测试 7-2

销售收款业务

任务三　直运销售业务处理

任务资料

1. 21 日，销售部与黄石格西贸易有限公司签订直运销售合同（XSHT002），销售智能车载摄像头600个，无税单价650元/个，约定发货日期为1月22日。

2. 21日，采购部与武汉智创智能科技有限公司签订直运采购合同（CGHT004），采购智能车载摄像头600个，无税单价500元/个，约定到货日期为1月22日。

7-3

原始单据

3. 22日，收到武汉智创智能科技有限公司开具的增值税专用发票（发票号47822012），款项尚未支付。

4. 22日，根据直运销售合同规定开具直运销售增值税专用发票一张（发票号39142211），尚未收到款项。

任务要求

1.进行直运销售业务的单据处理。

2.根据直运销售业务单据生成相关凭证。

知识导航

重难点微课 7-2

直运销售业务

一、直运销售业务类型

直运销售业务是指商品无须入库即可完成的购销业务。客户向本公司订购商品，双方签订购销合同，本公司向供应商采购客户所需商品，与供应商签订采购合同，供应商直接将商品发运给客户。结算时，由购销双方分别与企业结算。直运业务包括直运销售业务和直运采购业务，没有实物的出入库，货物流向是直接从供应商到客户，财务结算通过直运销售发票、直运采购发票进行。直运销售业务如图7-3-1所示。

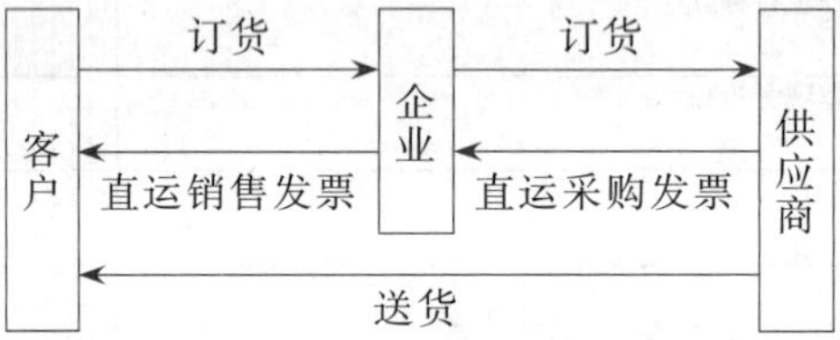

图7-3-1　直运销售业务

二、直运销售业务处理流程

直运销售业务分为两种：一种是只开发票，不开订单；另一种是先有订单再开发票。这两种模式分别称为非必有订单直运销售业务和必有订单直运销售业务。

必有订单直运销售业务的数据流程如图7-3-2所示。

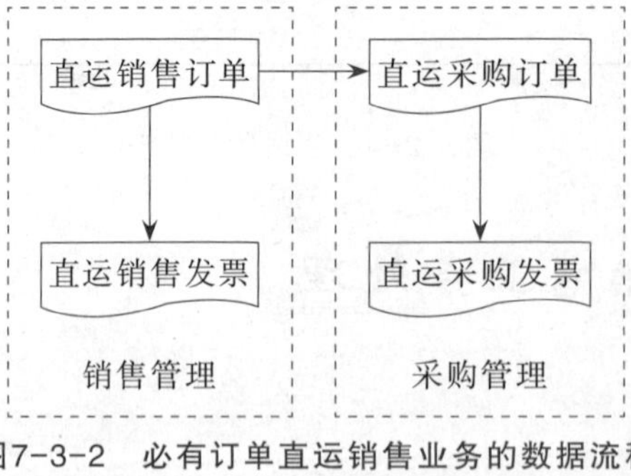

图7-3-2　必有订单直运销售业务的数据流程

如果是非必有订单直运销售业务，直运采购发票和直运销售发票可以相互参照，如图7-3-3所示。

图7-3-3　非必有订单直运销售业务的数据流程

任务实施

操作录屏7-3 直运销售业务

【操作步骤】

1. 在销售管理系统中填制并审核直运销售订单

（1）“004赵亮”以“2022-01-21”的日期登录企业应用平台，执行“业务工作”→“销售管理”→“销售订货”→“销售订单”命令，进入“销售订单”窗口。

（2）单击“增加”按钮，录入订单号“XSHT002”，选择业务类型“直运销售”，销售类型“普通销售”，“预发货日期”为2022-01-22，按要求录入其他信息，单击“保存”按钮，然后单击“审核”按钮，如图7-3-4所示。

销售订单

打印模版 销售订单打印模版

表体排序　　　　合并显示 □

订单号 XSHT002	订单日期 2022-01-21	业务类型 直运销售
销售类型 普通销售	客户简称 格西商城	付款条件
销售部门 销售部	业务员	税率 13.00
币种 人民币	汇率 1	备注

	存货编码	存货名称	主计量	数量	报价	含税单价	无税单价	无税金额	税额	价税合计	税率（%）	预发货日期
1	005	智能车载摄像头	个	600.00	0.00	734.50	650.00	390000.00	50700.00	440700.00	13.00	2022-01-22
2												

图7-3-4　直运销售订单

2. 在采购管理系统中填制并审核直运采购订单

（1）“005周军”以“2022-01-21”的日期登录企业应用平台，执行“业务工作”→“采购管理”→“采购订货”→“采购订单”命令，进入“采购订单”窗口。

（2）单击“增加”按钮，选择业务类型为“直运采购”，单击“生单”按钮，参照销售订单，进入“查询条件选择-销售订单列表过滤”窗口，单击“确定”按钮，在“拷贝并执行”窗口选择需要参照的销售订单。

（3）在系统自动生成的“采购订单”界面，补录订单编号“CGHT004”，供应商“武汉智创”，原币单价“500”，计划到货日期“2022-01-22”，单击“保存”按钮，再单击“审核”，如图7-3-5所示。

采购订单

打印模版 8174 采购订单打印模版

表体排序　　　　合并显示 □

业务类型 直运采购	订单日期 2022-01-21	订单编号 CGHT004
采购类型 普通采购	供应商 武汉智创	部门 销售部
业务员	税率 13.00	付款条件
币种 人民币	汇率 1	备注

	存货编码	存货名称	数量	原币含税单价	原币单价	原币金额	原币税额	原币价税合计	税率	计划到货日期
1	005	智能车载摄像头	600.00	565.00	500.00	300000.00	39000.00	339000.00	13.00	2022-01-22
2										

图7-3-5　直运采购订单

3. 在采购管理系统中生成直运采购发票

（1）“005周军”以“2022-01-22”的日期重注册，执行“业务工作”→“采购管理”→“采购发票”→“专用采购发票”命令，进入“专用发票”窗口。

（2）单击“增加”按钮，选择业务类型为“直运采购”，单击“生单”按钮，参照“采购订单”，选择需要参照的采购订单，单击“确定”按钮。

（3）在“专用发票”窗口核实信息，录入发票号“47822012”，单击“保存”按钮退出，如图7-3-6所示。

专用发票

打印模版 8164 专用发票打印模版

表体排序

合并显示 □

业务类型 直运采购　　发票类型 专用发票　　发票号 47822012
开票日期 2022-01-22　　供应商 武汉智创　　代垫单位 武汉智创
采购类型 普通采购　　税率 13.00　　部门名称 销售部
业务员　　币种 人民币　　汇率 1
发票日期　　付款条件　　备注

	存货编码	存货名称	规格型号	主计量	数量	原币单价	原币金额	原币税额	原币价税合计
1	005	智能车载摄像头		个	600.00	500.00	300000.00	39000.00	339000.00
2									

图7-3-6　直运采购专用发票

4. 在销售管理系统中填制并复核直运销售发票

（1）“004赵亮”以“2022-01-22”的日期重注册，执行“业务工作”→“供应链”→“销售管理”→“销售开票”→“销售专用发票”命令，进入“销售专用发票”窗口。

（2）单击“增加”按钮，关闭“查询条件选择-发票参照发货单”对话框。在“销售专用发票”窗口，选择业务类型为“直运销售”，单击“生单”按钮，选择“参照订单”，进入“查询条件选择-参照订单”窗口，单击“确定”按钮，选择要参照的直运销售订单，单击“OK确定”。

（3）在系统生成的销售专用发票窗口，录入发票号“39142211”，其他信息核实无误后单击“保存”按钮，再单击“复核”，如图7-3-7所示。

销售专用发票

打印模版 销售专用发票打E

表体排序

合并显示 □

发票号 39142211　　开票日期 2022-01-22　　业务类型 直运销售
销售类型 普通销售　　订单号 XSHT002　　发货单号
客户简称 格西商城　　销售部门 销售部　　业务员
付款条件　　客户地址 黄石市下陆区天平路31号　　联系电话 0714-6222876
开户银行 中国银行武汉市天平路支行　　账号 420016070000003456777　　税号 91420200MA49L55689
币种 人民币　　汇率 1　　税率 13.00
备注

	仓库名称	存货编码	存货名称	规格型号	主计量	数量	报价	含税单价	无税单价	无税金额	税额	价税合计
1		005	智能车载摄像头		个	600.00	0.00	734.50	650.00	390000.00	50700.00	440700.00
2												

图7-3-7　直运销售专用发票

特别提示：

① 对于直运销售业务的销售订单、采购订单、采购发票、销售发票，其采购类型为直运采购，销售类型为直运销售。

② 如果在销售选项中设置了“直运销售必有订单”，则直运销售发票和直运采购发票都只能参照销售订单生成发票；如果需要手工开具发票，则应先取消“直运销售必有订单”，同时还必须删掉销售订单。

③ 如果在销售选项中没有设置“直运销售必有订单”，在销售管理系统中没有输入销售订单，这种直运模式下直运采购发票和直运销售发票可以相互参照。

④ 如果在销售选项中没有设置“直运销售必有订单”，但是已经输入了销售订单，则仍需要按照“直运销售必有订单”模式的数据流程来操作。

⑤ 直运销售发票和直运采购发票上无需输入仓库。

5.在应付款管理系统中审核直运采购发票并制单

（1）“002李伟”以“2022-01-22”的日期重注册，执行“财务会计”→“应付款管理”→“应付单据处理”→“应付单据审核”命令，选择需要审核的采购专用发票，单击“审核”按钮。

（2）执行“应付款管理”→“制单处理”命令，打开“制单查询”对话框，选择“发票制单”选项，进入“制单”窗口。

（3）选择要制单的记录行，单击“制单”按钮，进入“填制凭证”窗口。核查无误后，单击“保存”按钮，凭证左上角出现“已生成”标志，表示凭证已传递到总账，如图7-3-8所示。

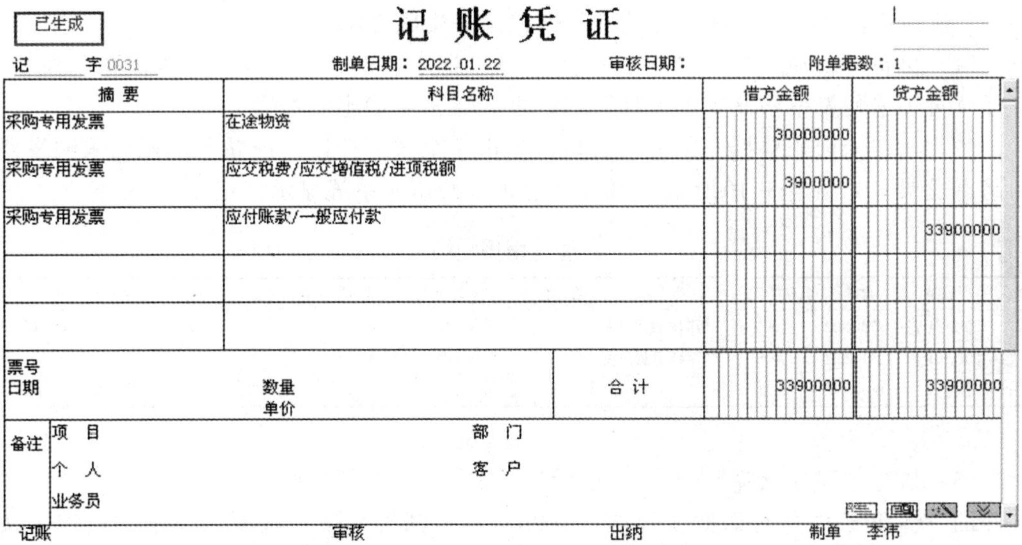
已生成

记账凭证

记　字 0031　　制单日期：2022.01.22　　审核日期：　　附单据数：1

摘要	科目名称	借方金额	贷方金额
采购专用发票	在途物资	30000000	
采购专用发票	应交税费/应交增值税/进项税额	3900000	
采购专用发票	应付账款/一般应付款		33900000
票号 日期　数量 单价	合计	33900000	33900000

备注　项目　部门　个人　客户　业务员

记账　审核　出纳　制单　李伟

图7-3-8　生成直运采购凭证

6.在应收款管理系统中审核直运销售发票并制单

（1）执行“财务会计”→“应收款管理”→“应收单据处理”→“应收单据审核”命令，选择需要审核的销售专用发票，单击“审核”按钮。

（2）执行“应收款管理”→“制单处理”命令，打开“制单查询”对话框，选择“发票制单”选项，进入“制单”窗口。

（3）选择要制单的记录行，单击“制单”按钮，进入“填制凭证”窗口。核查无误后，单击“保存”按钮，凭证左上角出现“已生成”标志，表示凭证已传递到总账，如图7-3-9所示。

已生成

记账凭证

记 字 0032　　制单日期：2022.01.22　　审核日期：　　附单据数：1

摘要	科目名称	借方金额	贷方金额
销售专用发票	应收账款	44070000	
销售专用发票	主营业务收入		39000000
销售专用发票	应交税费/应交增值税/销项税额		5070000
票号 日期　数量 单价	合计	44070000	44070000

备注		
	项目	部门
	个人	客户 格西商城
	业务员	

记账　　审核　　出纳　　制单 李伟

图7-3-9　生成直运销售凭证

7.在存货核算系统中对直运销售单据记账并生成凭证

（1）执行“供应链”→“存货核算”→“业务核算”→“直运销售记账”命令，打开“直运采购发票核算查询条件”对话框，单击“确定”按钮。

（2）在“未记账单据一览表”窗口，单击“全选”按钮，选择要记账的采购发票和销售发票，如图7-3-10所示，单击“记账”按钮，系统显示“记账成功”。

直运销售记账

记录总数：2

选择	日期	单据号	存货编码	存货名称	规格型号	收发类别	单据类型	数量	单价	金额
Y	2022-01-22	47822012	005	智能车载摄像头		采购入库	采购发票	600.00	500.00	300,000.00
Y	2022-01-22	39142211	005	智能车载摄像头		销售出库	专用发票	600.00		
小计								1,200.00		300,000.00

图7-3-10　直运销售记账

（3）执行“财务核算”→“生成凭证”命令，单击工具栏上的“选择”按钮，在打开的“查询条件”对话框，勾选“（26）直运销售发票”选项，单击“确定”按钮。进入“选择单据”窗口，选择要制单的记录行，单击“确定”按钮。

（4）进入“生成凭证”窗口，补充贷方科目编码“1402”，科目名称“在途物资”，单击“生成”按钮，进入“填制凭证”窗口。核查无误后，单击“保存”按钮，凭证左上角出现“已生成”标志，表示凭证已传递至总账，如图7-3-11所示。

已生成

记 账 凭 证

记　字 0033　　制单日期：2022.01.22　　审核日期：　　附单据数：1

摘要	科目名称	借方金额	贷方金额
专用发票	主营业务成本	30000000	
专用发票	在途物资		30000000
票号 日期　数量 单价	合计	30000000	30000000

备注　项目　　部门
个人　　客户
业务员

记账　　审核　　出纳　　制单　李伟

图7-3-11　生成直运销售成本凭证

任务测试7-3

直运销售业务

任务四　分期收款业务处理

任务资料

7-4

原始单据

1月22日，销售部与武汉明创商贸有限公司签订销售合同（XSHT003），销售智能门锁500个，无税单价850元/个，在合同中约定一次发货，分两期收款，当日从智能家居仓库发出500个智能门锁，并开具第一期400个智能门锁的专用发票（发票号39142212），财务部据此确认收入并结转成本。

任务要求

1.进行分期收款业务的单据处理。

2.根据分期收款业务单据生成相关凭证。

知识导航

一、分期收款销售业务类型

分期收款销售业务是指将商品先发给客户，分期收回货款，收入与成本按照收款情况分期确认的销售方式。其特点是一次发货，分次确认收入，并在确认收入时计算并结转成本。分期收款销售业务的订货、发货、出库、开票等处理与普通销售业务相同，只是业务类型应选择分期收款。分期收款时，开具销售发票，结转销售成本。

如果企业存在分期收款销售业务，需要在销售管理系统中进行分期收款销售业务的选项设置，并在存货核算系统中进行分期收款销售业务的相关科目设置。

二、分期收款销售业务处理流程

分期收款销售业务处理流程和单据处理流程如图7-4-1所示。

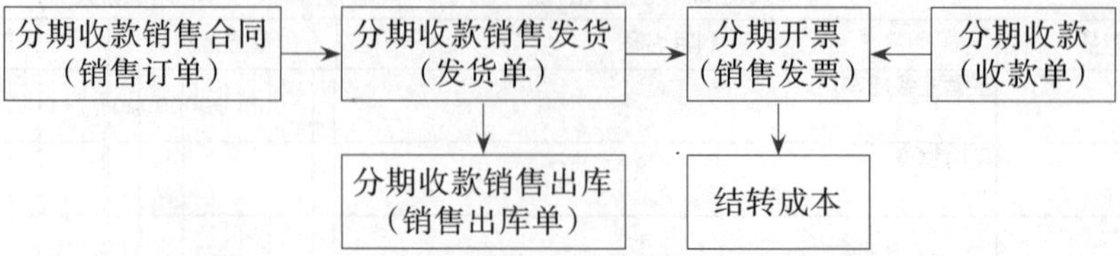

图7-4-1　分期收款销售业务处理流程和单据处理流程

任务实施

操作录屏7-4

分期收款业务

【操作步骤】

1.在销售管理系统中填制并审核销售订单

（1）“004赵亮”以“2022-01-22”的日期登录企业应用平台，执行“供应链”→“销售管理”→“销售订货”→“销售订单”命令，进入“销售订单”窗口。

（2）单击“增加”按钮，在销售订单界面选择业务类型“分期收款”，销售类型“普通销售”，按照要求录入其他业务信息，单击“保存”按钮，再单击“审核”按钮，如图7-4-2所示。

销售订单

打印模版 销售订单打印模版

表体排序　　合并显示

订单号 XSHT003　订单日期 2022-01-22　业务类型 分期收款

销售类型 普通销售　客户简称 武汉明创　付款条件

销售部门 销售部　业务员　税率 13.00

币种 人民币　汇率 1　备注

	存货编码	存货名称	规格型号	主计量	数量	报价	含税单价	无税单价	无税金额	税额	价税合计
1	001	智能门锁		个	500.00	0.00	960.50	850.00	425000.00	55250.00	480250.00
2											

图7-4-2　分期收款销售订单

2.在销售管理系统中填制并审核发货单

（1）执行“供应链”→“销售管理”→“销售发货”→“发货单”命令，进入“发货单”窗口。

（2）单击“增加”按钮，关闭“查询条件选择-参照订单”窗口。在发货单界面改选业务类型“分期收款”，单击“订单”按钮，参照分期收款订单生成销售发货单，录入仓库名称“智能家居仓库”，单击“保存”按钮，再单击“审核”按钮，如图7-4-3所示。

发货单

打印模版 发货单打印模版

表体排序　　合并显示

发货单号 0000000002　发货日期 2022-01-22　业务类型 分期收款

销售类型 普通销售　订单号 XSHT003　发票号

客户简称 武汉明创　销售部门 销售部　业务员

发货地址　发运方式　付款条件

税率 13.00　币种 人民币　汇率 1

备注

	仓库名称	存货编码	存货名称	规格型号	主计量	数量	报价	含税单价	无税单价	无税金额	税额	价税合计
1	智能家居仓库	001	智能门锁		个	500.00	0.00	960.50	850.00	425000.00	55250.00	480250.00
2												

图7-4-3　分期收款销售发货单

3. 在库存管理系统生成并审核销售出库单

（1）“006 刘云”以“2022-01-22”的日期重注册，执行“库存管理”→“出库业务”→“销售出库单”命令，进入“销售出库单”窗口。

（2）单击“生单”按钮，选择“销售生单”，选择需要参照的销售发货单，单击“OK 确定”。核查无误后，单击“保存”按钮，再单击“审核”按钮，如图 7-4-4 所示。

图7-4-4 销售出库单

4. 在存货核算系统中执行发出商品记账并生成凭证

（1）“002 李伟”以“2022-01-22”的日期重注册，执行“供应链”→“存货核算”→“业务核算”→“发出商品记账”命令，在“查询条件选择”对话框单击“确定”按钮。

（2）进入“未记账单据一览表”窗口。选择要记账的单据，单击“记账”按钮，系统显示“记账成功。”，如图 7-4-5 所示。

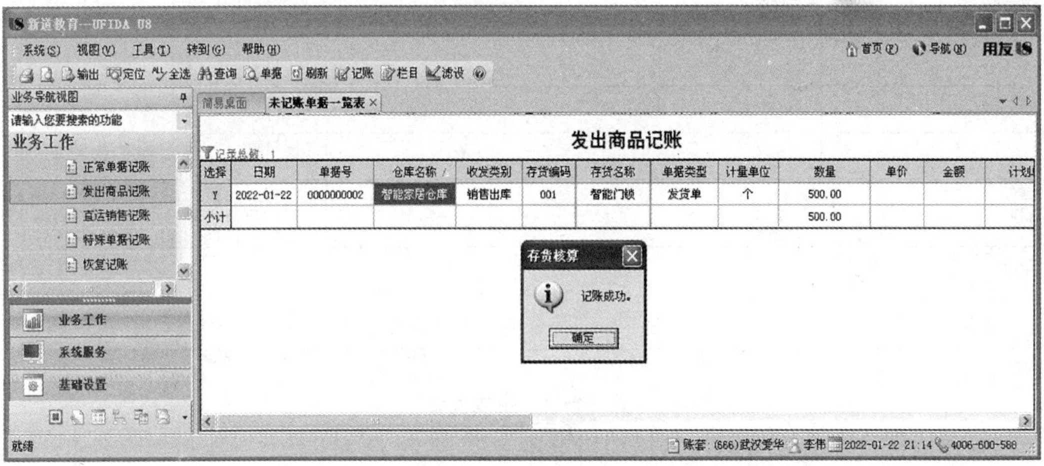

图7-4-5 发出商品记账

（3）执行“财务核算”→“生成凭证”命令，进入“生成凭证”窗口。单击工具栏上的“选择”按钮，打开“查询条件”对话框，选择“（05）分期收款发出商品发货单”选项，如图 7-4-6 所示。单击“确定”按钮，进入“选择单据”窗口，选择要制单的记录行，单击“确定”按钮。

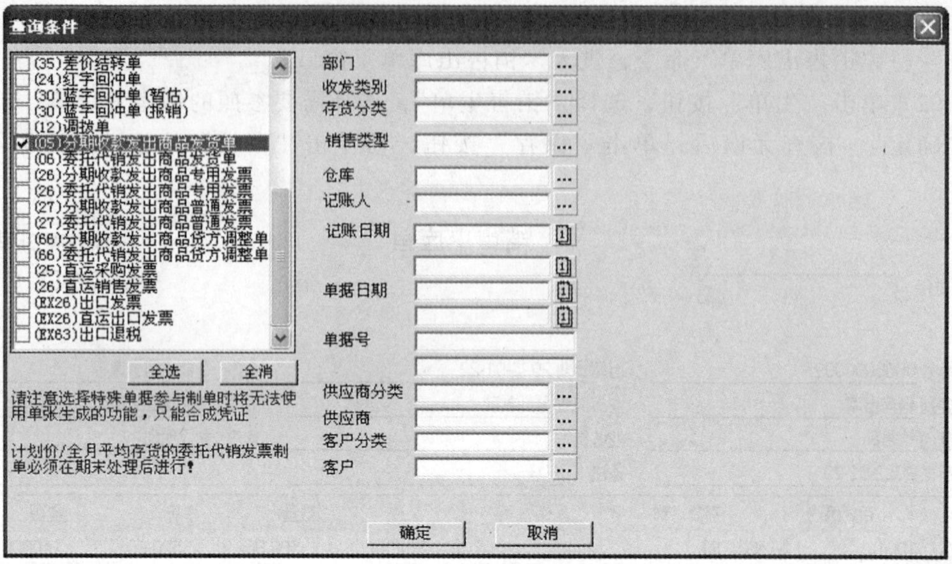

图7-4-6 查询条件

（4）在“生成凭证”窗口，单击“生成”按钮，进入“填制凭证”窗口。核查无误后，单击“保存”按钮，凭证左上角出现“已生成”标志，表示凭证已传递至总账，如图7-4-7所示。

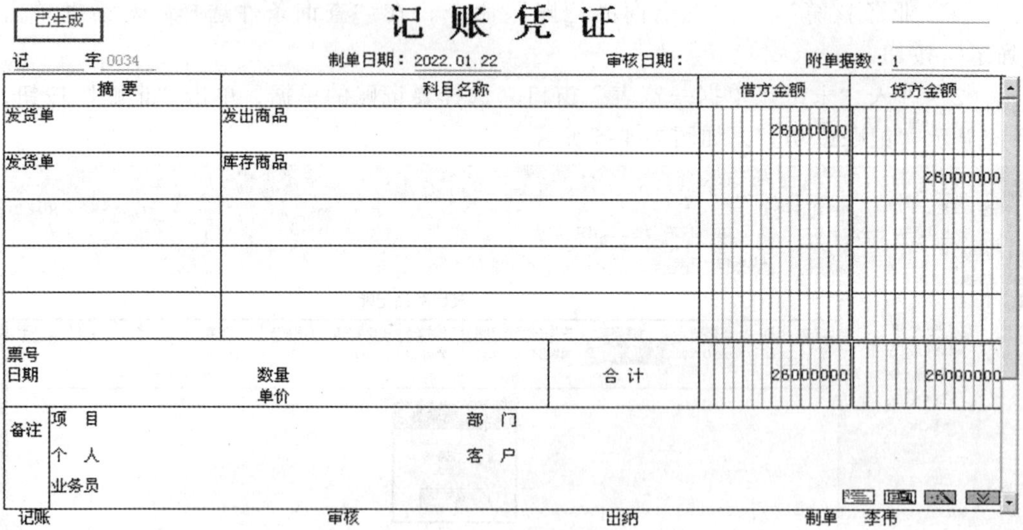

图7-4-7 生成凭证

5.在销售管理系统填制并复核销售发票

（1）“004赵亮”以“2022-01-22”的日期重注册，执行“供应链”→“销售管理”→“销售开票”→“销售专用发票”命令，进入“销售专用发票”窗口。单击“增加”按钮，在“查询条件选择-发票参照发货单”窗口，选择业务类型为“分期收款”，如图7-4-8所示。

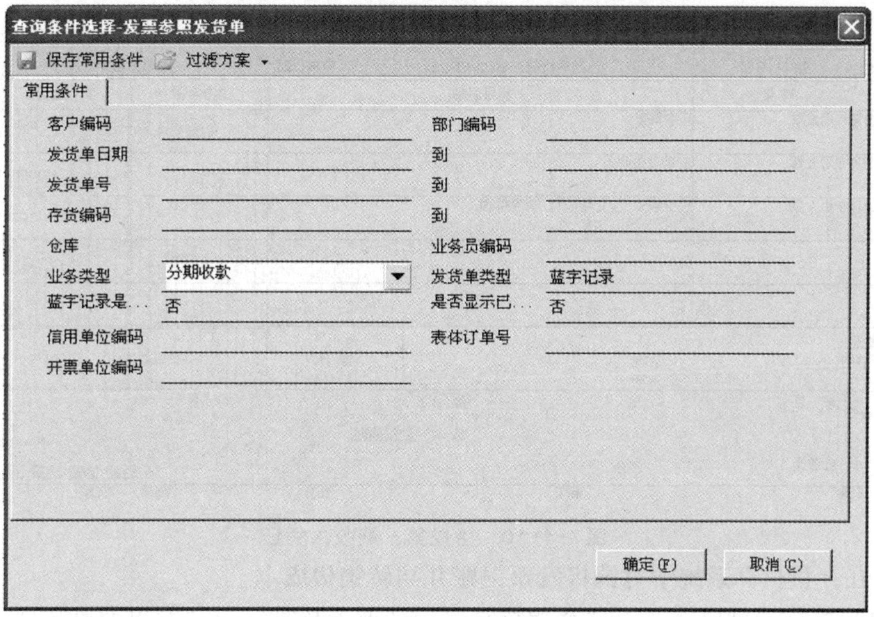

图7-4-8 参照发货单生成发票

（2）单击“确定”按钮，在“参照生单”窗口选择要参照的发货单，单击“确定”按钮，在系统生成的“销售专用发票”窗口，录入发票号为“39142212”，数量修改为“400”，核实其他业务信息无误后，单击“保存”按钮，再单击“复核”按钮，如图7-4-9所示。

销售专用发票

打印模版 销售专用发票打印模

表体排序

合并显示 □

发票号 39142212　开票日期 2022-01-22　业务类型 分期收款

销售类型 普通销售　订单号　发货单号 0000000002

客户简称 武汉明创　销售部门 销售部　业务员

付款条件　客户地址 武汉市武昌区中北路999号　联系电话 027-82993456

开户银行 中国工商银行武汉市中北路支行　账号 3202765000043256777　税号 914201065587437545

币种 人民币　汇率 1　税率 13.00

备注

	仓库名称	存货编码	存货名称	数量	报价	含税单价	无税单价	无税金额	税额	价税合计
1	智能家居仓库	001	智能门锁	400.00	0.00	960.50	850.00	340000.00	44200.00	384200.00
2										

图7-4-9 销售专用发票

6.在应收款管理系统中审核销售发票并确认收入

（1）“002李伟”以“2022-01-22”的日期重注册，执行“财务会计”→“应收款管理”→“应收单据处理”→“应收单据审核”命令，选择需要审核的单据，单击“审核”按钮。

（2）执行“制单处理”命令，打开“制单查询”对话框，选择“发票制单”选项，单击“确定”按钮，进入“制单”窗口，选择要制单的记录行。

（3）单击“制单”按钮，进入“填制凭证”窗口，核查无误后，单击“保存”按钮，凭证左上角出现“已生成”标志，表示凭证已传递到总账，如图7-4-10所示。

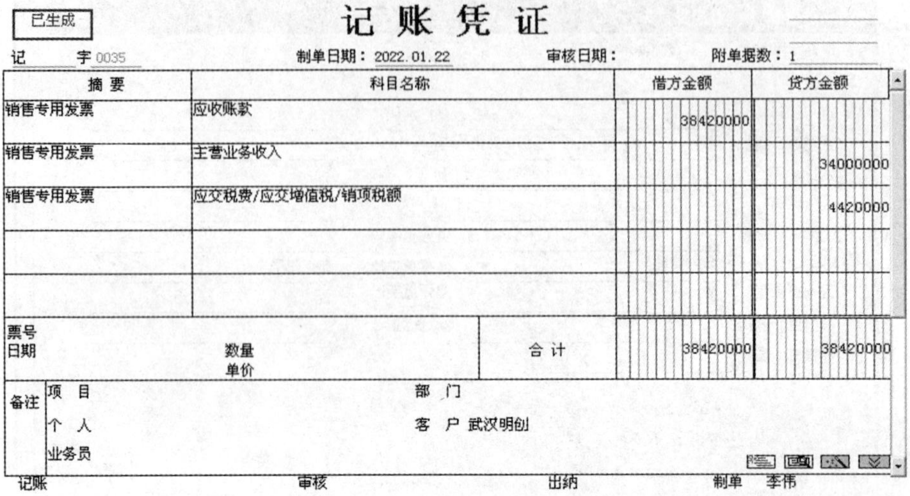

已生成

记账凭证

记 字 0035 制单日期：2022.01.22 审核日期： 附单据数：1

摘要	科目名称	借方金额	贷方金额
销售专用发票	应收账款	38420000	
销售专用发票	主营业务收入		34000000
销售专用发票	应交税费/应交增值税/销项税额		4420000
票号 日期	数量 单价 合计	38420000	38420000

备注 项目 部门 个人 客户 武汉明创 业务员

记账 审核 出纳 制单 李伟

图7-4-10 生成第一期收入凭证

7.在存货核算系统中对销售发票记账并结转销售成本

（1）执行“供应链”→“存货核算”→“业务核算”→“发出商品记账”命令，打开“查询条件选择”对话框，单击“确定”按钮。选择要记账的单据，单击“记账”按钮，系统提示“记账成功”。

（2）执行“财务核算”→“生成凭证”命令，进入“生成凭证”窗口。单击工具栏上的“选择”按钮，打开“查询条件”对话框。选择“（26）分期收款发出商品专用发票”选项，单击“确定”按钮。进入“选择单据”窗口，选择要制单的记录行，单击“确定”按钮。

（3）在“生成凭证”窗口，单击“生成”按钮，进入“填制凭证”窗口，核查无误后，单击“保存”按钮，凭证左上角出现“已生成”标志，表示凭证已传递至总账，如图7-4-11所示。

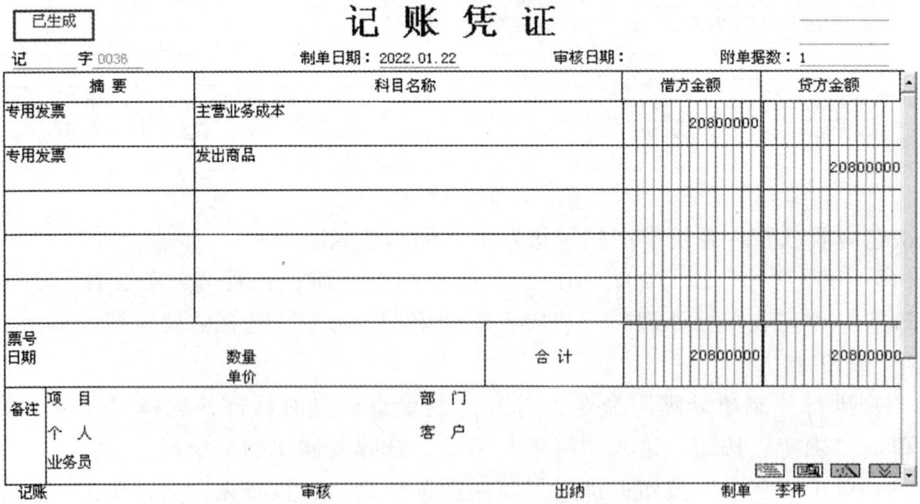

已生成

记账凭证

记 字 0036 制单日期：2022.01.22 审核日期： 附单据数：1

摘要	科目名称	借方金额	贷方金额
专用发票	主营业务成本	20800000	
专用发票	发出商品		20800000
票号 日期	数量 单价 合计	20800000	20800000

备注 项目 部门 个人 客户 业务员

记账 审核 出纳 制单 李伟

图7-4-11 生成第一期成本凭证

特别提示：

① 以分期收款销售方式发出商品、开具销售专用发票并确认销售收入后，应该立即在存货核算系统结转销售成本，如果存货发出计价方法为全月加权平均法，则在月末结转销售成本。

② 分期收款销售业务成本的结转和普通销售业务成本的结转相似，有关单据需要在存货核算系统记账后，才能结转销售成本。

任务测试7-4

分期收款业务

任务五 委托代销业务处理

任务资料

1.22日，销售部与武汉美联商行签订委托代销合同（XSHT004），合同约定武汉美联商行以无税单价350元/个的价格代销智能台灯1 000个，同时按照销货款（不含增值税）的5%收取手续费。当日货物从智能家居仓库发出。

2.23日，收到武汉美联商行发来的代销清单，销售智能台灯300个，据此开具销售专用发票一张（发票号39142213），同时收到美联商行开具的手续费增值税专用发票一张。

7-5

原始单据

任务要求

1.进行委托代销业务的单据处理。

2.根据委托代销业务单据生成相关凭证。

3.进行委托代销手续费业务的单据处理。

4.根据委托代销手续费业务单据生成相关凭证，并进行红票对冲的转账处理。

知识导航

一、委托代销业务类型

重难点微课7-3

委托代销业务

委托代销业务是指企业将商品委托他人进行销售，但商品所有权仍归本企业的销售方式，委托代销有视同买断和收取手续费两种方式。委托代销商品销售后，受托方与企业进行结算，并开具正式的销售发票，形成销售收入，商品所有权转移。

如果企业存在委托代销业务，需要分别在销售管理系统和库存管理系统中进行参数设置。只有设置了委托代销业务参数后，才能处理委托代销业务，账表查询中才会增加相应的委托代销账表。为了便于系统根据委托代销业务类型自动生成凭证，需要在存货核算系统中进行委托代销相关科目设置。

二、委托代销业务处理流程

委托代销业务处理流程和单据处理流程如图7-5-1所示。

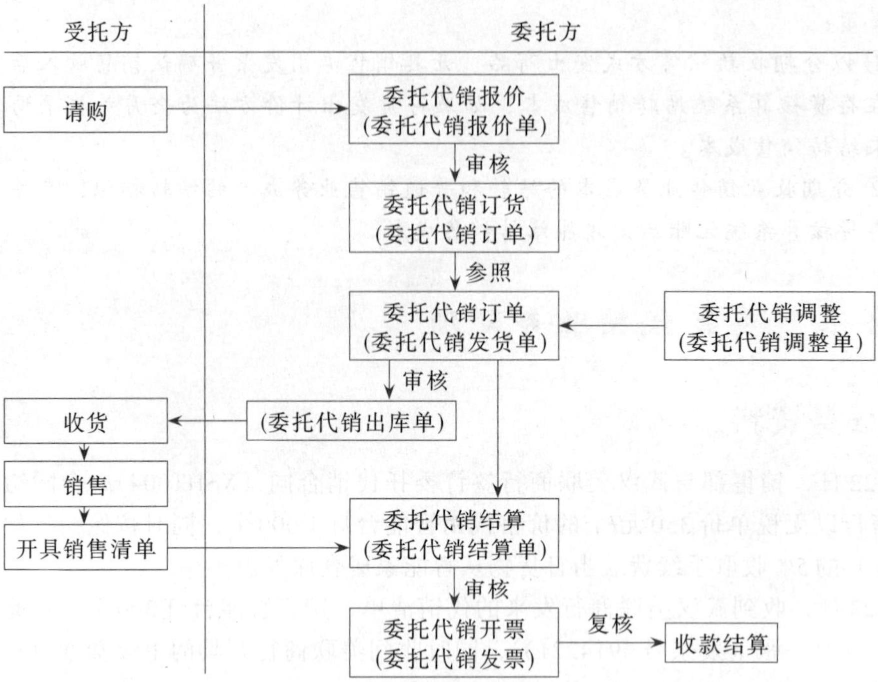

图7-5-1　委托代销业务处理流程和单据处理流程

任务实施

操作录屏7-5

委托代销业务

【操作步骤】

1.在销售管理系统填制并审核委托代销订单

（1）“004赵亮”以“2022-01-22”的日期登录企业应用平台，执行“供应链”→“销售管理”→“销售订货”→“销售订单”命令，进入“销售订单”窗口。

（2）单击“增加”按钮，在“销售订单”界面输入业务类型“委托代销”，销售类型为“委托代销”，填写其他相关业务信息，单击“保存”按钮，再单击“审核”按钮，如图7-5-2所示。

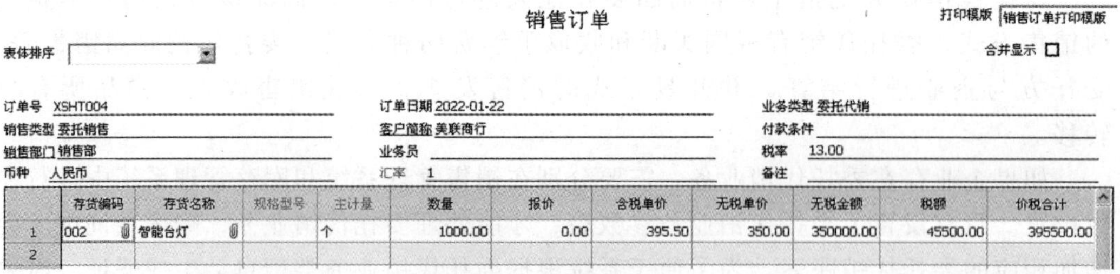

销售订单

打印模版 销售订单打印模版

表体排序

合并显示 □

订单号 XSHT004　订单日期 2022-01-22　业务类型 委托代销

销售类型 委托销售　客户简称 美联商行　付款条件

销售部门 销售部　业务员　税率 13.00

币种 人民币　汇率 1　备注

	存货编码	存货名称	规格型号	主计量	数量	报价	含税单价	无税单价	无税金额	税额	价税合计
1	002	智能台灯		个	1000.00	0.00	395.50	350.00	350000.00	45500.00	395500.00
2											

图7-5-2　委托代销订单

2.在销售管理系统填制并审核委托代销发货单

（1）“004赵亮”以“2022-01-22”的日期登录企业应用平台，执行“供应链”→“销售管理”→“委托代销”→“委托代销发货单”命令，进入“委托代销发货单”窗口。

（2）单击“增加”按钮，关闭“查询条件选择-参照订单”窗口。在“委托代销发货单”界面输入业务信息，业务类型选择“委托代销”，销售类型为“委托销售”，仓库名称“智能家居仓库”，单击“保存”按钮，再单击“审核”按钮，如图7-5-3所示。

委托代销发货单

打印模版 委托代销发货单

表体排序

合并显示

发货单号 0000000001　发货日期 2022-01-22　业务类型 委托代销
销售类型 委托销售　订单号 XSHT004　税率 13.00
客户简称 美联商行　销售部门 销售部　业务员
发货地址　发运方式　付款条件
币种 人民币　汇率 1　备注

	仓库名称	存货编码	存货名称	规格型号	主计量	数量	报价	含税单价	无税单价	无税金额	税额	价税合计
1	智能家居仓库	002	智能台灯		个	1000.00	0.00	395.50	350.00	350000.00	45500.00	395500.00
2												

图7-5-3　委托代销发货单

3.在库存管理系统审核销售出库单

（1）“006刘云”以“2022-01-22”的日期重注册，执行“库存管理”→“出库业务”→“销售出库单”命令，进入“销售出库单”窗口。

（2）单击“生单”按钮，选择“销售生单”，选择需要参照生成的委托代销发货单，单击“OK确定”。委托代销出库单审核无误后，单击“审核”按钮，如图7-5-4所示。

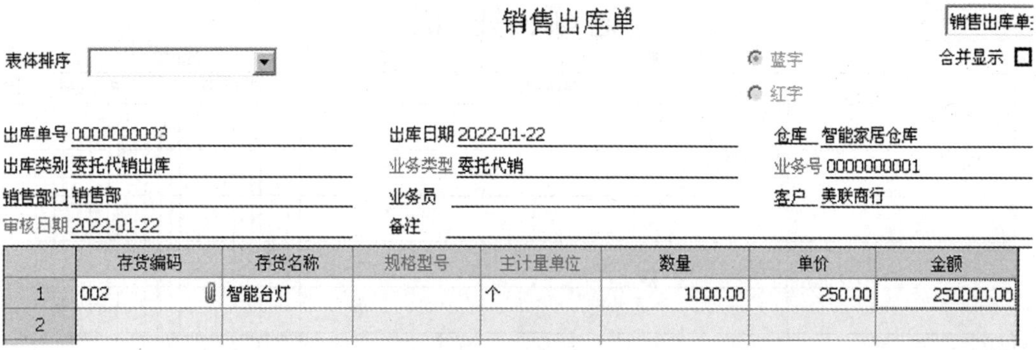

销售出库单

销售出库单

表体排序

蓝字
红字

合并显示

出库单号 0000000003　出库日期 2022-01-22　仓库 智能家居仓库
出库类别 委托代销出库　业务类型 委托代销　业务号 0000000001
销售部门 销售部　业务员　客户 美联商行
审核日期 2022-01-22　备注

	存货编码	存货名称	规格型号	主计量单位	数量	单价	金额
1	002	智能台灯		个	1000.00	250.00	250000.00
2							

图7-5-4　销售出库单

4.在存货核算系统中对发货单记账并生成出库凭证

（1）以“002李伟”重注册，执行“供应链”→“存货核算”→“业务核算”→“发出商品记账”命令，在“查询条件选择”对话框单击“确定”，进入“未记账单据一览表”窗口。

（2）选择要记账的单据，单击“记账”按钮，系统显示“记账成功”。

（3）执行“财务核算”→“生成凭证”命令，进入“生成凭证”窗口。单击工具栏上的“选择”按钮，打开“查询条件”对话框。选择“（06）委托代销发出商品发货单”选项，如图7-5-5所示。单击“确定”按钮，进入“选择单据”窗口，选择要制单的记录行，单击“确定”按钮。

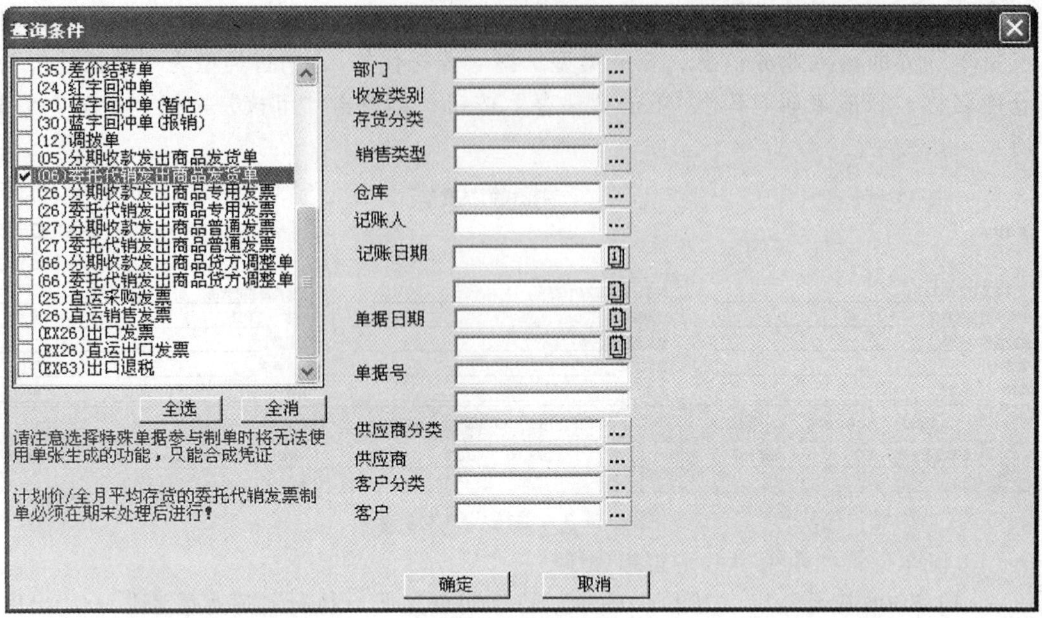

图7-5-5 查询条件

（4）在“生成凭证”窗口，单击“生成”按钮，进入“填制凭证”窗口，审核无误后单击“保存”按钮，凭证左上角出现“已生成”标志，表示凭证已传递至总账，如图7-5-6所示。

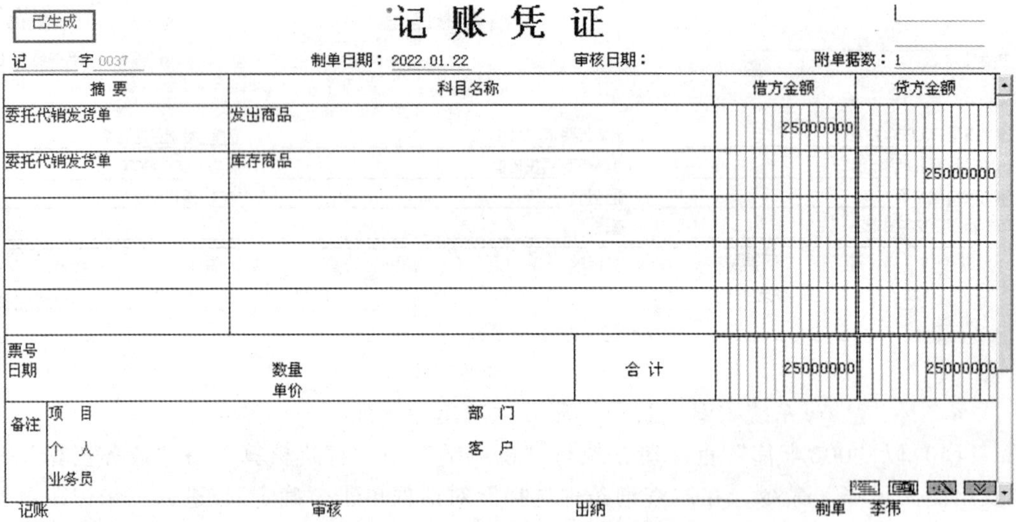

图7-5-6 生成委托代销发货凭证

5.在销售管理系统填制并审核委托代销结算单，复核销售发票

（1）“004 赵亮”以“2022-01-23”的日期重注册，执行“基础设置”→“单据设置”→“单据格式设置”。打开单据类型为“委托代销结算单”的显示模版窗口，单击“表头项目”按钮，在“表头”对话框勾选项目“31发票号”，单击“确定”。调整“发票号”项目至合适位置，如图7-5-7所示，单击“保存”按钮。

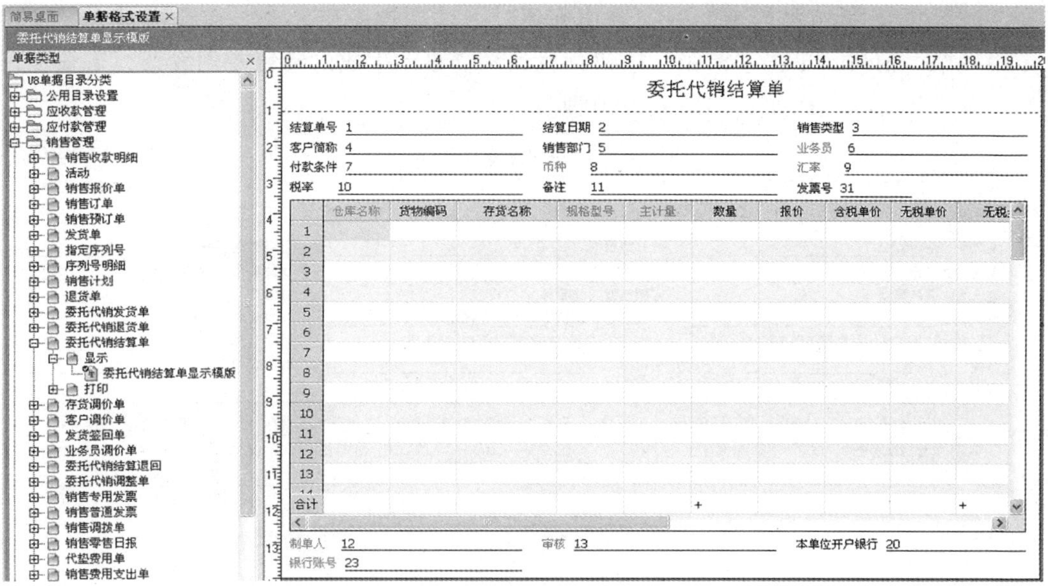

图7-5-7 委托代销结算单显示模板

（2）执行“业务工作”→“供应链”→“销售管理”→“委托代销”→“委托代销结算单”命令，进入“委托代销结算单”窗口。单击“增加”按钮，在“查询条件选择-委托结算参照发货单”窗口单击“确定”按钮。在“参照生单”窗口选择需要参照的委托代销发货单，单击“确定”按钮。

（3）在生成的委托代销结算单界面，录入发票号“39142213”，修改结算数量为“300”，单击“保存”按钮，如图7-5-8所示。

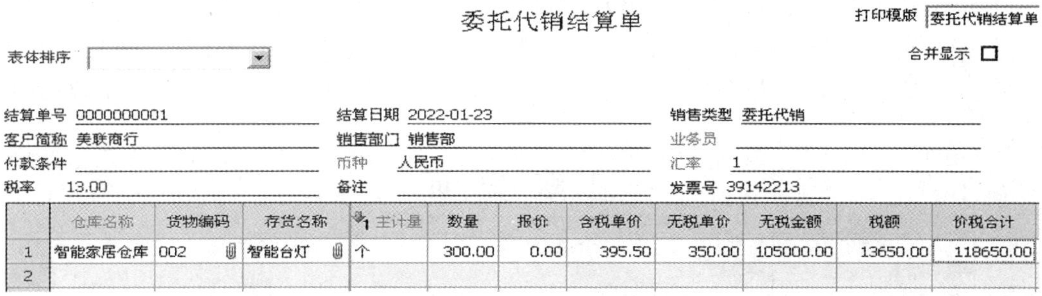

图7-5-8 委托代销结算单

（4）单击“审核”按钮，在“请选择发票类型”窗口选择“专用发票”，单击“确定”按钮，如图7-5-9所示。

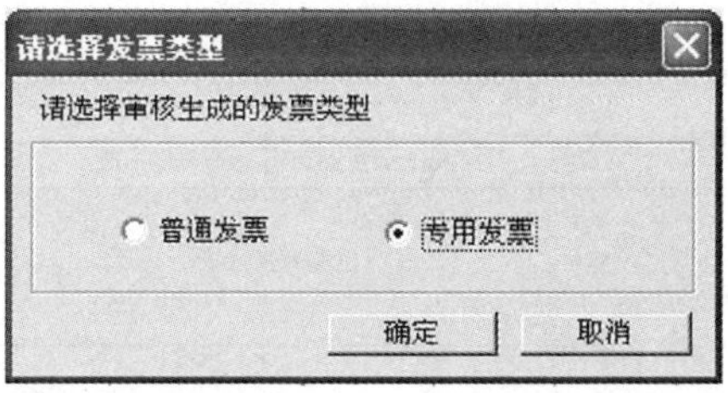

图7-5-9 选择发票类型

（5）执行“销售管理”→“销售开票”→“销售专用发票”命令，进入“销售专用发票”窗口。单击“末张”按钮，找到系统自动生成的销售专用发票，审核无误后，单击“复核”按钮，如图7-5-10所示。

销售专用发票

打印模版 销售专用发票

表体排序

合并显示 □

发票号 39142213	开票日期 2022-01-23	业务类型 委托
销售类型 委托代销	订单号	发货单号 0000000001
客户简称 美联商行	销售部门 销售部	业务员
付款条件	客户地址 武汉市青山区厂前路4号	联系电话 027-68860011
开户银行 中国工商银行武汉市厂前路支行	账号 3202996500002333768	税号 91420107MA4F113986
币种 人民币	汇率 1	税率 13.00
备注		

	仓库名称	存货编码	存货名称	主计量	数量	报价	含税单价	无税单价	无税金额	税额	价税合计
1	智能家居仓库	002	智能台灯	个	300.00	0.00	395.50	350.00	105000.00	13650.00	118650.00
2											

图7-5-10　委托代销专用发票

特别提示：

① 根据委托代销发货单生成的委托代销结算单，往往要修改结算数量。

② 委托代销结算单审核后，由系统自动生成相应的销售发票。

6.在应收款管理系统审核销售发票并生成销售凭证

（1）“002李伟”以“2022-01-23”的日期重注册，执行“财务会计”→“应收款管理”→“应收单据处理”→“应收单据审核”命令，在“应收单查询条件”对话框单击“确定”按钮，选择需要审核的单据，单击“审核”按钮。

（2）执行“制单处理”命令，打开“制单查询”对话框，选择“发票制单”选项，单击“确定”按钮，进入“制单”窗口。

（3）选择要制单的记录行，单击“制单”按钮，进入“填制凭证”窗口，单击“保存”按钮，凭证左上角出现“已生成”标志，表示凭证已传递到总账，如图7-5-11所示。

已生成

记账凭证

记　字 0038　　制单日期：2022.01.23　　审核日期：　　附单据数：1

摘要	科目名称	借方金额	贷方金额
销售专用发票	应收账款	11865000	
销售专用发票	主营业务收入		10500000
销售专用发票	应交税费/应交增值税/销项税额		1365000
票号 日期　数量 单价	合计	11865000	11865000

备注　项目　　部门

个人　　客户 美联商行

业务员

记账　　审核　　出纳　　制单 李伟

图7-5-11　生成委托代销收入凭证

7. 在存货核算系统中对销售发票记账并结转销售成本

（1）执行“供应链”→“存货核算”→“业务核算”→“发出商品记账”命令，在“查询条件选择”对话框单击“确定”按钮，进入“未记账单据一览表”窗口。

（2）选择要记账的单据，单击“记账”按钮，系统提示“记账成功”。

（3）执行“财务核算”→“生成凭证”命令，进入“生成凭证”窗口。单击工具栏上的“选择”按钮，打开“查询条件”对话框。选择“（26）委托代销发出商品专用发票”选项。

（4）单击“确定”按钮，进入“选择单据”窗口，选择要制单的记录行，单击“确定”按钮，进入“生成凭证”窗口，单击“生成”按钮，进入“填制凭证”窗口。单击“保存”按钮，凭证左上角出现“已生成”标志，表示凭证已传递至总账，如图7-5-12所示。

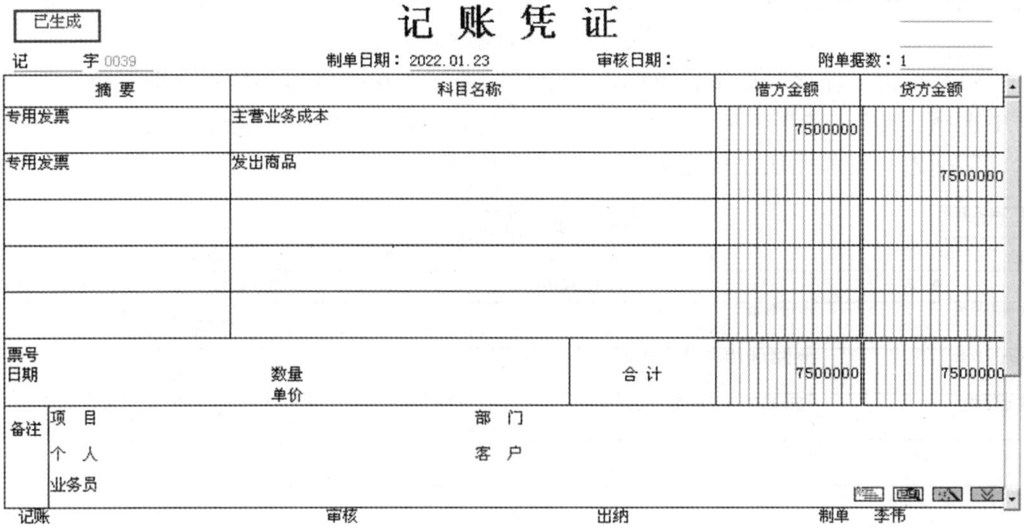

图7-5-12 生成委托代销成本凭证

8. 填制并审核负向应收单（委托代销手续费）

（1）执行“财务会计”→“应收款管理”→“应收单据处理”→“应收单据录入”命令，在“单据类别”对话框，选择单据名称“应收单”，方向“负向”，如图7-5-13所示，单击“确定”按钮。

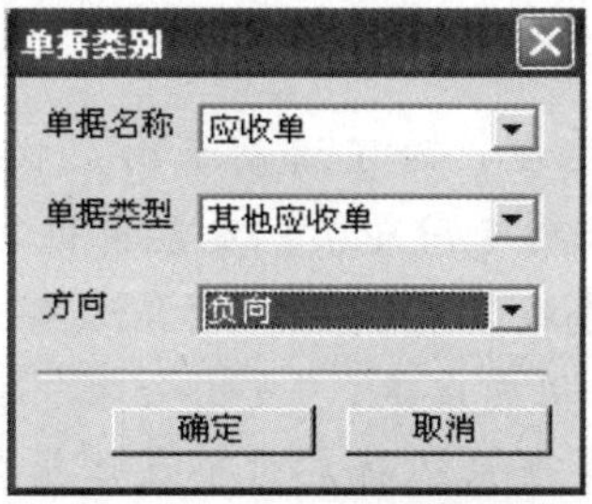

图7-5-13 选择单据类别

（2）在红字应收单窗口，单击“增加”按钮，表头录入客户“美联商行”，金额

"5 565"，表体第一行录入借方"660103 销售费用-委托代销手续费"，金额 5 250 元，表体第二行录入借方"22210101 应交税费-应交增值税（进项税额）"，金额 315 元，如图 7-5-14 所示。

应收单

应收单打印

表体排序

单据编号 0000000001　单据日期 2022-01-23　客户 美联商行

科目 1122　币种 人民币　汇率 1

金额 5565.00　本币金额 5565.00　数量 0.00

部门　业务员　项目

付款条件　摘要

	方向	科目	币种	汇率	金额	本币金额	部门	业务员	项目
1	借	660103	人民币	1.00000000	5250.00	5250.00			
2	借	22210101	人民币	1.00000000	315.00	315.00			

图7-5-14　红字应收单

（3）单击"保存"按钮，再单击"审核"按钮，在弹出的"是否立即制单"对话框中选择"是"。进入"填制凭证"窗口，单击"保存"按钮，凭证左上角出现"已生成"标志，表示凭证已传递到总账，如图 7-5-15 所示。

已生成

记账凭证

记　字 0040　制单日期：2022.01.23　审核日期：　附单据数：1

摘要	科目名称	借方金额	贷方金额
其他应收单	应收账款	556500	
其他应收单	销售费用/委托代销手续费	525000	
其他应收单	应交税费/应交增值税/进项税额	31500	
票号 日期	数量 单价	合计	

备注　项目　部门

个人　客户 美联商行

业务员

记账　审核　出纳　制单 李伟

图7-5-15　生成委托代销手续费凭证

特别提示：

关于委托代销手续费的处理，除了填制负向应收单，还可以通过以下方法处理：①在采购管理系统填制采购专用发票，发票审核制单后，进行应付冲应收（或应收冲应付）处理，但容易导致采购系统"结算选单"窗口存在不能结算的发票；②在销售管理系统填制销售费用支出单，"支出金额"填写价税合计金额。该支出单生成其他应付单，在应付款管理系统将应付单表体拆分成"销售费用-委托代销手续费"和"应交税费-应交增值税（进项税额）"两行，该应付单审核制单后，进行应付冲应收（或应收冲应付）处理。

9. 红票对冲并生单

（1）执行“应收款管理”→“转账”→“红票对冲”→“手工对冲”命令，在“红票对冲条件”对话框，选择客户“004”（美联商行），单击“确定”，如图7-5-16所示。

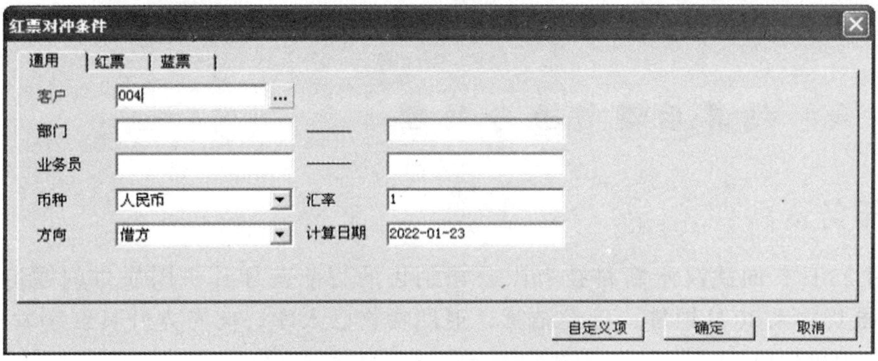

图7-5-16 红票对冲条件

（2）在“红票对冲”窗口的销售专用发票记录行录入对冲金额“5 565”，如图7-5-17所示。

单据日期	单据类型	单据编号	客户	币种	原币金额	原币余额	对冲金额	部门	业务员	合同名称
2022-01-23	其他应收单	0000000001	美联商行	人民币	5,565.00	5,565.00	5,565.00			
合计					5,565.00	5,565.00	5,565.00			

单据日期	单据类型	单据编号	客户	币种	原币金额	原币余额	对冲金额	部门	业务员	合同名称
2022-01-23	销售专用发票	39142213	美联商行	人民币	118,650.00	118,650.00	5,565.00	销售部		
合计					118,650.00	118,650.00	5,565.00			

图7-5-17 红票对冲

（3）单击“保存”按钮，在弹出的“是否立即制单”对话框中选择“是”。进入“填制凭证”窗口，单击“保存”按钮，凭证左上角出现“已生成”标志，表示凭证已传递到总账，如图7-5-18所示。

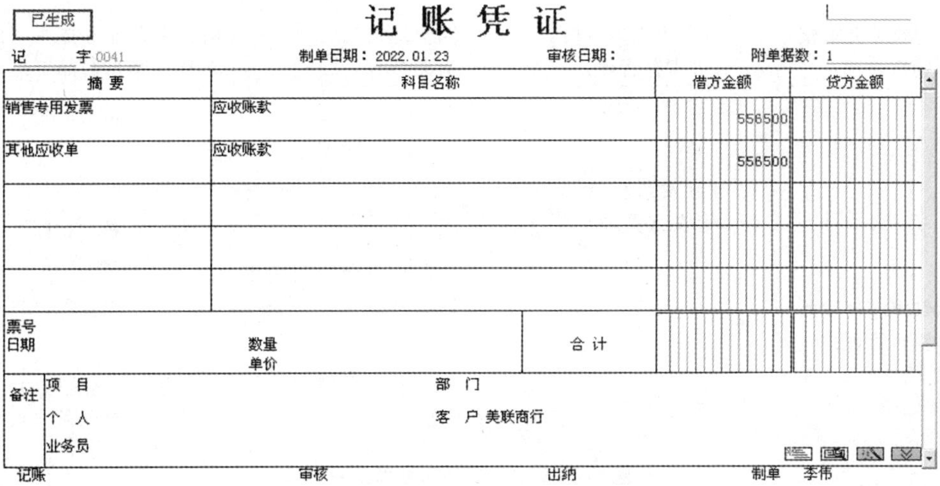

图7-5-18 生成红票对冲凭证

任务测试 7-5
委托代销业务

特别提示：

取消红票对冲，需要执行“应收款管理系统”→“其他处理”→“取消操作”命令，在“取消操作条件”对话框选择操作类型“红票对冲”，单击“确定”。选择需要取消操作的记录行，单击“OK确认”。

任务六　结算后退货业务处理

任务资料

7-6
原始单据

1月23日，向武汉永新科技有限公司销售的智能蓝牙耳机因质量问题退回100个，该批货物系20日销售，已经结算，退回货物已入库，向对方开具红字发票一张（发票号39142214）。

任务要求

1. 进行结算后退货业务的单据处理。

2. 根据退货业务单据生成相关凭证，并在总账系统中进行审核记账操作。

知识导航

重难点微课 7-4
结算后退货业务

一、销售退回业务类型

销售退回业务是指客户因质量、品种、数量不符合规定要求而将已购货物退回，包括普通销售退回和委托代销退回。普通销售退回分为开具发票前退回和开具发票后退回，委托代销退回分为委托代销结算前退回和委托代销结算后退回。不同阶段发生的退回业务处理方法不同。

二、销售退回业务处理流程

先发货后开票销售业务模式下的销售退回处理流程如图7-6-1所示。

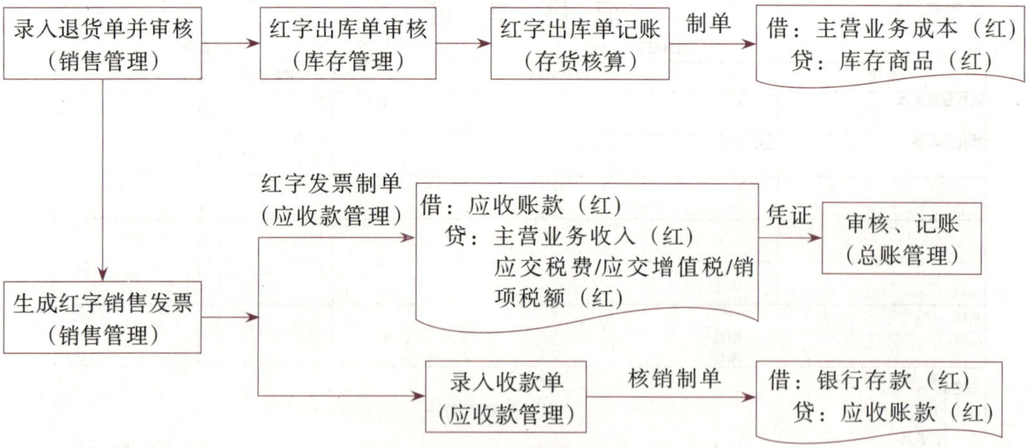

图7-6-1　销售退回处理流程

任务实施

操作录屏7-6 结算后退货业务

【操作步骤】

1.在销售管理系统中填制并审核退货单

（1）“004赵亮”以“2022-01-23”的日期登录企业应用平台，执行“供应链”→“销售管理”→“销售发货”→“退货单”命令，进入“退货单”窗口。

（2）单击“增加”按钮，在“查询条件选择-退货单参照发货单”窗口，选择退货类型为“已开发票退货”，如图7-6-2所示。

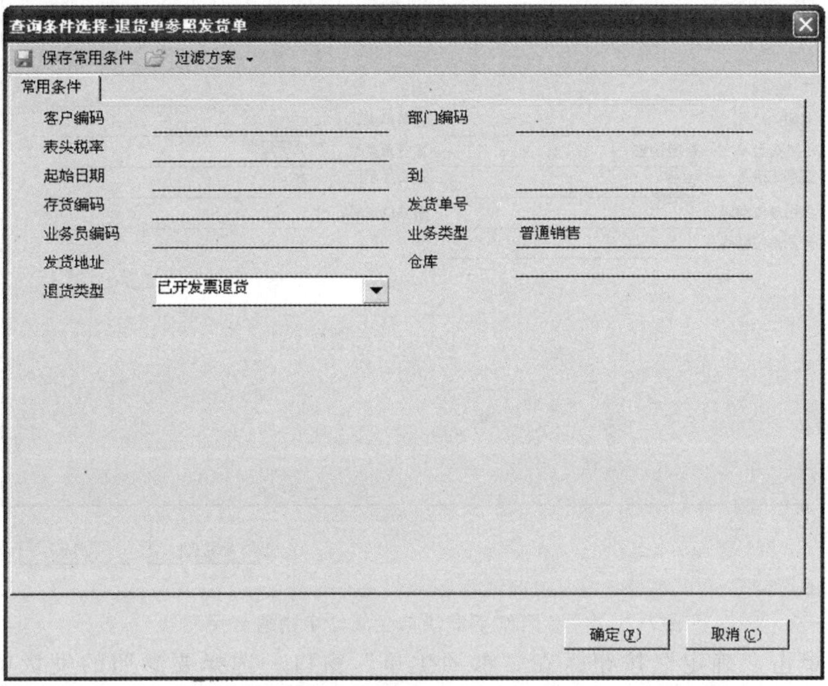

图7-6-2 参照发货单生成退货单

（3）单击“确定”按钮。在“参照生单”窗口选择要参照的发货单，单击“OK确定”按钮，系统自动生成退货单，修改销售类型为“销售退货”，退货数量为“-100”。检查无误后单击“保存”按钮，再单击“审核”按钮，如图7-6-3所示。

退货单

打印模版 退货单打印模版

表体排序　　　　合并显示 □

退货单号 0000000003　退货日期 2022-01-23　业务类型 普通销售
销售类型 销售退货　订单号 XSHT001　发票号
客户简称 武汉永新　销售部门 销售部　业务员 赵亮
发运方式　币种 人民币　汇率 1
税率 13.00　备注

	仓库名称	货物编码	存货名称	主计量	数量	报价	含税单价	无税单价	无税金额	税额	价税合计
1	智能电子设备仓库	007	智能蓝牙耳机	个	-100.00	170.00	192.10	170.00	-17000.00	-2210.00	-19210.00
2											

图7-6-3 退货单

2.在销售管理系统中填制并复核红字销售发票

（1）执行“供应链”→“销售管理”→“销售开票”→“红字专用销售发票”命令，进入“销售专用发票”窗口。

（2）单击“增加”按钮，在“查询条件选择-发票参照发货单”窗口，选择发货单类型“红字记录”，如图7-6-4所示。

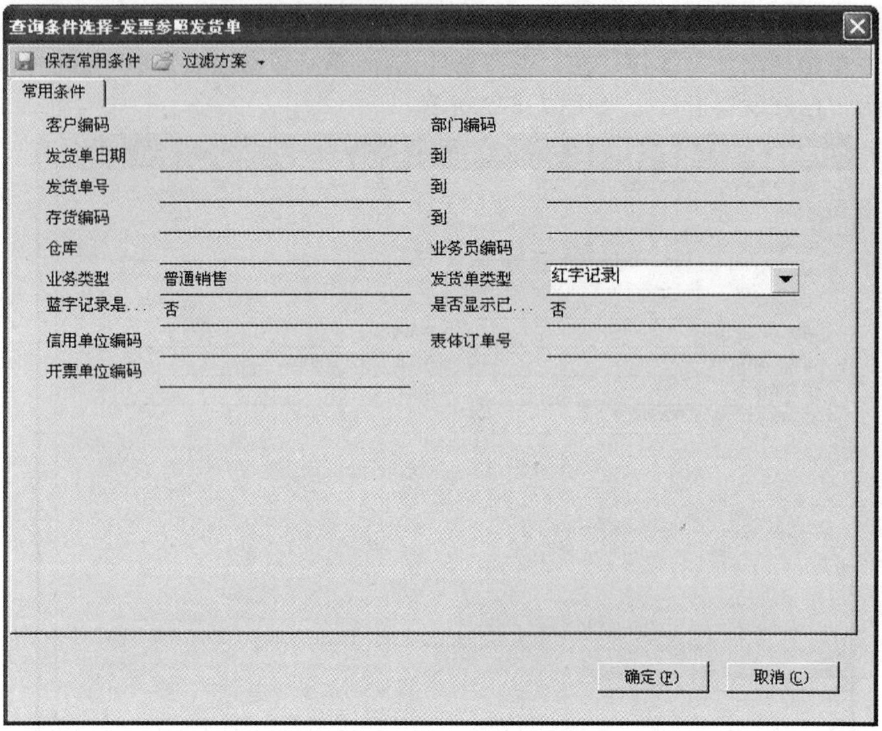

图7-6-4　参照红字发货单生成红字销售专用发票

（3）单击“确定”按钮，在“参照生单”窗口，选择要参照的发货单，单击“OK确定”按钮，系统自动生成红字销售发票。填写发票号为“39142214”，单击“保存”按钮，单击“复核”按钮，如图7-6-5所示。

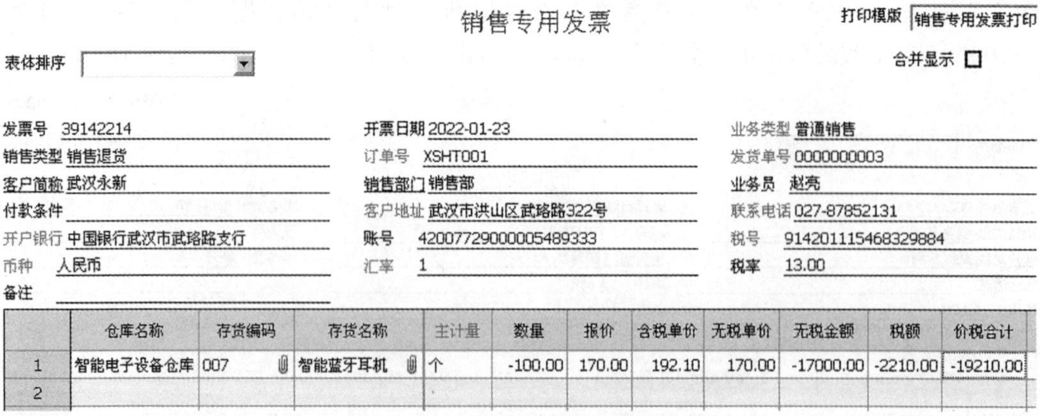

	仓库名称	存货编码	存货名称	主计量	数量	报价	含税单价	无税单价	无税金额	税额	价税合计
1	智能电子设备仓库	007	智能蓝牙耳机	个	-100.00	170.00	192.10	170.00	-17000.00	-2210.00	-19210.00
2											

图7-6-5　红字销售专用发票

3.在库存管理系统生成并审核红字出库单

（1）“006刘云”以“2022-01-23”的日期重注册，执行“库存管理”→“出库业务”→“销售出库单”命令，进入“销售出库单”窗口。

（2）单击“生单”按钮，选择“销售生单”，在“查询条件选择-销售发货单列表”单击“确定”，选择需要参照的退货单，单击“保存”按钮，再单击“审核”按钮，如图7-6-6所示。

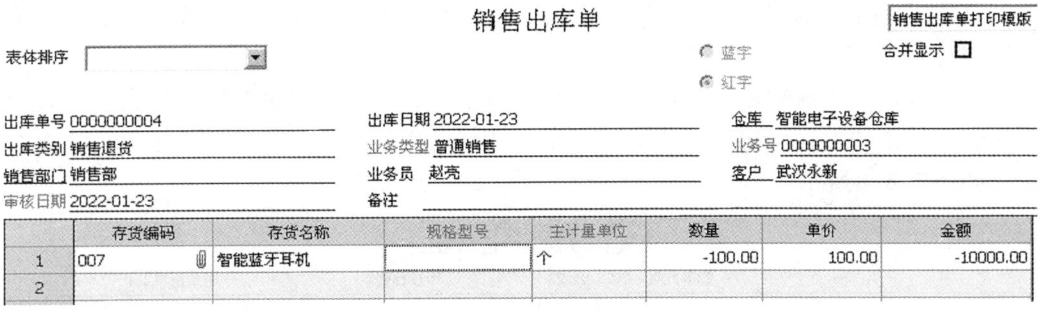

销售出库单　　销售出库单打印模版

表体排序　　○蓝字　◉红字　　合并显示 □

出库单号 0000000004　出库日期 2022-01-23　仓库 智能电子设备仓库

出库类别 销售退货　业务类型 普通销售　业务号 0000000003

销售部门 销售部　业务员 赵亮　客户 武汉永新

审核日期 2022-01-23　备注

	存货编码	存货名称	规格型号	主计量单位	数量	单价	金额
1	007	智能蓝牙耳机		个	-100.00	100.00	-10000.00
2							

图7-6-6　红字销售出库单

4.在应收款管理系统中审核红字销售专用发票并制单

（1）“002李伟”以“2022-01-23”的日期重注册，执行“应收款管理”→“应收单据处理”→“应收单据审核”命令，在“应收单查询条件”对话框单击“确定”按钮，进入“单据处理”窗口，选择需要审核的单据，单击“审核”按钮。

（2）执行“制单处理”命令，打开“制单查询”对话框，选择“发票制单”选项，单击“确定”按钮，进入“制单”窗口。选择要制单的记录行，单击“制单”按钮。

（3）在“填制凭证”窗口，补充贷方收入科目“6001主营业务收入”，单击“保存”按钮，凭证左上角出现“已生成”标志，表示凭证已传递到总账，如图7-6-7所示。

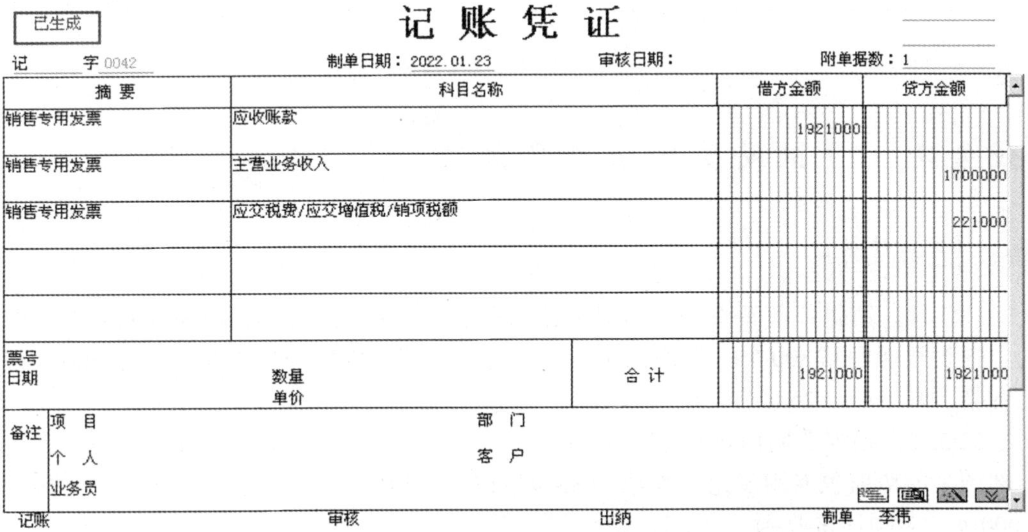

已生成

记账凭证

记　字 0042　制单日期：2022.01.23　审核日期：　附单据数：1

摘要	科目名称	借方金额	贷方金额
销售专用发票	应收账款	1921000	
销售专用发票	主营业务收入		1700000
销售专用发票	应交税费/应交增值税/销项税额		221000
票号 日期	数量 单价 合计	1921000	1921000

备注　项目　部门　个人　客户　业务员

记账　审核　出纳　制单 李伟

图7-6-7　生成红字销售收入凭证

5.在存货核算系统记账并生成销售成本结转凭证

（1）执行“存货核算”→“业务核算”→“正常单据记账”命令，打开“查询条件选择”对话框，单击“确定”按钮，进入“未记账单据一览表”窗口，选择要记账的单据，单击“记账”按钮，系统显示“记账成功”。

（2）执行“财务核算”→“生成凭证”命令，进入“生成凭证”窗口，单击工具栏上的“选择”按钮，打开“查询条件”对话框。选择“（26）销售专用发票”选项，单击“确定”按钮，进入“选择单据”窗口，选择要制单的记录行，单击“确定”按钮。

（3）进入“生成凭证”窗口，单击“生成”按钮，进入“填制凭证”窗口，核查无误后，单击“保存”按钮，凭证左上角出现“已生成”标志，表示凭证已传递至总账，如图7-6-8所示。

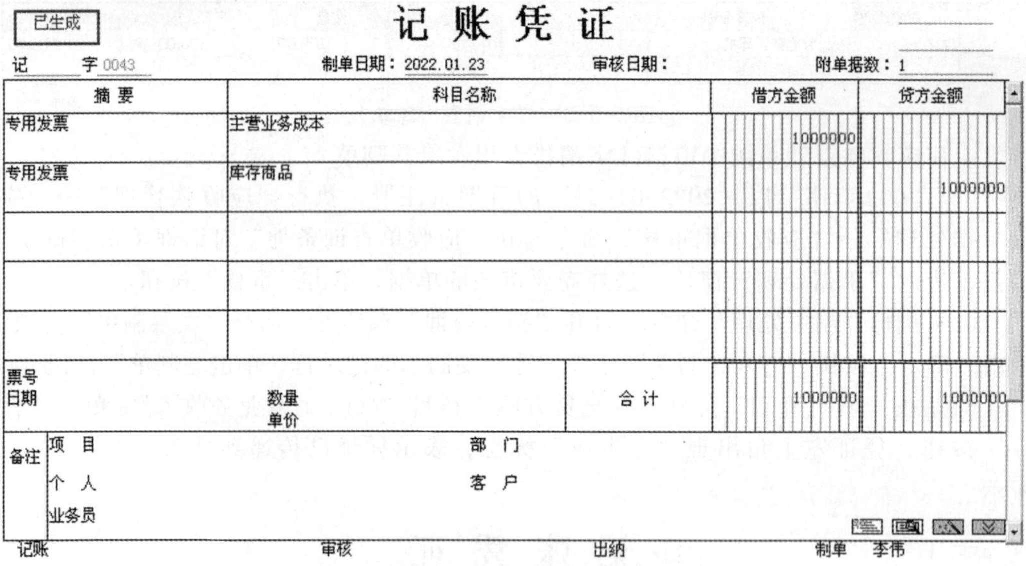

已生成

记账凭证

记 字 0043　　制单日期：2022.01.23　　审核日期：　　附单据数：1

摘要	科目名称	借方金额	贷方金额
专用发票	主营业务成本	1000000	
专用发票	库存商品		1000000
票号 日期	数量 单价 合计	1000000	1000000

备注　项 目　　部 门

个 人　　客 户

业务员

记账　　审核　　出纳　　制单 李伟

图7-6-8　生成红字销售成本凭证

任务测试7-6

结算后退货业务

任务七　分批发货销售业务处理

任务资料

1.23日，销售部与黄石格西贸易有限公司签订分批发货合同（XSHT005），合同约定销售智能音箱800个，报价550元/个，当日从智能家居仓库发出第一批500个智能音箱，剩余商品25日发货。

2.25日，根据合同向黄石格西贸易有限公司发出剩余300个智能音箱。当日开出全部产品的增值税专用发票（发票号39142215），同时以现金支付了一笔代垫的运费2 000元，款项尚未收到。

7-7

原始单据

任务要求

1.进行分批发货销售业务的单据处理。
2.根据分批发货业务单据生成相关凭证。
3.进行销售过程中代垫费用的处理。

知识导航

分批发货销售是一种特殊的销售，其特殊性在于销售方应按照一定的期限分批向购买方交付标的物，而不是一次性交付标的物。

任务实施

【操作步骤】

操作录屏7-7
分批发货销售业务

1.填制并审核分批发货销售订单

“004赵亮”以“2022-01-23”的日期登录企业应用平台，执行“销售管理”→“销售订货”→“销售订单”命令，单击“增加”按钮，按要求录入业务信息，订单号“XSHT005”，表体分两行录入，第一批发货500个，预发货日期为2022-01-23，第二批发货300个，预发货日期为2022-01-25，单击“保存”按钮，再单击“审核”按钮，如图7-7-1所示。

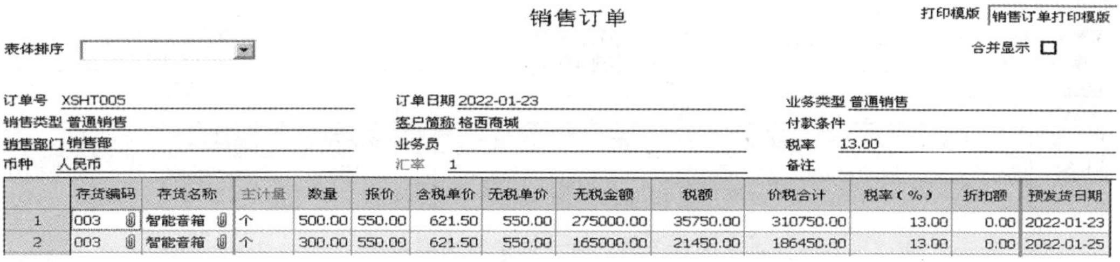
销售订单
打印模版 销售订单打印模版
表体排序
合并显示

订单号 XSHT005 订单日期 2022-01-23 业务类型 普通销售
销售类型 普通销售 客户简称 格西商城 付款条件
销售部门 销售部 业务员 税率 13.00
币种 人民币 汇率 1 备注

	存货编码	存货名称	主计量	数量	报价	含税单价	无税单价	无税金额	税额	价税合计	税率（%）	折扣额	预发货日期
1	003	智能音箱	个	500.00	550.00	621.50	550.00	275000.00	35750.00	310750.00	13.00	0.00	2022-01-23
2	003	智能音箱	个	300.00	550.00	621.50	550.00	165000.00	21450.00	186450.00	13.00	0.00	2022-01-25

图7-7-1 分批发货销售订单

2.填制并审核第一批发货单

（1）执行“销售管理”→“销售发货”→“发货单”命令，单击“增加”按钮，在“查询条件选择-参照订单”窗口单击“确定”，在“参照生单”窗口，双击需要参照的销售订单表头，参照订单表体部分仅选择第一批发货的500个智能音箱，如图7-7-2所示。

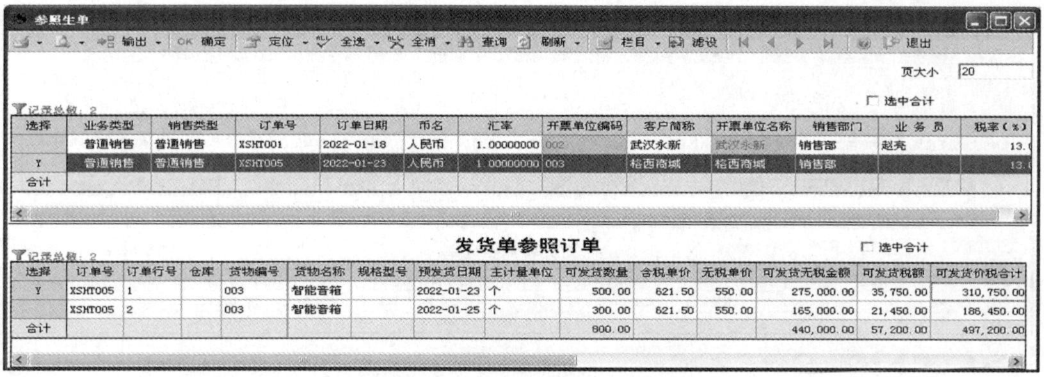
参照生单
输出 确定 定位 全选 全消 查询 刷新 栏目 滤设 退出
页大小 20
记录总数：2
选中合计

选择	业务类型	销售类型	订单号	订单日期	币名	汇率	开票单位编码	客户简称	开票单位名称	销售部门	业务员	税率（%）
	普通销售	普通销售	XSHT001	2022-01-18	人民币	1.00000000	002	武汉永新	武汉永新	销售部	赵亮	13.0
Y	普通销售	普通销售	XSHT005	2022-01-23	人民币	1.00000000	003	格西商城	格西商城	销售部		13.0
合计												

发货单参照订单
记录总数：2
选中合计

选择	订单号	订单行号	仓库	货物编号	货物名称	规格型号	预发货日期	主计量单位	可发货数量	含税单价	无税单价	可发货无税金额	可发货税额	可发货价税合计
Y	XSHT005	1		003	智能音箱		2022-01-23	个	500.00	621.50	550.00	275,000.00	35,750.00	310,750.00
	XSHT005	2		003	智能音箱		2022-01-25	个	300.00	621.50	550.00	165,000.00	21,450.00	186,450.00
合计									800.00			440,000.00	57,200.00	497,200.00

图7-7-2 参照订单生成发货单

（2）单击“OK确定”，在系统自动生成的发货单窗口，仓库名称选择“智能家居仓库”，单击“保存”按钮，再单击“审核”按钮，如图7-7-3所示。

发货单

打印模版 发货单打印模版

表体排序

合并显示 □

发货单号 0000000004　　发货日期 2022-01-23　　业务类型 普通销售
销售类型 普通销售　　订单号 XSHT005　　发票号
客户简称 格西商城　　销售部门 销售部　　业务员
发货地址　　发运方式　　付款条件
税率 13.00　　币种 人民币　　汇率 1
备注

	仓库名称	存货编码	存货名称	主计量	数量	报价	含税单价	无税单价	无税金额	税额	价税合计
1	智能家居仓库	003	智能音箱	个	500.00	550.00	621.50	550.00	275000.00	35750.00	310750.00
2											

图7-7-3　第一批发货单

3. 在库存管理系统填制并审核销售出库单

“006刘云”以“2022-01-23”的日期重注册，执行“库存管理”→“出库业务”→“销售出库单”命令，单击“生单”按钮，选择要参照的发货单，单击“保存”按钮，再单击“审核”按钮，如图7-7-4所示。

销售出库单

销售出库单

表体排序

◉ 蓝字
○ 红字

合并显示 □

出库单号 0000000005　　出库日期 2022-01-23　　仓库 智能家居仓库
出库类别 销售出库　　业务类型 普通销售　　业务号 0000000004
销售部门 销售部　　业务员　　客户 格西商城
审核日期 2022-01-23　　备注

	存货编码	存货名称	规格型号	主计量单位	数量	单价	金额
1	003	智能音箱		个	500.00	450.00	225000.00
2							

图7-7-4　第一批销售出库单

4. 填制并审核第二批发货单

（1）“004赵亮”以“2022-01-25”的日期登录企业应用平台，执行“销售管理”→“销售发货”→“发货单”命令，单击“增加”按钮，在“查询条件选择-参照订单”窗口单击“确定”，双击需要参照的销售订单表头，参照订单表体部分显示剩余第二批可发货数量为300个的智能音箱，如图7-7-5所示。

参照生单

输出　OK 确定　定位　全选　全消　查询　刷新　栏目　滤设　退出

页大小 20

□ 选中合计

记录总数：2

选择	业务类型	销售类型	订单号	订单日期	币名	汇率	开票单位编码	客户简称	开票单位名称	销售部门	业 务 员	税率（%）
	普通销售	普通销售	XSHT001	2022-01-18	人民币	1.00000000	002	武汉永新	武汉永新	销售部	赵亮	13.00
Y	普通销售	普通销售	XSHT005	2022-01-23	人民币	1.00000000	003	格西商城	格西商城	销售部		13.00
合计												

发货单参照订单

□ 选中合计

记录总数：1

选择	订单号	订单行号	仓库	货物编号	货物名称	预发货日期	主计量单位	可发货数量	含税单价	无税单价	可发货无税金额	可发货税额	可发货价税合计
Y	XSHT005	2		003	智能音箱	2022-01-25	个	300.00	621.50	550.00	165,000.00	21,450.00	186,450.00
合计								300.00			165,000.00	21,450.00	186,450.00

图7-7-5　参照订单生成发货单

（2）单击“OK确定”，在系统自动生成的发货单窗口，仓库名称选择“智能家居仓库”，单击“保存”按钮，再单击“审核”按钮，如图7-7-6所示。

发货单

打印模版 发货单打印

表体排序

合并显示 □

发货单号 0000000005　　发货日期 2022-01-25　　业务类型 普通销售
销售类型 普通销售　　订单号 XSHT005　　发票号
客户简称 格西商城　　销售部门 销售部　　业务员
发货地址　　发运方式　　付款条件
税率 13.00　　币种 人民币　　汇率 1
备注

	仓库名称	存货编码	存货名称	主计量	数量	报价	含税单价	无税单价	无税金额	税额	价税合计
1	智能家居仓库	003	智能音箱	个	300.00	550.00	621.50	550.00	165000.00	21450.00	186450.00
2											

图7-7-6　第二批发货单

5.在库存管理系统填制并审核销售出库单

“006刘云”以“2022-01-25”的日期重注册，执行“库存管理”→“出库业务”→“销售出库单”命令，单击“生单”按钮，选择要参照的发货单，单击“保存”按钮，再单击“审核”按钮，如图7-7-7所示。

销售出库单

销售出库单打印模版

表体排序

◉ 蓝字　　合并显示 □
○ 红字

出库单号 0000000006　　出库日期 2022-01-25　　仓库 智能家居仓库
出库类别 销售出库　　业务类型 普通销售　　业务号 0000000005
销售部门 销售部　　业务员　　客户 格西商城
审核日期 2022-01-25　　备注

	存货编码	存货名称	规格型号	主计量单位	数量	单价	金额
1	003	智能音箱		个	300.00	450.00	135000.00
2							

图7-7-7　第二批销售出库单

6.在销售管理系统填制并复核销售发票

（1）“004赵亮”以“2022-01-25”的日期重注册，执行“销售管理”→“销售开票”→“销售专用发票”命令，单击“增加”按钮，在“查询条件选择-发票参照发货单”对话框单击“确定”，选择要参照的2张发货单，单击“OK确定”，如图7-7-8所示。

参照生单

输出　OK 确定　定位　全选　全消　查询　刷新　栏目　滤设　自动匹配　退

页大小 20

□ 选中合计

记录总数：2

选择	税率（%）	业务类型	销售类型	发货单号	发货日期	币名	汇率	开票单位编码	客户简称	开票单位名称	销售部门
Y	13.00	普通销售	普通销售	0000000004	2022-01-23	人民币	1.00000000	003	格西商城	格西商城	销售部
Y	13.00	普通销售	普通销售	0000000005	2022-01-25	人民币	1.00000000	003	格西商城	格西商城	销售部
合计											

发票参照发货单

□ 选中合计

记录总数：2

选择	订单号	订单行号	仓库	货物编号	货物名称	未开票数量	税率（%）	数量	无税金额	税额	价税合计
Y	XSHT005	1	智能家居仓库	003	智能音箱	500.00	13.00	500.00	275,000.00	35,750.00	310,750.00
Y	XSHT005	2	智能家居仓库	003	智能音箱	300.00	13.00	300.00	165,000.00	21,450.00	186,450.00
合计						800.00		800.00	440,000.00	57,200.00	497,200.00

图7-7-8　发票参照发货单

（2）在系统生成的销售专用发票窗口，填写发票号“39142215”，单击“保存”按钮，再单击“复核”按钮。勾选发票右上角的“合并显示”，可将两行数据汇总为一行数据，如图7-7-9所示。

销售专用发票

打印模版 销售专用发票打印

表体排序

合并显示 ☑

发票号 39142215　开票日期 2022-01-25　业务类型 普通销售

销售类型 普通销售　订单号 XSHT005　发货单号 0000000004，0000000005

客户简称 格西商城　销售部门 销售部　业务员

付款条件　客户地址 黄石市下陆区天平路31号　联系电话 0714-6222876

开户银行 中国银行武汉市天平路支行　账号 420016070000003456777　税号 91420200MA49L55689

币种 人民币　汇率 1　税率 13.00

备注

	仓库名称	存货编码	存货名称	数量	报价	含税单价	无税单价	无税金额	税额	价税合计	税率（%）
1	智能家居仓库	003	智能音箱	800.00	550.00	621.50	550.00	440000.00	57200.00	497200.00	13.00
2											

图7-7-9　销售专用发票

特别提示：

① 在发票上勾选了“合并显示”后，会根据合并规则将两行数据汇总为一行数据，本任务中，合并显示后，发票数量为500个和300个汇总后的800个。

② 使用“合并显示”需要设置合并规则。发票保存后，勾选“合并设置”，弹出“汇总设置”对话框，将“仓库名称”、“存货编码”和“存货名称”作为“合并依据”，“数量”“无税金额”“税额”“价税合计”均在“取值”中选择“汇总”，“报价”“含税单价”“无税单价”“税率”在“取值”中选择“平均”。单击“确定”，如图7-7-10所示。

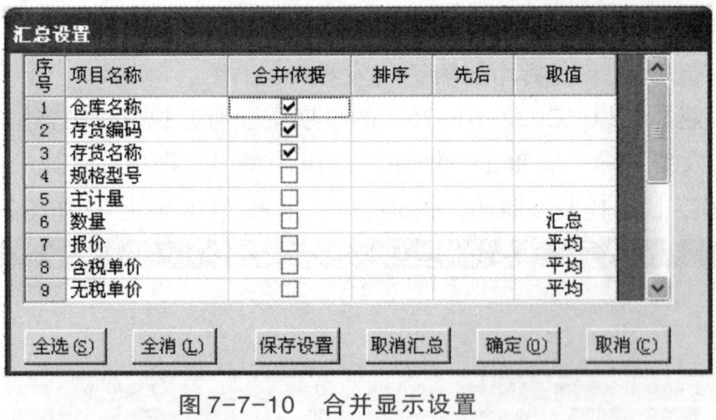

汇总设置

序号	项目名称	合并依据	排序	先后	取值
1	仓库名称	☑			
2	存货编码	☑			
3	存货名称	☑			
4	规格型号	☐			
5	主计量	☐			
6	数量	☐			汇总
7	报价	☐			平均
8	含税单价	☐			平均
9	无税单价	☐			平均

全选(S)　全消(L)　保存设置　取消汇总　确定(O)　取消(C)

图7-7-10　合并显示设置

7.在销售管理系统填制并审核代垫费用单

（1）执行“销售管理”→“代垫费用”→“代垫费用单”命令，进入“代垫费用单”窗口。

（2）单击“增加”按钮，输入客户简称“格西商城”，销售部门“销售部”，费用项目“运输费”，代垫金额“2 000”，单击“保存”按钮，再单击“审核”按钮，如图7-7-11所示。

代垫费用单

显示模版 代垫费用单

表体排序

代垫单号 0000000001 代垫日期 2022-01-25 发票号

客户简称 格西商城 销售部门 销售部 业务员

币种 人民币 汇率 1.00000000 备注

	费用项目	代垫金额	存货编码	存货名称
1	运输费	2000.00		

图7-7-11 代垫费用单

8.在应收款管理系统中审核销售专用发票和代垫费用并确认应收账款

（1）“002李伟”以“2022-01-25”的日期重注册，执行“应收款管理”→“应收单据处理”→“应收单据审核”命令，在“应收单查询条件”对话框单击“确定”按钮，进入“单据处理”窗口。

（2）单击“全选”，选择需要审核的2张单据，单击“审核”按钮，如图7-7-12所示。

应收单据列表

记录总数：2

选择	审核人	单据日期	单据类型	单据号	客户名称	部门	业务员	制单人	币种	汇率	原币金额	本币金额
Y	李伟	2022-01-25	其他应收单	0000000002	黄石格西贸易有限公司	销售部		赵亮	人民币	1.00000000	2,000.00	2,000.00
Y	李伟	2022-01-25	销售专用发票	39142215	黄石格西贸易有限公司	销售部		赵亮	人民币	1.00000000	497,200.00	497,200.00
合计											499,200.00	499,200.00

图7-7-12 应收单审核

（3）执行“制单处理”命令，打开“制单查询”对话框，选择“发票制单”和“应收单制单”选项，单击“确定”按钮，进入“制单”窗口，单击“全选”按钮，选择要制单的2行记录，单击“合并”按钮，如图7-7-13所示。

应收制单

凭证类别 记账凭证 制单日期 2022-01-25

选择标志	凭证类别	单据类型	单据号	日期	客户编码	客户名称	部门	业务员	金额
1	记账凭证	销售专用发票	39142215	2022-01-25	003	黄石格...	销售部		497,200.00
1	记账凭证	其他应收单	0000000002	2022-01-25	003	黄石格...	销售部		2,000.00

图7-7-13 选择单据制单

（4）单击“制单”按钮，进入“填制凭证”窗口，补充贷方科目“1001库存现金”，单击“保存”按钮，凭证左上角出现“已生成”标志，表示凭证已传递到总账，如图7-7-14所示。

特别提示：

销售专用发票和应收单可以合并制单也可以分别制单。

9.在存货核算系统记账并生成成本结转凭证

（1）执行“业务工作”→“供应链”→“存货核算”→“业务核算”→“正常单据记账”命令，在“查询条件选择”对话框单击“确定”按钮，进入“未记账单据一览表”窗口。选择要记账的2行记录，如图7-7-15所示。单击“记账”按钮，系统显示“记账成功”。

已生成

记 账 凭 证

记 字 0044 制单日期：2022.01.25 审核日期： 附单据数：2

摘要	科目名称	借方金额	贷方金额
销售专用发票	应收账款	49720000	
其他应收单	应收账款	200000	
销售专用发票	主营业务收入		44000000
销售专用发票	应交税费/应交增值税/销项税额		5720000
其他应收单	库存现金		200000
票号 日期	数量 单价 合计	49920000	49920000

备注 项 目 部 门

个 人 客 户 格西商城

业务员

记账 审核 出纳 制单 李伟

图7-7-14 生成确认收入凭证

正常单据记账列表

记录总数：3

选择	日期	单据号	存货编码	存货名称	存货代码	单据类型	仓库名称	收发类别	数量
	2022-01-17	0000000005	003	智能音箱		采购入库单	智能家居仓库	采购入库	600.00
Y	2022-01-25	39142215	003	智能音箱		专用发票	智能家居仓库	销售出库	500.00
Y	2022-01-25	39142215	003	智能音箱		专用发票	智能家居仓库	销售出库	300.00
小计									1,400.00

图7-7-15 正常单据记账列表

（2）执行“财务核算”→“生成凭证”命令，进入“生成凭证”窗口。单击工具栏上的“选择”按钮，打开“查询条件”对话框。选择“（26）销售专用发票”选项，单击“确定”按钮，选择要制单的记录行，单击“确定”。

（3）在“生成凭证”窗口，单击“合成”按钮，进入“填制凭证”窗口，单击“保存”按钮，凭证左上角出现“已生成”标志，表示凭证已传递至总账，如图7-7-16所示。

已生成

记 账 凭 证

记 字 0045 制单日期：2022.01.25 审核日期： 附单据数：1

摘要	科目名称	借方金额	贷方金额
专用发票	主营业务成本	36000000	
专用发票	库存商品		36000000
票号 日期	数量 单价 合计	36000000	36000000

备注 项 目 部 门

个 人 客 户

业务员

记账 审核 出纳 制单 李伟

图7-7-16 生成结转成本凭证

> **特别提示：**
>
> 查询存货核算系统生成的凭证可以通过“总账”→“凭证”→“查询凭证”或“存货核算”→“财务核算”→“凭证列表”，但修改或删除凭证只能在存货核算系统，总账系统不能修改或删除外部系统生成的凭证。

任务测试 7-7

分批发货销售业务

任务八　零售日报业务处理

任务资料

1月25日，销售部提交商品零售清单（日报号：2201043），向零散客户销售智能体脂秤500台，含税单价350元；智能车载摄像头400个，含税单价700元；智能手环380个，含税单价330元。款项均以现金方式收取。

7-8

原始单据

任务要求

1.进行零售日报业务的单据处理。

2.根据零售日报业务单据生成相关凭证。

知识导航

一、零售日报业务类型

零售日报业务，即零售业务，是商业企业将商品销售给零售客户的销售业务。如果用户有零售业务，相应的销售票据应按日汇总数据，然后通过零售日报进行处理。这种业务常见于商场、超市及企业的各零售店。

如果企业存在零售业务，需要在销售管理系统中进行零售日报业务的选项设置。

二、零售日报业务处理流程

零售日报业务处理流程和单据处理流程如图7-8-1所示。

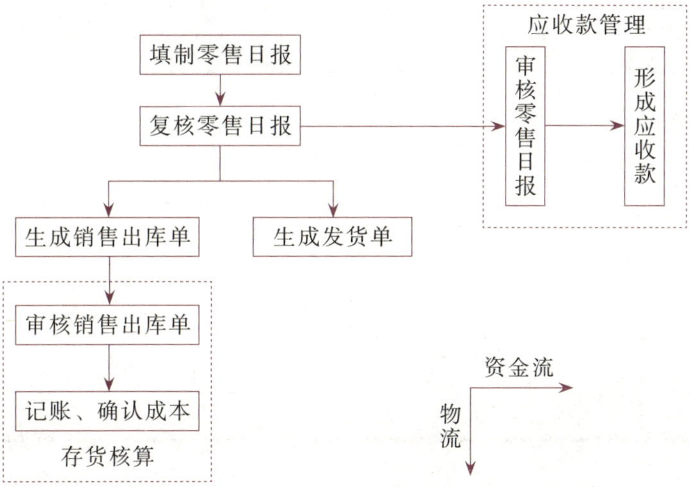

图7-8-1　零售日报业务处理流程和单据处理流程

任务实施

操作录屏7-8

零售日报业务

【操作步骤】

1.在销售管理系统中填制并复核零售日报

（1）“004赵亮”以“2022-01-25”的日期登录企业应用平台，执行“供应链”→“销售管理”→“零售日报”→“零售日报”命令，进入“零售日报”窗口。

（2）单击“增加”按钮，录入日报号“2201043”，销售类型为“普通销售”，客户简称为“零散客户”，销售部门选择“销售部”，依次录入零售的各项存货信息，单击“保存”按钮，如图7-8-2所示。

零售日报

打印模版 销售零售日报打印

表体排序

合并显示

日报号 2201043　日报日期 2022-01-25　销售类型 普通销售

客户简称 零散客户　销售部门 销售部　业务员

客户地址　税率 13.00　备注

	仓库名称	存货编码	存货名称	主计量	数量	报价	含税单价	无税单价	无税金额	税额	价税合计
1	智能家居仓库	004	智能体脂秤	台	500.00	0.00	350.00	309.73	154867.26	20132.74	175000.00
2	智能电子设备仓库	005	智能车载摄像头	个	400.00	0.00	700.00	619.47	247787.61	32212.39	280000.00
3	智能电子设备仓库	006	智能手环	个	380.00	0.00	330.00	292.04	110973.45	14426.55	125400.00

图7-8-2　零售日报

（3）单击“现结”按钮，输入结算方式和原币金额，如图7-8-3所示。

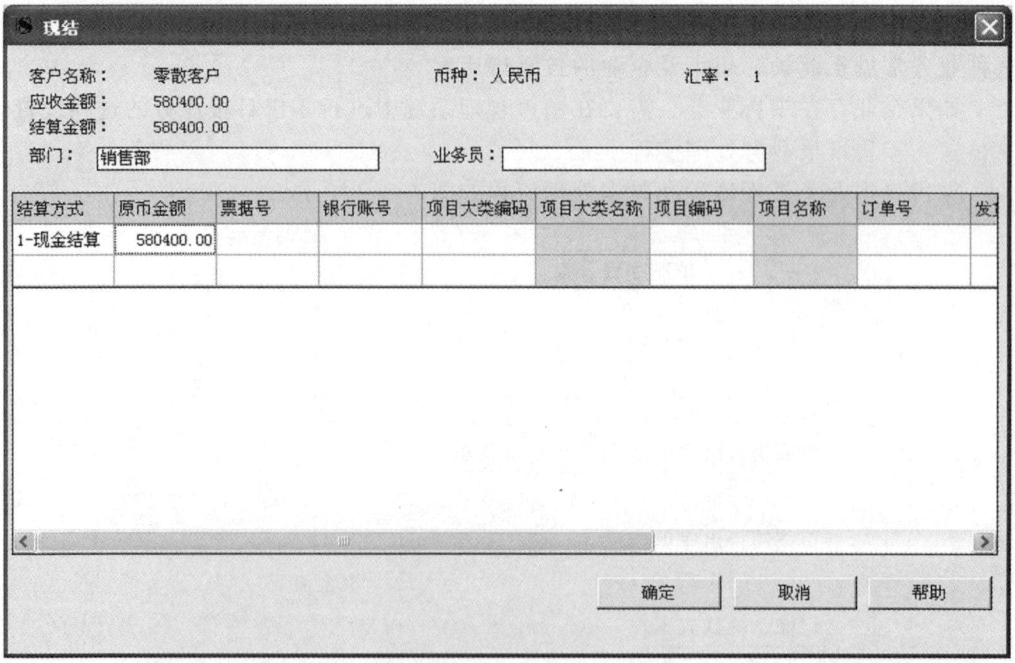

现结

客户名称：　零散客户　币种：人民币　汇率：　1

应收金额：　580400.00

结算金额：　580400.00

部门：　销售部　业务员：

结算方式	原币金额	票据号	银行账号	项目大类编码	项目大类名称	项目编码	项目名称	订单号	发
1-现金结算	580400.00								

确定　取消　帮助

图7-8-3　现结

（4）单击“确定”按钮，在零售日报界面单击“复核”按钮。

特别提示：

① 零售日报不能参照其他单据生成，只能手工输入。

② 零售日报价税合计数不是根据含税单价乘以数量直接计算得出，而是将含税单价换算为不含税单价，乘以（1+税率），再乘以数量计算得出，因此有尾差。零售日报在录入时可先录入数量和价税合计数，由系统自动倒挤含税单价和无税单价。

2. 在销售管理系统查看零售日报发货单

执行"销售管理"→"销售发货"→"发货单"命令，在工具栏单击"末张"按钮，查看系统根据零售日报自动生成的已审核的发货单，如图7-8-4所示。

图7-8-4 零售日报发货单

特别提示：

根据复核后的零售日报生成的发货单不能修改、删除，只能查询。

3. 在库存管理系统生成并审核销售出库单

（1）"006 刘云"以"2022-01-25"的日期重注册，执行"库存管理"→"出库业务"→"销售出库单"命令，单击"生单"按钮，选择"销售生单"，在"查询条件选择-销售发货单列表"对话框单击"确定"按钮。选择需要参照的发货单表头，系统提示"只能同时选择仓库、红蓝字相同的行"，在发货单表体选择"智能家居仓库"记录行，如图7-8-5所示。

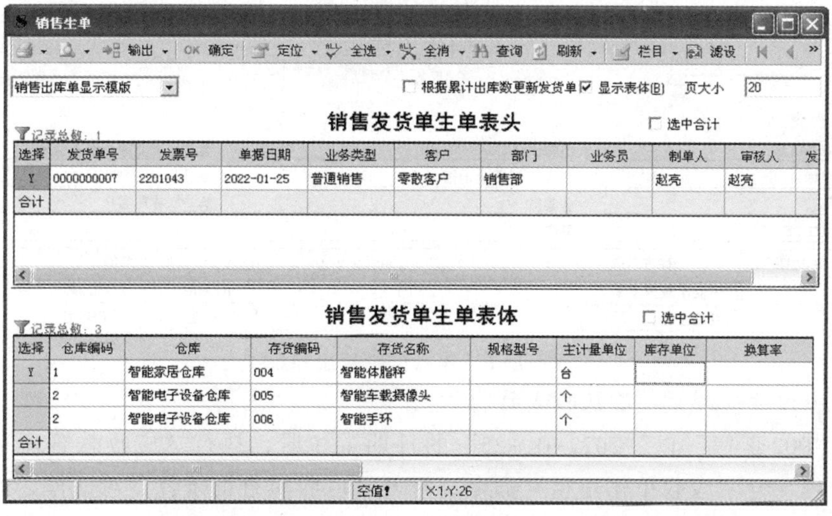

图7-8-5 销售生单

（2）单击“OK确定”。审核无误后单击“保存”按钮，再单击“审核”按钮，如图7-8-6所示。

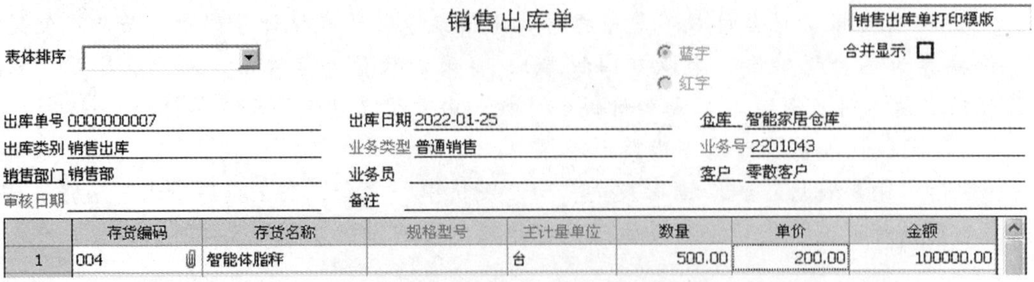

图7-8-6　第一张销售出库单

（3）继续单击“生单”按钮，同理可参照销售发货单生成第二张销售出库单，如图7-8-7、图7-8-8所示。

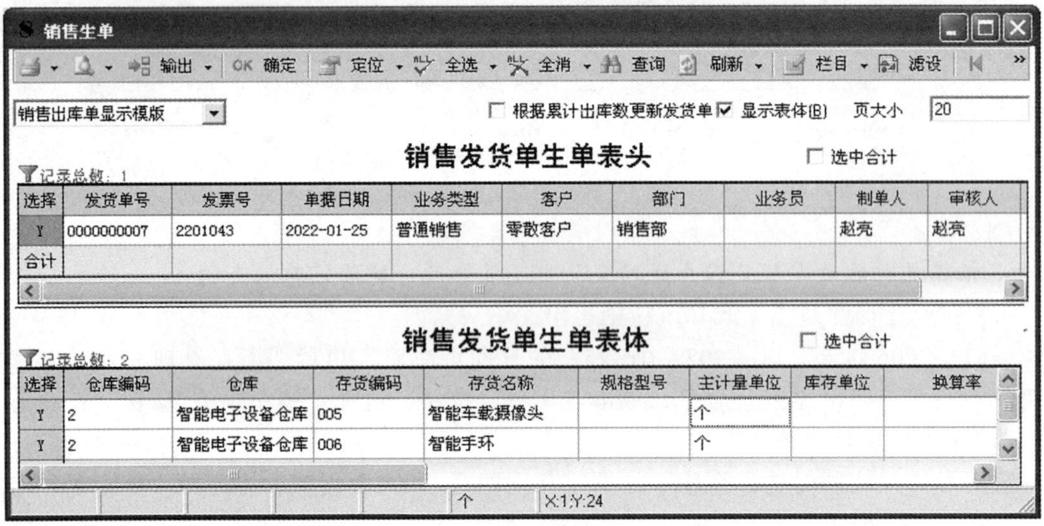

图7-8-7　销售生单

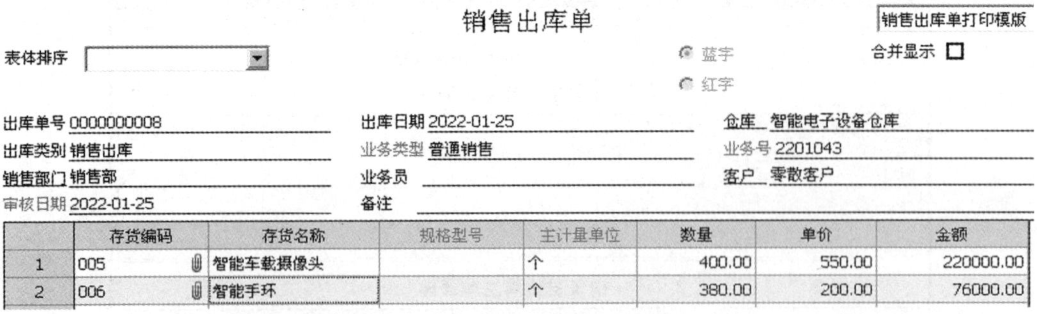

图7-8-8　第二张销售出库单

4.在应收款管理系统确认收入并收款

（1）“002李伟”以“2022-01-25”的日期重注册，执行“应收款管理”→“应收单据处理”→“应收单据审核”命令，打开“应收单查询条件”对话框，勾选“包含已现结发票”复选框，如图7-8-9所示。

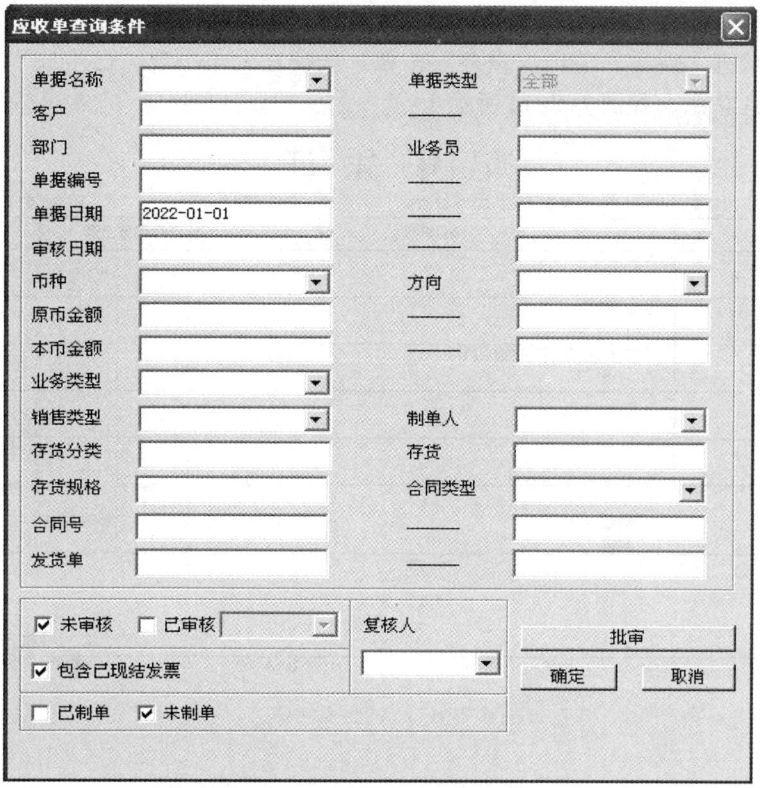

图7-8-9　应收单查询条件

（2）单击“确定”按钮，进入“单据处理”窗口。选择需要审核的单据，单击“审核”按钮。

（3）执行“制单处理”命令，打开“制单查询”对话框，选择“现结制单”选项，如图7-8-10所示。

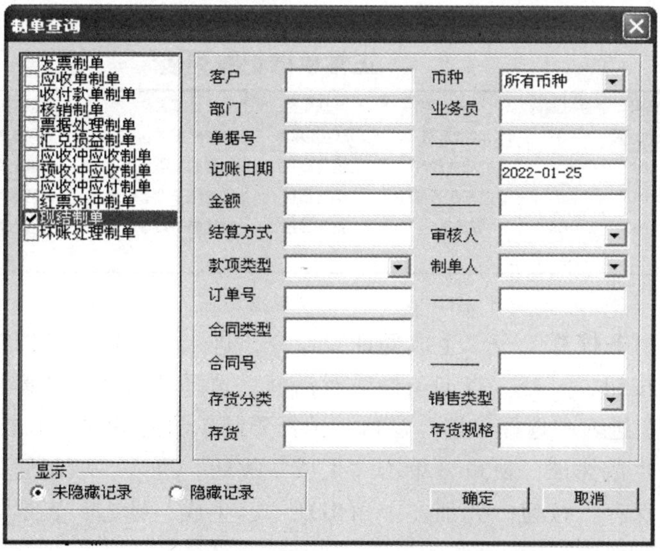

图7-8-10　制单查询

(4) 单击“确定”按钮，进入“制单”窗口，选择要制单的记录行，单击“制单”按钮，核查无误后，单击“保存”按钮，凭证左上角出现“已生成”标志，表示凭证已传递到总账，如图7-8-11所示。

已生成

记 账 凭 证

记 字 0046　　制单日期：2022.01.25　　审核日期：　　附单据数：1

摘 要	科目名称	借方金额	贷方金额
现结	库存现金	58040000	
现结	主营业务收入		51362832
现结	应交税费/应交增值税/销项税额		6677168
票号 日期	数量 单价　　合 计	58040000	58040000

备注	项 目 个 人 业务员	部 门 客 户

记账　　审核　　出纳　　制单 李伟

图7-8-11 生成凭证

特别提示：

审核后的零售日报作为销售发票，在应收款管理系统审核后形成应收款并制单。

5.在存货核算系统中进行单据记账并生成出库凭证

(1) 执行“业务工作”→“供应链”→“存货核算”→“业务核算”→“正常单据记账”命令，打开“查询条件选择”对话框。单击“确定”按钮，进入“未记账单据一览表”窗口。选择要记账的单据，如图7-8-12所示，单击“记账”按钮，系统显示“记账成功”。

正常单据记账列表

记录总数：4

选择	日期	单据号	存货编码	存货名称	单据类型	仓库名称	收发类别	数量
	2022-01-17	0000000005	003	智能音箱	采购入库单	智能家居仓库	采购入库	600.00
Y	2022-01-25	2201043	004	智能体脂秤	销售日报	智能家居仓库	销售出库	500.00
Y	2022-01-25	2201043	005	智能车载摄像头	销售日报	智能电子设备仓库	销售出库	400.00
Y	2022-01-25	2201043	006	智能手环	销售日报	智能电子设备仓库	销售出库	380.00
小计								1,880.00

图7-8-12 正常单据记账

(2) 执行“财务核算”→“生成凭证”命令，进入“生成凭证”窗口。单击工具栏上的“选择”按钮，打开“查询条件”对话框。选择“(29) 销售日报”选项，单击“确定”按钮，进入“选择单据”窗口，选择要制单的记录行，单击“确定”按钮。

(3) 进入“生成凭证”窗口，单击“生成”按钮，进入“填制凭证”窗口。核查无误后，单击“保存”按钮，凭证左上角出现“已生成”标志，表示凭证已传递至总账，如图7-8-13所示。

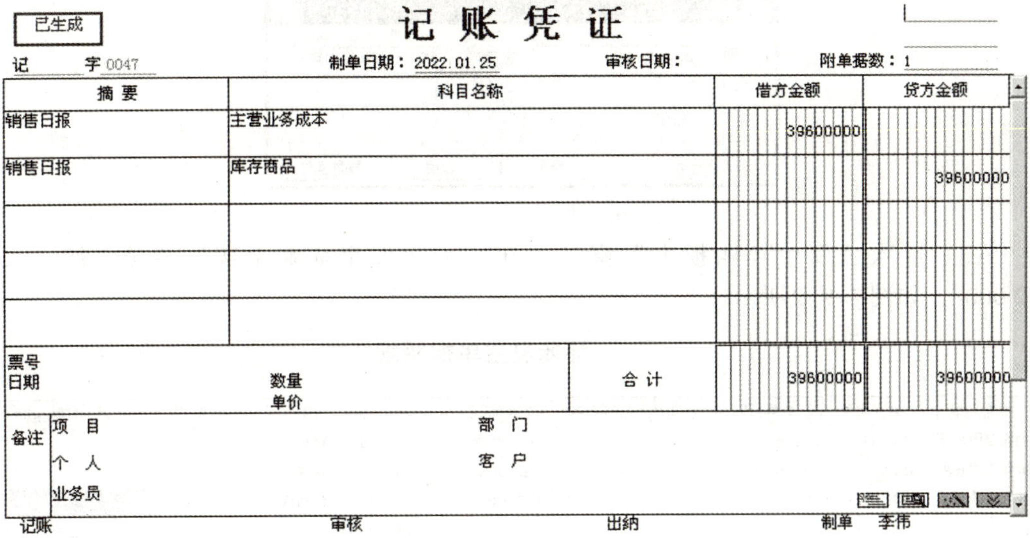

已生成

记账凭证

记 字 0047　制单日期：2022.01.25　审核日期：　附单据数：1

摘要	科目名称	借方金额	贷方金额
销售日报	主营业务成本	39600000	
销售日报	库存商品		39600000
票号 日期 数量 单价	合计	39600000	39600000

备注　项目　部门
个人　客户
业务员

记账　审核　出纳　制单　李伟

图7-8-13　生成凭证

任务测试7-8

零售日报业务

任务九　坏账业务处理

任务资料

7-9

原始单据

25日，确认23日为黄石格西贸易有限公司代垫的运费2 000元作为坏账处理。

任务要求

1. 进行坏账发生业务处理。
2. 根据坏账发生业务单据生成相关凭证，并在总账系统中进行审核记账操作。

知识导航

坏账处理包括计提坏账准备、坏账发生、坏账收回、坏账查询。

系统提供的计提坏账的方法主要有直接转销法、销售收入百分比法、应收账款百分比法和账龄分析法。后三种坏账计提方法需要在初始设置中进行坏账准备设置。设置的内容包括提取比率、坏账准备期初余额、坏账准备科目、对方科目。

任务实施

操作录屏7-9

坏账业务处理

【操作步骤】

在应收款管理系统确认发生坏账并制单

（1）“002李伟”以“2022-01-25”的日期登录企业应用平台，执行“应收款管理”→“坏账处理”→“坏账发生”命令，打开“坏账发生”对话框。

（2）选择“客户”为“003-黄石格西贸易”，如图7-9-1所示，单击“确定”按钮。

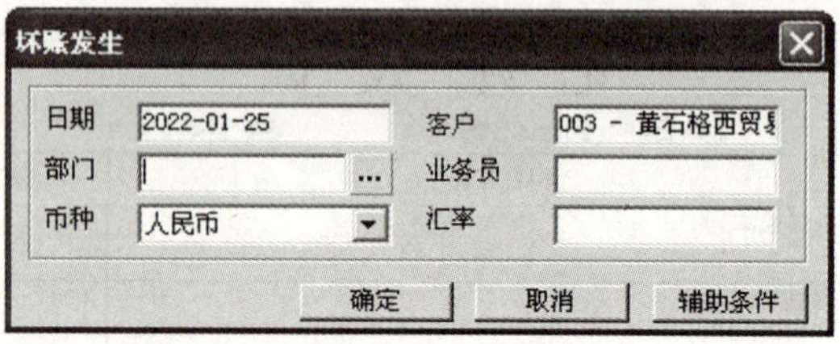

图7-9-1 坏账发生

（3）进入“发生坏账损失”窗口，在“本次发生坏账金额”栏第3行录入“2 000”，如图7-9-2所示。

坏账发生单据明细

单据类型	单据编号	单据日期	合同号	合同名称	到期日	余额	部门	业务员	本次发生坏账金额
销售专用发票	39142211	2022-01-22			2022-01-22	440,700.00	销售部		
销售专用发票	39142215	2022-01-25			2022-01-25	497,200.00	销售部		
其他应收单	0000000002	2022-01-25			2022-01-25	2,000.00	销售部		2000.00
合　计						939,900.00			2,000.00

图7-9-2 坏账发生单据明细

（4）单击“OK确认”按钮，系统弹出“是否立即制单”提示框，单击“是”。在“填制凭证”窗口单击“保存”按钮，凭证左上角出现“已生成”标志，表示凭证已传递至总账，如图7-9-3所示。

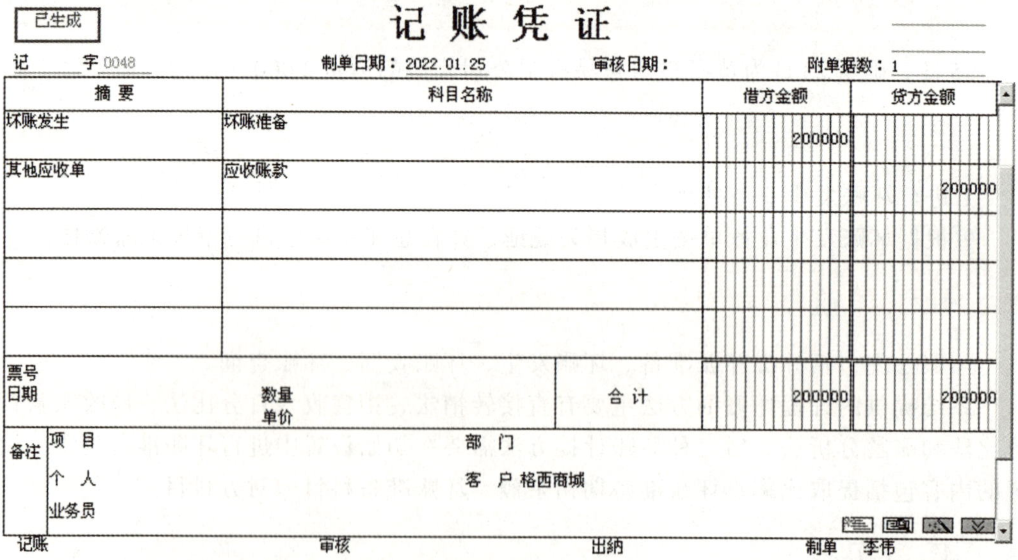

图7-9-3 生成凭证

学思践悟7-2
别让坏账坏了事

任务测试7-9
坏账业务处理

特别提示：

如果需要取消坏账发生，在“应收款管理”→“其他处理”→“取消操作”命令下，选择操作类型“坏账处理”，在“取消操作”窗口选择需取消的记录行，单击“OK确认”按钮。

任务十　数据查询

任务要求

1.查询销售统计表
2.查询发货统计表
3.查询销售收入明细表
4.查询销售成本明细表
5.查询销售结构分析
6.查询应收余额表

知识导航

一、销售管理系统数据查询

销售管理系统通过“账表”菜单的各种账表提供多角度、多方位的综合查询和分析，可以查询销售统计表、明细账、销售分析和综合分析。灵活运用各种查询功能，可以有效提高信息利用和销售管理水平。

（一）单据查询

通过“销售订单列表”“发货单列表”“委托代销发货单列表”“发票列表”“零售日报列表”“销售调拨单列表”等功能，可以分别对这些业务单据进行数据查询和分析。

（二）账表查询

通过查询销售管理系统提供的各种账表，实现对销售业务的事中控制、事后分析。

1.销售统计表

销售统计表用来查询销售金额、折扣、成本、毛利等数据，其中存货成本数据来源于存货核算系统；销售金额、折扣数据来自销售管理系统的各种销售发票，包括蓝字发票、红字发票和销售日报。

2.发货统计表

发货统计表用来查询存货的期初余额、发货、开票和结存等各项业务数据。其中发货单和退货单统计发货数量，销售发票、零售日报及其对应的红字发票统计结算数据。

3.销售综合统计表

销售综合统计表用来查询企业的订货、发货、开票、出库和汇款等统计数据。它综合了销售订单、销售发货单、销售发票和销售出库单的相关信息。

4.销售收入明细账

销售收入明细账用来查询各类销售发票的明细数据。与销售统计表相比，销售收入明细账提供的销售发票信息更为详尽，包括票号、日期、数量、单价、对应的凭证号等，可以兼顾会计和业务员的不同需要。

5. 销售成本明细账

销售成本明细账用来查询各种销售存货的销售成本情况。销售出库单、出库调整单、销售发票为销售成本明细账的数据来源。如果没有启用总账系统和存货核算系统，则无法查询销售成本明细账。

6. 销售结构分析

销售结构分析按照不同的分组条件，例如客户、业务员、存货等对任意时间段的销售构成情况进行分析。例如，按照存货类别可以统计发出的货物占发货数量的百分比、各类发出货物的销售收入占全部销售收入的百分比等。

二、应收款管理系统数据查询

应收款管理系统的查询统计功能主要有：单据查询、业务账表查询、业务分析和科目账表查询。

（一）单据查询

单据查询功能包括发票、应收单、结算单和凭证等的查询。

（二）业务账表查询

业务账表查询功能可以进行总账、明细账、余额表和对账单的查询，并可以实现总账、明细账、单据之间的联查。

（三）业务分析

业务分析功能包括应收款账龄分析、收款账龄分析和欠款分析。

（四）科目账表查询

科目账表查询功能包括科目余额表查询和科目明细表查询，并且可以实现总账、明细账、凭证之间的联查。

操作录屏
7-10

销售与应收款
数据查询

任务实施

【操作步骤】

1. 查询本月销售统计表

以“001张明”的身份进入企业应用平台，执行“供应链”→“销售管理”→“报表”→“统计表”→“销售统计表”命令，进入“查询条件选择-销售统计表”窗口，单击“确定”按钮，如图7-10-1所示。

销售统计表

开票日期： 2022-01-01 2022-01-31 结算日期 2022-01-01 2022-01-31

部门名称	业务员名称	存货名称	数量	单价	金额	税额	价税合计	折扣	成本	毛利	毛利率
销售部		智能车载摄像头	600.00	650.00	390,000.00	50,700.00	440,700.00		300,000.00	90,000.00	23.08%
销售部		智能音箱	800.00	550.00	440,000.00	57,200.00	497,200.00		360,000.00	80,000.00	18.18%
销售部		智能车载摄像头	400.00	619.47	247,787.61	32,212.39	280,000.00		220,000.00	27,787.61	11.21%
销售部		智能手环	380.00	292.04	110,973.45	14,426.55	125,400.00		76,000.00	34,973.45	31.52%
销售部		智能体脂秤	500.00	309.73	154,867.26	20,132.74	175,000.00		100,000.00	54,867.26	35.43%
销售部		智能台灯	300.00	350.00	105,000.00	13,650.00	118,650.00		75,000.00	30,000.00	28.57%
销售部		智能门锁	400.00	850.00	340,000.00	44,200.00	384,200.00		208,000.00	132,000.00	38.82%
销售部	赵亮	智能蓝牙耳机	900.00	170.00	153,000.00	19,890.00	172,890.00		90,000.00	63,000.00	41.18%
总计			4,280.00	453.65	1,941,628.32	252,411.68	2,194,040.00		1,429,000.00	512,628.32	26.40%

图7-10-1 销售统计表

2. 查询本月发货统计表

执行“供应链”→“销售管理”→“报表”→“统计表”→“发货统计表”命

令，进入“查询条件选择-发货统计表”窗口。输入查询条件，点击“确定”按钮，如图7-10-2所示。

发货统计表

日期：　2022-01-01　　2022-01-31

部门	客户	存货名称	发货数量	发货金额	发货税额	发货价税合计	开票数量	开票金额	开票税额	开票价税合计	结存数量	结存金额	结存税额	结存价税合计
销售部	黄石格西贸易有限公司	智能音箱	800.00	440,000.00	57,200.00	497,200.00	800.00	440,000.00	57,200.00	497,200.00				
销售部	(小计)黄石格西贸易有限公司		800.00	440,000.00	57,200.00	497,200.00	800.00	440,000.00	57,200.00	497,200.00				
销售部	零散客户	智能车载摄像头	400.00	247,787.61	32,212.39	280,000.00	400.00	247,787.61	32,212.39	280,000.00				
销售部	零散客户	智能手环	380.00	110,973.45	14,426.55	125,400.00	380.00	110,973.45	14,426.55	125,400.00				
销售部	零散客户	智能体脂秤	500.00	154,867.26	20,132.74	175,000.00	500.00	154,867.26	20,132.74	175,000.00				
销售部	(小计)零散客户		1,280.00	513,628.32	66,771.68	580,400.00	1,280.00	513,628.32	66,771.68	580,400.00				
销售部	武汉美联商行	智能台灯	1,000.00	350,000.00	45,500.00	395,500.00	300.00	105,000.00	13,650.00	118,650.00	700.00	245,000.00	31,850.00	276,850.00
销售部	(小计)武汉美联商行		1,000.00	350,000.00	45,500.00	395,500.00	300.00	105,000.00	13,650.00	118,650.00	700.00	245,000.00	31,850.00	276,850.00
销售部	武汉明创商贸有限公司	智能门锁	500.00	425,000.00	55,250.00	480,250.00	400.00	340,000.00	44,200.00	384,200.00	100.00	85,000.00	11,050.00	96,050.00
销售部	(小计)武汉明创商贸有限公司		500.00	425,000.00	55,250.00	480,250.00	400.00	340,000.00	44,200.00	384,200.00	100.00	85,000.00	11,050.00	96,050.00
销售部	武汉永新科技有限公司	智能蓝牙耳机	900.00	153,000.00	19,890.00	172,890.00	900.00	153,000.00	19,890.00	172,890.00				
销售部	(小计)武汉永新科技有限公司		900.00	153,000.00	19,890.00	172,890.00	900.00	153,000.00	19,890.00	172,890.00				
(小计)…			4,480.00	1,881,628.32	244,611.68	2,126,240.00	3,680.00	1,551,628.32	201,711.68	1,753,340.00	800.00	330,000.00	42,900.00	372,900.00
总计			4,480.00	1,881,628.32	244,611.68	2,126,240.00	3,680.00	1,551,628.32	201,711.68	1,753,340.00	800.00	330,000.00	42,900.00	372,900.00

图7-10-2　发货统计表

3.查询本月销售收入明细账

执行“供应链”→“销售管理”→“报表”→“明细账”→“销售收入明细账”命令，进入“查询条件选择-销售收入明细账”窗口。输入要查询的条件，点击“确定”按钮，如图7-10-3所示。

销售收入明细账

日期：　2022-01-01　　2022-01-31　　部门：　　客户 ：　　到

业务员：

年	月	日	销售类型	单据类型	发票号	存货名称	数量	无税单价	含税单价	金额	税额	价税合计
2022	1	20	普通销售	销售专用发票	39142210	智能蓝牙耳机	1,000.00	170.00	192.10	170,000.00	22,100.00	192,100.00
2022	1	22	普通销售	销售专用发票	39142211	智能车载摄像头	600.00	650.00	734.50	390,000.00	50,700.00	440,700.00
2022	1	22	普通销售	销售专用发票	39142212	智能门锁	400.00	850.00	960.50	340,000.00	44,200.00	384,200.00
2022	1	23	委托代销	销售专用发票	39142213	智能台灯	300.00	350.00	395.50	105,000.00	13,650.00	118,650.00
2022	1	23	销售退货	销售专用发票	39142214	智能蓝牙耳机	-100.00	170.00	192.10	-17,000.00	-2,210.00	-19,210.00
2022	1	25	普通销售	销售零售日报	2201043	智能车载摄像头	400.00	619.47	700.00	247,787.61	32,212.39	280,000.00
2022	1	25	普通销售	销售零售日报	2201043	智能手环	380.00	292.04	330.00	110,973.45	14,426.55	125,400.00
2022	1	25	普通销售	销售零售日报	2201043	智能体脂秤	500.00	309.73	350.00	154,867.26	20,132.74	175,000.00
2022	1	25	普通销售	销售专用发票	39142215	智能音箱	800.00	550.00	621.50	440,000.00	57,200.00	497,200.00
2022	(小						4,280.00	453.65	512.63	1,941,628.32	252,411.68	2,194,040.00
(…							4,280.00	453.65	512.63	1,941,628.32	252,411.68	2,194,040.00
总计							4,280.00	453.65	512.63	1,941,628.32	252,411.68	2,194,040.00

图7-10-3　销售收入明细账

4.查询销售成本明细账

执行“供应链”→“销售管理”→“报表”→“明细账”→“销售成本明细账”命令，进入“查询条件选择-销售成本明细账”窗口。输入要查询的条件，点击“确定”按钮，如图7-10-4所示。

销售成本明细账

记账日期：

单据日期：　2022-01-01　　2022-01-31

会计月	部门	客户	业务员	单据号	数量	单价	成本
1	销售部	黄石格西贸易有限公司		39142211	600.00	500.00	300,000.00
1	销售部	黄石格西贸易有限公司		39142215	800.00	450.00	360,000.00
1	销售部	零散客户		2201043	1,280.00	309.38	396,000.00
1	销售部	武汉美联商行		39142213	300.00	250.00	75,000.00
1	销售部	武汉明创商贸有限公司		39142212	400.00	520.00	208,000.00
1	销售部	武汉永新科技有限公司	赵亮	39142210	1,000.00	100.00	100,000.00
1	销售部	武汉永新科技有限公司	赵亮	39142214	-100.00	100.00	-10,000.00
1	(小计)销售部				4,280.00	333.88	1,429,000.00
(小计)1					4,280.00	333.88	1,429,000.00
总计					4,280.00	333.88	1,429,000.00

图7-10-4　销售成本明细账

5.销售结构分析

执行“供应链”→“销售管理”→“报表”→“销售分析”→“销售结构分析”命令，进入“查询条件选择-销售结构分析”窗口。输入要查询的条件，点击“确定”按钮，如图7-10-5所示。

销售结构分析

日期： 2022-01-01 2022-01-25

客户	存货名称	发货数量	发货数量%	发货金额	发货金额%	退货数量	退货数量%	退货金额	退货金额%
黄石格西贸易有限公司	智能车载摄像头								
黄石格西贸易有限公司	智能音箱	800.00	17.86%	497,200.00	23.38%				
零散客户	智能车载摄像头	400.00	8.93%	280,000.00	13.17%				
零散客户	智能手环	380.00	8.48%	125,400.00	5.90%				
零散客户	智能体脂秤	500.00	11.16%	175,000.00	8.23%				
武汉美联商行	智能台灯	1,000.00	22.32%	395,500.00	18.60%				
武汉明创商贸有限公司	智能门锁	500.00	11.16%	480,250.00	22.59%				
武汉永新科技有限公司	智能蓝牙耳机	900.00	20.09%	172,890.00	8.13%	-100.00	100.00%	-19,210.00	100.00%
总计		4,480.00	100.00%	2,126,240.00	100.00%	-100.00	100.00%	-19,210.00	100.00%

客户	存货名称	销售数量	销售数量%	销售金额	销售金额%	销售收入	销售收入%	销售成本	销售成本%	销售毛利	销售毛利%
黄石格西贸易有限公司	智能车载摄像头	600.00	14.02%	440,700.00	20.09%	390,000.00	20.09%	300,000.00	20.99%	90,000.00	17.56%
黄石格西贸易有限公司	智能音箱	800.00	18.69%	497,200.00	22.66%	440,000.00	22.66%	360,000.00	25.19%	80,000.00	15.61%
零散客户	智能车载摄像头	400.00	9.35%	280,000.00	12.76%	247,787.61	12.76%	220,000.00	15.40%	27,787.61	5.42%
零散客户	智能手环	380.00	8.88%	125,400.00	5.72%	110,973.45	5.72%	76,000.00	5.32%	34,973.45	6.82%
零散客户	智能体脂秤	500.00	11.68%	175,000.00	7.98%	154,867.26	7.98%	100,000.00	7.00%	54,867.26	10.70%
武汉美联商行	智能台灯	300.00	7.01%	118,650.00	5.41%	105,000.00	5.41%	75,000.00	5.25%	30,000.00	5.85%
武汉明创商贸有限公司	智能门锁	400.00	9.35%	384,200.00	17.51%	340,000.00	17.51%	208,000.00	14.56%	132,000.00	25.75%
武汉永新科技有限公司	智能蓝牙耳机	900.00	21.03%	172,890.00	7.88%	153,000.00	7.88%	90,000.00	6.30%	63,000.00	12.29%
总计		4,280.00	100.00%	2,194,040.00	100.00%	1,941,628.32	100.00%	1,429,000.00	100.00%	512,628.32	100.00%

图7-10-5 销售结构分析

6.查询应收余额表

执行“财务会计”→“应收款管理”→“账表管理”→“业务账表”→“业务余额表”命令，进入“查询条件选择-应收余额表”窗口，单击“确定”按钮，如图7-10-6所示。

任务测试 7-10

销售与应收款数据查询

应收余额表

币种:

期间: 2022 . 1 - 2022 . 1

客户编码	客户名称	期初	本期应收	本期收回	余额	周转率	周转天数
		本币	本币	本币	本币	本币	本币
001	武汉明创商贸有限…	678,000.00	384,200.00	678,000.00	384,200.00	0.72	41.67
(小计)001		678,000.00	384,200.00	678,000.00	384,200.00		
002	武汉永新科技有限…	0.00	172,890.00	0.00	172,890.00	2.00	15.00
(小计)002		0.00	172,890.00	0.00	172,890.00		
003	黄石格西贸易有限…	0.00	939,900.00	2,000.00	937,900.00	2.00	15.00
(小计)003		0.00	939,900.00	2,000.00	937,900.00		
004	武汉美联商行	0.00	113,085.00	0.00	113,085.00	2.00	15.00
(小计)004		0.00	113,085.00	0.00	113,085.00		
总计		678,000.00	1,610,075.00	680,000.00	1,608,075.00		

图7-10-6 应收余额表

项目反馈与评价

重难点梳理

1. 应收单与收款单核销的意义是什么？

2. 直运销售业务处理时会涉及库存管理系统吗？为什么？

3. 出库成本需要通过“发出商品记账”的业务有哪些？这些业务为什么不能通过“正常单据记账”确定出库成本？

4. 委托代销业务是先发货还是先开票？

关键数据反馈

请以合适的操作员身份进行查账，并对系统中能反映下列关键数据的页面进行截图反馈：

1. 查询销售统计表；

2. 查询发货统计表；

3.查询销售收入明细表；

4.查询应收余额表。

易错点分析

请将你在本项目任务测试和操作过程中出现的问题进行记录并分析。

项目评价

多维评价量表

序号	评价内容	设定分值	评价主体	得分情况
线上环节	自主学习进度	20	平台自评	
	任务测试准确度	10	平台自评	
	小计	30		
线下环节	安全与规范操作意识	10	学生自评	
	劳动、探究与合作意识	10	小组互评	
	实训操作进度	20	小组互评	
	实训数据准确度	20	教师评议	
	项目反思态度	10	教师评议	
	小计	70		
	合计	100		

项目八

库存管理与存货核算系统日常业务

知识目标

通过本项目的学习，了解库存管理系统和存货核算系统的主要功能；了解库存管理系统和存货核算系统的重要作用；了解库存管理系统和存货核算系统的相关内容；理解企业库存日常业务处理和存货核算的方法；理解库存管理系统以及存货核算系统与其他系统之间的数据传递关系。

技能目标

通过本项目的学习和实训，掌握在用友ERP U8软件的库存管理系统中企业日常入库业务、出库业务的处理方法，在存货核算系统中企业调整业务的处理方法，以及相关账表的查询。

素养目标

规范库存和存货业务处理，培养科学严谨的职业精神；树立客观公正、诚信的职业道德；坚持依法纳税的理念。

项目导图

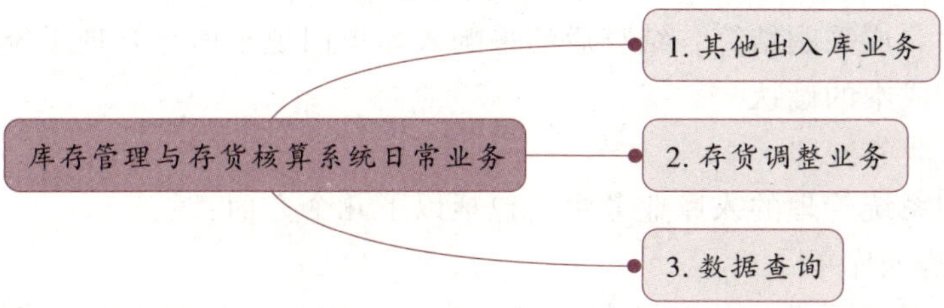

任务一　其他出入库业务处理

8-1

原始单据

8-2

原始单据

任务资料

1.1月26日，采购部收到赠品智能手环2个，入智能电子设备仓库，单价200元/个。

2.1月27日，销售部领取100个智能台灯，用于捐助教育部门。同期智能台灯对外售价330元/个。

任务要求

根据上述资料，进行库存管理系统其他出入库业务处理。

知识导航

一、库存管理功能概述

库存管理是用友ERP U8软件的重要组成部分，能够满足采购入库、销售出库、产成品入库、材料出库、其他出入库、库存盘点、不合格品处置等业务需要，提供仓库货位管理、批次管理、保质期管理、出库跟踪入库管理、可用量管理、序列号管理等全面的业务应用。能够为企业提供库存成本、周转率、呆滞积压等数据分析，为企业经营决策提供快速可靠的数据支撑；本系统可以单独使用，也可以与销售管理、采购管理、存货核算等系统集成使用，发挥更加强大的应用功能。

二、库存管理系统与其他系统之间的关系

库存管理是物流管理的核心，是资金流管理的基础。库存管理与销售管理系统之间通过销售出库单建立关联，可以参照销售管理系统中的销售订单、销售发票、销售调拨单和零售日报，生成销售发货单，通过销售生单在库存管理系统中生成销售出库单，再传递到存货核算系统，进行销售成本的确认；库存管理系统与采购管理系统之间通过采购入库单建立关联，参照采购订单或采购到货单生成采购入库单，采购入库单与采购发票完成采购结算，结算后的采购入库单回填至库存管理系统和存货核算系统，进行采购成本的确认。

三、入库业务处理

库存管理系统管理的入库业务主要包括以下几个方面：

（一）采购入库单

采购业务员将采购回来的货物交到仓库，仓库保管员对采购业务员所购存货进行验收确定，填制采购入库单。工业企业的采购入库单一般指采购原材料验收入库时所填制的入库单据（如果启用了委外管理系统，则委外入库也以本张采购入库单为依据进行处理），商业企业的采购入库单一般指商品进货入库时所填制的入库单据。

（二）产成品入库单

产成品入库单是管理工业企业的产成品入库、退回业务的单据。产成品入库单是工业企业入库单据的主要组成部分，只有工业企业才有产成品入库单，商业企业没有此单据。

工业企业对原材料及半成品进行一系列的加工，形成可销售的商品，然后将这些商品验收入库。

一般来说，产成品入库时，产品的总成本和单位成本是无法确定的。因此，在填制产成品入库单时，通常只有数量，没有单价和金额。

（三）其他入库单

其他入库单是指除采购入库、产成品入库外的其他入库业务，如样品入库、赠品入库、调拨入库、盘盈入库、组装拆卸入库、形态转换入库等业务形成的入库单。调拨入库、盘盈入库、组装拆卸入库、形态转换入库等业务可以自动形成相应的其他入库单，除此之外的其他入库单需手工填制。

四、出库业务处理

库存管理系统管理的出库业务主要包括以下几个方面：

（一）销售出库单

销售出库单是销售出库业务的主要凭据，在库存管理系统中用于存货出库数量的核算，在存货核算系统中用于存货出库成本的核算（如果销售成本的核算选择依据销售出库单）。工业企业的销售出库单一般指产成品销售出库时所填制的出库单据，商业企业的销售出库单一般指商品销售出库时所填制的出库单据。

（二）材料出库单

材料出库单是工业企业领用材料时所填制的出库单据，材料出库单也是进行日常业务处理和记账的主要原始单据之一。

只有工业企业才有材料出库单，商业企业没有此单据。

（三）其他出库单

其他出库是指除销售出库、材料出库外的其他出库业务，如维修、办公耗用、样品出库、赠品出库、调拨出库、盘亏出库、组装拆卸出库、形态转换出库等。其他出库单一般由系统根据其他业务单据自动生成，也可手工填制。

任务实施

操作录屏8-1

其他出入库业务

【操作步骤】

1. 1月26日，在库存管理系统中录入其他入库单并审核

（1）以“006刘云”的身份进入企业应用平台，执行“业务工作”→“供应链”→“库存管理”→“入库业务”→“其他入库单”命令，进入“其他入库单”窗口。

（2）单击“增加”按钮，选择仓库“智能电子设备仓库”、入库类别“其他入库”、部门“采购部”。选择存货编码“006”，输入数量“2.00”，单价“200”，单击“保存”按钮，再单击“审核”按钮，如图8-1-1所示。

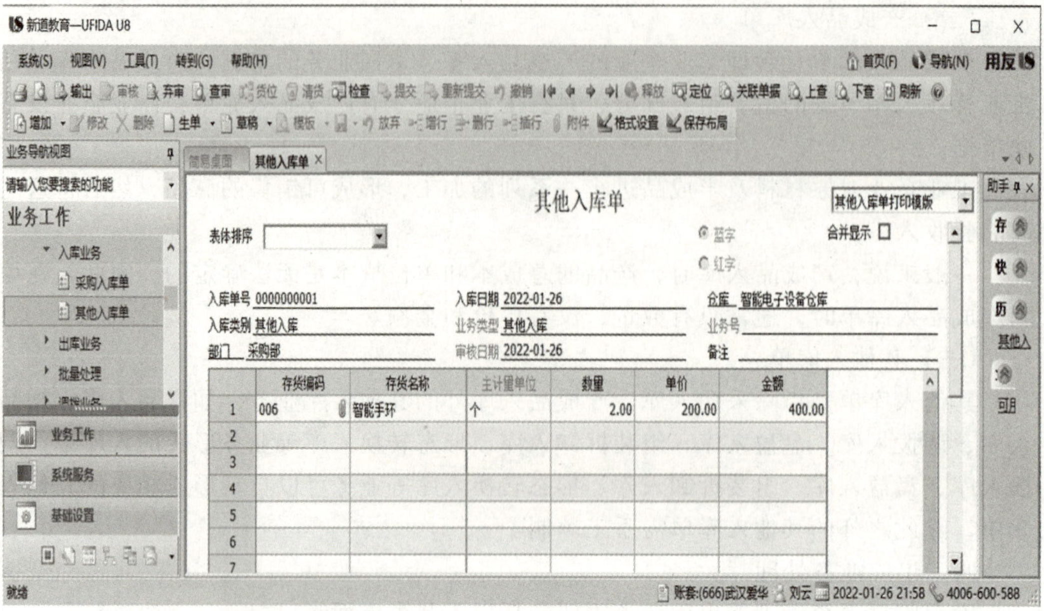

图8-1-1　其他入库单

2. 在存货核算系统中对其他入库单记账并生成凭证

（1）以“002李伟”的身份进入企业应用平台，执行“业务工作”→“供应链”→“存货核算”→“业务核算”→“正常单据记账”命令，单击“确定”按钮，进入“未记账单据一览表”窗口。

（2）选择需要记账的单据，单击“记账”按钮，系统显示“记账成功”。

（3）执行“财务核算”→“生成凭证”命令，进入“生成凭证”窗口。

（4）单击工具栏上的“选择”按钮，打开“查询条件”对话框。

（5）单击“确定”按钮，进入“选择单据”窗口。选择要制单的记录行，单击“确定”按钮，进入“生成凭证”窗口。补充对方科目“6301营业外收入”。

（6）单击“生成”按钮，进入“填制凭证”窗口，单击“保存”按钮，凭证左上角出现“已生成”标志，表示凭证已传递至总账，如图8-1-2所示。

3. 1月27日，在库存管理系统中录入其他出库单并审核

（1）以“006刘云”的身份进入企业应用平台，执行“业务工作”→“供应链”→“库存管理”→“出库业务”→“其他出库单”命令，进入“其他出库单”窗口。

（2）单击“增加”按钮，输入出库日期“2022-01-27”，选择仓库“智能家居仓库”、出库类别“其他出库”、部门“销售部”，选择存货编码“002”，输入数量“100”。单击“保存”按钮，然后单击“审核”按钮，如图8-1-3所示。

4. 在存货核算系统中对其他出库单记账并生成凭证

（1）以“002李伟”的身份进入企业应用平台，执行“业务工作”→“供应链”→“存货核算”→“业务核算”→“正常单据记账”命令，单击“确定”按钮，进入“未记账单据一览表”窗口。

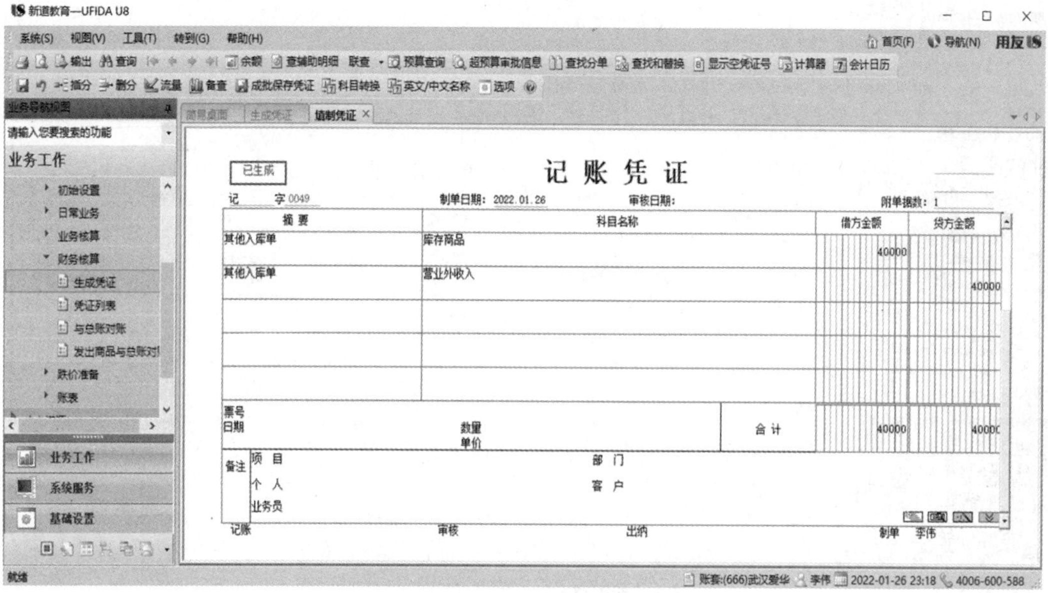

图8-1-2 生成凭证

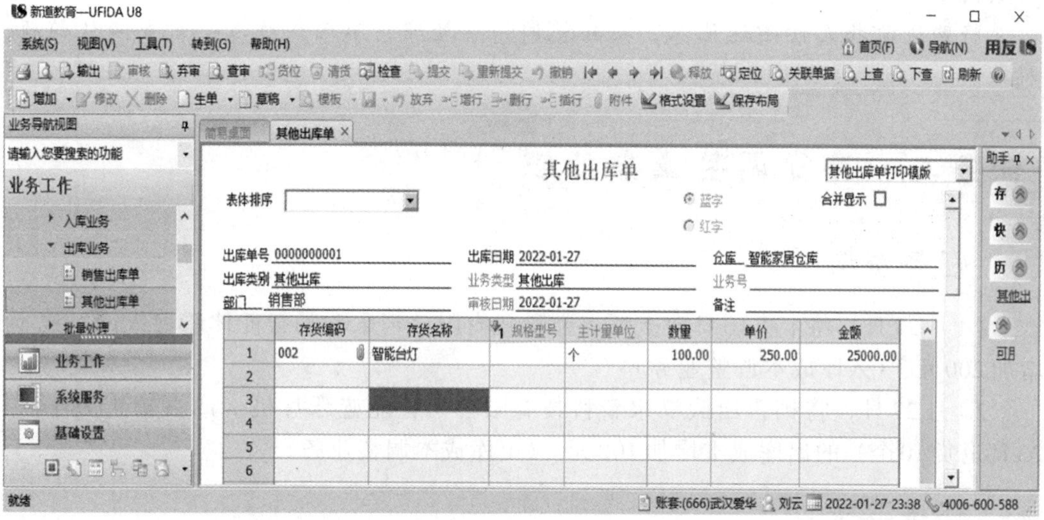

图8-1-3 其他出库单

（2）选择需要记账的单据，单击“记账”按钮，系统显示“记账成功”。

（3）执行“财务核算”→“生成凭证”命令，进入“生成凭证”窗口。

（4）单击工具栏上的“选择”按钮，打开“查询条件”对话框。

（5）单击“确定”按钮，进入“选择单据”窗口。选择要制单的记录行，单击“确定”按钮，进入“生成凭证”窗口。补充对方科目“6711营业外支出”。

（6）单击“生成”按钮，进入“填制凭证”窗口，在第二行分录插入科目名称“应交税费/应交增值税/销项税额”，其贷方金额为4 290元，第一行分录借方金额自动取值为29 290元。单击“保存”按钮，凭证左上角出现“已生成”标志，如图8-1-4所示，表示凭证已传递至总账。

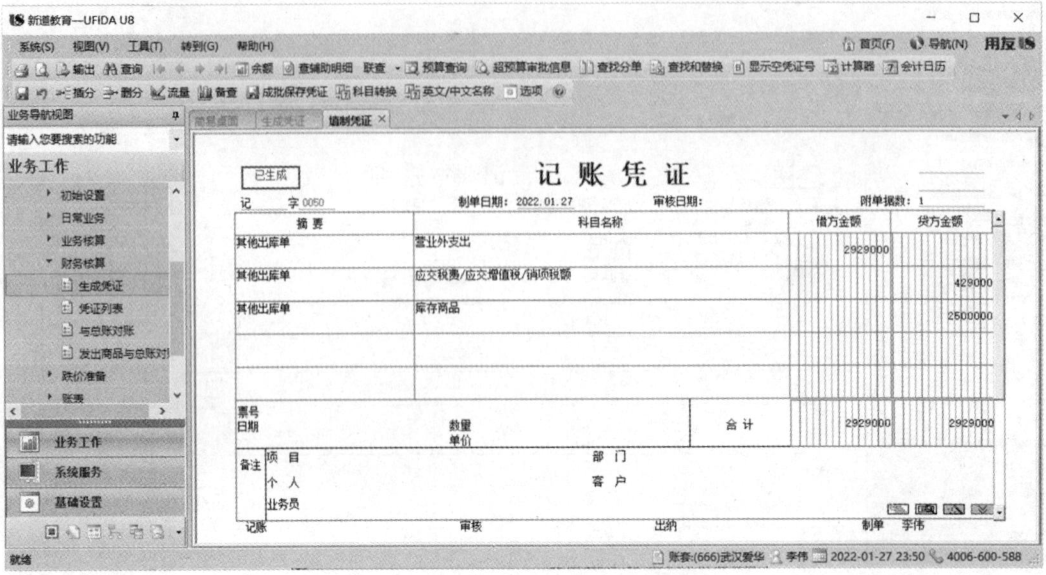

图8-1-4 生成凭证

任务测试8-1

其他出入库业务

特别提示：

将购进货物无偿赠送他人，应按视同销售处理，不确认收入，但要确认销项税额。

任务二 存货调整业务处理

8-3

原始单据

任务资料

1.1月27日，将1月10日向上海兴宝科技有限公司采购的智能体脂秤入库总成本增加200元。（入库成本调整业务）

8-4

原始单据

2.1月27日，将销售给武汉永新科技有限公司智能蓝牙耳机（18日销售180个，23日退货10个）的出库成本增加100元。（出库成本调整业务）

任务要求

根据上述资料，进行存货核算系统出入库成本调整业务处理。

重难点微课8-1

存货调整业务

知识导航

存货核算是用友ERP U8软件的重要组成部分，存货核算系统以供应链产生的入库单、出库单、采购发票、销售发票等核算单据为依据，核算各项存货的出入库成本和结存成本，并将核算完的数据按照需要分别传递到成本管理系统、应收款管理系统、应付款管理系统和总账管理系统。

一、存货核算系统功能概述

存货核算是企业财务核算的一项重要内容，主要针对企业存货的收、发、存进行核算，掌握存货的耗用、结存情况，及时准确地把各类存货成本归集到各成本项目和成本对象上，为企业的成本核算提供基础数据。存货核算系统的主要功能是从资金的角度管理存货的出、入库业务，主要用于核算企业的入库成本、出库成本、结余成本。反映和监督存货的收发、领退和保管情况；反映和监督存货资金的占用情况。

二、存货核算系统与其他系统的关系

存货核算系统在与采购管理、销售管理、库存管理等系统集成使用时，主要完成从其他系统传过来的各种出入库单据、调整单据的查询及单据部分项目的修改、成本计算。

与采购管理系统集成使用时，可以设置存货暂估入库的成本处理方式，包括月初回冲、单到回冲、单到补差；采购入库单由采购管理系统生成，存货核算系统可以修改采购入库单的单价和金额；如果采购当时没有入库成本，采购管理系统可对所购存货暂估入库，报销时，存货核算系统可根据用户所选暂估处理方式进行不同处理。

与销售管理系统集成使用时，可以从销售管理系统提取分期收款发出商品期初数据、委托代销发出商品期初数据；可对销售管理系统生成的销售发票、发货单进行记账。

与库存管理系统集成使用时，期初结存数量、金额可从库存管理系统进行取数，并与库存管理系统进行对账；采购入库单、销售出库单、产成品入库单、材料出库单、其他出入库单等单据由库存管理系统输入，存货核算系统不能生成以上单据，但可以修改其单价、金额。

与成本管理系统集成使用时，成本管理系统可以从存货核算系统提取材料出库成本用于成本计算，成本管理系统计算出产品成本后，能够通过存货核算系统的“产成品成本分配”功能提取生产成本并进行分配。

与应付款管理系统集成使用时，在存货核算系统中对采购结算单制单时需要将凭证信息回填到所涉及的采购发票和付款单上，应付款管理系统对这些单据不进行重复制单；若应付款管理系统已经对这些单据制单，存货核算系统同样不可以进行重复制单。

与总账管理系统集成使用时，应对存货科目、对方科目、税金科目等进行设置，对各种出入库单据生成凭证并传递到总账管理系统中。

三、调整业务

出入库单据记账后，发现单据金额错误，如果是录入错误，通常采用修改方式进行调整；但如果遇到由于暂估入库后发生零出库业务等原因所造成的出库成本不准确，或库存数量为零而仍有库存的情况，就需要利用调整单据进行调整。

调整单据包括入库调整单和出库调整单。它们都只针对当月存货的出入库成本进行调整，并且只调整存货的金额，不调整存货的数量。

出入库调整单保存即记账，因此已保存的单据不可修改和删除。

任务实施

操作录屏8-2

存货调整业务

【操作步骤】

1.1月27日，在存货核算系统中录入调整单据并记账

（1）以“002李伟”的身份进入企业应用平台，执行“业务工作”→“供应链”→“存货核算”→“日常业务”→“入库调整单”命令，进入“入库调整单”窗口。

（2）单击“增加”按钮，选择仓库“智能家居仓库”，收发类别为“采购入库”，部门为“采购部”，供应商为“上海兴宝”。选择存货编码“004”，调整金额为“200”。单击“保存”按钮，再单击“记账”按钮，如图8-2-1所示。

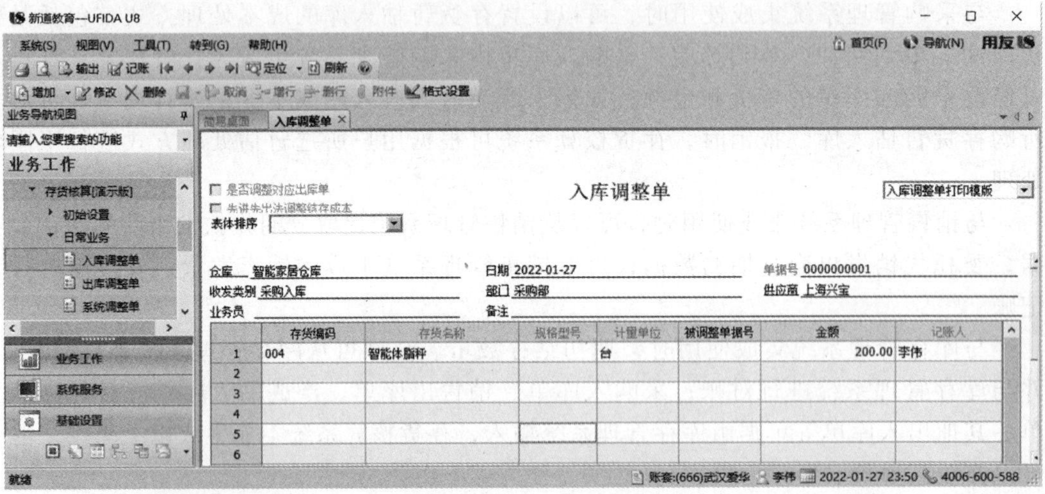

图8-2-1　入库调整单

2.在存货核算系统中生成入库调整凭证

（1）执行“业务工作”→“供应链”→“存货核算”→“财务核算”→“生成凭证”命令，进入“生成凭证”列表窗口。单击“选择”按钮，打开“查询条件”对话框。

（2）单击“确定”按钮，进入“选择单据”窗口。选择要记账的单据，单击“确定”按钮，进入“生成凭证”窗口，单击“生成”按钮，单击“保存”按钮，如图8-2-2所示。

特别提示：

① 入库调整单是对存货的入库成本进行调整的单据，可针对单据进行调整，也可针对存货进行调整。

② 在入库调整单中，如果不输入被调整单据的单据号，则视作调整该仓库下的所有存货的入库成本，调整金额计入该仓库下存货的总金额。

③ 如果是要调整一张采购入库单，先记下该采购入库单的单据号，并填列到入库调整单中的“被调整单据号”中，此时“金额”栏的调整金额对应该采购入库单上该存货的金额。

④ 要调整采购入库单，该采购入库单必须是在采购管理系统中做了采购结算的。

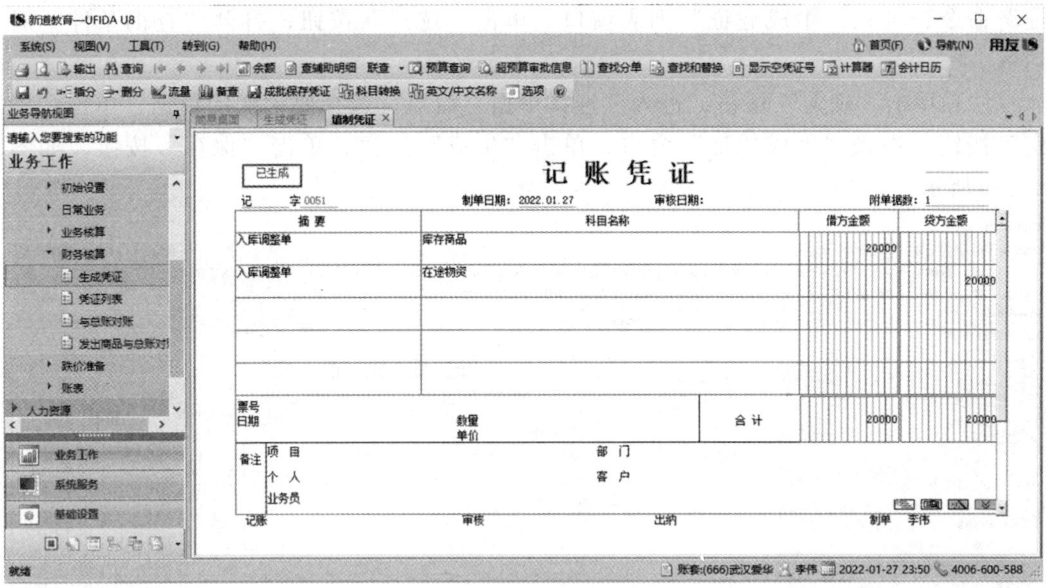

图8-2-2 生成凭证

3. 1月27日，在存货核算系统中录入调整单据并记账

（1）以“002李伟”的身份进入企业应用平台，执行“业务工作”→“供应链”→“存货核算”→“日常业务”→“出库调整单”命令，进入“出库调整单”窗口。

（2）单击“增加”按钮，选择仓库“智能电子设备仓库”，输入日期“2022-01-27”，选择收发类别为“销售出库”、部门为“销售部”，客户为“武汉永新”。选择存货编码“007”，调整金额为“100”，单击“保存”按钮，再单击“记账”按钮，如图8-2-3所示。

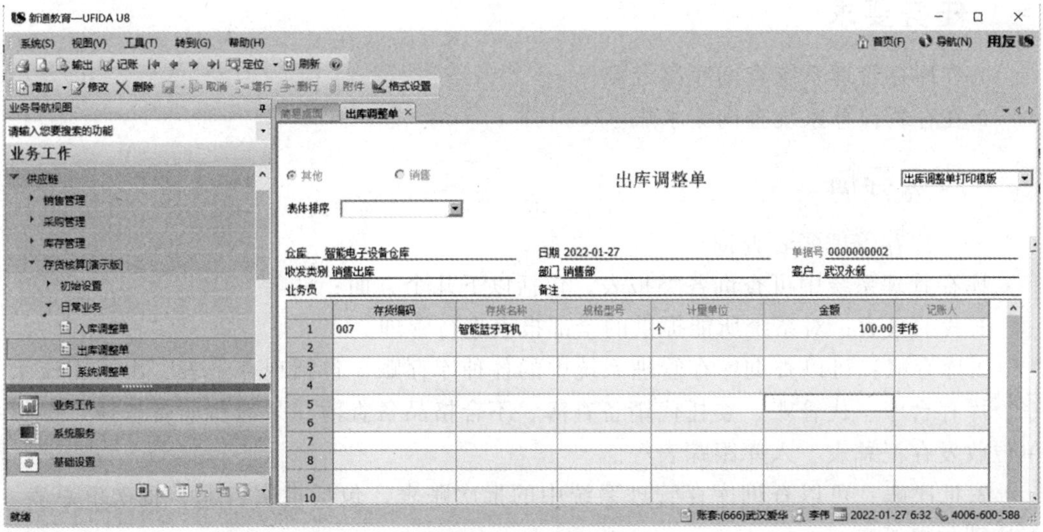

图8-2-3 出库调整单

4在存货核算系统中生成出库调整凭证

（1）执行“业务工作”→“供应链”→“存货核算”→“财务核算”→“生成凭

证”命令，进入“生成凭证”列表窗口。单击“选择”按钮，打开“查询条件”对话框。

（2）单击“确定”按钮，进入“选择单据”窗口。选择要记账的单据，单击“确定”按钮，进入“生成凭证”窗口，单击“生成”按钮，单击“保存”按钮，如图8-2-4所示。

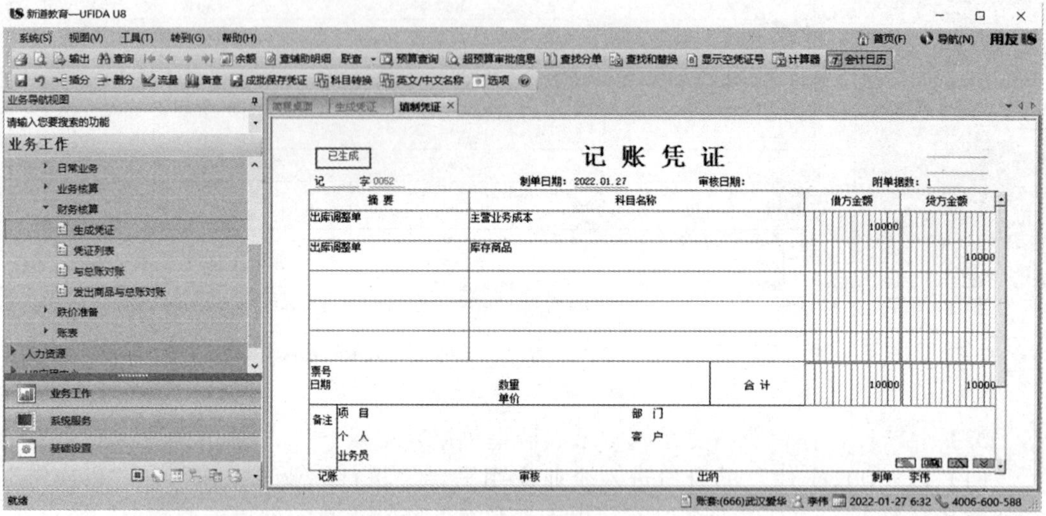

图8-2-4　生成凭证

任务测试8-2

存货调整业务

任务三　数据查询

任务要求

1. 在库存管理系统查询库存台账。

2. 在存货核算系统查询流水账。

知识导航

一、库存管理账表查询

库存管理系统中可查询各类报表，包括以下几个方面：

1. 我的报表：对系统所能提供的全部报表进行管理。

2. 库存账：可以查询库存管理系统中的各种库存账，包括现存量表、出入库流水账、库存台账、代管账、委托代销备查簿、不合格品备查簿、呆滞积压备查簿、供货单位收发存汇总表、入库跟踪表等。

3. 批次账：可以查询库存管理系统中的批次账表，包括批次台账、批次汇总表、保质期预警等。

4. 货位账：可以查询库存管理系统中的货位账表，包括货位卡片、货位汇总表等。

5.统计表：可以查询库存管理系统中的各种统计表，包括库存展望、收发存汇总表、存货分布表、业务类型汇总表、限额领料汇总表、组装拆卸汇总表、形态转换汇总表等。

6.储备分析：可以查询库存管理系统中的储备分析报表，包括安全库存预警、超储存货查询、短缺存货查询、呆滞积压分析、库龄分析、缺料表等。

7.ROP采购计划报表：可以根据多种单价查看ROP采购计划报表，包括ROP采购计划资金预算和ROP采购计划执行情况等。

二、存货核算账表查询

在存货核算系统中可以进行账簿、汇总表和分析表查询。

1.账簿：可以查询存货核算系统中的各种账簿，包括流水账、明细账、总账、计价辅助数据。

2.汇总表：可以查询存货核算系统中的各种汇总表，包括入库汇总表、出库汇总表、差异分摊表、收发存汇总表、暂估材料/商品余额表、发出商品汇总表。

3.分析表：可以查询存货核算系统中的各种分析表，包括存货周转率分析表、ABC成本分析表、库存资金占用规划表、库存资金占用分析表、入库成本分析表。

任务实施

操作录屏8-3

库存管理与存货核算数据查询

【操作步骤】

1.库存台账数据查询

（1）以“001张明”的身份进入企业应用平台，执行“业务工作”→“供应链”→“库存管理”→“报表”→“库存账”→“库存台账”命令，打开“输入查询条件”窗口。

（2）单击“确定”按钮，系统将按存货设置账页，即一个存货（或一个自由项）为一个账页，以001智能门锁为例，其库存台账如图8-3-1所示。

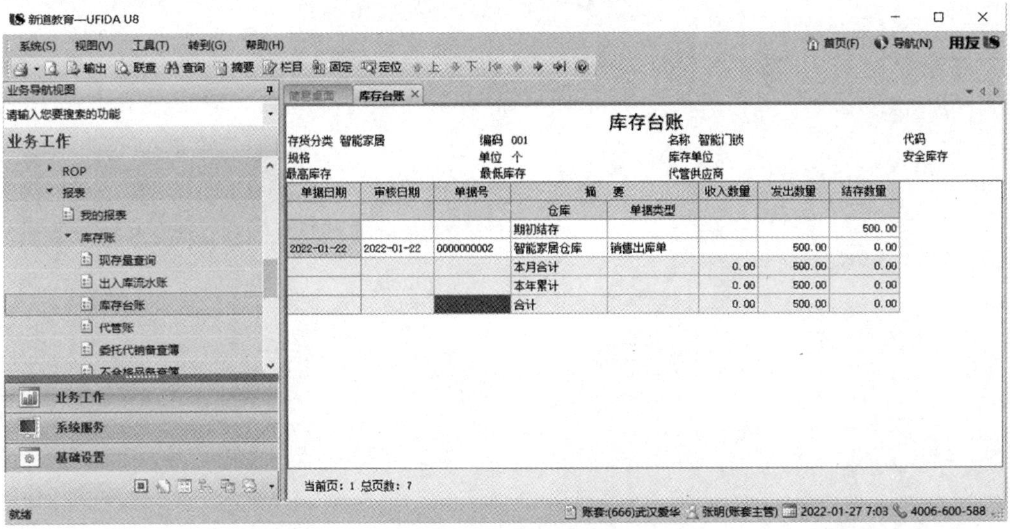

图8-3-1 库存台账

2.流水账数据查询

（1）以“001张明”的身份进入企业应用平台，执行“业务工作”→“供应链”→“存货核算”→“账簿”→“流水账”命令，打开“查询条件选择”窗口。

（2）在包含单据选项中勾选“已记账单据”和“未记账单据”，单击“确定”按钮，打开“流水账”窗口，如图8-3-2所示。

学思践悟8-1

强化库管责任意识，确保物资安全

任务测试8-3

库存管理与存货核算数据查询

流水账

单据日期	单据号	记账日期	记账人	凭证号	凭证摘要	业务类型	仓库编码	仓库	客户	供应商	经手人	存货编码	存货名称	主计量单位	收入数量	收入单价	收入金额	发出数量	发出单价	发出金额
2022-01-11	0000000002	2022-01-11	李伟	14	采购入库单	普通采购	1	智能家居仓库		上海兴宝科...	刘云	004	智能体脂秤	台	400.00	200.00	80,000.00			
2022-01-14	0000000003	2022-01-14	李伟	20	采购入库单	普通采购	2	智能电子...		武汉雅辉科...	刘云	005	智能车...	个	300.00	550.00	165,000.00			
2022-01-15	0000000004	2022-01-15	李伟	22	分期付...	普通采购	2	智能电子...		武汉智创智...	刘云	006	智能手环	个	300.00	200.00	60,000.00			
2022-01-17	0000000006	2022-01-17	李伟	27	采购入库单	普通采购	1	智能家居仓库		上海兴宝科...	刘云	004	智能体脂秤	台	-50.00	200.00	-10,000.00			
2022-01-20	39142210	2022-01-20	李伟	29	专用发票	普通销售	2	智能电子...	武汉永新...			007	智能蓝...	个				1,000.00	100.00	100,000.00
2022-01-22	0000000002	2022-01-22	李伟	34	发货单	分期收款	1	智能家居仓库	武汉明创...			001	智能门锁	个				500.00	520.00	260,000.00
2022-01-22	0000000001	2022-01-22	李伟	37	委托代...	委托代销	1	智能家居仓库	武汉美联商行			002	智能台灯	个				1,000.00	250.00	250,000.00
2022-01-23	39142214	2022-01-23	李伟	43	专用发票	普通销售	2	智能电子...	武汉永新...			007	智能蓝...	个				-100.00	100.00	-10,000.00
2022-01-25	39142215	2022-01-25	李伟	45	专用发票	普通销售	1	智能家居仓库	黄石格西...			003	智能音箱	个				500.00	450.00	225,000.00
2022-01-25	39142215	2022-01-25	李伟	45	专用发票	普通销售	1	智能家居仓库	黄石格西...			003	智能音箱	个				300.00	450.00	135,000.00
2022-01-25	2201043	2022-01-25	李伟	47	销售日报	普通销售	1	智能家居仓库	零散客户			004	智能体脂秤	台				500.00	200.00	100,000.00
2022-01-25	2201043	2022-01-25	李伟	47	销售日报	普通销售	2	智能电子...	零散客户			005	智能车...	个				400.00	550.00	220,000.00
2022-01-25	2201043	2022-01-25	李伟	47	销售日报	普通销售	2	智能电子...	零散客户			006	智能手环	个				380.00	200.00	76,000.00
2022-01-26	0000000001	2022-01-26	李伟	49	其他入库单	其他入库	2	智能电子...			刘云	006	智能手环	个	2.00	200.00	400.00			
2022-01-27	0000000001	2022-01-27	李伟	50	其他出库单	其他出库	1	智能家居仓库			刘云	002	智能台灯	个				100.00	250.00	25,000.00
2022-01-27	0000000001	2022-01-27	李伟	51	入库调整单		1	智能家居仓库		上海兴宝科...		004	智能体脂秤	台			200.00			
2022-01-27	0000000002	2022-01-27	李伟	52	出库调整单		2	智能电子...	武汉永新...			007	智能蓝...	个						100.00
2022-01-22	47622012	2022-01-22	李伟			直运采购				武汉智创智...	李伟	005	智能车...	个	600.00	500.00	300,000.00			
2022-01-22	39142211	2022-01-22	李伟	33	专用发票	直运销售			黄石格西...		李伟	005	智能车...	个				600.00	500.00	300,000.00
2022-01-17	0000000005					普通采购	1	智能家居仓库		广东鑫海智...	刘云	003	智能音箱	个	600.00					
合　计															2,152.00		595,600.00	5,180.00		1,681,100.00

图8-3-2　流水账

项目反馈与评价

重难点梳理

1.在存货核算系统中，在先进先出法下，若发现前面业务的出入库凭证生成错误但尚未记账，如何修改？

2.在存货核算系统中生成的凭证能否在总账系统中进行修改？

关键数据反馈

请以合适的操作员身份进行查账，并对系统中能反映下列关键数据的页面进行截图反馈：

1.在库存管理系统查询出入库流水账。

2.在存货核算系统查询流水账。

易错点分析

请将你在本项目任务测试和操作过程中出现的问题进行记录并分析。

项目评价

多维评价量表

序号	评价内容	设定分值	评价主体	得分情况
线上环节	自主学习进度	20	平台自评	
	任务测试准确度	10	平台自评	
	小计	30		
线下环节	安全与规范操作意识	10	学生自评	
	劳动、探究与合作意识	10	小组互评	
	实训操作进度	20	小组互评	
	实训数据准确度	20	教师评议	
	项目反思态度	10	教师评议	
	小计	70		
	合计	100		

项目九

固定资产管理系统日常业务

知识目标

通过本项目的学习，了解固定资产管理系统的基本概念及其基本理论；熟悉固定资产日常业务处理中的资产变动、资产增减、计提折旧、账簿管理等相关内容；了解其常见业务的一般处理流程。

技能目标

掌握用友软件中固定资产管理系统基本设置的处理和日常业务处理的基本方法；熟悉并掌握日常业务处理中，诸如资产变动、资产增减、计提折旧、账簿管理等常见业务的一般流程及其管理操作的方法。

素养目标

通过固定资产管理，增强有效利用资产、安全管理资产的岗位责任意识；合理选择折旧政策，理解科技创新驱动社会进步的重要意义；据实计提折旧费用，养成客观诚信、遵守准则的职业操守，养成严谨、诚信的职业精神。

项目导图

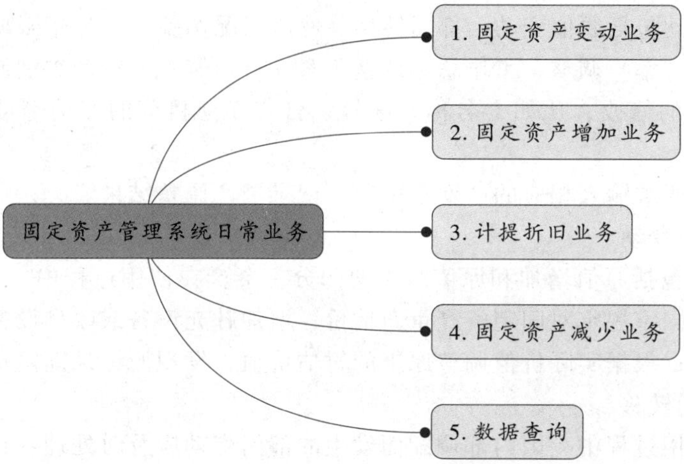

任务一　固定资产变动业务处理

任务资料

9-1

原始单据

1月25日，因工作需要，原仓储部使用的惠普打印机变更使用部门为财务部。

任务要求

根据上述资料，进行相关固定资产变动处理。

知识导航

一、固定资产管理系统的主要功能

在用友ERP U8软件中，固定资产管理系统主要用于完成企业固定资产日常业务的核算和管理，生成固定资产卡片，按月反映固定资产的增加、减少、原值变化及其他变动，并输出相应的增减变动明细账，按月自动计提折旧，生成折旧分配凭证，同时输出一些同设备管理相关的报表和账簿。

二、固定资产管理系统与其他系统的主要关系

固定资产管理系统中资产的增加、减少，以及原值和累计折旧的调整、折旧计提都要将有关数据通过记账凭证的形式传输到总账管理系统；同时通过对账保持固定资产账目与总账的平衡，并可以修改、删除，以及查询凭证。固定资产管理系统为成本核算系统提供与计提折旧有关费用的数据。UFO报表管理系统也可以通过相应的取数函数从固定资产管理系统提取分析数据。

三、初始设置

固定资产管理系统初始设置是根据用户单位的具体情况，建立一个适合的固定资产子账套的过程。初始设置包括设置控制参数、设置基础数据、输入期初固定资产卡片。前面项目四已经做了介绍和练习，在此就不再赘述。

四、资产变动

资产的变动包括原值变动、部门转移、使用状况调整、使用年限调整、折旧方法调整、净残值（率）调整、工作总量调整、累计折旧调整、资产类别调整、变动单管理。其他项目的修改，比如，名称、编号、自定义项目等的变动等可直接在卡片上进行。

资产变动要求输入相应的“变动单”来记录资产调整结果。

（一）原值变动

原值变动包括原值增加和原值减少两部分。资产在使用过程中，其原值增减有5种情况：根据国家规定对固定资产重新估价；增加补充设备或改良设备；将固定资产的一部分拆除；根据实际价值调整原来的暂估价值；发现原记录固定资产价值有误。

（二）部门转移

资产在使用过程中，因内部调配而发生的部门变动应及时处理，否则将影响部门

的折旧计算。

（三）资产使用状况的调整

资产使用状况分为在用、未使用、不需用、停用、封存5种。资产在使用过程中，可能会因为某种原因，使得资产的使用状况发生变化，这种变化会影响到设备折旧的计算，因此应及时调整。

（四）资产使用年限的调整

资产在使用过程中，可能会由于资产的重估、大修等原因调整资产的使用年限。进行使用年限调整的资产在调整的当月就按调整后的使用年限计提折旧。

（五）资产折旧方法的调整

一般来说，资产折旧方法一年之内很少改变，但如有特殊情况需调整改变的可以调整。

（六）变动单管理

变动单管理可以对系统制作的变动单进行查询、修改、制单、删除等处理。

五、资产评估

用友ERP U8软件管理系统提供对固定资产评估作业的管理，主要包括如下步骤：（1）将评估机构的评估数据手工录入或定义公式录入到系统。（2）根据国家要求手工录入评估结果或根据定义的评估公式生成评估结果。（3）对评估单的管理。

本系统资产评估功能提供可评估的资产内容包括原值、累计折旧、净值、使用年限、工作总量、净残值率。

六、资产盘点

用友ERP U8软件管理系统提供对固定资产盘点的管理，主要包括以下步骤：（1）在卡片管理中打印输出固定资产盘点单。（2）在资产盘点中选择按部门或按类别等对固定资产进行盘点，录入盘点数据，与账面记录进行核对，查核资产的完整性。

七、账务处理

固定资产管理系统和总账管理系统之间存在着数据的自动传输，这种传输是由固定资产管理系统通过记账凭证向总账管理系统传递有关数据，相关记账凭证有资产增加、减少、累计折旧调整，以及折旧分配等。制作记账凭证可以采取“立即制单”或“批量制单”的方法实现。

任务实施

操作录屏9-1

固定资产变动业务

【操作步骤】

固定资产变动业务

（1）以操作员“002李伟”的身份登录系统，更改操作日期为“2022-01-25”，重注册，进入“财务会计”→“固定资产”→“卡片”→“变动单”→“部门转移”→“更改变动单”。

（2）双击资产编号，弹出“固定资产卡片档案”信息，双击“惠普打印机”，单击“变动后部门”，选择“单部门”，选择“财务部”。在变动原因处，输入“因工作需要”，单击“保存”并“确定”，固定资产变动单如图9-1-1所示。

固定资产变动单

— 部门转移 —

变动单编号	00001			变动日期	2022-01-25
卡片编号	00010	资产编号	03500002	开始使用日期	2020-06-30
资产名称			惠普打印机	规格型号	
变动前部门	仓储部	变动后部门	财务部		
存放地点		新存放地点			
变动原因					因工作需要
				经手人	李伟

图9-1-1 固定资产变动单

任务测试9-1

固定资产变动业务

特别提示：

① 系统对已作出变动的资产，要求输入相应的变动单来记录资产调整结果。

② 变动单不能修改，只能当月删除重做，所以请仔细检查后再保存。

③ 如果是原值减少变动单，必须保证变动后的净值大于等于变动后的净残值。

④ 并非所有的变动单都会产生记账凭证，只有涉及固定资产原值、累计折旧等与账务系统有关的要素发生变动，才可能产生凭证。

任务二 固定资产增加业务处理

任务资料

9-2

原始单据

1月26日，仓储部从武汉智创智能科技有限公司购入佳能打印机1台，不含税售价3 000元/台，价税合计3 390元，网银支付。该资产预计使用5年，净残值率为4%。

任务要求

根据上述资料，在采购管理系统、应付款管理系统、固定资产管理系统完成资产增加操作。

知识导航

重难点微课9-1

固定资产增加业务

资产增加是指购进或通过其他方式增加企业资产。资产增加需要输入一张新的固定资产卡片，与固定资产期初相对应。如果启用了采购、库存等系统，新增的固定资产则要到采购、库存等管理系统中去增加。

资产减少是指资产在使用过程中，由于各种原因，如毁损、出售、盘亏等，退出企业，此时要做资产减少处理。资产减少需输入资产减少卡片并说明减少原因。

只有当账套开始计提折旧后才可以使用资产减少功能，否则减少资产只有通过删除卡片来完成。

对于误减少的资产，可以使用系统提供的纠错功能来恢复。只有当月减少的资产才可以恢复。如果资产减少操作已制作凭证，必须删除凭证后才能恢复。

只要卡片未被删除，就可以通过卡片管理中的“已减少资产”来查看减少的资产。

任务实施

操作录屏9-2

固定资产增加业务

【操作步骤】

1.采购订货处理

（1）以操作员“005周军”的身份登录系统，选择操作日期“2022-01-26”，执行“供应链”→“采购管理”命令。

（2）填写生成“采购询价计划单”并“审核”。执行“采购询价”命令，进入“采购询价计划单”，单击“增加”，输入采购询价单信息，单击“保存”并“审核”。采购询价计划单如图9-2-1所示。

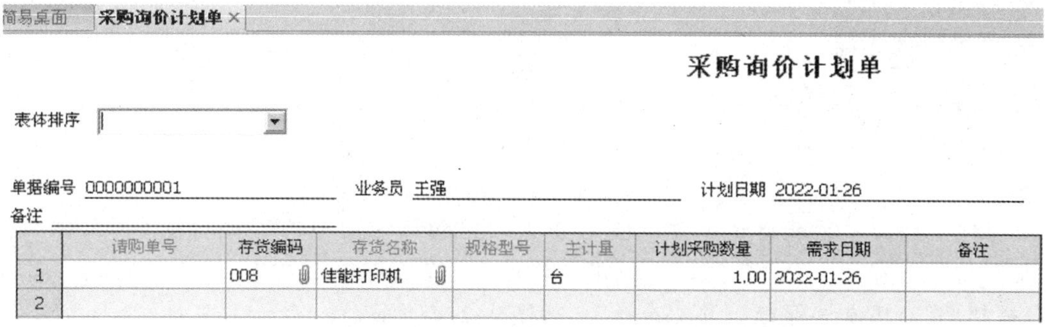
简易桌面 | 采购询价计划单

采购询价计划单

表体排序

单据编号 0000000001　业务员 王强　计划日期 2022-01-26

备注

	请购单号	存货编码	存货名称	规格型号	主计量	计划采购数量	需求日期	备注
1		008	佳能打印机		台	1.00	2022-01-26	
2								

图9-2-1　采购询价计划单

（3）生成并审核“采购询价单”。执行“采购询价”→“采购询价单”→“生单”命令，形成“采购询价单”，填写供应商“武汉智创智能科技有限公司”、原币单价“3 000”等业务信息，如图9-2-2所示。单击“保存”并“审核”。

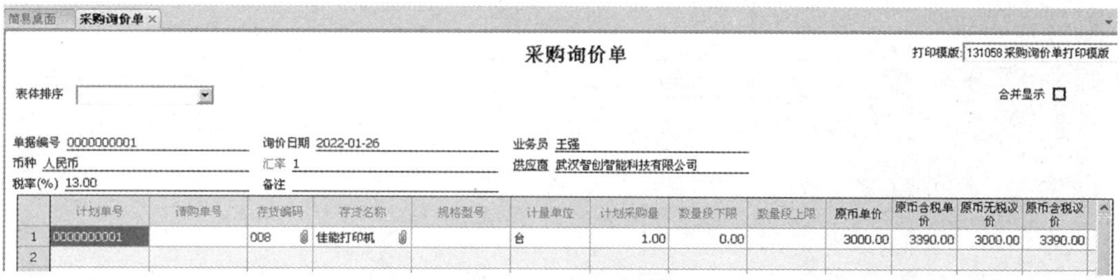
简易桌面 | 采购询价单

采购询价单

打印模版 131058 采购询价单打印模版

表体排序　　合并显示

单据编号 0000000001　询价日期 2022-01-26　业务员 王强

币种 人民币　汇率 1　供应商 武汉智创智能科技有限公司

税率(%) 13.00　备注

	计划单号	请购单号	存货编码	存货名称	规格型号	计量单位	计划采购量	数量段下限	数量段上限	原币单价	原币含税单价	原币无税议价	原币含税议价
1	0000000001		008	佳能打印机		台	1.00	0.00		3000.00	3390.00	3000.00	3390.00
2													

图9-2-2　采购询价单

（4）“采购询价审批单”生成“采购订单”。执行“采购询价”→“采购询价审批单”命令。单击“增加”按钮，单击“生单”按钮，参照采购询价计划单号生成采购询价审批单，补充采购类型为“固定资产采购”，单击“保存”按钮。在采购询价审批单表体第二列“选择”栏双击显示“Y”，单击“审核”按钮。单击“生成采购订单”按钮，系统提示“生成采购订单：00000001”，单击“确定”按钮，如图9-2-3所示。

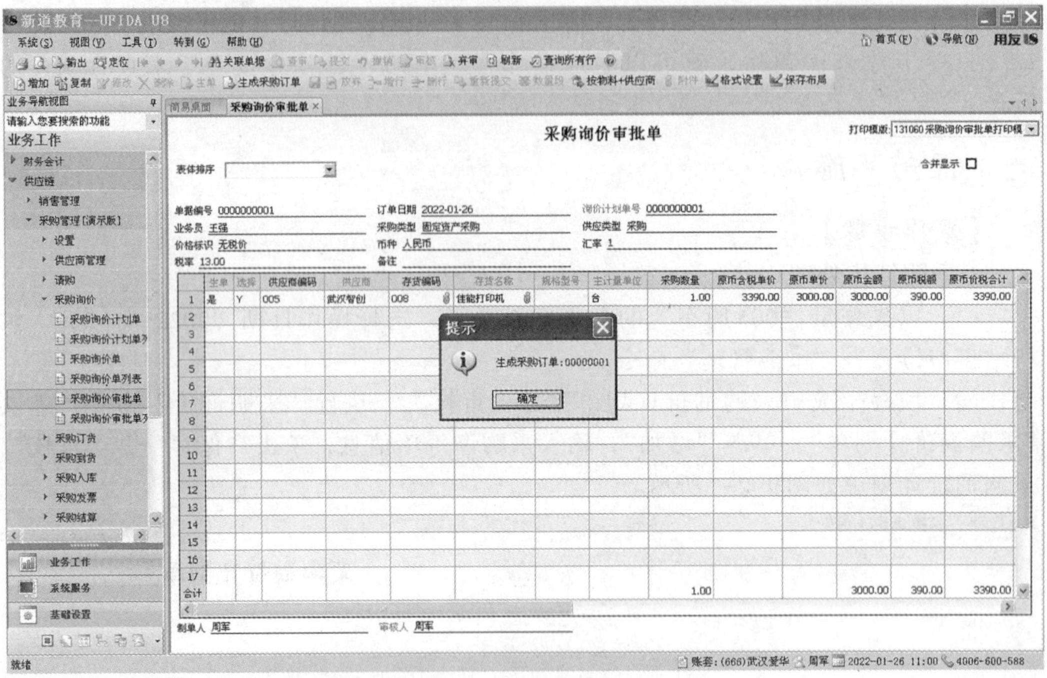

图9-2-3　采购询价审批单

（5）修改“采购订单”并审核。进入“采购订货”→“采购订单”，单击“末张”按钮，调出“采购订单”，单击“修改”，修改订单编号为“GDZC001”，部门“仓储部”，单击“保存”并“审核”，如图9-2-4所示。

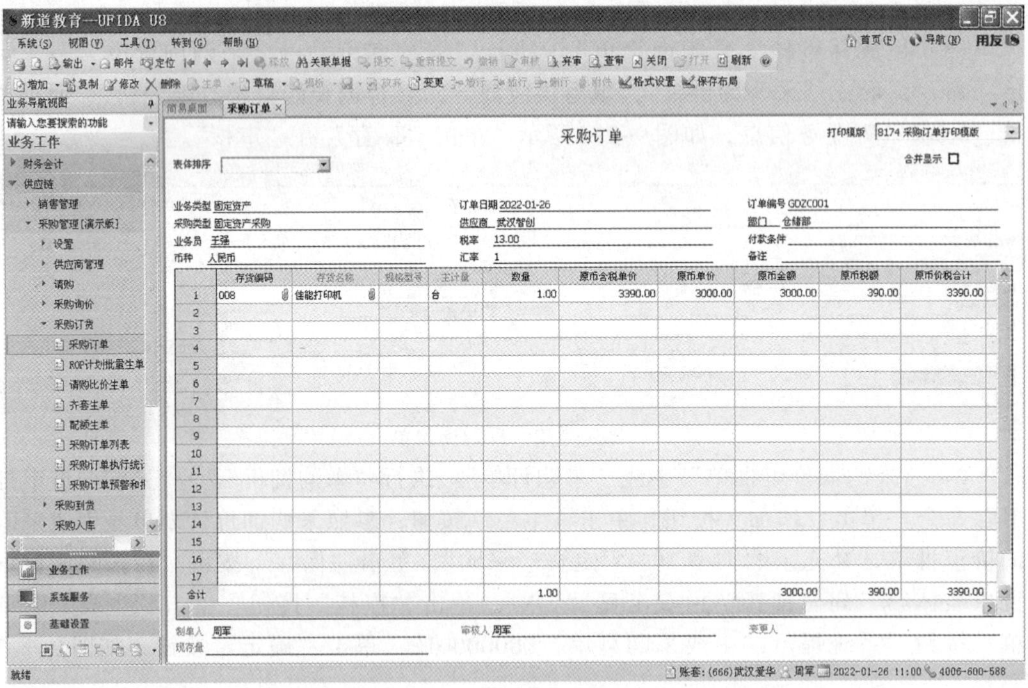

图9-2-4　修改采购订单

（6）生成“到货单”。执行“采购管理”→“采购到货”→“到货单”命令，单击“新增”，修改“业务类型”为“固定资产”，再单击“生单”按钮，参照“采购订单”。在“查询条件选择”对话框，单击“确定”按钮。双击“佳能打印机”记录行，单击“OK确认”按钮。在到货单窗口核对信息后单击“保存”按钮，单击“审核”按钮，如图9-2-5所示。

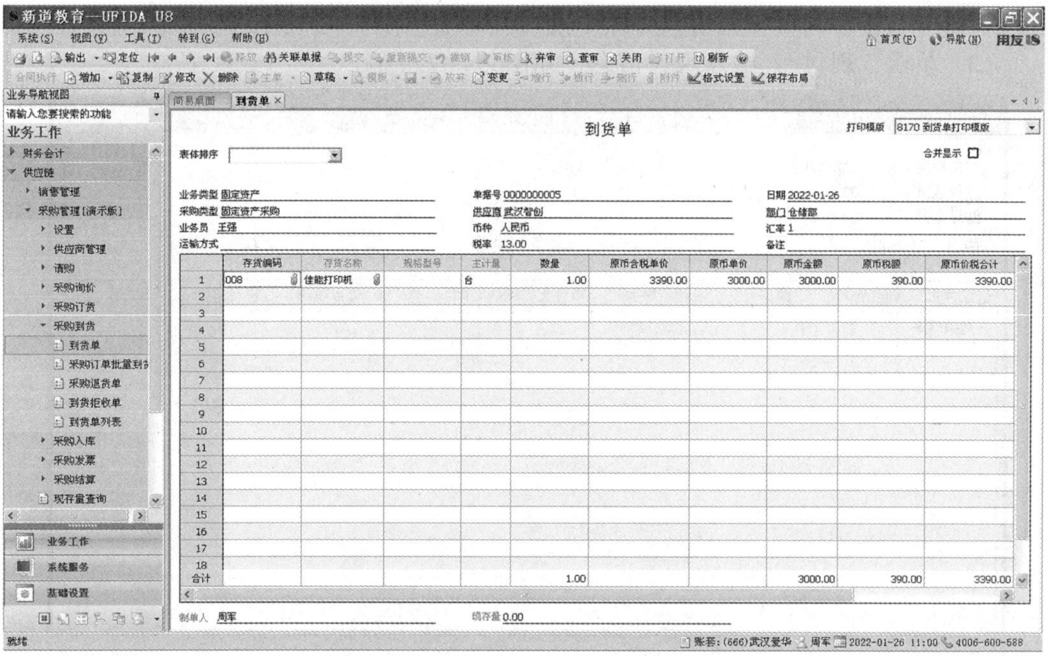

图9-2-5　到货单

2. 生成并审核采购入库单

以操作员“006刘云”的身份登录系统，选择操作日期“2022-01-26”，执行“供应链”→“库存管理”→“入库业务”→“采购入库单”→“生单”，方式选择“采购到货单（蓝字）”。弹出“查询条件选择-到货单列表”窗口，单击“确认”按钮，选择“到货单”，单击“OK确认”，选择或输入“资产仓库”，单击“保存”并“审核”，如图9-2-6所示。

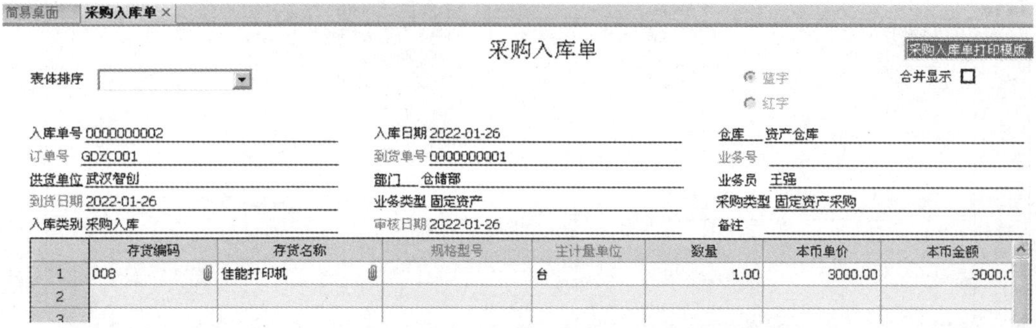

图9-2-6　采购入库单

3.生成“采购专用发票”并进行“现付”和“结算”处理

（1）以操作员“005周军”的身份登录系统，选择操作日期“2022-01-26”，执行“供应链”→“采购管理”→“采购发票”→“专用采购发票”。

（2）单击“增加”按钮，先修改业务类型为“固定资产”，单击“生单”，参照“采购订单”或“入库单”，选择需要拷贝的记录行，补录专用发票票号“47823566”，单击“保存”按钮。

（3）单击“现付”，输入现付信息，如图9-2-7所示。

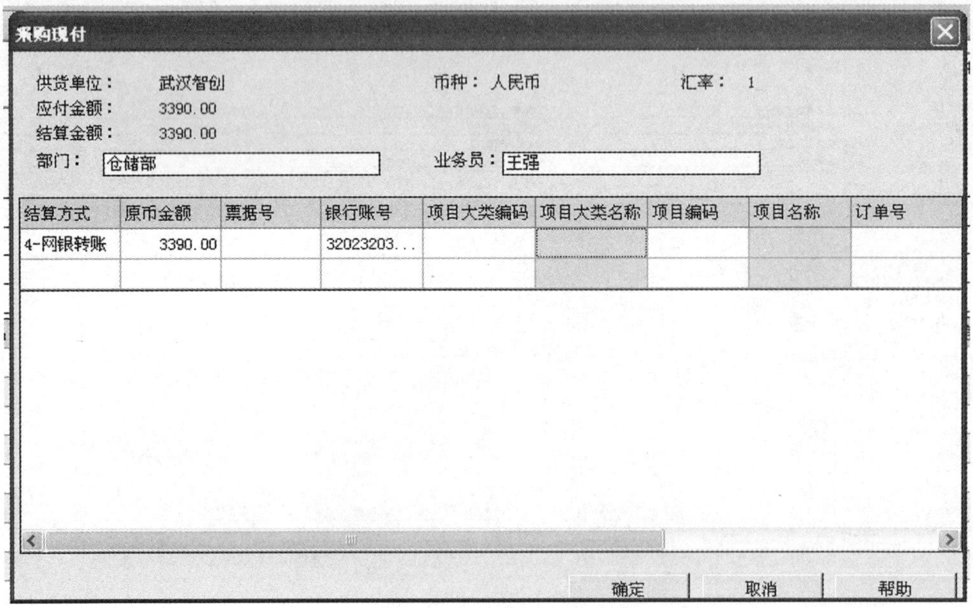

图9-2-7 采购现付窗口

（4）完成后单击“确认”按钮。单击“结算”按钮，如图9-2-8所示。

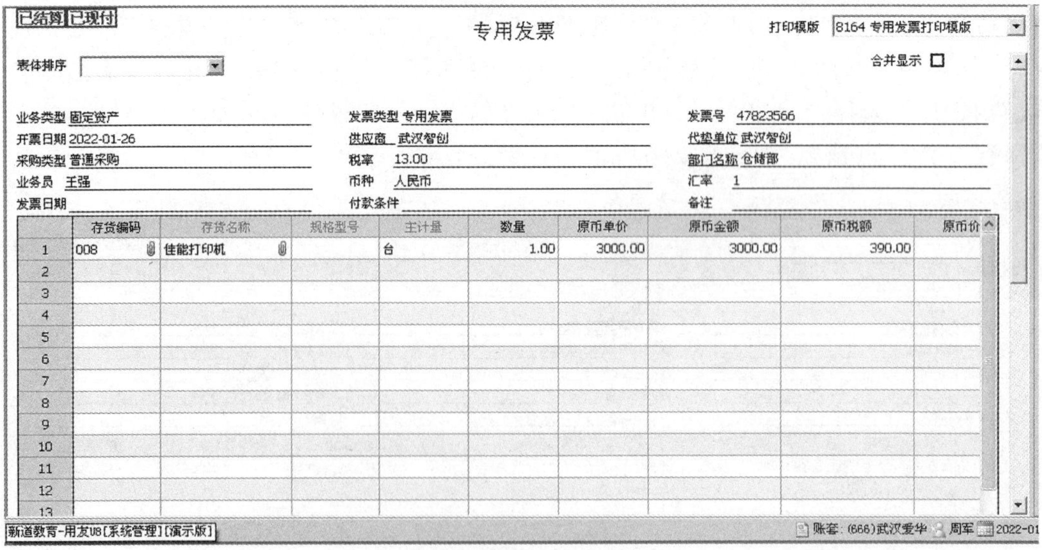

图9-2-8 专用发票

4.应付款管理系统生成凭证

（1）以操作员“002李伟”的身份登录系统，选择操作日期“2022-01-26”，执行“财务会计”→“应付款管理”命令。

（2）执行“应付单据处理”→“应付单据审核”→“确定”→“应付单查询条件”命令，勾选“包含已现结发票”，单击“确认”→“全选”→“审核”→“确定”。

（3）执行“制单处理”→“制单查询”→勾选“现结制单”→“确定”→“全选”→“制单”命令，生成记账凭证，单击“保存”按钮，如图9-2-9所示。

已生成

记账凭证

记 字 0053　　制单日期：2022.01.26　　审核日期：　　附单据数：1

摘要	科目名称	借方金额	贷方金额
现结	固定资产	300000	
现结	应交税费/应交增值税/进项税额	39000	
现结	银行存款/工行存款		339000
票号 日期	数量 单价 合计	339000	339000

备注　项目　　部门
个人　　客户
业务员

记账　　审核　　出纳　　制单 李伟

图9-2-9　记账凭证

5.资产增加

（1）以操作员“002李伟”的身份登录系统，选择操作日期“2022-01-26”，执行“卡片”→“采购资产”命令，进入“未转采购资产订单列表”窗口，双击选择下面的空格，选中资产，如图9-2-10所示。

简易桌面　采购资产

未转采购资产订单列表

选择	行号	订单号	存货编号	存货名称	规格型号	可转资产数量	可转资产单价	可转资产金额	可转资产增值税
Y	1	GDZC001	006	佳能打印机		1.00	3000.00	3000.00	390.00

未转采购资产入库单明细子表

入库日期	入库单号	入库单类型	数量	本币单价	本币金额	本币增值税	币种	汇率
2022-0...	0000000002	蓝字	1.00	3000.00	3000.00	390.00	人民币	1.000000

图9-2-10　未转采购资产订单列表

（2）双击“增加”，在“采购资产分配设置”中输入类别编号“03”、使用部门“仓储部”、使用状况“在用”和使用年限（月）“60”等信息，如图9-2-11所示。

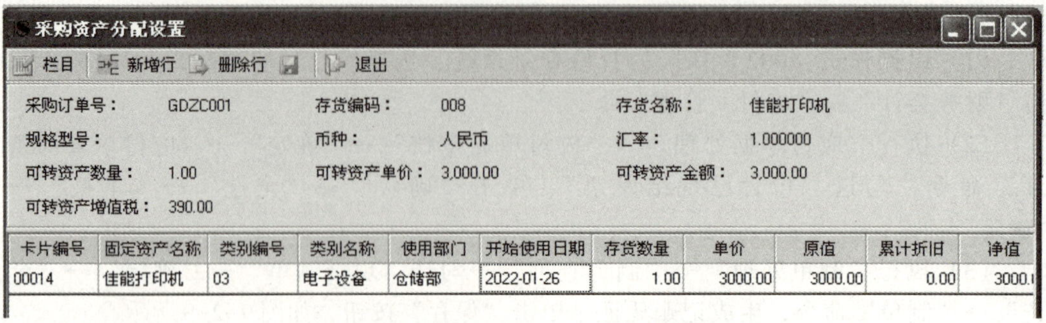

图9-2-11 采购资产分配设置

（3）单击“保存”按钮，弹出固定资产卡片窗口，如图9-2-12所示。

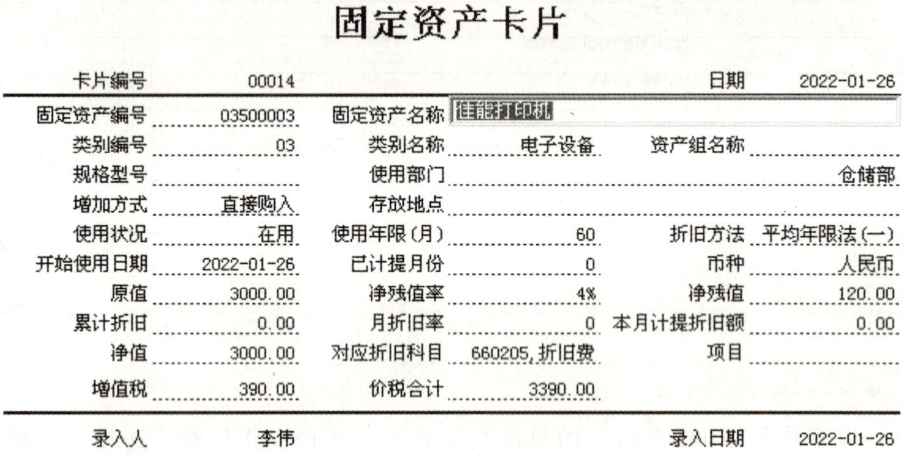

图9-2-12 固定资产卡片

任务测试9-2

固定资产增加业务

（4）单击“保存”后，再单击“确定”。

特别提示：

① 新卡片第一个月不计提折旧，累计折旧为空或0。

② 卡片输入完后，可以不立即制单，月末再批量制单。

③ 通过“资产增加”录入的卡片，不同于原始卡片，开始使用日期一定在固定资产账套启用之后。

任务三 计提折旧业务处理

任务要求

9-3

原始单据

1.1月31日，计提本月折旧费用，并生成折旧凭证。

2.查询折旧清单，查询固定资产折旧凭证。

知识导航

自动计提折旧是固定资产管理系统的主要功能之一。可以根据录入系统的资料，利用系统提供的“折旧计提”功能，对各项资产每期计提一次折旧，并自动生成折旧分配表，然后制作记账凭证，将本期的折旧费用自动登账。

当开始计提折旧时，系统将自动计提所有资产当期折旧额，并将当期的折旧额自动累加到累计折旧项目中。计提工作完成后，需要进行折旧分配，形成折旧费用，系统除了自动生成折旧清单外，同时还生成折旧分配表，从而完成本期折旧费用登账工作。

系统提供的折旧清单显示了所有应计提折旧资产所计提的折旧金额。

折旧分配表是把计提折旧额分配到有关成本和费用账户。折旧分配表有两种类型：类别折旧分配表和部门折旧分配表。生成折旧分配表由“折旧汇总分配周期”决定，制作记账凭证要在生成折旧分配表后进行。

计提折旧遵循以下原则：

（1）在一个期间内可以多次计提折旧，每次计提折旧后，只是将计提的折旧累加到月初的累计折旧上，不会重复累计。

（2）若上次计提折旧已制单并传递到总账管理系统，则必须删除该凭证才能重新计提折旧。

（3）计提折旧后，又对账套进行了影响折旧计算或分配的操作，必须重新计提折旧，否则系统不允许结账。

（4）若自定义的折旧方法月折旧率或月折旧额出现负数，系统自动终止计提。

（5）资产的使用部门和资产折旧要汇总的部门可能不同，为了加强资产管理，使用部门必须是明细部门，而折旧分配部门不一定要分配到明细部门。不同的单位处理可能不同，因此要在计提折旧后、分配折旧费用时作出选择。

任务实施

操作录屏9-3

计提折旧业务

【操作步骤】

计提折旧业务

（1）以操作员“002李伟”的身份，选择操作日期“2022-01-31”登录企业应用平台，执行“业务工作”→“财务会计”→“固定资产”→“处理”→“计提本月折旧”命令，系统弹出“是否要查看折旧清单？”信息提示对话框，如图9-3-1所示。单击“是”按钮。

图9-3-1　查看折旧清单提示

（2）系统继续弹出“本操作将计提本月折旧，并花费一定时间，是否要继续？”信息提示对话框，如图9-3-2所示。

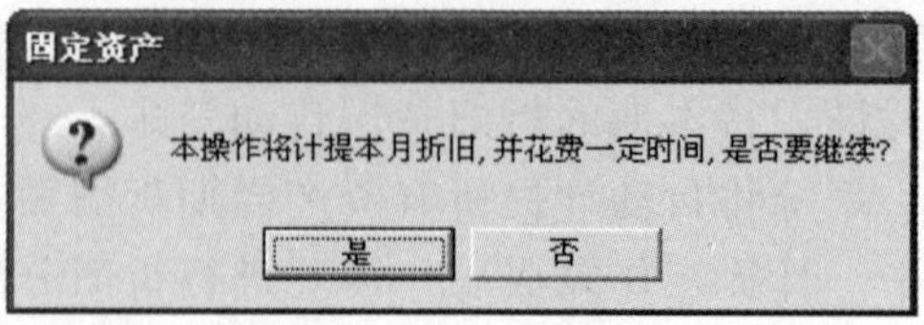

图9-3-2　信息提示窗口

（3）单击“是”按钮，进入“折旧清单”窗口，如图9-3-3所示。

卡片编号	资产编号	资产名称	原值	计提原值	本月计提折旧额	累计折旧	本年计提折旧	减值准备	净值	净残值	折旧率
00001	0110100002	办公楼	4,000,000.00	4,000,000.00	10,400.00	384,800.00	10,400.00	0.00	3,615,200.00	200,000.00	0.0026
00002	0210100001	轿车	250,000.00	250,000.00	1,975.00	73,075.00	1,975.00	0.00	176,925.00	12,500.00	0.0079
00003	0410100001	办公家具	4,390.00	4,390.00	70.24	2,598.88	70.24	0.00	1,791.12	175.60	0.0160
00004	0310100001	联想电脑	4,000.00	4,000.00	64.00	1,600.00	64.00	0.00	2,400.00	160.00	0.0160
00005	0310200001	联想电脑	4,000.00	4,000.00	64.00	1,600.00	64.00	0.00	2,400.00	160.00	0.0160
00006	03200001	联想电脑	4,000.00	4,000.00	64.00	1,600.00	64.00	0.00	2,400.00	160.00	0.0160
00007	03500001	联想电脑	4,000.00	4,000.00	64.00	1,600.00	64.00	0.00	2,400.00	160.00	0.0160
00008	03300001	联想电脑	4,000.00	4,000.00	64.00	1,600.00	64.00	0.00	2,400.00	160.00	0.0160
00009	03300002	佳能传真机	2,300.00	2,300.00	36.80	699.20	36.80	0.00	1,600.80	92.00	0.0160
00010	03500002	惠普打印机	2,000.00	2,000.00	32.00	608.00	32.00	0.00	1,392.00	80.00	0.0160
00011	0310100002	格力空调	2,300.00	2,300.00	36.80	699.20	36.80	0.00	1,600.80	92.00	0.0160
00012	03200002	格力空调	2,300.00	2,300.00	36.80	699.20	36.80	0.00	1,600.80	92.00	0.0160
00013	04500001	货架	1,300.00	1,300.00	20.80	395.20	20.80	0.00	904.80	52.00	0.0160
合计			4,284,590.00	4,284,590.00	12,928.44	471,574.68	12,928.44	0.00	3,813,015.32	213,883.60	

图9-3-3　折旧清单

（4）单击“退出”，进入“折旧分配表”，如图9-3-4所示。

部门编号	部门名称	项目编号	项目名称	科目编号	科目名称	折　旧　额
101	经理办公室			660205	折旧费	3,186.04
102	人力资源部			660205	折旧费	1,104.00
2	财务部			660205	折旧费	2,212.80
3	销售部			660105	折旧费	2,180.80
4	采购部			660205	折旧费	2,080.00
5	仓储部			660205	折旧费	2,164.80
合计						12,928.44

图9-3-4　折旧分配表

（5）单击“批量制单”→“确定”→“全选”→“制单设置”→“凭证”按钮，在新增凭证界面，单击“保存”按钮，凭证左上角出现“已生成”字样，表示凭证已传递到总账，如图9-3-5所示。单击“退出”按钮。

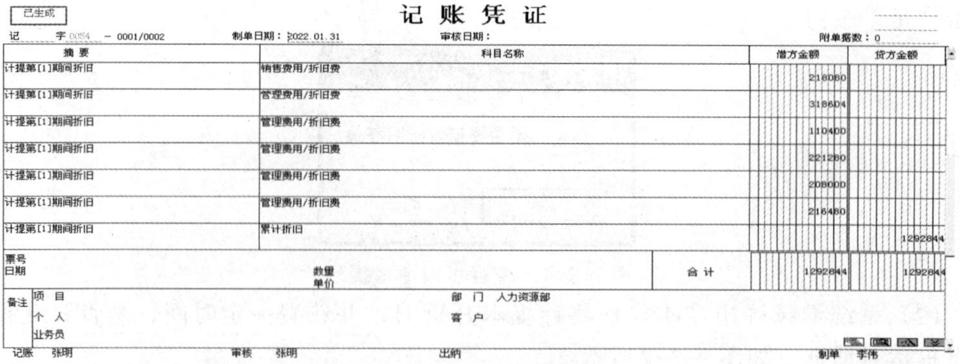

已生成

记账凭证

记　字 0054 － 0001/0002　制单日期：2022.01.31　审核日期：　附单据数：0

摘要	科目名称	借方金额	贷方金额
计提第[1]期间折旧	销售费用/折旧费	218080	
计提第[1]期间折旧	管理费用/折旧费	318604	
计提第[1]期间折旧	管理费用/折旧费	110400	
计提第[1]期间折旧	管理费用/折旧费	221280	
计提第[1]期间折旧	管理费用/折旧费	208000	
计提第[1]期间折旧	管理费用/折旧费	216480	
计提第[1]期间折旧	累计折旧		1292844
票号 日期	数量 单价　合计	1292844	1292844

备注　项目　部门　人力资源部
个人　客户
业务员

记账　张明　审核　张明　出纳　制单　李伟

图9-3-5　计提折旧凭证

特别提示：

① 在折旧分配表界面中，可以单击“凭证”按钮制单，也可以以后利用“批量制单”功能进行制单。

② 每月可以多次计提折旧，但是系统只会将最近一次折旧数据累加到月初累计折旧上，不会重复计算。

③ 在本次折旧计提之后，若进行了影响折旧计算或分配的操作，系统会提示应再次计提折旧，否则不允许结账。

④ 如果上次计提折旧后已经生成凭证传递至总账，则应先删除记账凭证后，再进行计提，并生成新的折旧凭证。

学思践悟9-1

谨防折旧成为个别企业利润的“调节阀”

任务测试9-3

计提折旧业务

9-4

原始单据

任务四　固定资产减少业务处理

任务资料

1月31日，仓储部毁损原值为1 300元的货架。

任务要求

1.根据所给资料，进行资产减少操作，并生成固定资产减少凭证。

2.查看已减少固定资产卡片。

3.在总账系统中，对固定资产管理系统传递过来的凭证进行审核、记账。

知识导航

重难点微课9-2

固定资产减少业务

一、资产减少

固定资产减少是指对固定资产的处置，主要指固定资产的报损、报废、借用、核销、有偿利用或变价出售、安全与完整的责任处理及产权纠纷调处等。固定资产减少的会计处理主要涉及投资转出固定资产、捐赠转出固定资产、以非现金资产抵偿债务方式转出固定资产、以非货币性资产交换换出固定资产、无偿调出固定资产、盘亏固定资产、出售、报废和毁损固定资产。会计制度规定本月减少的固定资产照提折旧，因此，需要计提折旧后才能减少资产。

二、凭证处理

（一）立即制单和批量制单

固定资产系统提供了两种制单方式，即立即制单和批量制单。

1.立即制单

如果在选项中已经选择“业务发生后立即制单”，则在卡片处理完毕后，系统会自动进入凭证页面，补充完善，保存后即可显示“已生成”字样。如果没有保存，该项制单任务将会列示在批量制单任务栏。

2.批量制单

如果在选项中没有选择“业务发生后立即制单”，则在卡片处理完毕后，系统不会自动进入凭证页面，制单任务可以在月末批量进行。

（二）凭证查询、删除与冲销

1.凭证查询

执行固定资产管理系统“凭证查询”命令，进入“凭证查询”窗口，定位具体某行，单击页面上方“凭证”按钮，可以联查该凭证内容。

2.凭证删除与冲销

如果要删除所查询到的某张凭证，在其没有传递至总账前，通过“删除”功能，可以删除该凭证。如果该凭证已经传递至总账并已记账，通过“冲销”功能，系统会产生一张红字凭证，与已记账凭证进行对冲。

任务实施

操作录屏9-4

固定资产减少业务

【操作步骤】

1.资产减少

（1）以“002李伟”的身份，选择日期“2022-01-31”登录企业应用平台，执行“固定资产”→“卡片”→“资产减少”命令，进入“资产减少”窗口。

（2）卡片编号录入“00013”，单击“增加”按钮。在减少方式处选择“毁损”；在清理原因处输入“毁损”，如图9-4-1所示。

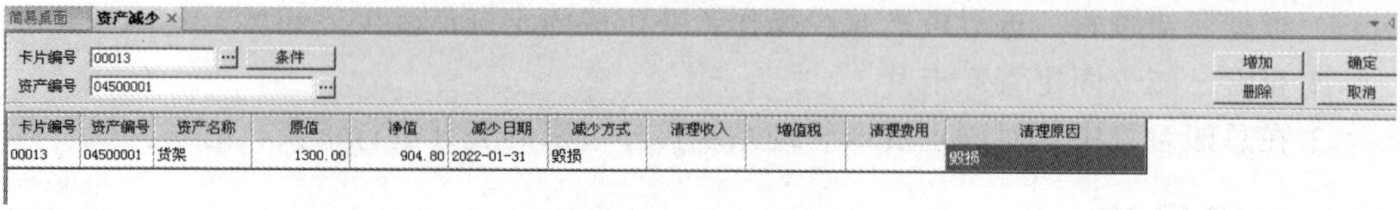

卡片编号	资产编号	资产名称	原值	净值	减少日期	减少方式	清理收入	增值税	清理费用	清理原因
00013	04500001	货架	1300.00	904.80	2022-01-31	毁损				毁损

图9-4-1 资产减少

（3）单击“确定”按钮，进入“填制凭证”窗口。单击“保存”按钮，如图9-4-2所示。系统提示“所选卡片减少成功”，单击“确定”。

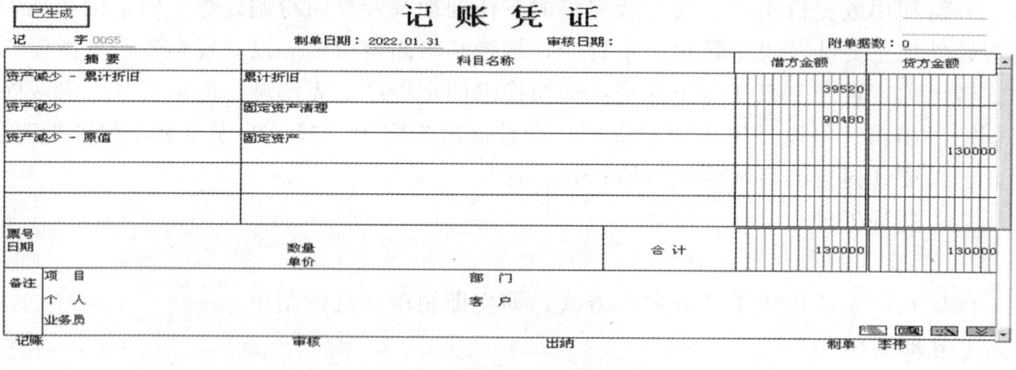

摘要	科目名称	借方金额	贷方金额
资产减少 - 累计折旧	累计折旧	39520	
资产减少	固定资产清理	90480	
资产减少 - 原值	固定资产		130000
	合计	130000	130000

图9-4-2 资产减少凭证

（4）以“002李伟”的身份，选择日期“2022-01-31”重注册。执行“总账”→“凭证”→“填制凭证”→“增加”命令，录入固定资产减少处理凭证，单击“保存”按钮，如图9-4-3所示。

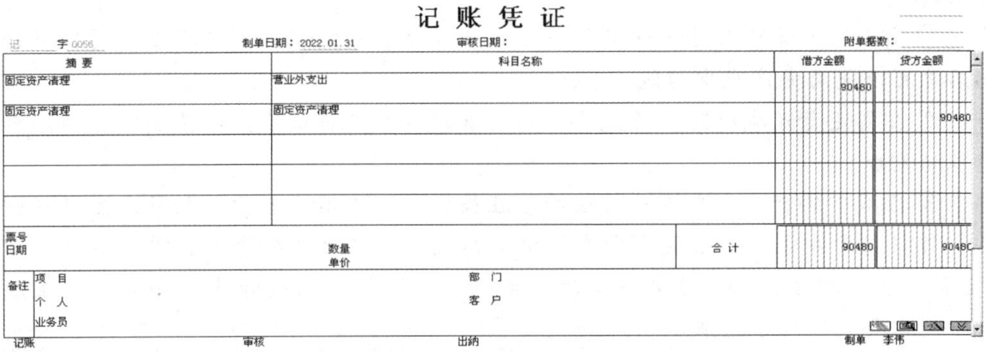

图9-4-3　固定资产清理凭证

2.查看减少的固定资产卡片

（1）执行“固定资产”→“卡片”→“卡片管理”命令，不勾选开始使用时间，单击“确定”，进入“卡片管理”窗口，如图9-4-4所示。

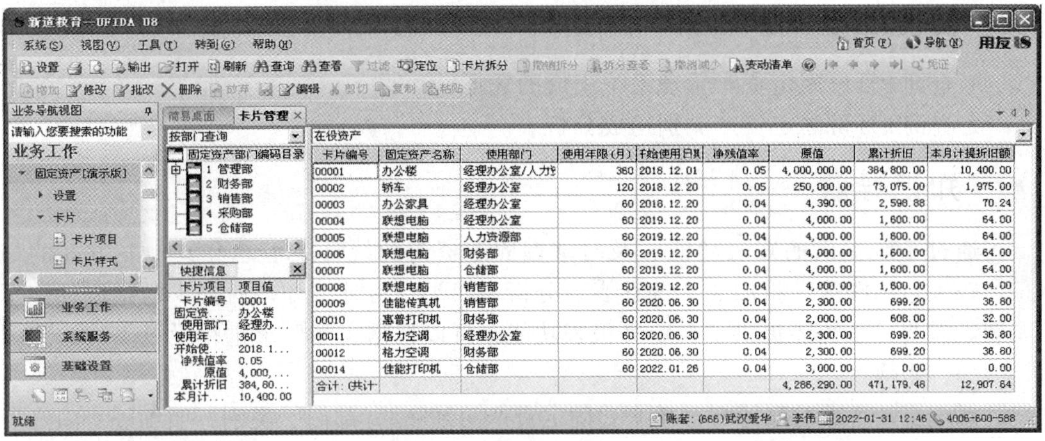

图9-4-4　固定资产卡片表

（2）单击“在役资产”选择框的下拉三角按钮，选择“已减少资产”选项，即可以查看已减少资产，如图9-4-5所示。

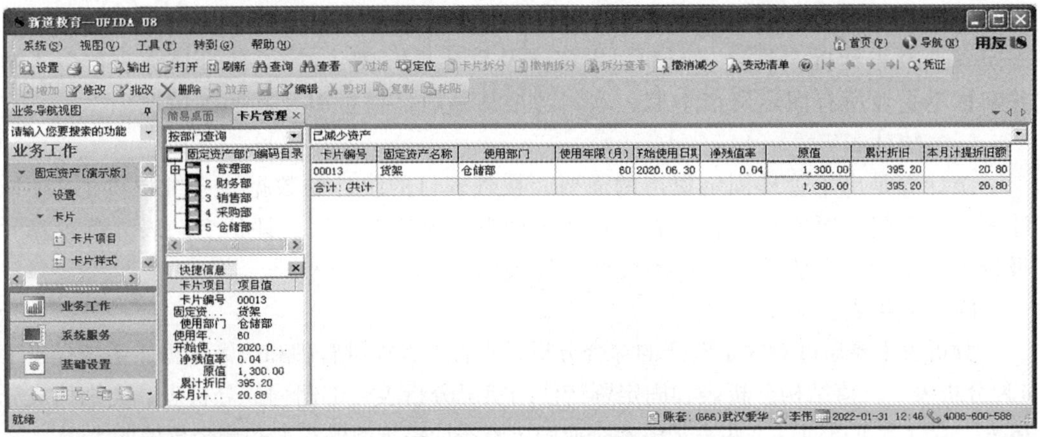

图9-4-5　已减少资产

任务测试 9-4

固定资产减少业务

特别提示：

① 由于固定资产当月减少当月仍应计提折旧，所以只有当资产在当月计提折旧以后才可以使用资产减少功能。

② 在固定资产减少时，首先要从固定资产卡片中将该资产卡片删除，然后再进行凭证处理。

③ 已减少的资产，在卡片管理的“在役资产”中不再列示，如果发生误减少操作，可以在卡片管理“已减少资产”中将其找到。定位该项资产，单击页面上方的“撤销减少”按钮，如图9-4-5所示。系统将其恢复至在役资产。如果已经生成凭证，则需要先行删除凭证。

任务五　数据查询

任务要求

1.查询1月份固定资产管理系统生成的凭证。

2.查询1月份固定资产类别构成分析表。

知识导航

通过系统提供的账表功能，及时掌握固定资产的统计、汇总和其他各方面的信息。账表包括账簿、折旧表、统计表、分析表四类。另外，如果所提供的报表种类不能满足需要，系统还提供了自定义报表功能，可以根据实际要求进行设置。

一、账簿

系统自动生成的账簿有（单个）固定资产明细账、（部门、类别）明细账、固定资产登记簿、固定资产总账。这些账簿以不同方式，序时地反映了资产变化情况，在查询过程中可联查某时期（部门、类别）明细及相应原始凭证，从而获得所需财务信息。

二、折旧表

系统提供了四种折旧表：（部门）折旧计提汇总表、固定资产折旧计算明细表、固定资产及累计折旧表（一）和固定资产及累计折旧表（二）。通过该类表可以了解并掌握本企业所有固定资产本期、本年乃至某部门计提折旧及其明细情况。

三、统计表

统计表是出于管理固定资产的需要，按管理目的统计的数据。系统提供了7种统计表：固定资产原值一览表、固定资产统计表、评估汇总表、评估变动表、盘盈盘亏报告表、逾龄资产统计表、役龄资产统计表。

四、分析表

分析表主要通过对固定资产的综合分析，为管理者提供管理和决策依据。系统提供了4种分析表：价值结构分析表、固定资产使用状况分析表、部门构成分析表、类别构成分析表。管理者可以通过这些表了解本企业固定资产计提折旧的程度和剩余价值的大小。

五、自定义报表

当系统提供的报表不能满足企业要求时，用户也可以自己定义报表。

任务实施

操作录屏9-5

固定资产数据查询

【操作步骤】

1.查询1月份固定资产管理系统生成的凭证

以操作员“002李伟”的身份，选择日期“2022-01-31”登录企业应用平台，执行“财务会计”→“固定资产”→“处理”→“凭证查询”命令，如图9-5-1所示。

简易桌面 | 凭证查询 ×

期间 2022.01 --- 2022.01

业务日期	业务类型	业务号	制单人	凭证日期	凭证号	标志
2022-01-31	折旧计提	01	李伟	2022-01-31	记--54	
2022-01-31	资产减少	00013	李伟	2022-01-31	记--55	

图9-5-1 凭证查询

特别提示：

① 固定资产管理系统生成的凭证的修改或删除操作只能在本系统进行，不能在总账管理系统中处理。

② 固定资产管理系统生成的凭证自动传递到总账管理系统，在总账管理系统中，对传递过来的凭证要进行审核和记账。

③ 如果已经记了账，可以对其进行冲销处理。

2.查询1月份固定资产类别构成分析表

执行“财务会计”→“固定资产”→“账表”→“我的账表”→“分析表”→“类别构成分析表”命令，选择“2022.01”，单击“确定”按钮，如图9-5-2所示。

简易桌面 | 凭证查询 | 报表 | 类别构成分析表 ×

恢复缺省格式 | 保存格式 | 锁定格式 | 格式锁定状态:未锁定

类别构成分析表

使用单位:武汉爱华商贸有限公司　　期间: 2022.01

资产类别	数量	计量单位	期末原值	占类别百分比%	占总值百分比%
房屋及建筑物(01)	1		4,000,000.00	100.00	93.32
交通运输设备(02)	1		250,000.00	100.00	5.83
电子设备(03)	10		31,900.00	100.00	0.74
办公家具(04)	1		4,390.00	100.00	0.10
合计	13		4,286,290.00	100.00	100.00

图9-5-2 类别构成分析表

学思践悟9-2

加速折旧法背后的科技创新

任务测试9-5

固定资产数据查询

特别提示：

固定资产管理系统还提供了很多其他账表的查询处理业务，如分析表、统计表、折旧表和各种账簿的明细表、自定义报表等，工作中可以依据需要进行查询、打印处理。

项目反馈与评价

重难点梳理

1. 固定资产变动业务一般有哪些？

2. 采购固定资产业务一般需要注意哪些问题？

3. 固定资产的凭证如何进行修改、删除处理？

关键数据反馈

请以合适的操作员身份进行查账，并对系统中能反映下列关键数据的页面进行截图反馈：

1. 查询变动单列表。

2. 查询折旧清单。

3. 查询折旧分配表。

4. 查询固定资产管理系统与总账系统的对账结果。

易错点分析

请同学们在本项目任务测试和操作过程中，归纳总结出自己容易出现的问题，并分析原因。

项目评价

多维评价量表

序号	评价内容	设定分值	评价主体	得分情况
线上环节	自主学习进度	20	平台自评	
	任务测试准确度	10	平台自评	
	小计	30		
线下环节	安全与规范操作意识	10	学生自评	
	劳动、探究与合作意识	10	小组互评	
	实训操作进度	20	小组互评	
	实训数据准确度	20	教师评议	
	项目反思态度	10	教师评议	
	小计	70		
合计		100		

项目十

薪资管理系统日常业务

知识目标

通过本项目的学习，了解薪资管理系统的任务、处理流程、基本功能结构。理解工资账套和企业账套的区别；掌握薪资管理系统的基本概念和基本理论常识。明确薪资管理系统的初始设置、日常处理和期末处理的主要内容。

技能目标

掌握建立薪资账套以及设置基本分类档案、工资项目和计算公式的操作方法；熟悉个人所得税、工资数据计算和汇总的操作方法；学会工资分配与计提、工资转账凭证生成的原理与操作方法。

素养目标

了解社会主义分配制度中，兼顾效率与公平的原则，弘扬社会主义核心价值观；认识个人所得税政策演变和“五险一金”社会保障制度，理解我国“民为本、重民生”的社会主义制度优越性。

项目导图

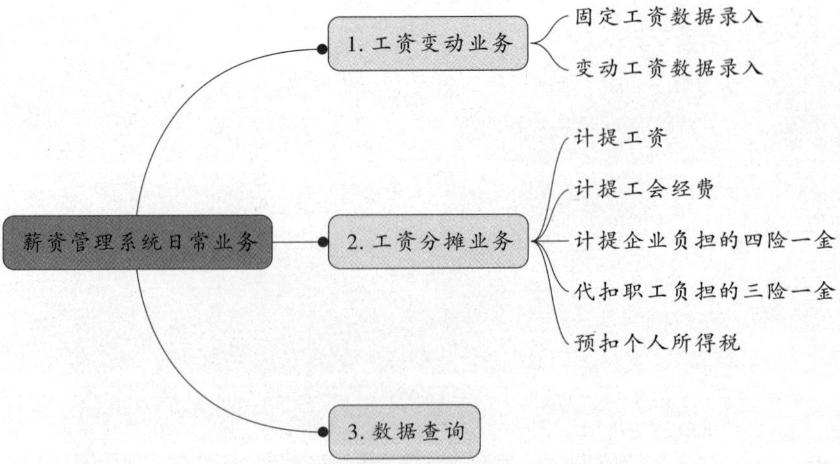

任务一　工资变动业务处理

任务资料

1.职工固定工资数据（见表10-1-1）

表10-1-1　　职工固定工资数据

姓 名	所属部门	基本工资	岗位工资	奖金	社保、公积金计提基数	个人专项附加扣除
李卫国	经理办公室	5 000	4 000	200	8 000	1 000
何林	人力资源部	3 000	2 000	200	5 000	1 000
张明	财务部	3 000	2 000	200	5 000	2 000
李伟	财务部	3 000	2 000	200	4 000	
王刚	财务部	3 000	2 000	200	4 000	1 000
赵亮	销售部	3 000	3 000	200	5 000	1 000
赵军	销售部	3 000	2 000	200	4 000	2 000
宋飞	销售部	3 000	2 000	200	4 000	
周军	采购部	3 000	3 000	200	5 000	1 000
孙朋	采购部	3 000	2 000	200	4 000	1 000
张军	采购部	3 000	2 000	200	4 000	
刘云	仓储部	2 000	3 000	200	5 000	2 000
王强	仓储部	2 000	2 000	200	4 000	1 000
合计		39 000	31 000	2 600	61 000	13 000

2.本月工资变动信息

（1）本月销售业绩较好，每位销售人员奖金在原来的基础上增加200元。

（2）销售人员交补800元，采购人员交补600元，其余人员交补500元。

（3）本月张明请假1天，王强请假2天，其余职工全勤。

（4）通过“替换”功能批量录入“累计应付工资”和“上月累计预扣预缴税额”。

任务要求

1.根据上述资料，录入该公司职工固定工资数据。

2.根据上述资料，录入该公司职工变动工资数据。

知识导航

一、薪资管理系统主要功能

薪资管理是各企事业单位最经常使用的功能之一。在用友ERP U8软件中，它作为人力资源管理系统的一个子系统，其主要功能包括以下方面：

（一）薪资类别管理

薪资管理系统提供处理多个工资类别的功能。如果单位按周或一月多次发放工资，或者是单位中有多种不同类别（部门）的人员，工资发放项目不同，计算公式也不同，但需进行统一工资核算管理，应选择建立多个工资类别。

如果单位中所有人员的工资统一管理，而人员的工资项目、工资计算公式全部相同，则只需要建立单个工资类别，以提高系统的运行效率。

（二）人员档案管理

可以设置人员的基础信息并对人员变动进行调整，另外系统也提供了设置人员附加信息的功能。

（三）薪资数据管理

可以根据不同企业的需要设计工资项目和计算公式；管理所有人员的工资数据，并对平时发生的工资变动进行调整；自动计算个人所得税，结合工资发放形式进行扣零处理或向代发工资的银行传输工资数据；自动计算、汇总工资数据；自动完成工资分摊、计提转账业务。

（四）薪资报表管理

提供多层次、多角度的工资数据查询。

二、薪资管理系统与其他系统的主要关系

薪资管理系统与系统管理共享基础数据；薪资管理系统将工资分摊结果生成的转账凭证传递到总账管理系统；另外，薪资管理系统向成本核算系统传送相关费用的合计数据。

三、日常处理

薪资管理系统的日常处理包括工资类别管理、工资数据管理、工资分钱清单、个人所得税的计算与申报、银行代发、工资数据查询统计等。

任务实施

操作录屏
10-1
工资变动业务

【操作步骤】

1.输入职工基本固定工资数据

（1）以操作员“002李伟”的身份，选择日期“2022-01-31”登录企业应用平台，执行“人力资源”→“薪资管理”→“业务处理”→“工资变动”命令，进入“工资变动”窗口。

（2）从“过滤器”下拉列表框中，选择“过滤设置”选项，打开“项目过滤”对话框。

（3）分别选择“工资项目”列表框中的“基本工资”“岗位工资”等五个选项，分别单击“>”按钮，将这五项选入“已选项目”列表框中，如图10-1-1所示。

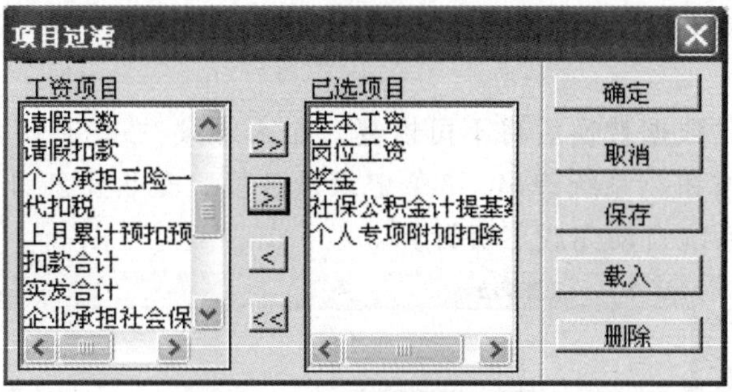

图10-1-1 工资项目过滤

（4）单击“确定”按钮，返回“工资变动”窗口，此时每个人的工资项目只显示五项。

（5）按任务资料输入各项目工资数据，结果如图10-1-2所示。

变动 ×

工资变动

定位器

人员编号	姓名	部门	人员类别	基本工资	岗位工资	奖金	社保公积金计提基数	个人专项附加扣除
001	李卫国	经理办公室	管理人员	5,000.00	4,000.00	200.00	8,000.00	1,000.00
002	何林	人力资源部	管理人员	3,000.00	2,000.00	200.00	5,000.00	1,000.00
003	张明	财务部	管理人员	3,000.00	2,000.00	200.00	5,000.00	2,000.00
004	李伟	财务部	管理人员	3,000.00	2,000.00	200.00	4,000.00	
005	王刚	财务部	管理人员	3,000.00	2,000.00	200.00	4,000.00	1,000.00
006	赵亮	销售部	销售人员	3,000.00	3,000.00	200.00	5,000.00	1,000.00
007	赵军	销售部	销售人员	3,000.00	2,000.00	200.00	4,000.00	2,000.00
008	宋飞	销售部	销售人员	3,000.00	2,000.00	200.00	4,000.00	
009	周军	采购部	采购人员	3,000.00	3,000.00	200.00	5,000.00	1,000.00
010	孙朋	采购部	采购人员	3,000.00	2,000.00	200.00	4,000.00	1,000.00
011	张军	采购部	采购人员	3,000.00	2,000.00	200.00	4,000.00	
012	刘云	仓储部	管理人员	2,000.00	3,000.00	200.00	5,000.00	2,000.00
013	王强	仓储部	管理人员	2,000.00	2,000.00	200.00	4,000.00	1,000.00
				39,000.00	31,000.00	2,600.00	61,000.00	13,000.00

图10-1-2 职工固定工资输入结果

（6）最后单击“计算”按钮和“汇总”按钮。

特别提示：

这里只需输入没有进行公式设定的项目，如基本工资、岗位工资、奖金等五项，其余各项由系统根据计算公式自动计算生成。

2.输入职工工资变动数据

（1）执行“薪资管理”→“业务处理”→“工资变动”命令，单击“过滤器”下拉列表框，从下拉列表中选择“所有项目”选项，屏幕上显示所有工资项目。

（2）在“请假天数”下输入考勤情况：本月张明请假1天，王强请假2天，其余职工全勤。

（3）单击“全选”按钮，在人员记录的选择栏出现选中标记“Y”。

（4）单击“替换”按钮，打开“工资项数据替换”对话框，选择将工资项目“奖金”替换成“奖金+200”。

（5）在“替换条件”文本框中分别选择：“人员类别”“=”“销售人员”，单击“确定”按钮。

（6）系统弹出“数据替换后将不可恢复。是否继续?”信息提示框，如图10-1-3所示。单击“是”按钮，系统弹出“3条记录被替换，是否重新计算?”信息提示框，单击“是”按钮，系统自动完成工资计算。

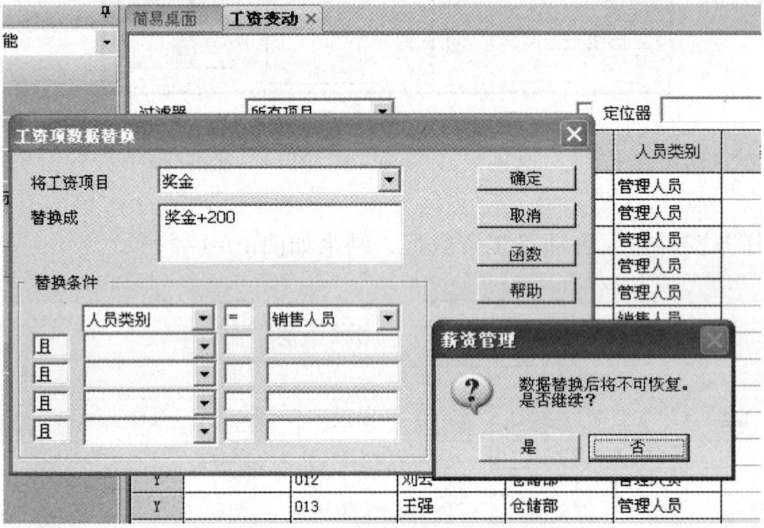

图10-1-3　岗位工资数据替换

（7）以同样的方式通过“替换”功能批量录入“累计应付工资”。

（8）在工资变动界面中，单击“全选”按钮，单击“替换”按钮，打开“工资项数据替换”对话框，“将工资项目”选择“累计应付工资”。点击“函数”，在“系统函数”文本框中选择“工资项目”为“应付工资”等，单击“确定”按钮，如图10-1-4所示。

（9）“工资项数据替换”对话框如图10-1-5所示，单击“确定”。系统弹出提示对话框“数据替换后将不可恢复。是否继续?”，单击“是”按钮，系统继续提示“13条记录被替换，是否重新计算?”，单击“是”按钮返回。

特别提示：

① 第一次使用工资系统必须将所有人员的基本工资数据录入系统。工资数据可以在录入人员档案时直接录入，需要计算的内容在“工资变动”功能中进行计算；也可以在工资变动功能中录入，当工资数据发生变动时应在“工资变动”命令中录入。如果工资数据的变化具有规律性，可以使用“替换”功能进行成批数据替换。

② “上月累计预扣预缴税额”数据处理过程：从2月份开始每月需执行2次替换，以3月份为例，首先，通过“替换”功能，将年初至2月份“代扣税”作为本月“上月累计预扣预缴税额”数据；然后，再次使用“替换”功能，上月累计预扣预缴税额*-1，得到负数数据（采用负数仅因计算需要）。

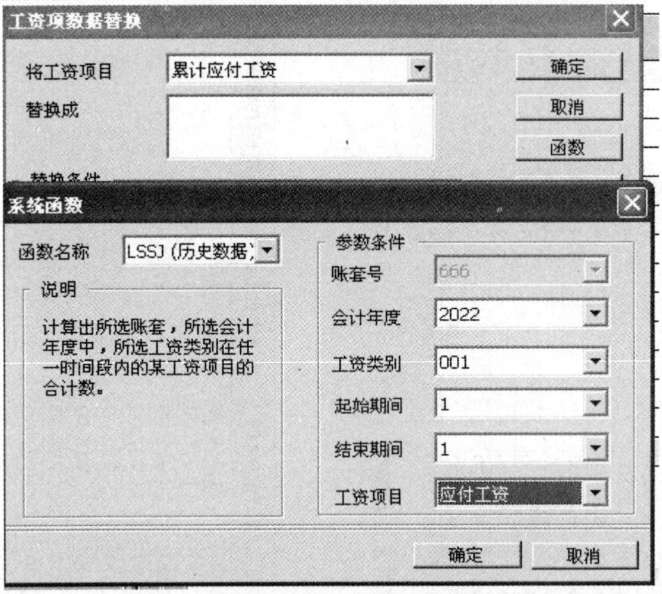

图10-1-4　累计应付工资数据替换（1）

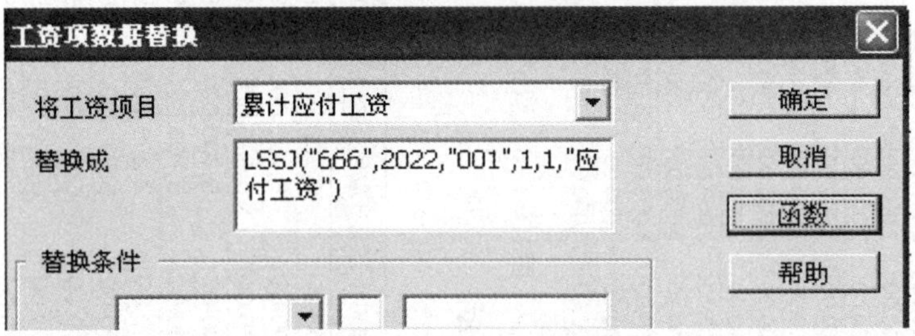

图10-1-5　累计应付工资数据替换（2）

3.职工工资数据计算与汇总

（1）在“工资变动”窗口中，单击工具栏上的“计算”按钮，计算工资数据。

（2）单击工具栏上的“汇总”按钮，汇总工资数据，如图10-1-6和图10-1-7所示。

（3）单击右上角的“×”按钮，退出“工资变动”窗口。

特别提示：

① 在修改了某些数据、重新设置了计算公式、进行了数据替换或在个人所得税中执行了自动扣税等操作后，必须调用“计算”和“汇总”功能对个人工资数据重新计算，以保证数据正确。

② 如果对工资数据只进行了“计算”的操作，而未进行“汇总”操作，则退出时系统提示“数据发生变动后尚未进行汇总，是否进行汇总?”，如果需要汇总则单击“是”按钮，否则，单击“否”按钮即可。

任务测试
10-1
工资变动业务

工资变动

过滤器 所有项目 □ 定位器

选择	人员编号	姓名	部门	人员类别	基本工资	岗位工资	奖金	交补	应发合计	请假天数	请假扣款	社保公积金计提基数	个人承担三险一金	个人专项附加扣除	代扣税
	001	李卫国	经理办公室	管理人员	5,000.00	4,000.00	200.00	500.00	9,700.00			8,000.00	1,464.00	1,000.00	67.08
	002	何林	人力资源部	管理人员	3,000.00	2,000.00	200.00	500.00	5,700.00			5,000.00	915.00	1,000.00	
	003	张明	财务部	管理人员	3,000.00	2,000.00	200.00	500.00	5,700.00	1	25.00	5,000.00	915.00	2,000.00	
	004	李伟	财务部	管理人员	3,000.00	2,000.00	200.00	500.00	5,700.00			4,000.00	732.00		
	005	王刚	财务部	管理人员	3,000.00	2,000.00	200.00	500.00	5,700.00			4,000.00	732.00	1,000.00	
	006	赵亮	销售部	销售人员	3,000.00	3,000.00	400.00	800.00	7,200.00			5,000.00	915.00	1,000.00	8.55
	007	赵军	销售部	销售人员	3,000.00	2,000.00	400.00	800.00	6,200.00			4,000.00	732.00	2,000.00	
	008	宋飞	销售部	销售人员	3,000.00	2,000.00	400.00	800.00	6,200.00			4,000.00	732.00		14.04
	009	周军	采购部	采购人员	3,000.00	3,000.00	200.00	600.00	6,800.00			5,000.00	915.00	1,000.00	
	010	孙朋	采购部	采购人员	3,000.00	2,000.00	200.00	600.00	5,800.00			4,000.00	732.00	1,000.00	
	011	张军	采购部	采购人员	3,000.00	2,000.00	200.00	600.00	5,800.00			4,000.00	732.00		2.04
	012	刘云	仓储部	管理人员	2,000.00	3,000.00	200.00	500.00	5,700.00			5,000.00	915.00	2,000.00	
	013	王强	仓储部	管理人员	2,000.00	2,000.00	200.00	500.00	4,700.00	2	50.00	4,000.00	732.00	1,000.00	
合计					39,000.00	31,000.00	3,200.00	7,700.00	80,900.00	3	75.00	61,000.00	11,163.00	13,000.00	91.71

图10-1-6 职工工资计算与汇总后结果（1）

工资变动

企业设定提存计划	企业承担住房公积金	应付工资	累计应付工资	累计减除费用	累计专项扣除	累计专项附加扣除	累计预扣预缴应纳税所得额
1,336.00	640.00	9,700.00	9,700.00	5,000.00	1,464.00	1,000.00	2,236.00
835.00	400.00	5,700.00	5,700.00	5,000.00	915.00	1,000.00	-1,215.00
835.00	400.00	5,675.00	5,675.00	5,000.00	915.00	2,000.00	-2,240.00
668.00	320.00	5,700.00	5,700.00	5,000.00	732.00		-32.00
668.00	320.00	5,700.00	5,700.00	5,000.00	732.00	1,000.00	-1,032.00
835.00	400.00	7,200.00	7,200.00	5,000.00	915.00	1,000.00	285.00
668.00	320.00	6,200.00	6,200.00	5,000.00	732.00	2,000.00	-1,532.00
668.00	320.00	6,200.00	6,200.00	5,000.00	732.00		468.00
835.00	400.00	6,800.00	6,800.00	5,000.00	915.00	1,000.00	-115.00
668.00	320.00	5,800.00	5,800.00	5,000.00	732.00	1,000.00	-932.00
668.00	320.00	5,800.00	5,800.00	5,000.00	732.00		68.00
835.00	400.00	5,700.00	5,700.00	5,000.00	915.00	2,000.00	-2,215.00
668.00	320.00	4,650.00	4,650.00	5,000.00	732.00	1,000.00	-2,082.00
10,187.00	4,880.00	80,825.00	80,825.00	65,000.00	11,163.00	13,000.00	-8,338.00

图10-1-7 职工工资计算与汇总后结果（2）

任务二　工资分摊业务处理

任务资料

2022年1月31日，武汉爱华商贸有限公司财务部进行工资分摊设置和凭证生成。

1.计提工资

表10-2-1　工资分摊计提表

部门	人员类别	工资项目	借方科目	贷方科目
经理办公室、人力资源部、财务部、仓储部	管理人员	应付工资	660201管理费用-职工薪酬	221101应付职工薪酬-工资
销售部	销售人员		660101销售费用-职工薪酬	
采购部	采购人员		660201管理费用-职工薪酬	

2.计提工会经费（按应付工资2%计提）

表10-2-2　工会经费分摊计提表

部门	人员类别	工资项目	借方科目	贷方科目
经理办公室、人力资源部、财务部、仓储部	管理人员	应付工资	660201管理费用-职工薪酬	221105应付职工薪酬-工会经费
销售部	销售人员		660101销售费用-职工薪酬	
采购部	采购人员		660201管理费用-职工薪酬	

3.计提企业负担的四险一金（见表10-2-3）

表10-2-3　企业负担的四险一金分摊计提表

部门	人员类别	工资项目	借方科目	贷方科目
经理办公室、人力资源部、财务部、仓储部	管理人员	企业负担的社会保险	660201管理费用-职工薪酬	221102应付职工薪酬-社会保险费
销售部	销售人员		660101销售费用-职工薪酬	
采购部	采购人员		660201管理费用-职工薪酬	
经理办公室、人力资源部、财务部、仓储部	管理人员	企业设定提存计划	660201管理费用-职工薪酬	221103应付职工薪酬-设定提存计划
销售部	销售人员		660101销售费用-职工薪酬	
采购部	采购人员		660201管理费用-职工薪酬	
经理办公室、人力资源部、财务部、仓储部	管理人员	企业负担的住房公积金	660201管理费用-职工薪酬	221104应付职工薪酬-住房公积金
销售部	销售人员		660101销售费用-职工薪酬	
采购部	采购人员		660201管理费用-职工薪酬	

4.代扣职工负担的三险一金（见表10-2-4）

表10-2-4　　　　职工负担的三险一金分摊计提表

部门	人员类别	工资项目	借方科目	贷方科目
经理办公室、人力资源部、财务部、仓储部	管理人员	个人负担的三险一金	221101应付职工薪酬-工资	224101其他应付款-代扣职工三险一金
销售部	销售人员			
采购部	采购人员			

5.预扣个人所得税（见表10-2-5）

表10-2-5　　　　预扣个人所得税分摊表

部门	人员类别	工资项目	借方科目	贷方科目
经理办公室、人力资源部、财务部、仓储部	管理人员	代扣税	221101应付职工薪酬-工资	222107应交税费-应交个人所得税
销售部	销售人员			
采购部	采购人员			
经理办公室、人力资源部、财务部、仓储部	管理人员	上月累计预扣预缴税额	221101应付职工薪酬-工资	222107应交税费-应交个人所得税
销售部	销售人员			
采购部	采购人员			

重难点微课 10-1

工资分摊设置

任务要求

1.根据上述资料，进行工资分摊设置。

2.生成本月工资、工会经费计提、企业承担四险一金、个人承担三险一金、预扣个人所得税凭证。

重难点微课 10-2

工资分摊生成

知识导航

在用友ERP U8软件中，工资分摊就是将实际发生的（即需支付的）工资总额，计算分配到“生产成本”、“制造费用”、“管理费用”和“销售费用”等项目中去。工资是人工费用中最主要的部分，需要对工资及各种经费进行计提计算、分配并编制转账会计凭证，供登账处理使用。工资分摊作为薪资管理业务中一个重要的专业功能而存在，有着重要意义。

操作录屏
10-2
工资分摊

任务实施

【操作步骤】

1.工资分摊类型设置

（1）以操作员“002李伟”的身份，选择日期“2022-01-31”登录企业应用平台，执行“人力资源”→“薪资管理”→“业务处理”→“工资分摊”命令，打开“工资分摊”对话框。

（2）单击“工资分摊设置”按钮，打开“分摊类型设置”对话框。单击“增加”按钮，打开“分摊计提比例设置”对话框。

（3）输入计提类型名称为“计提工资”，如图10-2-1所示。

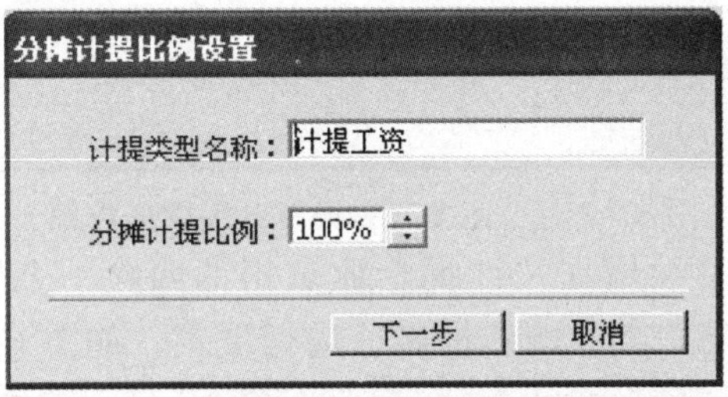

图10-2-1　计提工资分摊计提比例设置

（4）单击“下一步”按钮，打开“分摊构成设置”对话框。参照表10-2-1“工资分摊计提表”进行设置，设置完成后，结果如图10-2-2所示。单击“完成”按钮。

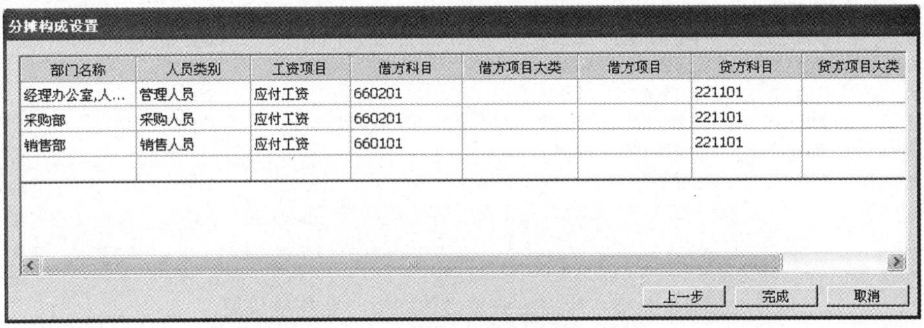

图10-2-2　计提工资分摊构成设置

（5）返回“分摊类型设置”对话框。继续单击“增加”按钮，在“计提类型名称”栏录入“计提工会经费”，在“分摊计提比例”栏录入“2%”，如图10-2-3所示。

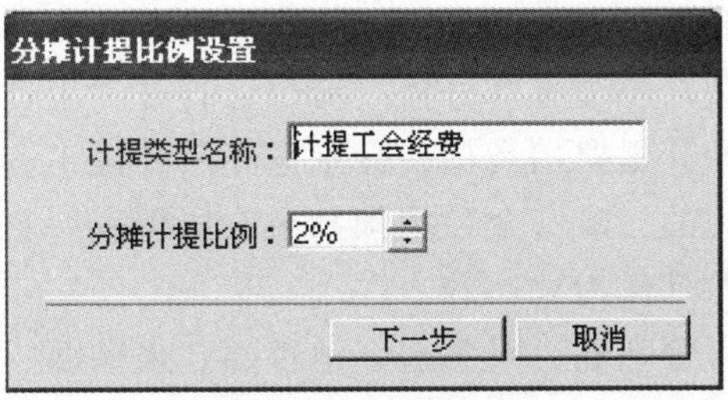

图10-2-3　计提工会经费分摊计提比例设置

（6）单击“下一步”按钮，打开“分摊构成设置”对话框，参照表10-2-2“工会经费分摊计提表”，在“分摊构成设置”对话框中分别选择分摊构成的各个项目内容，如图10-2-4所示。

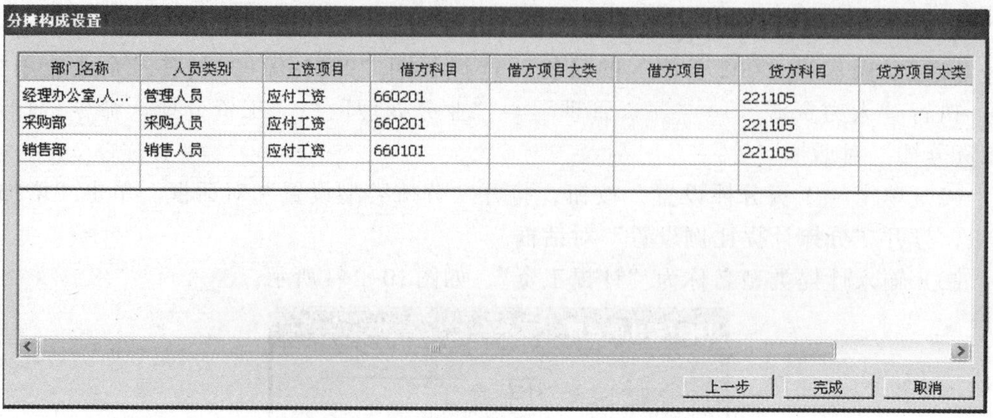

部门名称	人员类别	工资项目	借方科目	借方项目大类	借方项目	贷方科目	贷方项目大类
经理办公室,人…	管理人员	应付工资	660201			221105	
采购部	采购人员	应付工资	660201			221105	
销售部	销售人员	应付工资	660101			221105	

图10-2-4　计提工会经费分摊构成设置

（7）以同样的方式继续增加“计提企业负担的四险一金”，比例100%，参照表10-2-3“企业负担的四险一金分摊计提表”进行设置，如图10-2-5所示。

部门名称	人员类别	工资项目	借方科目	借方项目大类	借方项目	贷方科目	贷方项目大
经理办公室,人…	管理人员	企业承担社…	660201			221102	
经理办公室,人…	管理人员	企业设定提…	660201			221103	
经理办公室,人…	管理人员	企业承担住…	660201			221104	
采购部	采购人员	企业承担社…	660201			221102	
采购部	采购人员	企业设定提…	660201			221103	
采购部	采购人员	企业承担住…	660201			221104	
销售部	销售人员	企业承担社…	660101			221102	
销售部	销售人员	企业设定提…	660101			221103	
销售部	销售人员	企业承担住…	660101			221104	

图10-2-5　计提企业负担的四险一金构成设置

（8）以同样的方式继续增加“代扣职工负担的三险一金”“预扣个人所得税”的分摊构成设置，计提比例100%，分别参照表10-2-4“职工负担的三险一金分摊计提表”和表10-2-5“预扣个人所得税分摊表”进行设置。最后，返回到“工资分摊”对话框，如图10-2-6所示。

2.分摊工资费用并生成会计凭证

（1）执行“业务处理”→“工资分摊”命令，打开“工资分摊”对话框。

（2）选择需要分摊的计提费用类型，分别选择“计提工资”、“计提企业负担的四险一金”、“代扣职工负担的三险一金”、“预扣个人所得税”和“计提工会经费”前的复选框，确定分摊计提的月份为“2022-1”。

（3）选择核算部门：管理部、财务部、销售部、采购部、仓储部。

（4）选中“明细到工资项目”复选框，如图10-2-7所示。

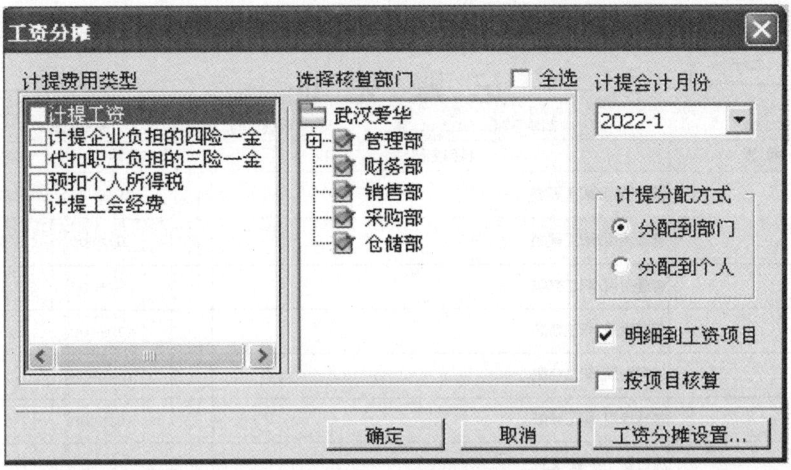

图10-2-6 分摊类型设置

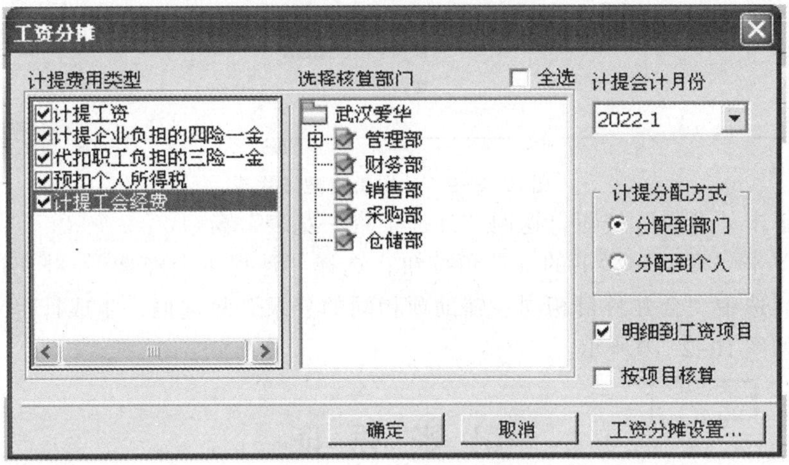

图10-2-7 工资分摊选择

（5）单击“确定”按钮，打开“计提工资一览表”对话框。进行必要的相关科目借贷方补充设置。

（6）选中“合并科目相同、辅助项相同的分录”复选框，如图10-2-8所示。

计提工资一览表

☑ 合并科目相同、辅助项相同的分录

类型 计提工资

部门名称	人员类别	应付工资		
		分配金额	借方科目	贷方科目
经理办公室	管理人员	9700.00	660201	221101
人力资源部		5700.00	660201	221101
财务部		17075.00	660201	221101
销售部	销售人员	19600.00	660101	221101
采购部	采购人员	18400.00	660201	221101
仓储部	管理人员	10350.00	660201	221101

图10-2-8 计提工资一览表

（7）单击工具栏上的“制单”按钮，单击“保存”按钮，结果如图10-2-9所示。

已生成

记 账 凭 证

记 字 0057　　制单日期：2022.01.31　　审核日期：　　附单据数：0

摘要	科目名称	借方金额	贷方金额
计提工资	销售费用/职工薪酬	1960000	
计提工资	管理费用/职工薪酬	970000	
计提工资	管理费用/职工薪酬	570000	
计提工资	管理费用/职工薪酬	1707500	
计提工资	管理费用/职工薪酬	1840000	
计提工资	管理费用/职工薪酬	1035000	
计提工资	应付职工薪酬/工资		8082500
票号 日期	数量 单价　　合计	8082500	8082500

备注　项 目　　部 门 人力资源部
个 人　　客 户
业务员

记账　审核　出纳　制单 李伟

图10-2-9　计提工资凭证生成

（8）单击“退出”按钮，返回“计提工资一览表”窗口。

（9）单击“类型”栏下的下三角按钮，选择“计提工会经费”，补充设置相关借贷方科目。选中“合并科目相同、辅助项相同的分录”复选框，生成计提工会经费转账凭证，如图10-2-10所示。

已生成

记 账 凭 证

记 字 0058　　制单日期：2022.01.31　　审核日期：　　附单据数：0

摘要	科目名称	借方金额	贷方金额
计提工会经费	销售费用/职工薪酬	39200	
计提工会经费	管理费用/职工薪酬	19400	
计提工会经费	管理费用/职工薪酬	11400	
计提工会经费	管理费用/职工薪酬	34150	
计提工会经费	管理费用/职工薪酬	36800	
计提工会经费	管理费用/职工薪酬	20700	
计提工会经费	应付职工薪酬/工会经费		161650
票号 日期	数量 单价　　合计	161650	161650

备注　项 目　　部 门 人力资源部
个 人　　客 户
业务员

记账　审核　出纳　制单 李伟

图10-2-10　计提工会经费凭证生成

（10）以同样的方式，分别生成计提企业负担的四险一金等其他凭证，分别如图10-2-11、图10-2-12、图10-2-13所示。

已生成

记 账 凭 证

记 字 0059　　制单日期：2022.01.31　　审核日期：　　附单据数：0

摘要	科目名称	借方金额	贷方金额
计提企业负担的四险一金	销售费用/职工薪酬	438100	
计提企业负担的四险一金	管理费用/职工薪酬	269600	
计提企业负担的四险一金	管理费用/职工薪酬	168500	
计提企业负担的四险一金	管理费用/职工薪酬	438100	
计提企业负担的四险一金	管理费用/职工薪酬	438100	
计提企业负担的四险一金	管理费用/职工薪酬	303300	
计提企业负担的四险一金	应付职工薪酬/社会保险费		549000
计提企业负担的四险一金	应付职工薪酬/设定提存计划		1018700
计提企业负担的四险一金	应付职工薪酬/住房公积金		488000
票号 日期	数量 单价 合计	2055700	2055700

备注　项目　　部门 采购部
个人　　客户
业务员

记账　审核　出纳　制单 李伟

图10-2-11　计提企业负担的四险一金凭证生成

已生成

记 账 凭 证

记 字 0060　　制单日期：2022.01.31　　审核日期：　　附单据数：0

摘要	科目名称	借方金额	贷方金额
代扣职工负担的三险一金	应付职工薪酬/工资	1116300	
代扣职工负担的三险一金	其他应付款/代扣职工三险一金		1116300
票号 日期	数量 单价 合计	1116300	1116300

备注　项目　　部门
个人　　客户
业务员

记账　审核　出纳　制单 李伟

图10-2-12　代扣职工负担的三险一金凭证生成

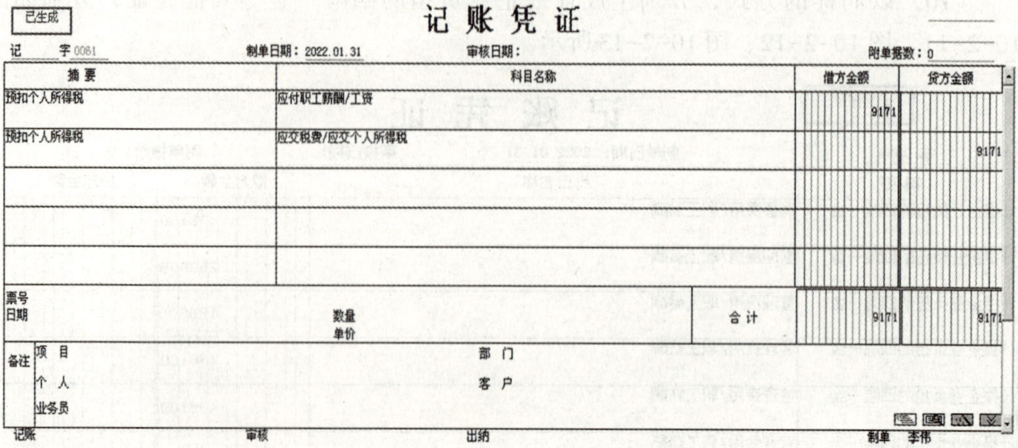

图10-2-13 预扣个人所得税凭证生成

学思践悟 10-1

社会保障你我他，五险一金知多少

任务测试 10-2

工资分摊设置

特别提示：

① 如果有项目辅助核算科目，必须输入“辅助核算项目”。

② 工资分摊应按分摊类型依次进行。

③ 在进行工资分摊时，如果不选择“合并科目相同、辅助项相同的分录”，则在生成凭证时将会每一条分录都对应一个贷方科目；如果单击“批制”按钮，可以一次将所有参与本次分摊的“分摊类型”所对应的凭证全部生成。

任务三 数据查询

任务要求

1.查询1月份扣缴个人所得税申报表。

2.查询1月份银行代发一览表。

3.查询1月份薪资计提凭证。

4.查询1月份部门工资汇总表。

5.查询1月份人员类别工资汇总表。

知识导航

一、工资分钱清单

工资分钱清单是单位计算的工资发放分钱票面额清单，会计人员根据此表从银行取款发给各部门。系统提供了票面额设置的功能，用户可根据单位需要自由设置，系统根据实发工资项目按部门、按人员、按企业分别自动计算出各种面额的张数。

二、个人所得税的计算与申报

鉴于许多企事业单位计算职工工资、薪金所得税工作量较大，系统特提供个人所得税自动计算功能，用户只需自定义所得税税率，系统便可自动计算个人所得税。

三、银行代发

目前社会上许多单位发放工资时都采用职工凭工资卡取款。银行代发业务是指每月月末单位在银行柜面或通过企业网银提交员工薪资数据，由银行代为发放工资的业务。这样做既减轻了财务部门发放工资的繁重工作，又有效地避免了财务人员去银行提取大笔款项所承担的风险，同时还提高了对员工个人工资的保密程度。

四、工资数据查询统计

工资数据处理结果最终通过工资报表的形式反映，薪资管理系统提供了主要的工资报表，报表的格式由系统提供。如果对报表提供的固定格式不满意，可以通过“修改表”和“新建表”功能自行设计。

（一）工资表

工资表包括工资发放签名表、工资发放条、工资卡、部门工资汇总表、人员类别工资汇总表、条件汇总表、条件统计表、条件明细表、工资变动明细表、工资变动汇总表等由系统提供的原始表。其主要用于本月工资发放和统计，工资表可以进行修改和重建。

（二）工资分析表

工资分析表是以工资数据为基础，对部门、人员类别的工资数据进行分析和比较，产生各种分析表，供决策人员使用。

任务实施

操作录屏
10-3
薪资数据查询

【操作步骤】

1.查询1月份扣缴个人所得税申报表

（1）执行“业务处理”→“扣缴所得税”命令，系统弹出“个人所得税申报模板”，选择报表名称“系统扣缴个人所得税年度申报表””，如图10-3-1所示。单击“打开”。

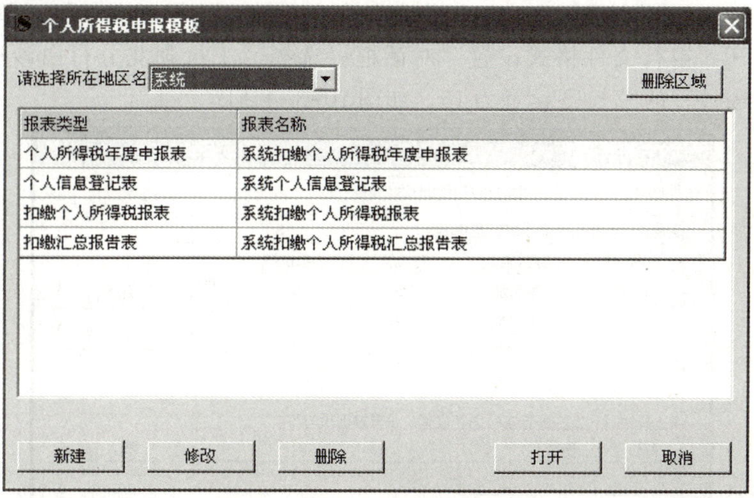

图10-3-1 个人所得税申报模板

（2）进入“所得税申报”窗口，默认各项设置，如图10-3-2所示。单击“确定”按钮。

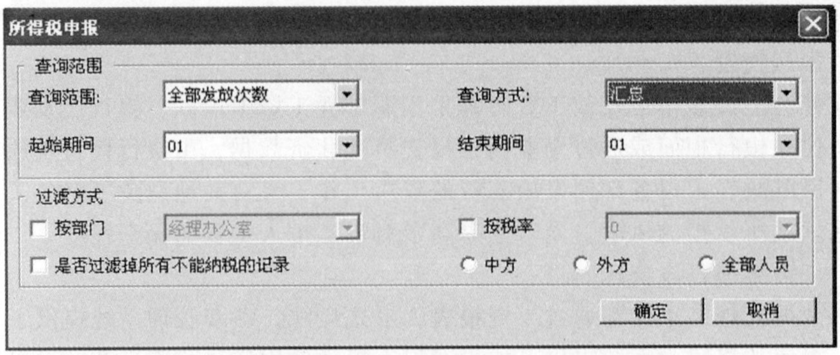

图10-3-2 个人所得税申报设置

（3）系统自动计算个人所得税金额，如图10-3-3所示。如果不需要修改税率和扣除额，单击“退出”按钮。

姓名	证件号码	所得项目	所属期间...	所属期间...	收入额	减费用额	应纳税所...	税率	速算扣除数	应纳税额	已扣缴税款
李卫国		工资	20220101	20221231			2236.00	3	0.00	67.08	67.08
何林		工资	20220101	20221231			0.00	0	0.00	0.00	0.00
张明		工资	20220101	20221231			0.00	0	0.00	0.00	0.00
李伟		工资	20220101	20221231			0.00	0	0.00	0.00	0.00
王刚		工资	20220101	20221231			0.00	0	0.00	0.00	0.00
赵亮		工资	20220101	20221231			285.00	3	0.00	8.55	8.55
赵军		工资	20220101	20221231			0.00	0	0.00	0.00	0.00
宋飞		工资	20220101	20221231			468.00	3	0.00	14.04	14.04
周军		工资	20220101	20221231			0.00	0	0.00	0.00	0.00
孙朋		工资	20220101	20221231			0.00	0	0.00	0.00	0.00
张军		工资	20220101	20221231			68.00	3	0.00	2.04	2.04
刘云		工资	20220101	20221231			0.00	0	0.00	0.00	0.00
王强		工资	20220101	20221231			0.00	0	0.00	0.00	0.00
合计							3057.00		0.00	91.71	91.71

图10-3-3 职工个人所得税申报表

2.查询1月份银行代发一览表

（1）执行“业务处理”→“银行代发”命令，首先选择所有部门，单击“确定”。

（2）打开“银行文件格式设置”对话框。选择“工行湖北分行白沙洲支行”，将栏目名称“账号”的总长度设置为19，如图10-3-4所示。

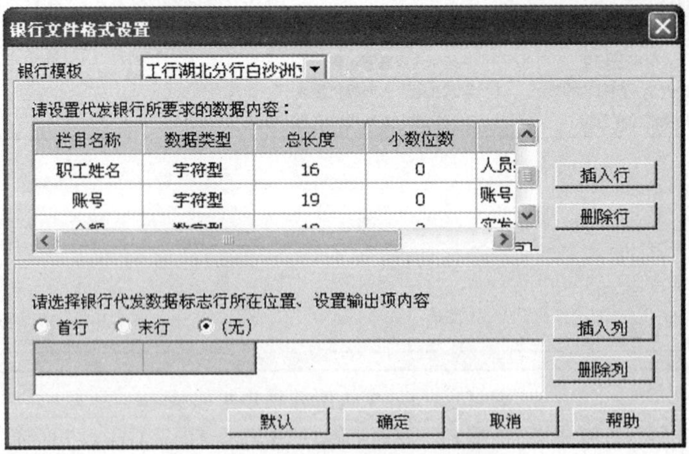

图10-3-4 银行文件格式设置

（3）选中“人员编号”栏，单击“插入行”。在栏目名称输入“职工姓名”，数据类型选择“字符型”，总长度输入“16”，数据来源选择“人员姓名”。单击“确定”。

（4）系统提示“确认设置的银行文件格式?”，单击“是”，银行代发一览表如图10-3-5所示。

银行代发一览表

名称：工行湖北分行白沙洲支行

单位编号	人员编号	职工姓名	账号	金额
1234934325	001	李卫国	6222080027000003223	8168.92
1234934325	002	何林	6222080027000001377	4785.00
1234934325	003	张明	6222080027000008356	4760.00
1234934325	004	李伟	6222080027000007232	4968.00
1234934325	005	王刚	6222080027000009452	4968.00
1234934325	006	赵亮	6222080027000004755	6276.45
1234934325	007	赵军	6222080027000006112	5468.00
1234934325	008	宋飞	6222080027000007395	5453.96
1234934325	009	周军	6222080027000002388	5885.00
1234934325	010	孙朋	6222080027000005599	5068.00
1234934325	011	张军	6222080027000007329	5065.96
1234934325	012	刘云	6222080027000004523	4785.00
1234934325	013	王强	6222080027000001177	3918.00
合计				69,570.29

图10-3-5 银行代发一览表

3.查询1月份薪资计提凭证

执行“人力资源”→“薪资管理”→“统计分析”→“凭证查询”命令，系统弹出“凭证查询”窗口，如图10-3-6所示。

凭证查询

删除 冲销 单据 凭证 修改 退出

业务日期	业务类型	业务号	制单人	凭证日期	凭证号	标志
2022-01-31	计提工资	1	李伟	2022-01-31	记-57	未审核
2022-01-31	计提工会经费	2	李伟	2022-01-31	记-58	未审核
2022-01-31	计提企业负担的四险	3	李伟	2022-01-31	记-59	未审核
2022-01-31	代扣职工负担的三险	4	李伟	2022-01-31	记-60	未审核
2022-01-31	预扣个人所得税	5	李伟	2022-01-31	记-61	未审核

图10-3-6 凭证查询

特别提示：

① 如果有凭证没有审核，薪资管理系统的凭证可以在此窗口修改、删除。总账管理系统中不能做类似处理。

② 如果是已记账凭证，只能取消记账、取消审核再删除，或者直接冲销处理。

4.查询1月份部门工资汇总表

（1）执行“人力资源”→“薪资管理”→“统计分析”→“账表”→“工资表”

命令，打开工资表窗口，如图10-3-7所示。

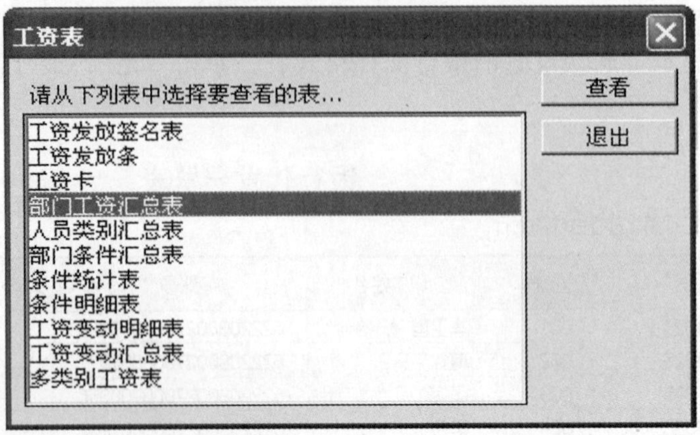

图10-3-7 工资表

（2）选择“部门工资汇总表”，单击“查看”按钮，进入部门选择范围，对部门进行全选打勾，单击“确定”。再次勾选一、二级部门，单击“确定”，如图10-3-8所示。

部门工资汇总表

2022年 1月

会计月份 一月

部门	人数	基本工资	岗位工资	奖金	交补	应发合计	请假天数	请假扣款	社保公积金计提基数	个人承担三险一金	个人专项附加扣除	代扣税	上月累计预扣预缴税额	扣款合计	实发合计	企业承担社会保险	企业设定提存计划	企业承担住房公积金	应付工资	累计应付工资
管理部	2	8,000.00	6,000.00	400.00	1,000.00	15,400.00			13,000.00	2,379.00	2,000.00	67.08		2,446.08	12,953.92	1,170.00	2,171.00	1,040.00	15,400.00	15,400.00
经理办公室	1	5,000.00	4,000.00	200.00	500.00	9,700.00			8,000.00	1,464.00	1,000.00	67.08		1,531.08	8,168.92	720.00	1,336.00	640.00	9,700.00	9,700.00
人力资源部	1	3,000.00	2,000.00	200.00	500.00	5,700.00			5,000.00	915.00	1,000.00			915.00	4,785.00	450.00	835.00	400.00	5,700.00	5,700.00
财务部	3	9,000.00	6,000.00	600.00	1,500.00	17,100.00	1.00	25.00	13,000.00	2,379.00	3,000.00			2,404.00	14,696.00	1,170.00	2,171.00	1,040.00	17,075.00	17,075.00
销售部	3	9,000.00	7,000.00	1,200.00	2,400.00	19,600.00			13,000.00	2,379.00	3,000.00	22.59		2,401.59	17,198.41	1,170.00	2,171.00	1,040.00	19,600.00	19,600.00
采购部	3	9,000.00	7,000.00	600.00	1,800.00	18,400.00			13,000.00	2,379.00	2,000.00	2.04		2,381.04	16,018.96	1,170.00	2,171.00	1,040.00	18,400.00	18,400.00
仓储部	2	4,000.00	5,000.00	400.00	1,000.00	10,400.00	2.00	50.00	9,000.00	1,647.00	3,000.00			1,697.00	8,703.00	810.00	1,503.00	720.00	10,350.00	10,350.00
合计	13	39,000.00	31,000.00	3,200.00	7,700.00	80,900.00	3.00	75.00	61,000.00	11,163.00	13,000.00	91.71		11,329.71	69,570.29	5,490.00	10,187.00	4,880.00	80,825.00	80,825.00

图10-3-8 部门工资汇总表

5.查询1月份人员类别工资汇总表

（1）执行“统计分析”→“账表”→“工资表”命令，打开工资表窗口。

（2）选择“人员类别工资汇总表”，单击“查看”按钮，如图10-3-9所示。

任务测试
10-3

薪资数据查询

人员类别汇总表

2022年 1月

会计月份 一月

类别	人数	代付税	年终奖	年终奖代扣税	工资代扣税	扣税合计	年终奖代付税	工资代付税	基本工资	岗位工资	奖金	交补	应发合计	请假天数	请假扣款	社保公积金计提基数
合同工	0															
实习生	0															
管理人员	7				67.08	67.08			21,000.00	17,000.00	1,400.00	3,500.00	42,900.00	3	75.00	35,000.(
采购人员	3				2.04	2.04			9,000.00	7,000.00	600.00	1,800.00	18,400.00			13,000.(
销售人员	3				22.59	22.59			9,000.00	7,000.00	1,200.00	2,400.00	19,600.00			13,000.(
合计	13				91.71	91.71			39,000.00	31,000.00	3,200.00	7,700.00	80,900.00	3	75.00	61,000.(

图10-3-9 人员类别工资汇总表

项目反馈与评价

重难点梳理

1.职工固定工资数据与变动数据有何不同？替换功能一般在什么情况下使用？

2.工资分摊设置后如果不能生成相关凭证，应如何查找原因？

3.已经生成的工资分摊凭证如果发现错误，应该如何修改？

关键数据反馈

请以合适的操作员身份进行查账，并对系统中能反映下列关键数据的页面进行截图反馈：

1.查询1月份扣缴个人所得税申报表。

2.查询1月份银行代发一览表。

3.查询1月份薪资计提凭证。

4.查询1月份部门工资汇总表。

易错点分析

请同学们在本项目任务测试和操作过程中，归纳总结出自己容易出现的问题，并分析原因。

项目评价

多维评价量表

序号	评价内容	设定分值	评价主体	得分情况
线上环节	自主学习进度	20	平台自评	
	任务测试准确度	10	平台自评	
	小计	30		
线下环节	安全与规范操作意识	10	学生自评	
	劳动、探究与合作意识	10	小组互评	
	实训操作进度	20	小组互评	
	实训数据准确度	20	教师评议	
	项目反思态度	10	教师评议	
	小计	70		
	合计	100		

项目十一

期末业务

知识目标

通过本项目的学习，了解各财务链与供应链期末主要业务内容及子系统主要功能；了解各子系统期末结账的先后顺序，掌握业财一体化财务软件各系统的数据传递过程。

技能目标

通过本项目的学习和实训，掌握主要存货月末暂估业务、应收款坏账准备业务、库存盘点业务、计提坏账准备业务、出纳银行对账业务、总账期末转账业务的处理。

素养目标

提高责任意识，树立全局观，培养廉洁自律的职业素养，不玩忽职守，不敷衍塞责，提高风险控制能力，弘扬精益求精的工匠精神。

项目导图

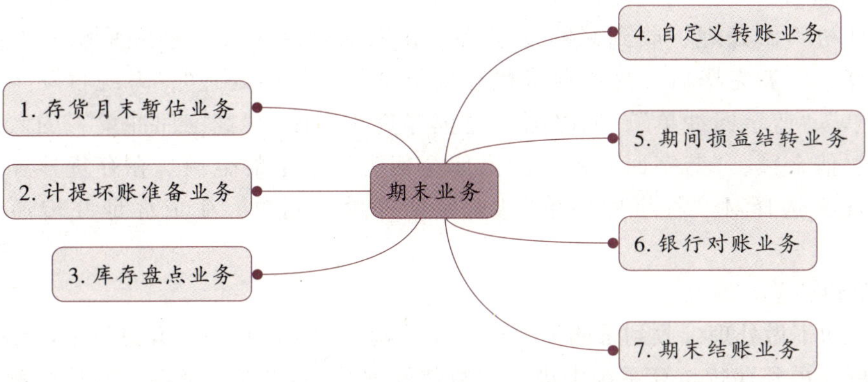

任务一　存货月末暂估业务处理

任务资料

1月31日，1月17日从广东鑫海智能科技有限公司采购智能音箱600个的发票仍未收到，确认该批货物的暂估成本为450元/个，共计270 000元（只做月末处理）。

任务要求

根据上述任务资料，在采购管理系统完成月末暂估业务。

知识导航

暂估处理是指存货本月已经入库，但采购发票尚未收到，不能确定存货的入库成本，月末为了正确核算企业的库存成本，需要将这部分存货暂估入账，形成暂估凭证。

存货核算系统对采购暂估入库后的业务提供了3种不同处理方法。

1.月初回冲

下月初，存货核算系统自动生成与暂估入库单完全相同的“红字回冲单”，同时登记相应的存货明细账，冲回存货明细账中上月的暂估入库。对“红字回冲单”制单，冲回上月的暂估凭证。

收到采购发票后，录入采购发票，对采购入库单和采购发票作采购结算。结算完毕后，进入存货核算系统，进行“暂估处理”，系统根据发票自动生成一张“蓝字回冲单”，其上的金额为发票上的金额。同时登记存货明细账，使库存增加。对“蓝字回冲单”制单，生成采购入库凭证。

2.单到回冲

下月初不做处理，收到采购发票后，在采购管理系统中录入采购发票并进行采购结算。结算完毕后，进入存货核算系统进行“暂估处理”，系统自动生成“红字回冲单”“蓝字回冲单”，同时据以登记存货明细账。“红字回冲单”的入库金额为上月暂估金额，“蓝字回冲单”的入库金额为发票上的金额。在存货核算系统中生成凭证，选择对“红字回冲单”“蓝字回冲单”制单，生成凭证并传递到总账系统。

3.单到补差

下月初不做处理，收到采购发票后，在采购管理系统中录入并进行采购结算。结算完毕后，再到存货核算系统中进行“暂估处理”，如果发票金额与暂估金额的差额不为零，则产生“调整单”，一张采购入库单生成一张“调整单”，用户确认后，自动记入存货明细账。如果发票金额与暂估金额的差额为零，则不生成“调整单”。最后对“调整单”制单，生成凭证并传递到总账系统。

以单到回冲为例，暂估业务处理流程如图11-1-1所示。

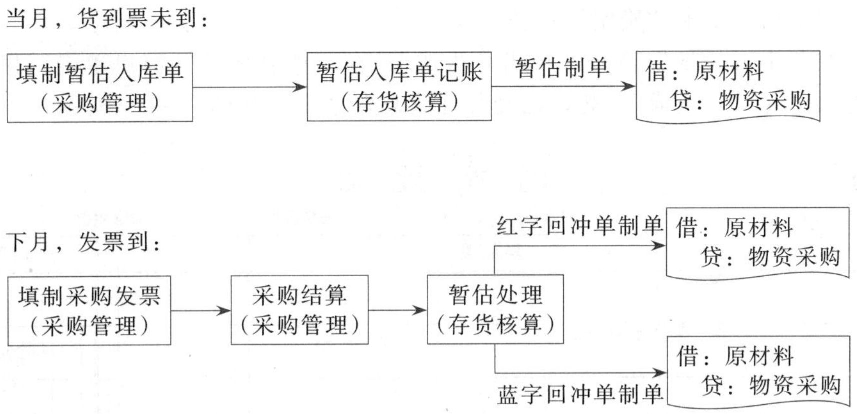

图11-1-1 单到回冲暂估业务处理流程

任务实施

【操作步骤】

操作录屏11-1 存货月末暂估业务

1.在存货核算系统录入暂估入库成本并记账

（1）以“002李伟”的身份，选择日期“2022-01-31”登录企业应用平台，执行“供应链”→“存货核算”→“业务核算”→“暂估成本录入”命令，进入“查询条件选择”窗口。单击“确定”按钮，进入“暂估成本录入”窗口。在“单价”栏输入“450”，单击“保存”按钮，如图11-1-2所示。

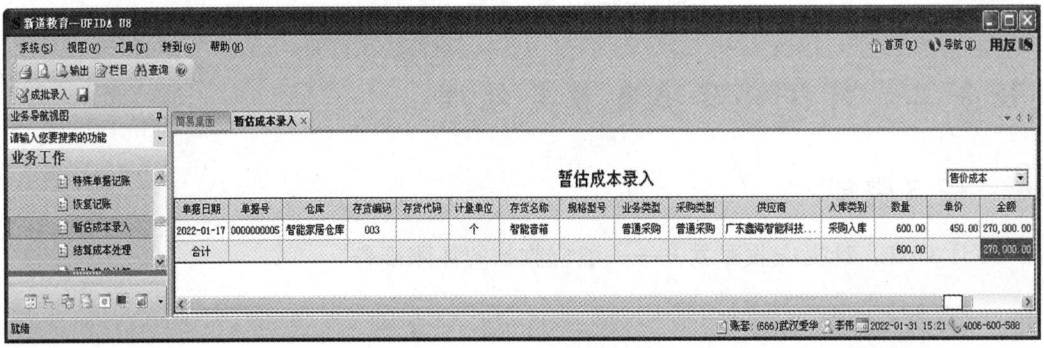

图11-1-2 暂估成本录入

特别提示：

若在“暂估成本录入”窗口未查询到相关记录，可能该业务已被记账，执行“业务核算”→“恢复记账”，恢复该业务记账即可暂估成本。

（2）执行“业务核算”→“正常单据记账”命令，进入“查询条件选择”窗口。单击“确定”按钮，进入“未记账单据一览表”窗口，选择要记账的单据，单击“记账”按钮，系统显示“记账成功”。

2.在存货核算系统中生成暂估入库凭证

（1）执行“财务核算”→“生成凭证”命令，单击“选择”按钮，打开“查询条件”对话框，选择“（01）采购入库单（暂估记账）”选项，单击“确定”按钮。选择要记账的单据，单击“确定”按钮。

（2）在“生成凭证”窗口，单击“生成”，在“填制凭证”窗口单击“保存”按钮，左上角出现“已生成”，凭证已经传递到总账系统，如图11-1-3所示。

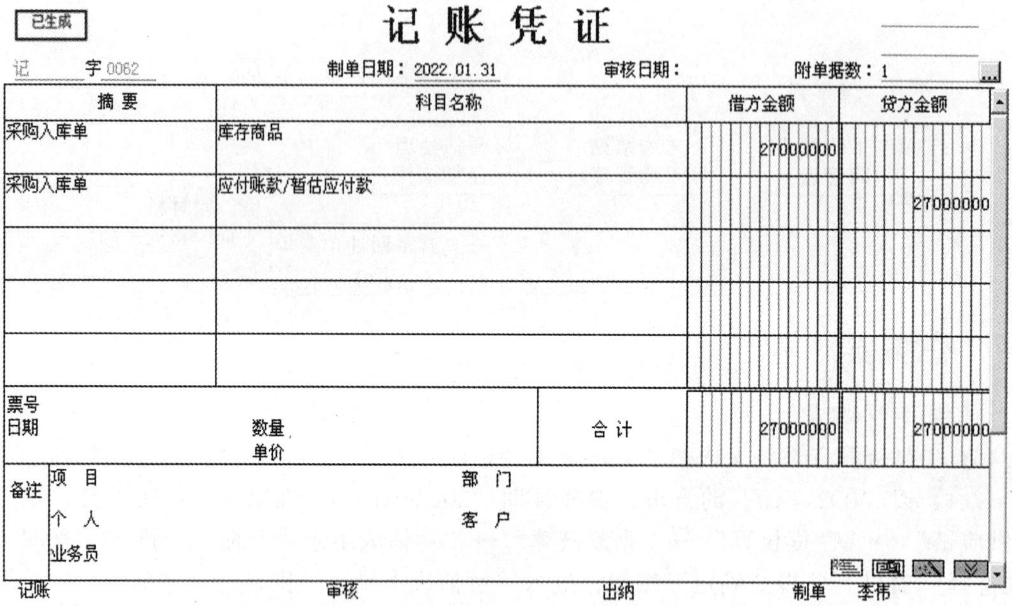
已生成

记账凭证

记 字 0062 制单日期：2022.01.31 审核日期： 附单据数：1

摘要	科目名称	借方金额	贷方金额
采购入库单	库存商品	27000000	
采购入库单	应付账款/暂估应付款		27000000
票号 日期 数量 单价	合计	27000000	27000000

备注 项目 部门
个人 客户
业务员

记账 审核 出纳 制单 李伟

图11-1-3　生成暂估入库凭证

任务测试 11-1

存货月末暂估业务

任务二　计提坏账准备业务处理

任务资料

11-1

原始单据

1月31日，计提应收账款——一般应收款的坏账准备。

任务要求

在应收款管理系统计提坏账准备并生成凭证。

知识导航

商业信用的发展在为企业带来销售收入的同时，不可避免地导致坏账的发生，而设置坏账准备可以在实际发生坏账时，直接冲减已计提的坏账准备，同时转销相应的应收账款余额，体现了谨慎性的会计原则。

采用销售收入百分比法时，销售总额默认值为本会计年度发票总额。采用应收账款百分比法时，应收账款余额默认值为本会计年度最后一天所有未结算完的发票和应收单余额之和减去预收款数额。采用账龄分析法时，各区间余额由系统生成（本会计年度最后一天所有未结算完的发票和应收单余额之和减去预收款数额)。这些金额均可以根据实际情况进行修改。

任务实施

操作录屏 11-2

计提坏账准备业务

【操作步骤】

1.在应收款管理系统录入暂估入库成本并记账

(1)以“002李伟”的身份,选择日期“2022-01-31”登录企业应用平台,执行“应收款管理”→“坏账处理”→“计提坏账准备”命令,进入“应收账款百分比法”窗口。

(2)系统根据应收账款总额、计提比率、坏账准备余额自动计算本次计提坏账准备金额,如图11-2-1所示。

应收账款总额	计提比率	坏账准备	坏账准备余额	本次计提
1,608,075.00	0.500%	8,040.37	1,390.00	6,650.37

图11-2-1 计提坏账准备

(3)单击“OK确定”按钮,系统弹出“是否立即制单”提示框,单击“是”,系统自动生成凭证,检查无误后,单击“保存”按钮,凭证左上角出现“已生成”,自动传递到总账系统,如图11-2-2所示。

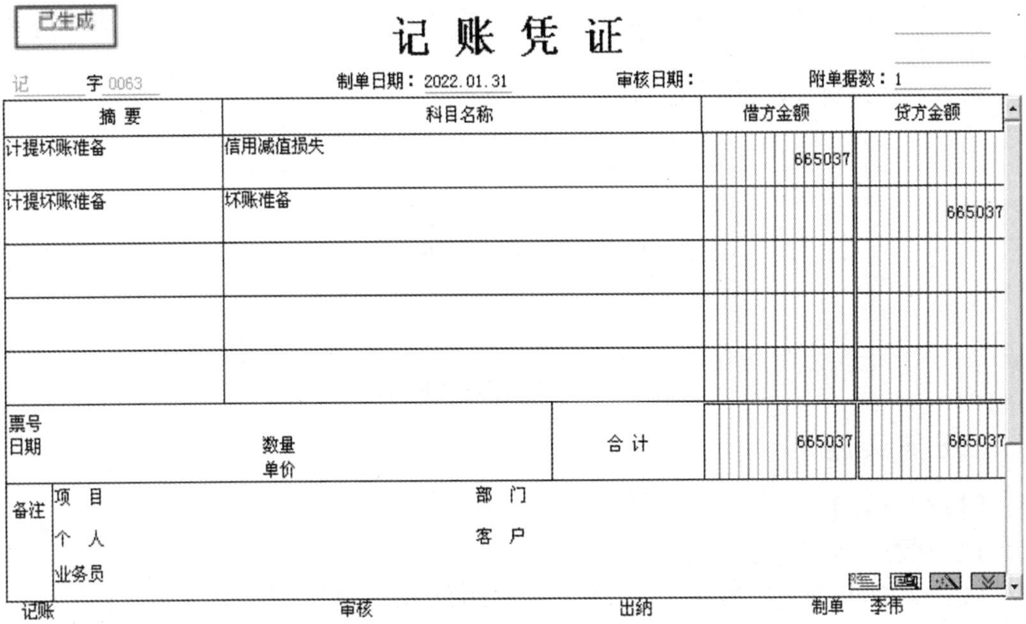
已生成

记账凭证

记 字 0063　　制单日期:2022.01.31　　审核日期:　　附单据数:1

摘要	科目名称	借方金额	贷方金额
计提坏账准备	信用减值损失	665037	
计提坏账准备	坏账准备		665037
票号 日期	数量 单价 合计	665037	665037

备注　项目　部门

个人　客户

业务员

记账　审核　出纳　制单 李伟

图11-2-2 生成坏账准备计提凭证

学思践悟 11-1

坚持准则 不私设“秘密准备”

特别提示:

如果需要取消计提坏账准备,在“应收款管理”→“其他处理”→“取消操作”命令下,选择操作类型“坏账处理”,在“取消操作”窗口选择需取消操作的记录行,单击“OK确认”。

任务测试 11-2

计提坏账准备业务

任务三　库存盘点业务处理

11-2
原始单据

任务资料

1月31日，对智能家居仓库和智能电子设备仓库进行盘点。盘点后，发现智能音箱多出1个。经确认，该存货成本为450元/个。盘盈存货作冲减管理费用处理。

任务要求

1. 根据上述任务资料，在库存管理系统中进行库存盘点业务。

2. 在存货核算系统进行期末处理。

知识导航

重难点微课
11-1
库存盘点业务

盘点是指将仓库中存货的实物数量和账面数量进行核对。首先根据记录的所有业务得到账面数量，然后手工录入实际库存数量即盘点数量，系统会根据它们之间的差异，通过填制盘点单，判断盘亏或盘盈，最后自动生成其他出入库单。

盘点时，系统提供多种盘点方式，如按仓库盘点、按批次盘点、按存货大类盘点、对保质期临近多少天的存货进行盘点等，还可以对各仓库或批次中的全部或部分存货进行盘点。

盘点单的填制流程如图11-3-1所示。

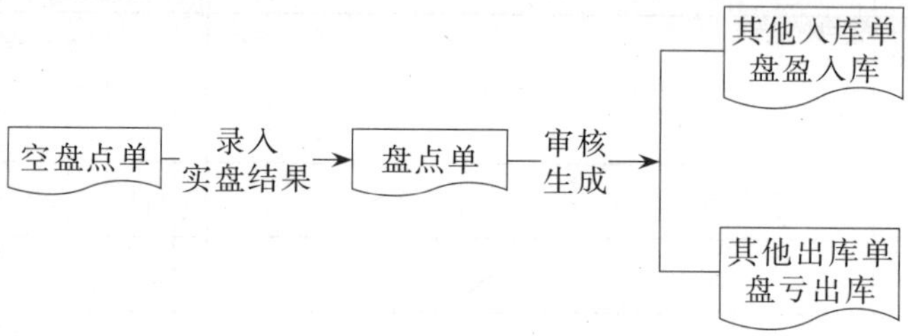

图11-3-1　盘点单的填制流程

任务实施

操作录屏
11-3
库存盘点业务

【操作步骤】

1. 在库存管理系统中填制盘点单

（1）以“006刘云”的身份，选择日期“2022-01-31”登录企业应用平台，执行“供应链”→“库存管理”→“盘点业务”命令，进入“盘点单”窗口。

（2）单击“增加”按钮，选择盘点仓库“智能家居仓库”，出库类别“盘亏出库”，入库类别“盘盈入库”，按要求填制该业务其他信息。

（3）单击“盘库”按钮，系统弹出“盘库将删除未保存的所有记录，是否继续?”，单击“是”按钮，弹出“盘点处理”对话框。选择盘点方式“按仓库盘点”，单击“确认”按钮，系统将盘点结果带回盘点单。

（4）录入003智能音箱单价“450”，盘点数量“301”，如图11-3-2所示。单击“保存”按钮，然后单击“审核”按钮。

盘点单

盘点单打印模版

表体排序 ◉ 普通仓库盘点 ○ 倒冲仓库盘点 合并显示 □

盘点会计期间 盘点单号 0000000001 盘点日期 2022-01-31

账面日期 2022-01-31 盘点仓库 智能家居仓库 出库类别 盘亏出库

入库类别 盘盈入库 部门 经手人

备注

	存货编码	存货名称	主计量单位	账面数量	单价	账面金额	调整入库数量	调整出库数量	盘点数量	盘点金额	盘亏数量	盘亏金额
1	002	智能台灯	个	200.00			0.00	0.00	200.00		0.00	
2	003	智能音箱	个	300.00	450.00	135000.00	0.00	0.00	301.00	135450.00	1.00	450.00
3	004	智能体脂秤	台	50.00			0.00	0.00	50.00		0.00	

图11-3-2 智能家居仓库盘点单

（5）同理，盘点“智能电子设备仓库”，无盘盈盘亏情况，如图11-3-3所示。

盘点单

盘点单显示模版

表体排序 ◉ 普通仓库盘点 ○ 倒冲仓库盘点 合并显示 □

盘点会计期间 盘点单号 0000000002 盘点日期 2022-01-31

账面日期 2022-01-31 盘点仓库 智能电子设备仓库 出库类别 盘亏出库

入库类别 盘盈入库 部门 经手人

备注

	存货编码	存货名称	主计量单位	账面数量	单价	账面金额	调整入库数量	调整出库数量	盘点数量	盘点金额	盘亏数量	盘亏金额
1	005	智能车载摄像头	个	100.00			0.00	0.00	100.00			
2	006	智能手环	个	132.00			0.00	0.00	132.00			
3	007	智能蓝牙耳机	个	300.00			0.00	0.00	300.00			

图11-3-3 智能电子设备仓库盘点单

特别提示：

① 盘点前，应将所有已办理实物出入库的单据处理完毕，否则账面数量会不准确。

② 盘点单审核后，系统会自动生成相应的其他出库单和其他入库单。所有盘亏的存货生成一张其他出库单，业务类型为盘亏出库；所有盘盈的存货生成一张其他入库单，业务类型为盘盈入库。

③ 盘点单弃审时，同时删除生成的其他出入库单。生成的其他出入库单如已审核，则对应的盘点单不可弃审。

④ 单击“盘库”按钮，表示选择盘点仓库中所有的存货进行盘点；单击“选择”按钮，表示按存货分类批量选择存货进行盘点。

2.在库存管理系统中对盘点单生成的其他出入库单进行审核

（1）执行“入库业务”→“其他入库单”命令，进入“其他入库单”窗口。

（2）通过“末张”按钮，找到系统自动生成的其他入库单，单击“审核”按钮，如图11-3-4所示。

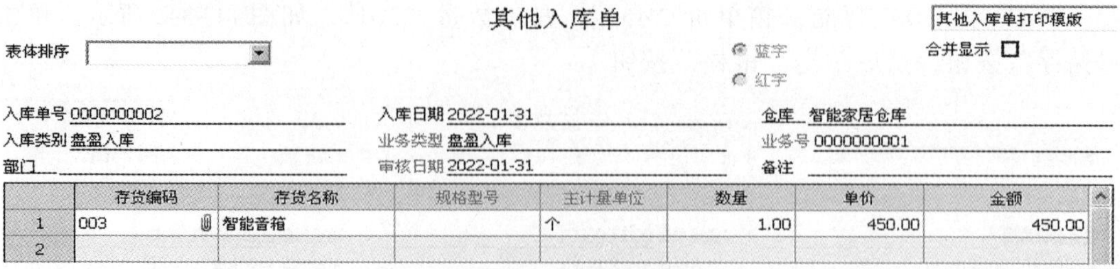

其他入库单

其他入库单打印模版

表体排序

蓝字 红字 合并显示

入库单号 0000000002　入库日期 2022-01-31　仓库 智能家居仓库

入库类别 盘盈入库　业务类型 盘盈入库　业务号 0000000001

部门　审核日期 2022-01-31　备注

	存货编码	存货名称	规格型号	主计量单位	数量	单价	金额
1	003	智能音箱		个	1.00	450.00	450.00
2							

图11-3-4　其他入库单

特别提示：

如果有盘亏存货，还需要进行其他出库单的审核。

3.在存货核算系统中对其他入库单记账并生成凭证

（1）以“002李伟”的身份，选择日期“2022-01-31”登录企业应用平台，执行“存货核算”→“业务核算”→“正常单据记账”命令，单击“确定”按钮，进入“未记账单据一览表”窗口。选择需要记账的单据，单击“记账”按钮，系统显示“记账成功”。

（2）执行“财务核算”→“生成凭证”命令，单击工具栏上的“选择”按钮，打开“查询条件”对话框，选择“（08）其他入库单”选项，选择要制单的记录行，单击“确定”按钮。

（3）进入“生成凭证”窗口，单击“生成”按钮，进入“填制凭证”窗口，单击“保存”按钮，凭证左上角出现“已生成”标志，如图11-3-5所示，表示凭证已传递至总账。

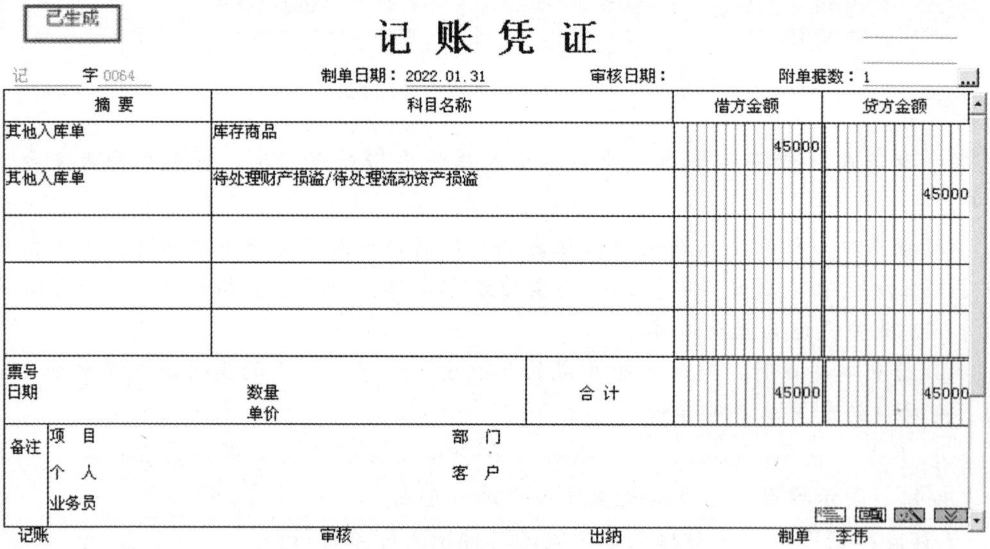

已生成

记账凭证

记　字 0064　制单日期：2022.01.31　审核日期：　附单据数：1

摘要	科目名称	借方金额	贷方金额
其他入库单	库存商品	45000	
其他入库单	待处理财产损溢/待处理流动资产损溢		45000
票号 日期　数量 单价	合计	45000	45000

备注　项目　部门

个人　客户

业务员

记账　审核　出纳　制单 李伟

图11-3-5　生成盘盈入库凭证

4.在总账系统中对盘盈结果进行处理

执行“总账”→“凭证”→“填制凭证”命令，进入“填制凭证”窗口，单击“增加”按钮，录入盘盈结果处理凭证，如图11-3-6所示。

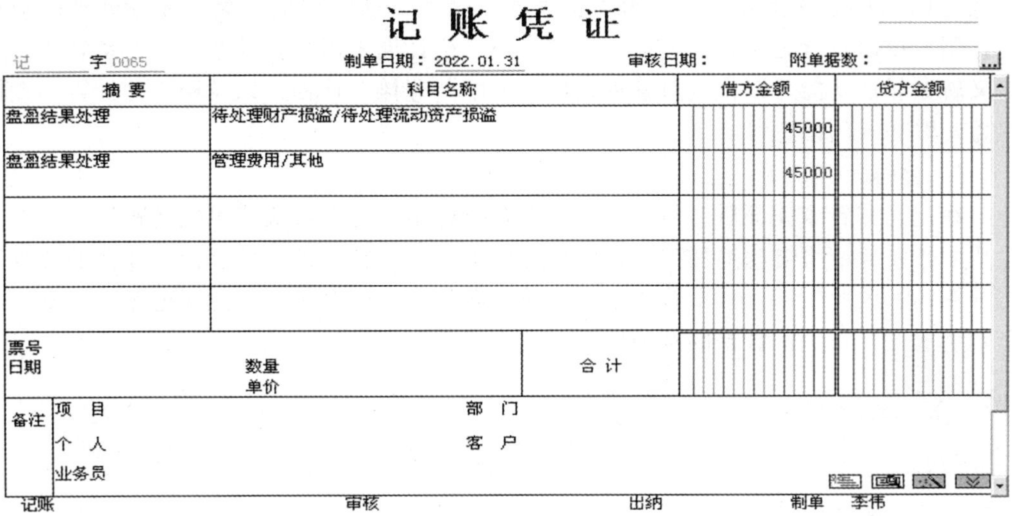

图11-3-6 生成盘盈结果处理凭证

特别提示：

损益类科目出现反方向发生额时，通常是在正常记账方向用红字表示。

任务测试 11-3

库存盘点业务

任务四 自定义转账业务处理

任务资料

1.长期借款年利率为5%，分期付息，本金到期一次性偿付。公式如下：

借：财务费用——利息支出（660301） QM（2501，月）*0.05/12

贷：应付利息（2231） JG（）

2.结转本月应交未交增值税。公式如下：

借：应交税费——应交增值税（转出未交增值税）（22210105） QM（222101，月）

贷：应交税费——未交增值税（222102） JG（）

任务要求

1.根据上述资料，进行计提长期借款利息的自定义转账设置（转账序号0001，转账说明：计提长期借款利息）。

2.根据上述资料，进行结转本月应交未交增值税的自定义转账设置（转账序号0002，转账说明：结转本月应交未交增值税）。

3.生成自定义转账凭证。

重难点微课 11-2

自定义转账业务

知识导航

一、自定义转账凭证设置

由于各个企业的情况不同，因此必然会造成各个企业对各类成本费用的分摊结转方式不同。在电算化方式下，为了实现各个企业不同时期期末会计业务处理的通用性，用户可以自行定义转账凭证，以完成每个会计期末固定会计业务的自动转账。自定义转账凭证功能可以完成对各种费用的分配、分摊、计提，以及税金的计算、期间损益转账凭证的设置等。

二、转账生成

在定义完转账凭证后，每月月末只需要执行本功能即可快速生成转账凭证，在此生成的转账凭证将自动追加到未记账凭证中去。由于转账是按照已记账凭证的数据进行计算的，因此在进行月末转账工作之前，必须先将所有未记账凭证记账；否则，将影响生成的转账凭证数据的准确性。

任务实施

操作录屏
11-4

自定义转账
业务

【操作步骤】

1.自定义转账设置

（1）以“003王刚”的身份，选择日期“2022-01-31”登录企业应用平台，执行“总账”→“凭证”→“出纳签字”，完成所有收付凭证的出纳签字操作。

（2）以“001张明”的身份，选择日期“2022-01-31”重注册，依次执行“总账”→“凭证”→“审核凭证”和“记账”，在总账系统中完成所有凭证的审核、记账操作。

（3）执行“总账”→“期末”→“转账定义”→“自定义转账”命令，进入“自定义转账设置”窗口。单击“增加”按钮，打开“转账目录”设置对话框，输入转账序号“0001”，转账说明“计提长期借款利息”，凭证类别“记 记账凭证”，如图11-4-1所示，单击“确定”按钮。

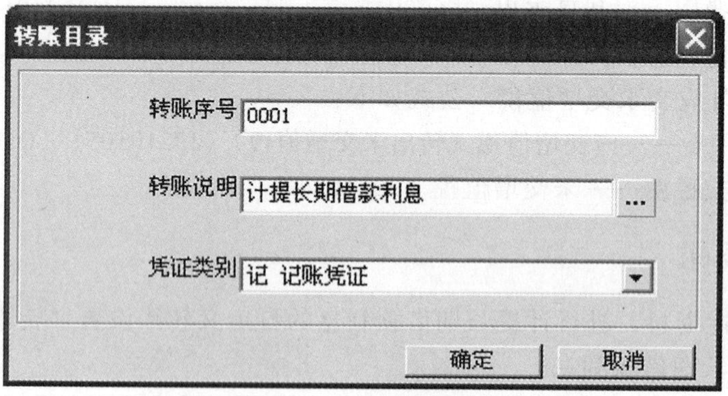

图11-4-1　转账目录

（4）进入“自定义转账设置”窗口。单击工具栏的“增行”按钮，录入科目编码“660301财务费用-利息支出”，方向“借”，单击“金额公式”栏参照按钮，打开“公式向导”窗口，选择“期末余额QM（）”函数，单击“下一步”按钮，选择科目“2501长期借款”，其他默认，如图11-4-2所示，单击“完成”按钮。

（5）在返回的“金额公式”栏后，继续输入常数“*0.05/12”，单击任意处保存金额公式的录入。

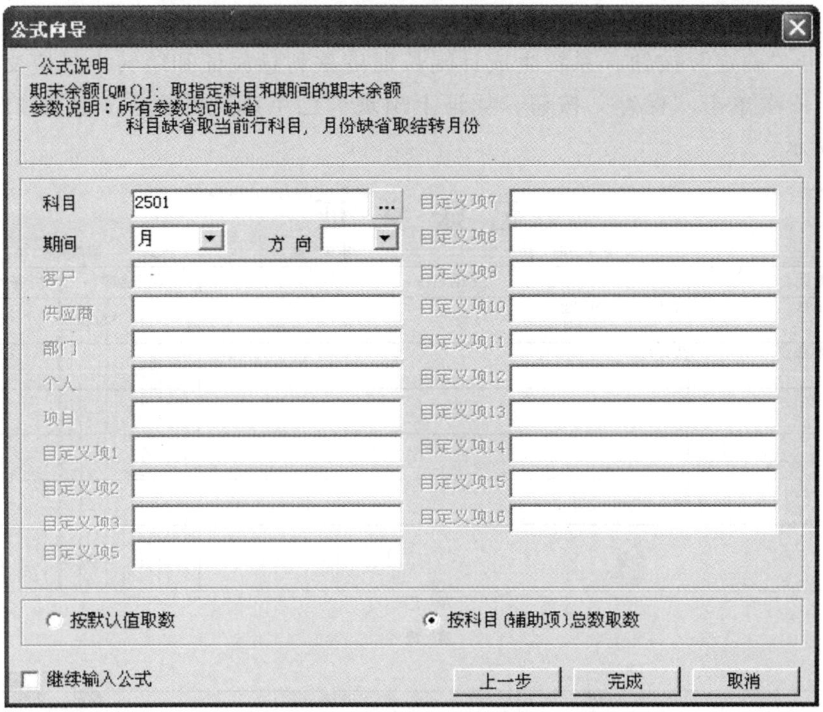

图11-4-2　公式向导

（6）继续单击工具栏的“增行”按钮，选择科目编码“2231应付利息”，方向“贷”，在“金额公式”栏输入“JG（）”或单击“金额公式”栏参照按钮，打开“公式向导”窗口，选择“取对方科目计算结果JG（）”函数，单击“下一步”按钮，单击“完成”按钮，单击工具栏“保存”按钮，如图11-4-3所示。

转账序号 0001　　转账说明 计提长期借款利息　　凭证类别 记账凭证

摘要	科目编码	部门	个人	客户	供应商	项目	方向	金额公式
计提长期借款利息	660301						借	QM(2501,月)*0.05/12
计提长期借款利息	2231						贷	JG()

图11-4-3　计提长期借款利息自定义转账设置

（7）同理，增加0002结转本月应交未交增值税自定义转账，设置结果如图11-4-4所示。

转账序号 0002　　转账说明 结转本月应交未交增值税　　凭证类别 记账凭证

摘要	科目编码	部门	个人	客户	供应商	项目	方向	金额公式
结转本月应交未交增值税	22210105						借	QM(222101,月)
结转本月应交未交增值税	222102						贷	JG()

图11-4-4　结转本月应交未交增值税自定义转账设置

2.自定义转账生成

（1）以“002李伟”的身份，选择日期“2022-01-31”重注册，执行“总账”→“期末”→“转账生成”命令，进入“转账生成”窗口。

（2）选中“自定义转账”单选按钮，单击“全选”按钮，“是否结转”栏显示“Y”，单击“确定”按钮，系统生成计提长期借款利息凭证和结转本月应交未交增值税凭证。依次单击“保存”按钮，凭证上出现“已生成”的标志，如图11-4-5、图11-4-6所示。

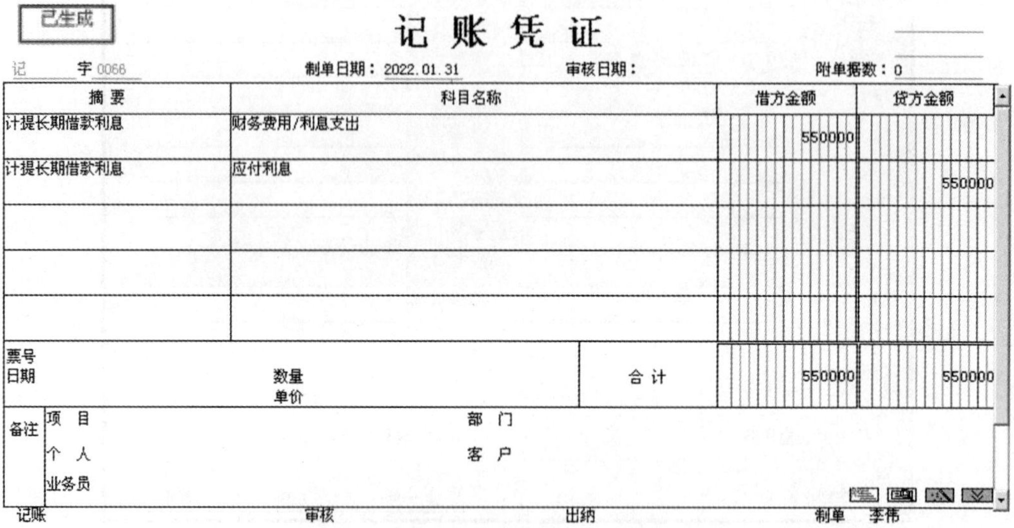

已生成

记账凭证

记 字 0066　制单日期：2022.01.31　审核日期：　附单据数：0

摘要	科目名称	借方金额	贷方金额
计提长期借款利息	财务费用/利息支出	550000	
计提长期借款利息	应付利息		550000
票号 日期 数量 单价	合计	550000	550000

备注　项目　部门　个人　客户　业务员

记账　审核　出纳　制单　李伟

图11-4-5　计提长期借款利息自定义转账生成

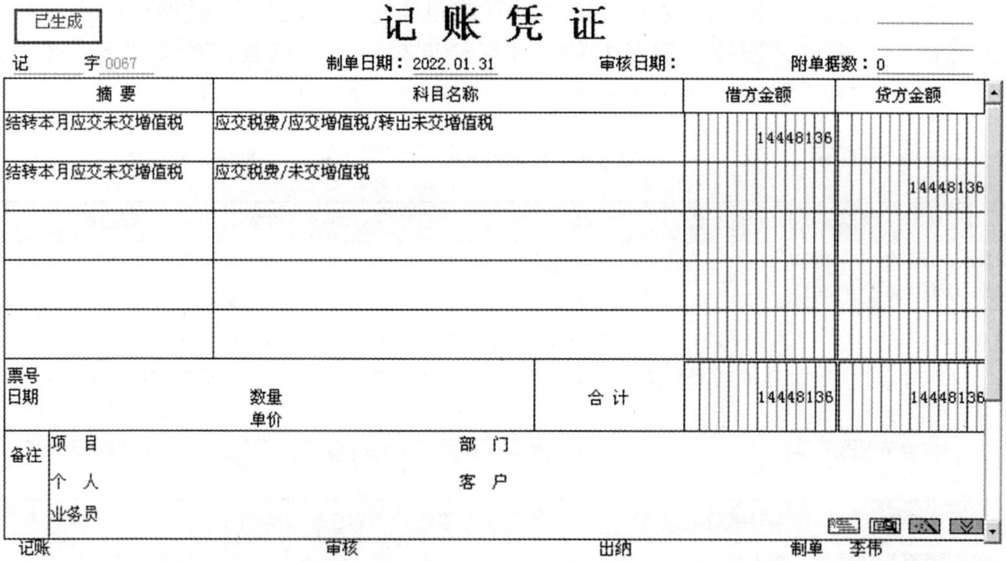

已生成

记账凭证

记 字 0067　制单日期：2022.01.31　审核日期：　附单据数：0

摘要	科目名称	借方金额	贷方金额
结转本月应交未交增值税	应交税费/应交增值税/转出未交增值税	14448136	
结转本月应交未交增值税	应交税费/未交增值税		14448136
票号 日期 数量 单价	合计	14448136	14448136

备注　项目　部门　个人　客户　业务员

记账　审核　出纳　制单　李伟

图11-4-6　结转本月应交未交增值税自定义转账生成

（3）以“001张明”的身份重注册，对2张自定义转账生成的凭证进行审核、记账。

特别提示：

① 由于期末转账业务的数据来自账簿，因此，为了保证数据的准确性，应在所

有业务都记账后，再进行期末转账业务的操作。

② 转账凭证每月只生成一次，不要重复生成。如果已生成的转账凭证有误，必须删除后重新生成。

③ 转账生成的工作应在月末进行。如果有多种转账凭证形式，特别是涉及多项转账业务时，一定要注意转账的先后次序，否则计算金额时会发生错误。

任务测试 11-4

自定义转账业务

任务五　期间损益结转业务处理

任务要求

1.将本期损益类账户发生额结转至“4103本年利润”，进行期间损益转账设置。

2.按收入与支出分别生成期间损益结转凭证。

重难点微课 11-3

期间损益结转业务

知识导航

一、期间损益结转设置

期间损益结转设置功能用于在一个会计期间终了时将损益类科目的余额结转到“本年利润”科目中，从而及时反映企业利润的盈亏情况。

二、转账生成

在定义完转账凭证后，每月月末只需要执行本功能即可快速生成转账凭证，在此生成的转账凭证将自动追加到未记账凭证中去。由于转账是按照已记账凭证的数据进行计算的，因此在进行月末转账工作之前，必须先将所有未记账凭证记账；否则，将影响生成的转账凭证数据的准确性。

任务实施

【操作步骤】

操作录屏 11-5

期间损益结转业务

1.期间损益结转设置

（1）以“002李伟”的身份，选择日期“2022-01-31”登录企业应用平台，执行“总账”→“期末”→“转账定义”→“期间损益”命令，进入“期间损益结转设置”窗口。

（2）在“本年利润科目”栏录入或选择“4103”，单击“确定”按钮，如图11-5-1所示。

2.期间损益结转生成

（1）以“002李伟”的身份在总账系统中，执行“期末”→“转账生成”命令，进入“转账生成”窗口。

（2）选中“期间损益结转”单选按钮，单击“类型”栏下拉按钮，选择“收入”，单击“全选”按钮，单击“确定”。

（3）系统自动生成期间损益收入结转凭证。单击“保存”按钮，凭证上出现“已生成”标志，如图11-5-2所示。

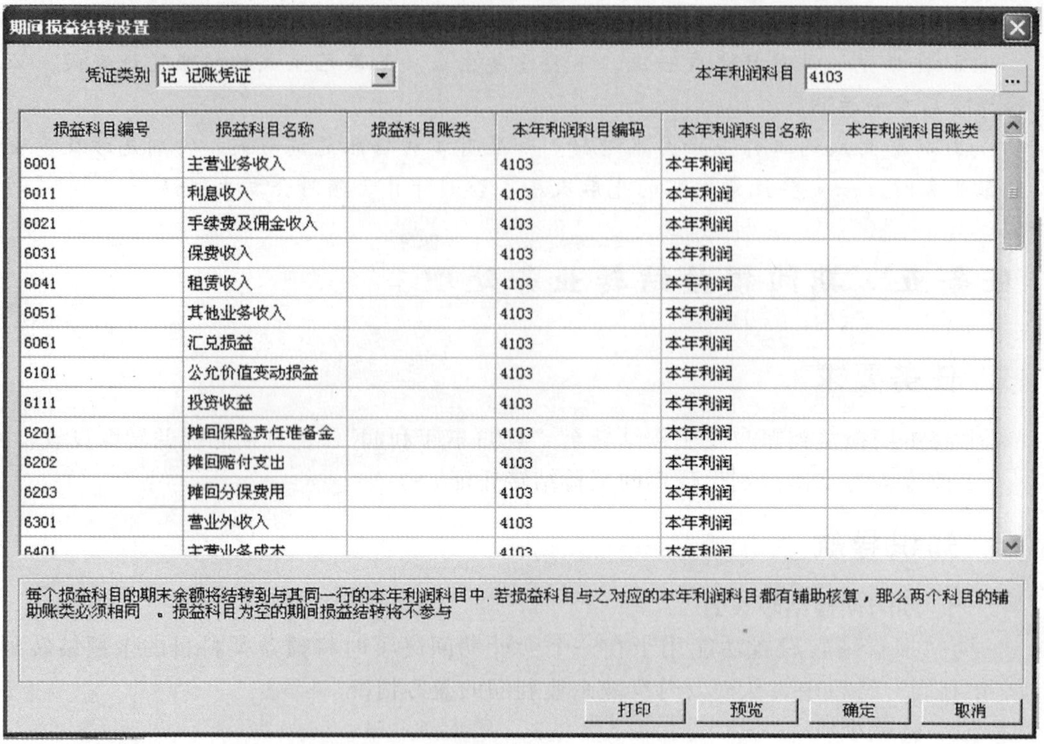

图11-5-1　期间损益结转设置

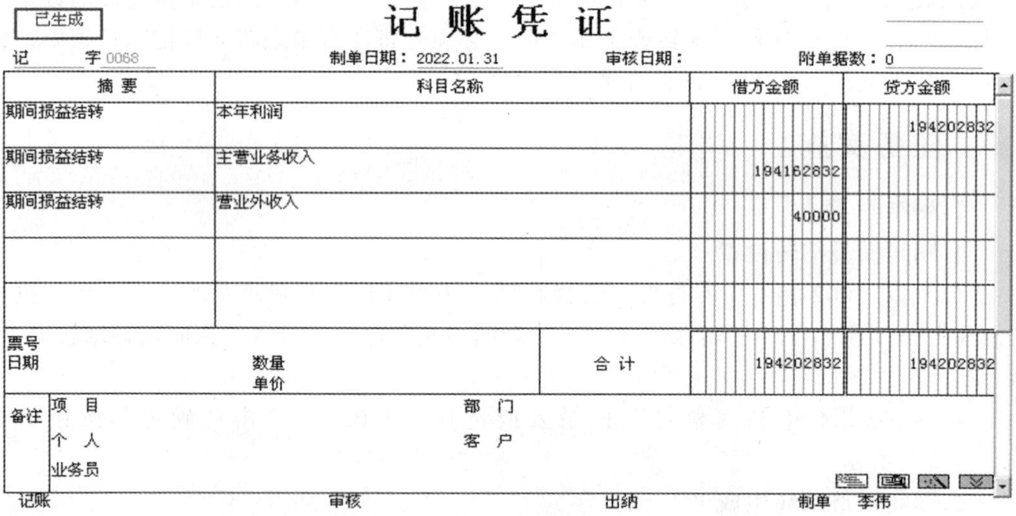

图11-5-2　期间损益结转凭证（收入）

（4）单击“退出”按钮，返回“转账生成”窗口，修改类型为“支出”，单击“全选”按钮，单击“确定”按钮，系统提示“2022.01月之前有未记账凭证，是否继续结转?”，单击“是”，生成期间损益支出结转凭证。单击“保存”按钮，凭证上出现“已生成”标志，如图11-5-3至图11-5-8所示。

已生成

记 账 凭 证

记 字 0069 － 0001/0006 制单日期：2022.01.31 审核日期： 附单据数：0

摘要	科目名称	借方金额	贷方金额
期间损益结转	本年利润	160418679	
期间损益结转	主营业务成本		142910000
期间损益结转	销售费用/职工薪酬		2437300
期间损益结转	销售费用/业务招待费		100000
期间损益结转	销售费用/委托代销手续费		525000
票号 日期	数量 单价 合计	160418679	160418679

备注 项 目 部 门
个 人 客 户
业务员

记账 审核 出纳 制单 李伟

图11-5-3 期间损益结转凭证（支出）1

已生成

记 账 凭 证

记 字 0069 － 0002/0006 制单日期：2022.01.31 审核日期： 附单据数：0

摘要	科目名称	借方金额	贷方金额
期间损益结转	销售费用/折旧费		218080
期间损益结转	销售费用/其他		20000
期间损益结转	管理费用/职工薪酬		1259000
期间损益结转	管理费用/职工薪酬		749900
期间损益结转	管理费用/职工薪酬		2179750
票号 日期	数量 单价 合计	160418679	160418679

备注 项 目 部 门
个 人 客 户
业务员

记账 审核 出纳 制单 李伟

图11-5-4 期间损益结转凭证（支出）2

已生成

记 账 凭 证

记 字 0069 － 0003/0006 制单日期：2022.01.31 审核日期： 附单据数：0

摘要	科目名称	借方金额	贷方金额
期间损益结转	管理费用/职工薪酬		2314900
期间损益结转	管理费用/职工薪酬		1359000
期间损益结转	管理费用/办公费		30000
期间损益结转	管理费用/水电费		20000
期间损益结转	管理费用/水电费		20000
票号 日期	数量 单价 合计	160418679	160418679

备注 项 目 部 门 仓储部
个 人 客 户
业务员

记账 审核 出纳 制单 李伟

图11-5-5 期间损益结转凭证（支出）3

已生成

记 账 凭 证

记 字 0069 - 0004/0006 制单日期：2022.01.31 审核日期： 附单据数：0

摘要	科目名称	借方金额	贷方金额
期间损益结转	管理费用/水电费		20000
期间损益结转	管理费用/水电费		30000
期间损益结转	管理费用/水电费		70000
期间损益结转	管理费用/差旅费		341468
期间损益结转	管理费用/折旧费		318604
票号 日期	数量 单价 合计	160418679	160418679
备注	项 目　部 门 采购部 个 人　客 户 业务员		

记账　审核　出纳　制单 李伟

图11-5-6　期间损益结转凭证（支出）4

已生成

记 账 凭 证

记 字 0069 - 0005/0006 制单日期：2022.01.31 审核日期： 附单据数：0

摘要	科目名称	借方金额	贷方金额
期间损益结转	管理费用/折旧费		110400
期间损益结转	管理费用/折旧费		221260
期间损益结转	管理费用/折旧费		208000
期间损益结转	管理费用/折旧费		216480
期间损益结转	管理费用/其他		45000
票号 日期	数量 单价 合计	160418679	160418679
备注	项 目　部 门 财务部 个 人　客 户 业务员		

记账　审核　出纳　制单 李伟

图11-5-7　期间损益结转凭证（支出）5

已生成

记 账 凭 证

记 字 0069 - 0006/0006 制单日期：2022.01.31 审核日期： 附单据数：0

摘要	科目名称	借方金额	贷方金额
期间损益结转	财务费用/利息支出		550000
期间损益结转	财务费用/手续费		10000
期间损益结转	财务费用/现金折扣		540000
期间损益结转	信用减值损失		665037
期间损益结转	营业外支出		3019480
票号 日期	数量 单价 合计	160418679	160418679
备注	项 目　部 门 个 人　客 户 业务员		

记账　审核　出纳　制单 李伟

图11-5-8　期间损益结转凭证（支出）6

（5）以“001张明”的身份重注册，对期间损益结转生成的收入、支出凭证进行审核、记账。

特别提示：

① 由于期末转账业务的数据来自账簿，因此，为了保证数据的准确性，应在所有业务都记账后，再进行期末转账业务的操作。

② 转账凭证每月只生成一次，不要重复生成。如果已生成的转账凭证有误，必须删除后重新生成。

③ 期间损益结转数据错误，可通过查询科目余额表寻找错误，不可直接修改自动生成的凭证。

任务测试 11-5

期间损益结转业务

任务六　银行对账业务处理

任务资料

1.银行对账期初

武汉爱华商贸银行账启用日期为2022年1月1日，“银行存款-工行存款”账户单位日记账调整前余额为3 504 009元，银行对账单调整前余额为3 509 009元，存在未达账项一笔，系2021年12月30日银行已收企业未收款5 000元。

2.本月银行对账单（见表11-6-1）

表11-6-1　2022年1月银行对账单　单位：元

日期	结算方式	票号	借方金额	贷方金额	余额
2022.01.02	201	00209881		2 000.00	3 507 009.00
2022.01.02	4	10283769425		2 002.00	3 505 007.00
2022.01.09	4	21279000001		100.00	3 504 907.00
2022.01.09	4	06790809		29 624.00	3 475 283.00
2022.01.10	201	00209882		69 571.79	3 405 711.21
2022.01.10	4	06790812		31 720.00	3 373 991.21
2022.01.10	4	06790815		85.05	3 373 906.16
2022.01.11				50 850.00	3 323 056.16
2022.01.12	4			55 400.00	3 267 656.16
2022.01.13	4			5 000.00	3 262 656.16
2022.01.15	4	118738456		33 900.00	3 228 756.16
2022.01.20	4	25583769411	671 500.00		3 900 256.16
2022.01.26	4		440 700.00		4 340 956.16

任务要求

根据上述资料，进行本月银行对账工作，并查看银行存款余额调节表。

知识导航

重难点微课
11-4
银行对账业务

银行对账是出纳员在月末应进行的一项工作。企业为了了解未达账项的情况，通常会定期与开户银行进行对账。在电算化方式下，银行对账的程序为：

一、录入银行对账期初数据

第一次利用总账系统进行银行对账前，应该录入银行对账启用日期时的单位日记账及银行对账单的期初数据，包括期初余额及期初未达账项。银行对账启用日期是指使用银行对账功能前最后一次手工对账的截止日期，银行对账不一定和总账系统同时启用，银行对账的启用日期可以晚于总账系统的启用日期。录入期初数据后，应保证单位日记账的调整后余额等于银行对账单的调整后余额，否则会影响以后的银行对账。

二、录入本期银行对账单

在开始对账前，必须将银行开出的银行对账单录入系统中，以便将其与企业银行存款日记账进行核对。

三、进行银行对账

银行对账采用自动对账与手工对账相结合的方式。

自动对账即由计算机根据对账依据将银行日记账未达账项与银行对账单进行自动核对、勾销。对账依据通常是“结算方式+结算号+方向+金额”或“方向+金额”。对于已核对上的银行业务，系统将自动在银行存款日记账和银行对账单双方写上两清标志，并视为已达账项；否则，视其为未达账项。

手工对账是对自动对账的补充。采用自动对账功能后，可能还有一些特殊的已达账项没有核对出来，而被视为未达账项。为了保证对账更彻底、正确，可通过手工对账进行调整。

四、余额调节表的查询和输出

在银行对账进行两清勾对后，计算机会自动整理汇总出未达账项和已达账项，生成银行存款余额调节表，以检查对账是否正确。该余额调节表为截至对账截止日期的余额调节表，若无对账截止日期，则为最新余额调节表。

任务实施

操作录屏
11-6
银行对账业务

【操作步骤】

1.录入银行对账期初数据

（1）以“003王刚”的身份，选择日期“2022-01-31”登录企业应用平台，执行“总账”→“出纳”→“银行对账”→“银行对账期初录入”命令，打开“银行科目选择”对话框。选择科目“工行存款（100201）”，单击“确定”按钮。

（2）进入“银行对账期初”窗口，确定右上角启用日期为“2022-01-01”，输入单位日记账调整前余额“3 504 009”；输入银行对账单调整前余额“3 509 009”。

（3）单击“对账单期初未达项”按钮，进入“银行方期初”窗口，单击“增加”按钮，录入期初银行已收企业未收款 5 000 元，日期“2021-12-30”，借方金额“5 000”，如图 11-6-1 所示，单击“保存”按钮，单击“退出”按钮。

科目：工行存款(100201)　　**银行方期初**　　调整前余额：3,509,009.00

日期	结算方式	票号	借方金额	贷方金额
2021.12.30			5,000.00	

图11-6-1　银行方期初调整

（4）返回“银行对账期初”窗口，单位日记账与银行对账单调整后期初余额相等，如图 11-6-2 所示，单击“退出”。

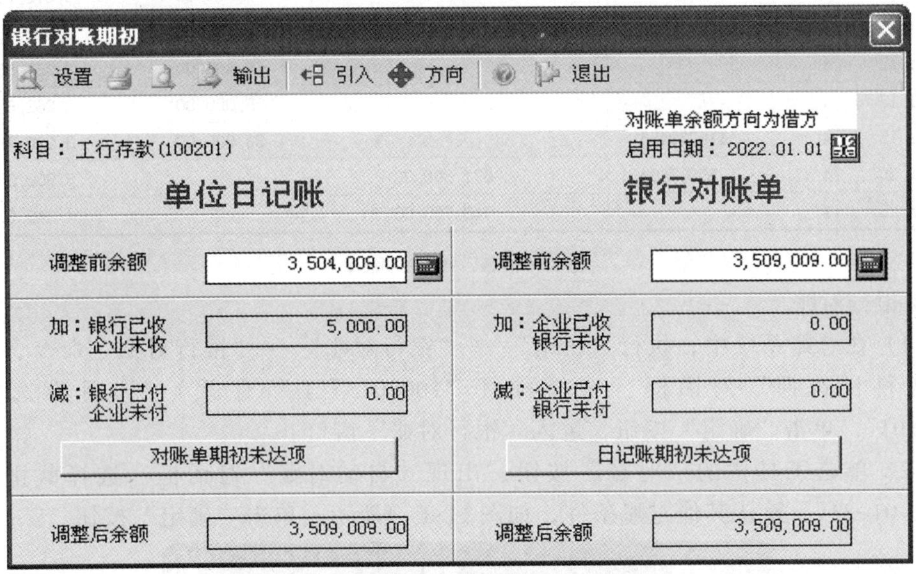

图11-6-2　录入未达账项后的银行对账期初

特别提示：

① 第一次使用银行对账功能时，应录入单位日记账及银行对账单的期初数据，包括期初余额及期初未达账项。

② 系统默认银行对账单余额方向为借方，即银行对账单借方发生额为银行存款增加，贷方发生额为银行存款减少。按“方向”按钮可以调整银行对账单余额方向。

③ 系统会根据调整前余额及期初未达账项自动计算出银行对账单与单位日记账的调整后余额，二者应该一致。

2.录入本期银行对账单

（1）在总账系统中，执行“出纳”→“银行对账”→“银行对账单”命令，打开“银行科目选择”对话框。选择科目“工行存款（100201）”，月份选择至“2022.01”，单击“确定”按钮。

（2）在“银行对账单”窗口，单击“增加”，根据任务资料给定的2022年1月银行对账单信息依次录入，如图11-6-3所示，录入完毕后单击“保存”按钮。

银行对账单

科目：工行存款(100201)　　　　对账单账面余额:4,340,956.16

日期	结算方式	票号	借方金额	贷方金额	余额
2021.12.30			5,000.00		3,509,009.00
2022.01.02	201	00209881		2,000.00	3,507,009.00
2022.01.02	4	10283769425		2,002.00	3,505,007.00
2022.01.09	4	21279000001		100.00	3,504,907.00
2022.01.09	4	06790809		29,624.00	3,475,283.00
2022.01.10	201	00209882		69,571.79	3,405,711.21
2022.01.10	4	06790812		31,720.00	3,373,991.21
2022.01.10	4	06790815		85.05	3,373,906.16
2022.01.11				50,850.00	3,323,056.16
2022.01.12	4			55,400.00	3,267,656.16
2022.01.13	4			5,000.00	3,262,656.16
2022.01.15	4	118738456		33,900.00	3,228,756.16
2022.01.20	4	25583769411	671,500.00		3,900,256.16
2022.01.26	4		440,700.00		4,340,956.16

图11-6-3　银行对账单

3.银行对账

（1）在总账系统中，执行“出纳”→“银行对账”→“银行对账”命令，打开“银行科目选择”对话框。选择科目“100201（工行存款）”，月份选择至“2022.01”，单击“确定”按钮，进入“银行对账”窗口。

（2）单击工具栏的“对账”按钮，出现“自动对账”对话框。选择截止日期“2022-01-31”，默认其他对账条件，如图11-6-4所示，单击“确定”按钮。

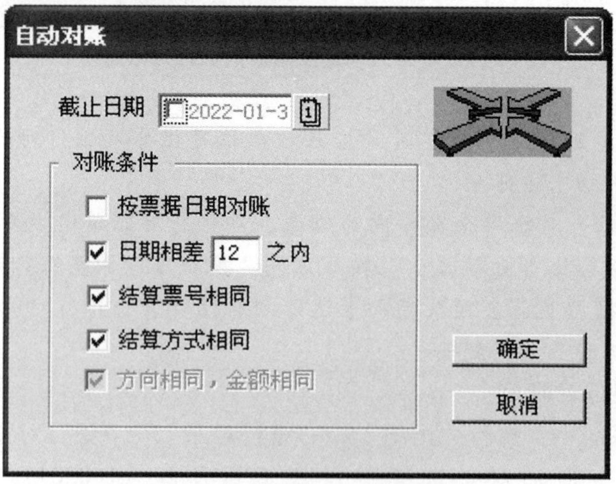

图11-6-4　自动对账条件

（3）系统自动在符合对账条件的记录行打上“两清”标志“○”。

（4）如果对账单中有与日记账相对应却未选中的已达账项记录，则可以进行手工对账，即分别双击银行对账单和单位日记账的“两清”栏，标上两清标志“√”，如图11-6-5所示。

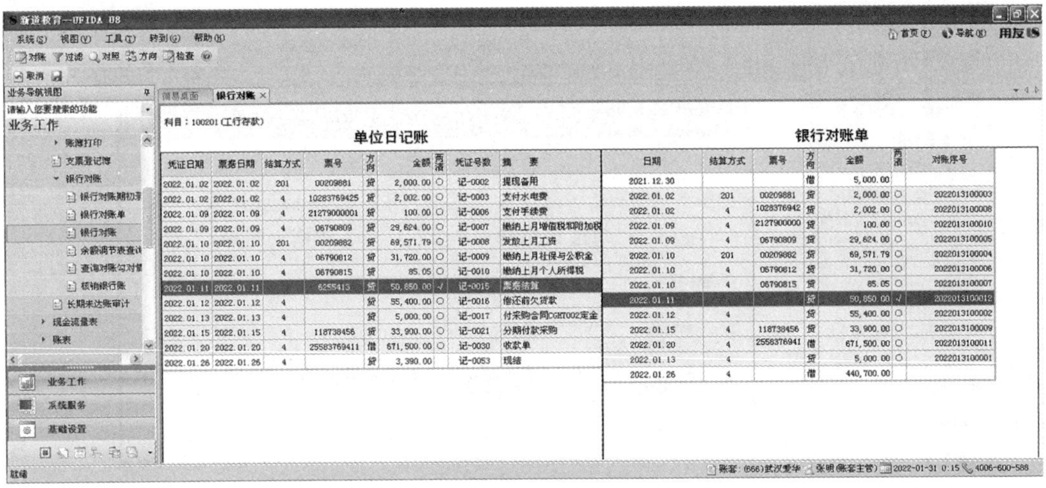

图11-6-5　银行对账

（5）单击“保存”按钮，对账完毕，单击“检查”按钮，检查平衡结果，如图11-6-6所示。

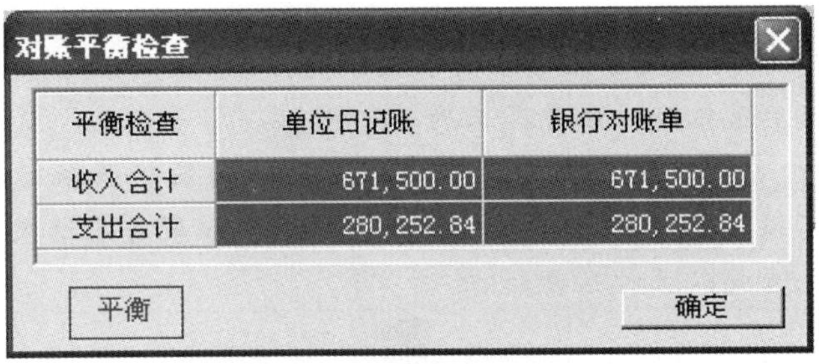

图11-6-6　对账平衡检查

特别提示：

① 银行对账包括自动对账和手工对账两种形式。自动对账是系统根据对账依据自动进行核对、勾销；手工对账是对自动对账的补充。

② 如果想取消对账，可以采用自动取消和手工取消两种方式。单击“取消”按钮，可以自动取消所有“两清”标记；如果要手工取消，则可以双击要取消对账标志业务的“两清”栏，取消“两清”标记。

4.输出余额调节表

（1）在总账系统中，执行“出纳”→“银行对账”→“余额调节表查询”命令，进入“银行存款余额调节表”窗口。

（2）单击“查看”按钮，查询本月“银行存款余额调节表”窗口，如图11-6-7所示。

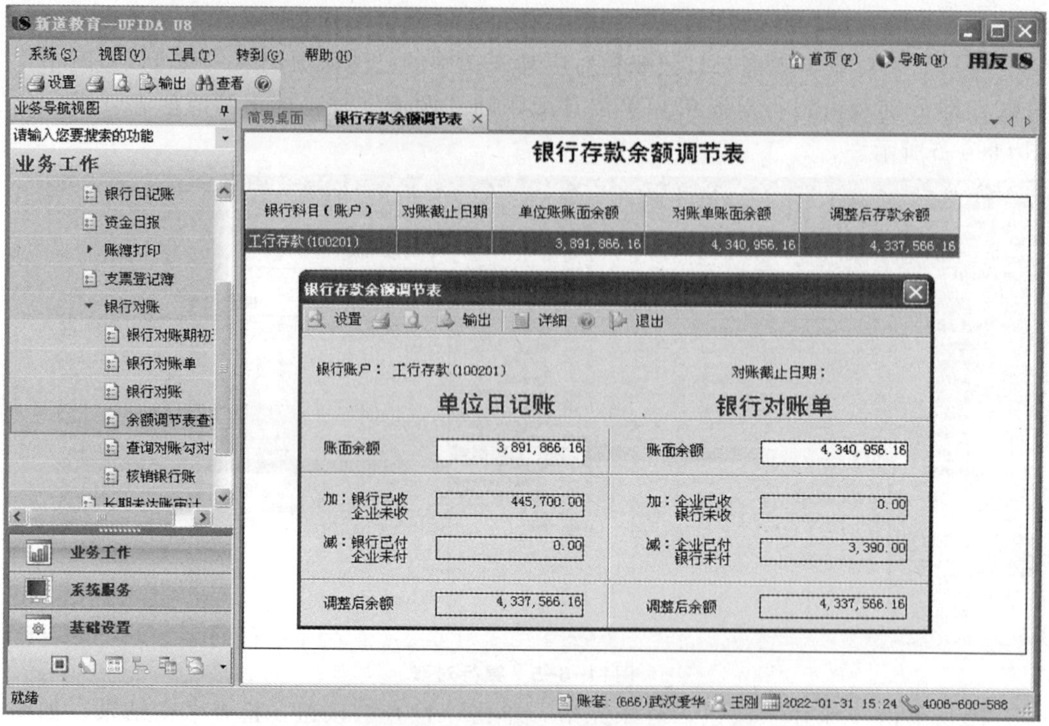

图11-6-7　银行存款余额调节表

学思践悟 11-2

提高拒腐防变"免疫力"

任务测试 11-6

银行对账业务

特别提示：

①银行存款余额调节表应显示账面余额平衡，如果不平衡，应分别查看银行对账期初、银行对账单及银行对账是否正确。

②在银行对账之后，可以查询对账勾对情况。如果确认银行对账结果是正确的，则可以使用"核销银行账"功能核销已达账项；如果对账结果不平衡，则不要使用该功能，以免造成以后对账错误。

任务七　期末结账业务处理

任务要求

1.采购管理系统月末结账。

2.销售管理系统月末结账。

3.库存管理系统月末结账。

4.存货核算系统月末结账。

5.应收款管理系统月末结账。

6.应付款管理系统月末结账。

7.固定资产管理系统期末与总账管理系统对账并月末结账。

8.薪资管理系统进行月末处理，将奖金、交补、请假天数、请假扣款等变动工资项目设置为清零项。

9.总账管理系统期末对账并结账。

知识导航

一、采购管理系统月末结账

采购管理系统的月末结账是将每月的采购数据逐月封存，并将当月的采购数据记入有关账表中。本功能为独享功能，与系统中所有功能的操作互斥，即在操作本功能前，应确定其他功能均已退出。

采购管理系统月末结账后，才能进行库存管理系统、存货核算系统、应付款管理系统的月末结账。

如果采购管理系统要取消月末结账，必须先通知库存管理系统、存货核算系统、应付款管理系统的操作人员，要求他们取消月末结账。

如果库存管理系统、存货核算系统、应付款管理系统的任何一个系统不能取消月末结账，那么也不能取消采购管理系统的月末结账。

二、销售管理系统月末结账

销售管理系统的月末结账是将每月的销售数据逐月封存，并将当月的销售数据记入有关账表中。本功能为独享功能，与系统中所有功能的操作互斥，即在操作本功能前，应确定其他功能均已退出。

销售管理系统月末结账后，才能进行库存管理系统、存货核算系统、应收款管理系统的月末结账。

如果销售管理系统要取消月末结账，必须先通知库存管理系统、存货核算系统、应收款管理系统的操作人员，要求他们取消月末结账。

如果库存管理系统、存货核算系统、应收款管理系统的任何一个系统不能取消月末结账，那么也不能取消销售管理系统的月末结账。

三、库存管理系统月末结账

月末结账是指将每月的出入库单据逐月封存，并将当月的出入库数据记入有关账表中。

结账前，用户应检查本会计月工作是否已全部完成，只有在当前会计月所有工作全部完成的前提下，才能进行月末结账，否则会遗漏某些业务。

若结账或取消结账未成功，则系统提示错误信息。

不允许跳月结账，只能从未结账的第一个月逐月结账。不允许跳月取消结账，只能从最后一个月逐月取消结账。

上月未结账，本月单据可以正常操作，不影响日常业务的处理，但本月不能结账。月末结账后将不能再做已结账月份的业务，只能做未结账月份的日常业务。

如果库存管理系统和采购管理系统、销售管理系统集成使用，只有在采购管理系统、销售管理系统结账后，库存管理系统才能进行结账。

如果库存管理系统和存货核算管理系统集成使用，那么只有存货核算管理系统当月未结账或取消结账后，库存管理系统才能取消结账。

四、存货核算系统月末结账

（一）期末处理

当存货核算系统日常业务全部完成后，就可以进行期末处理，系统自动计算出按全月平均方式核算的存货的全月平均单价及本月出库成本，自动计算出按计划价/售价方式核算的存货的差异率/差价率及本月的分摊差异/差价，并对已完成日常业务的仓库/部门做处理标志。

（二）月末结账

存货核算系统期末处理完成后，就可以进行月末结账。如果是集成应用模式，必须在采购管理、销售管理、库存管理全部结账后，存货核算系统才能结账。

系统提供恢复期末处理功能，但是总账结账后将不可恢复。

五、应收款管理系统月末结账

如果确认本月的各项处理工作已经结束，则需要执行月末结账功能，只有月末结账后，才可以开始下月的工作。一旦执行了月末结账功能，该月将不能再进行任何处理。当应收款管理系统与销售管理系统集成使用时，应在销售管理系统结账后，再对应收款管理系统进行结账处理。结账后，如果发现月末结账错误，则可以取消月末结账。

六、应付款管理系统月末结账

如果确认本月的各项处理工作已经结束，则需要执行月末结账功能，只有月末结账后，才可以开始下月的工作。一旦执行了月末结账功能，该月将不能再进行任何处理。当应付款管理系统与采购管理系统集成使用时，应在采购管理系统结账后，再对应付款管理系统进行结账处理。结账后，如果发现月末结账错误，则可以取消月末结账。

当“选项”中设置审核日期为单据日期时，本月的单据（发票和应付单）在结账前应该全部审核。当“选项”中设置审核日期为业务日期时，若截止到本月末还有未审核单据（发票和应付单），则照样可以进行月末结账。当在“选项”中设置月结时必须将当月单据以及处理业务全部制单，若月结时发现当月有未制单的记录，则不能进行月末结账。当在“选项”中设置月结时不用检查是否全部制单，无论当月有无未制单的记录，均可以进行月末结账。

七、固定资产管理系统月末结账

当固定资产管理系统完成了本月全部制单业务以后，就可以进行月末结账了。月末结账每月进行一次，结账后当期数据不能修改。如果有错误必须修改，可通过系统提供的“恢复月末结账前状态”功能反结账，再进行相应的修改。

本期不结账，将不能处理下期的数据。结账前一定要进行数据备份，否则数据一旦丢失，将造成无法挽回的结果。

八、薪资管理系统月末结账

薪资管理系统月末结账是将当月数据经过处理后结转至下月。每月工资数据处理完毕后均可进行月末结转。由于在工资项目中，有的项目是变动的，即每月的数据均不相同，因此在每月工资处理时，均需要将其数据清零，然后输入当月数据，此类项目即为清零项目。

月末结转只能在会计年度的1月至11月进行，并且只有在当月工资数据处理完毕后才可进行。如果本月工资数据未汇总，则系统不允许进行月末结转。

九、总账系统期末对账并结账

在会计期末，除了要对收入、费用类账户余额进行结转外，还要进行对账、结账，并在结账之前进行试算平衡。

（一）对账

对账是指对账簿数据进行核对，以检查记账是否正确，以及账簿是否平衡。用户可通过核对总账与明细账、总账与辅助账数据来完成账账核对。为了保证账证相符、账账相符，用户应经常使用“对账”功能，至少一个月一次，一般可在月末结账前进行。

（二）结账

结账是指每月月末计算和结转各账簿的本期发生额和期末余额，并终止本期账务处理工作的过程。结账只能每月进行一次，要顺利完成结账工作，必须符合系统对结账工作的要求。

任务实施

操作录屏 11-7

期末结账业务

【操作步骤】

1.采购管理系统月末结账

（1）以“001张明”的身份，选择日期“2022-01-31”登录企业应用平台，执行“供应链”→“采购管理”→“月末结账”命令，进入“月末结账”窗口。

（2）单击“结账”按钮，系统弹出“是否关闭订单”，单击“否”，月末结账完毕。

2.销售管理系统月末结账

（1）执行“供应链”→“销售管理”→“月末结账”命令，进入“月末结账”窗口。

（2）单击“结账”按钮，系统弹出“是否关闭订单”，单击“否”，月末结账完毕。

3.库存管理系统月末结账

（1）执行“业务工作”→“供应链”→“库存管理”→“月末结账”命令，进入“月末结账”窗口。

（2）单击“结账”按钮，系统弹出“库存启用月份结账后将不能修改期初数据，是否继续结账?”提示对话框，单击“是”，月末结账完毕。

4.存货核算系统月末结账

（1）执行“供应链”→“存货核算”→“业务核算”→“期末处理”命令，进入“期末处理-1月”窗口，勾选“智能家居仓库”和“智能电子设备仓库”，如图11-7-1所示。

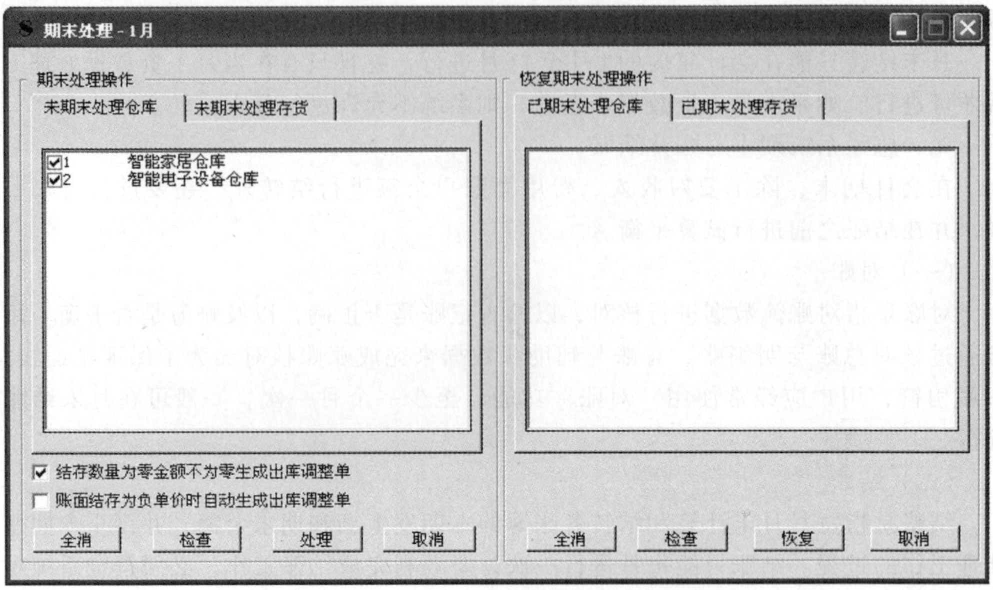

图11-7-1　存货核算系统期末处理窗口1

（2）单击期末处理操作“检查”按钮，系统提示“检测成功!”，单击“确定”按钮。单击“处理”按钮。系统提示“期末处理完毕!”，单击“确定”按钮后，“期末处理-1月”窗口如图11-7-2所示。

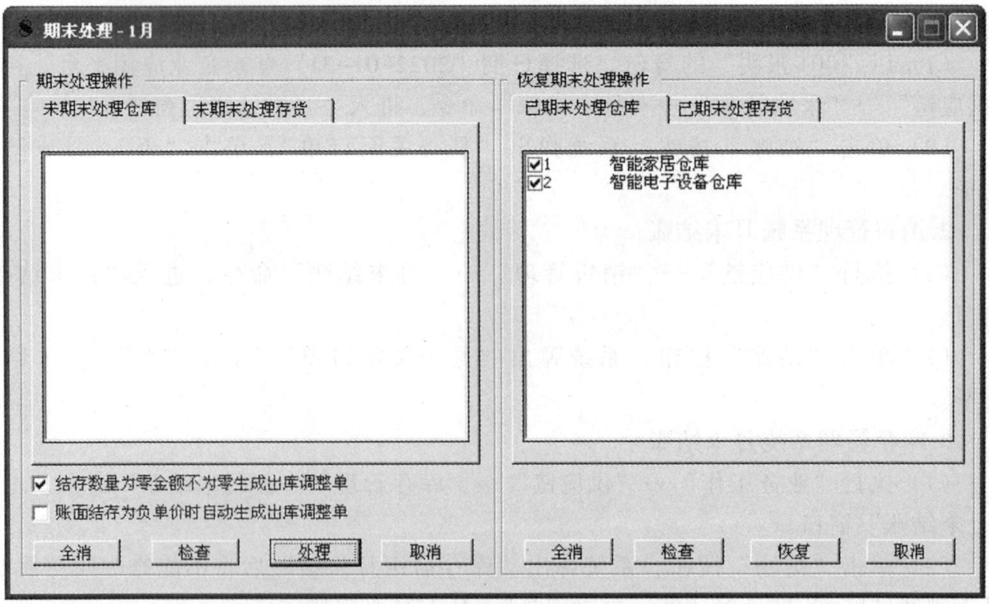

图11-7-2　存货核算系统期末处理窗口2

（3）执行“存货核算”→“业务核算”→“月末结账”命令，单击“结账”按钮，系统提示“月末结账完成!”，单击“确定”按钮，月末结账完毕。

特别提示：

①若应付款管理系统或库存管理系统或存货核算系统已结账，采购管理系统不

能取消结账。若应收款管理系统或库存管理系统或存货核算系统已结账，销售管理系统不能取消结账。

② 存货核算系统期末处理前应检查需要记账的单据是否已全部记账。存货核算系统期末处理需要在采购管理、销售管理、库存管理系统结账后进行。

③ 如果需要恢复期末处理操作，在“期末处理-1月”恢复期末处理操作界面，单击“恢复”按钮，由“已期末处理仓库”返回到“未期末处理仓库”界面。

5.应付款管理系统月末结账

（1）执行“业务工作”→“财务会计”→“应付款管理”→“期末处理”→“月末结账”命令，进入“月末处理”窗口。

（2）在会计月份1月“结账标志”处双击，显示“Y”，然后单击“下一步”按钮，进入“月末处理”窗口，如图11-7-3所示。单击“完成”按钮，系统提示“1月份结账成功”，单击“确定”按钮退出。

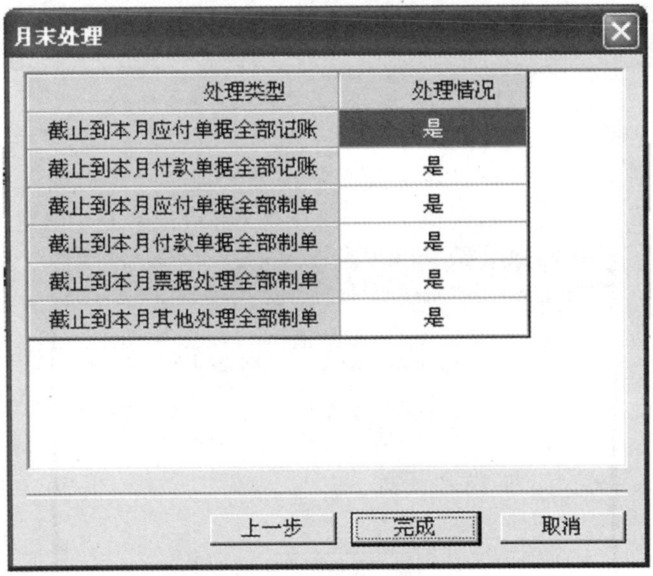

图11-7-3　应付款管理系统月末处理

6.应收款管理系统月末结账

（1）执行“业务工作”→“财务会计”→“应收款管理”→“期末处理”→“月末结账”命令，进入“月末处理”窗口。

（2）在会计月份1月“结账标志”处双击，显示“Y”，然后单击“下一步”按钮，进入“月末处理”窗口，如图11-7-4所示。单击“完成”按钮，系统提示“1月份结账成功”，单击“确定”按钮退出。

特别提示：

应收款管理系统和应付款管理系统在月末结账时，如果“月末处理”界面的“处理情况”栏显示“否”，可双击该记录，系统自动提示未完成业务。待所有该系统任务完成后，再月末结账。

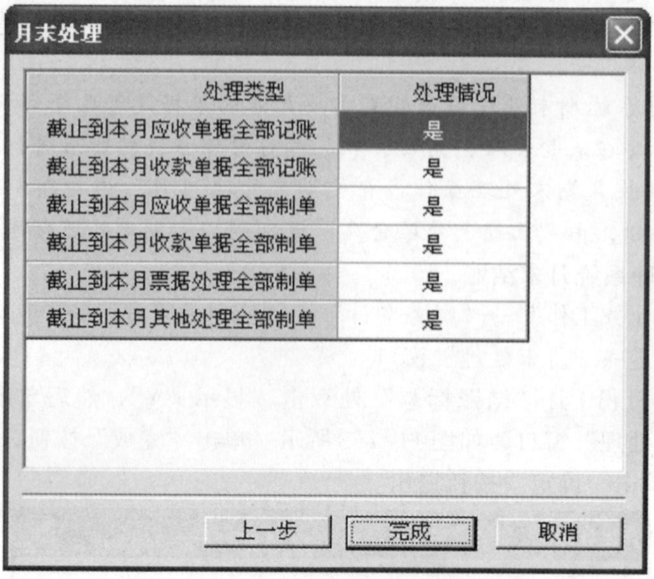

图11-7-4　应收款管理系统月末处理

7.固定资产管理系统月末结账

（1）执行“财务会计”→“固定资产”→“处理”→“对账”命令，系统弹出“与账务对账结果”信息提示对话框，如图11-7-5所示，单击“确定”按钮。

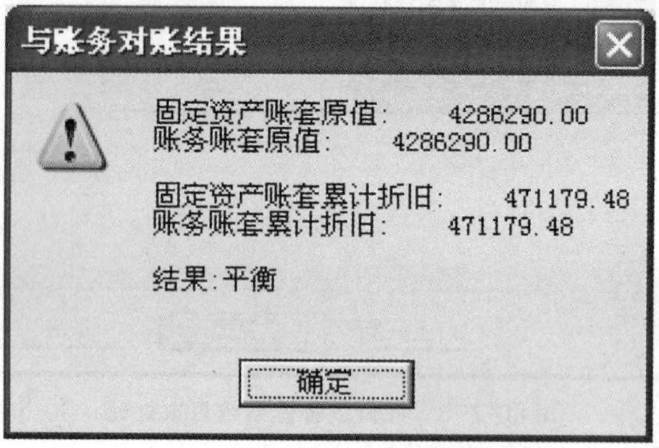

图11-7-5　固定资产与账务对账结果

特别提示：

只有总账管理系统记账完毕后，固定资产管理系统才可以进行对账。对账平衡，开始月末结账。

（2）执行“处理”→“月末结账”命令，打开“月末结账”对话框，如图11-7-6所示。单击“开始结账”按钮，系统弹出“月末结账成功完成！”提示框。单击“确定”按钮，系统提示结账后不能进行本月数据修改。

8.薪资管理系统月末处理

薪资管理系统进行月末处理，将奖金、交补、请假天数、请假扣款等变动工资项目设置为清零项。

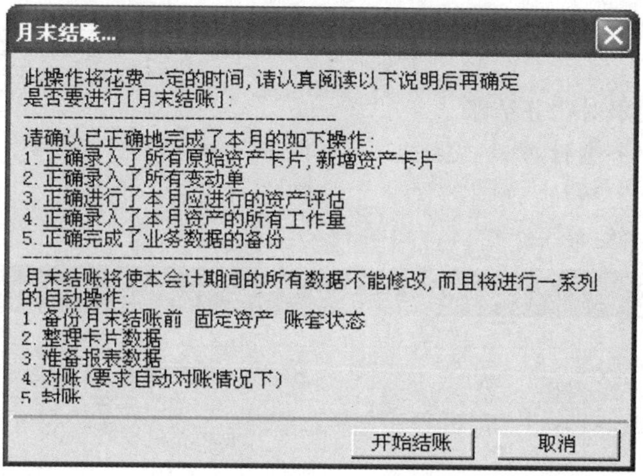

图11-7-6 月末结账前提示

（1）执行“人力资源”→“薪资管理”→“业务处理”→“月末处理”命令，打开“月末处理”对话框，如图11-7-7所示。

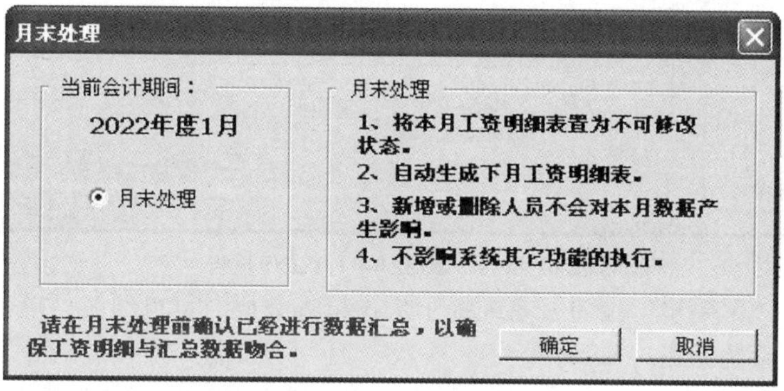

图11-7-7 月末处理

（2）单击“确定”按钮，系统弹出“月末处理之后，本月工资将不许变动！继续月末处理吗？”提示框，单击“是”按钮，系统继续弹出“是否选择清零项？”提示框，单击“是”按钮。

（3）在“选择清零项目”对话框，单击选择“奖金、交补、请假天数、请假扣款”等清零项目，单击“>”按钮，将所选项目移入右侧列表框中，如图11-7-8所示。

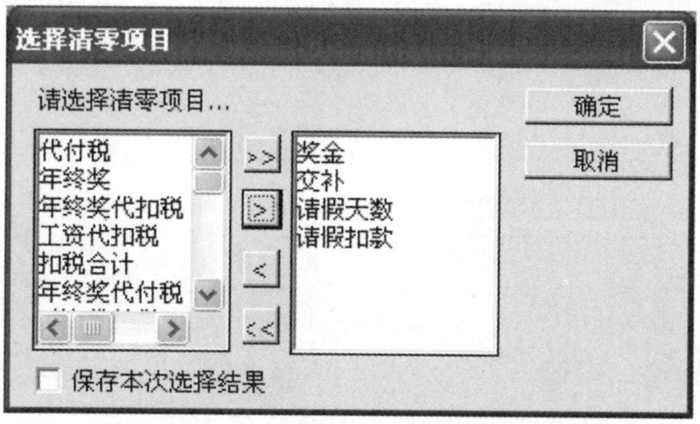

图11-7-8 选择清零项目

（4）单击“确定”按钮，系统弹出“月末处理完毕！”提示框，单击“确定”按钮返回。

9.总账系统期末对账并结账

（1）执行“财务会计”→“总账”→“期末”→“结账”命令，进入“结账”窗口。单击“下一步”按钮，单击“对账”按钮，对账完毕再单击“下一步”按钮，进入“2022年01月工作报告”窗口，如图11-7-9所示。

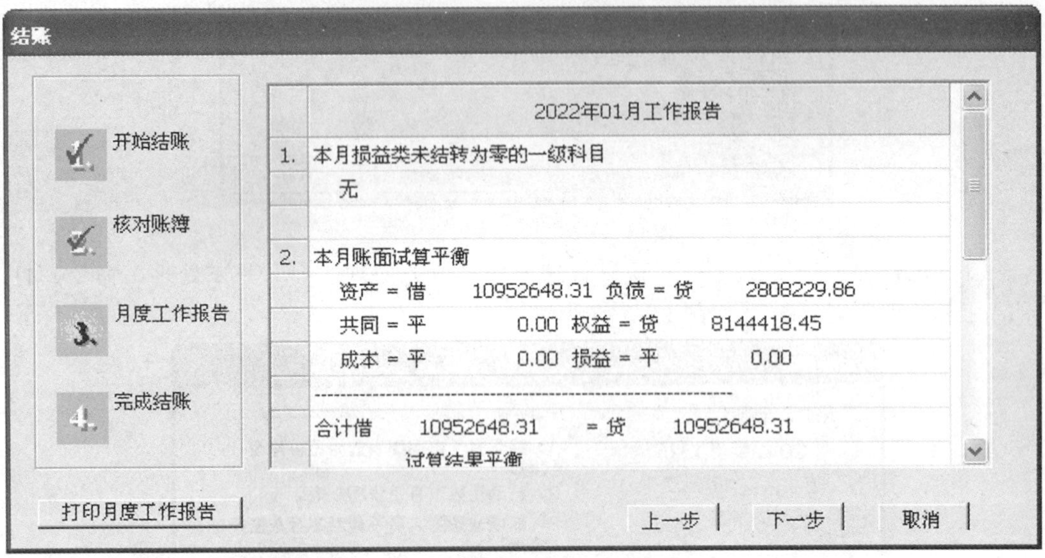

图11-7-9　2022年01月工作报告

学思践悟
11-3

有错必纠
追求卓越

（2）单击“下一步”按钮，系统提示工作检查完成，可以结账，单击“结账”按钮，完成总账系统结账工作。

任务测试
11-7

期末结账业务

特别提示：

①各子系统在结账后发现数据有误必须修改，可以使用取消结账的相关功能，进行反结账，数据将恢复到月末结账前状态，结账时所做的所有工作都被无痕迹删除。

②只有总账系统未结账时，各子系统结账后才能执行反结账操作。

项目反馈与评价

重难点梳理

1.采购产品入库但月末未收到发票，需要做什么处理？

2.坏账准备计提比例错误，需要在何处修改？

3.因库存盘盈对应生成的其他入库单需要手工生成，是否正确？

4.自定义转账仅能生成一次还是多次？

5.期间损益结转前系统显示“有未记账凭证”是什么原因？应该如何处理？

6.银行对账的步骤是什么？

7.请列示所有启用系统的结账顺序。

关键数据反馈

请以合适的操作员身份进行查账，并对系统中能反映下列关键数据的页面进行截图反馈：

1.查询银行存款余额调节表。

2.查询固定资产与总账期末对账信息。

3.查询总账结账时1月工作报告。

易错点分析

请将你在本项目任务测试和操作过程中出现的问题进行记录并分析。

项目评价

多维评价量表

序号	评价内容	设定分值	评价主体	得分情况
线上环节	自主学习进度	20	平台自评	
	任务测试准确度	10	平台自评	
	小计	30		
线下环节	安全与规范操作意识	10	学生自评	
	劳动、探究与合作意识	10	小组互评	
	实训操作进度	20	小组互评	
	实训数据准确度	20	教师评议	
	项目反思态度	10	教师评议	
	小计	70		
	合计	100		

项目十二

UFO 报表管理

知识目标

通过本项目的学习，了解报表管理系统的特点和功能，了解会计信息化环境下报表管理系统的有关基本概念，掌握报表格式设计和公式设置的方法。

技能目标

通过本项目的实训，能结合企业实际，利用报表模板生成报表数据和通过自定义报表生成报表数据。

素养目标

通过本项目的学习，养成严谨细致的工作态度，确保报表数据的准确性和真实性。杜绝人为调节报表项目作不实披露，强化客观公正、诚实守信的职业道德和社会责任意识。

项目导图

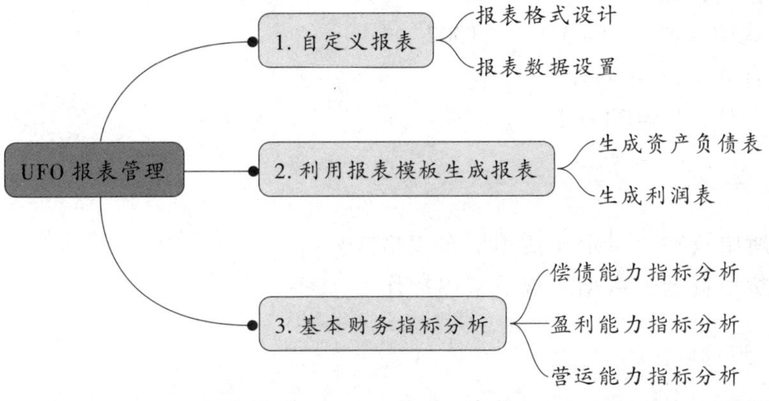

任务一　自定义报表

任务资料

货币资金表见表 12-1-1。

表 12-1-1　　货币资金表

单位名称：　　年　月　日　　单位：元

项目	行次	期初数	期末数
库存现金	1		
银行存款	2		
合计	3		

制表人：王刚

（1）报表格式

① 表头。标题“货币资金表”设置为黑体、14 号、居中；单位名称和年、月、日应设置为关键字；“单位：元”设置为宋体、12 号、居右。

② 表体。表体中文字设置为楷体、12 号、居中。

③ 表尾。“制表人：”设置为宋体、10 号、居右。

④ 设置第一行行高为 7 毫米，其他行高默认；A 列列宽 50 毫米；B 列列宽 15 毫米；C 列列宽 50 毫米；D 列列宽 50 毫米。

（2）报表公式

库存现金期初数：C4=QC（“1001”，月）

库存现金期末数：D4=QM（“1001”，月）

银行存款期初数：C5=QC（“1002”，月）

银行存款期末数：D5=QM（“1002”，月）

期初数合计：C6=C4+C5

期末数合计：D6=D4+D5

任务要求

1. 根据所给资料，自定义货币资金表格式。

2. 进行货币资金表数据生成及输出操作。

知识导航

用友 ERP U8 软件中的 UFO 报表管理系统主要完成报表格式设计和报表数据处理，它可以从账务子系统或其他业务系统中取得有关会计核算的信息，进而生成会计报表，进行报表汇总，以及生成各种分析图，并按预定格式输出各种会计报表。UFO

报表管理系统与用友管理软件中的各业务系统都有完善的接口，同时内置多个行业的常用会计报表，具有方便的自定义报表功能、数据处理功能；同时，该系统也可以独立运行，用于处理日常办公事务。

一、UFO报表管理系统的主要功能

（一）报表格式设计功能

报表格式设计是指在计算机系统中建立一张报表中相对固定的部分，相当于在计算机中建立一个报表模板，供以后编制此类报表时调用。UFO报表管理系统提供了丰富的格式设计功能，包括设置报表尺寸、组合单元、画表格线、调整行高列宽、设置字体和颜色等。同时，为方便用户制作标准报表，UFO报表管理系统还内置了11种套用格式和33个行业的标准财务报表模板。

（二）数据处理功能

数据处理是指根据预先设置的报表格式和报表公式进行数据采集、计算、汇总等，生成会计报表。除此之外，UFO报表管理系统还提供了排序、查询、审核、舍位平衡、汇总等功能。

（三）图表功能

UFO报表管理系统可以对数据进行图形组织和分析，制作包括直方图、立体图、圆饼图、折线图等多种分析图表，并能编辑图表的位置、大小、标题、字体、颜色。

（四）文件管理功能

UFO报表管理系统提供了文件管理功能，不仅能够创建、保存报表文件，而且能够将报表文件转换成不同格式的文件，如文本文件、mdb文件、xls文件等。此外，通过UFO报表管理系统提供的“导入”和“导出”功能，可以实现和其他流行财务软件之间的数据交换。

（五）打印功能

采用“所见即所得”的打印，报表和图形都可以打印输出。通过“打印预览”功能，用户可以随时观看报表或图形的打印效果。

打印报表时，用户可以打印格式或数据，可以设置表头和表尾，可以在0.3倍到3倍之间缩放打印，可以横向或纵向打印。

此外，UFO报表管理系统还提供了强大的二次开发功能，用户利用该功能可以开发出适合本企业的专用系统。

二、UFO报表管理系统的基本概念

（一）格式状态和数据状态

UFO报表管理系统将含有数据的报表分为两大部分来处理，即报表格式设计工作与报表数据处理工作。报表格式设计工作和报表数据处理工作是在不同的状态下进行的。报表工作区左下角的“格式/数据”按钮，可以实现格式状态和数据状态之间的切换。

1.格式状态

在格式状态下可以设计报表的格式，如表尺寸、行高列宽、单元风格、组合单元、关键字、可变区等。报表的三类公式——单元公式（计算公式）、审核公式、舍位平衡公式也在格式状态下定义。在格式状态下所做的操作对本报表所有的表页都发生作用。在格式状态下不能进行数据的录入、计算等操作，报表的数据全部都隐藏了。

2.数据状态

在数据状态下可以管理报表的数据，如输入数据、增加或删除表页、审核、舍位平衡、制作图形、汇总及合并报表等。在数据状态下不能修改报表的格式，但是可以看到报表的全部内容，包括格式和数据。

（二）单元

单元是组成报表的最小单位，单元名称由所在行、列标识。行号用数字表示，列标用字母表示。单元有以下三种类型：

1.数值单元

数值单元是报表的数据，在数据状态下（“格式/数据”按钮显示为“数据”时）输入。数值单元的内容可以直接输入或由单元中存放的单元公式运算生成。建立一个新表时，所有单元的类型缺省为数值。

2.字符单元

字符单元是报表的数据，在数据状态下输入。字符单元的内容可以是汉字、字母、数字及各种键盘可输入的符号组成的一串字符，一个单元中最多可输入255个字符。字符单元的内容也可以由单元公式生成。

3.表样单元

表样单元是报表的格式，是定义一个没有数据的空表所需的所有文字、符号或数字。一旦单元被定义为表样，那么在其中输入的内容对所有表页都有效。表样在格式状态下（“格式/数据”按钮显示为“格式”时）输入和修改，在数据状态下不允许修改。

（三）组合单元

组合单元由相邻的两个或更多的单元组成，这些单元必须是同一种单元类型（表样、数值、字符），UFO报表管理系统在处理报表时将组合单元视为一个单元。用户可以组合同一行相邻的几个单元，可以组合同一列相邻的几个单元，也可以把一个多行多列的平面区域设为一个组合单元。组合单元的名称可以用区域的名称或区域中的单元的名称来表示。

（四）区域

区域由一张表页上的一组单元组成，自起点单元至终点单元是一个完整的方形矩阵。

在UFO报表管理系统中，区域是二维的，最大的区域是一个二维表的所有单元（整个表页），最小的区域是一个单元。

（五）表页

一个UFO报表最多可容纳99 999张表页，每张表页都是由许多单元组成的。一个报表中的所有表页都具有相同的格式，但其中的数据不同。表页在报表中的序号在表页的下方以标签的形式出现，称为“页标”。

（六）固定区与可变区

固定区是指组成一个区域的行数和列数是固定的。固定区一旦设定好，则其内单元总数是不变的。可变区是指组成一个区域的行数或列数不是固定的。在一个报表中，只能设置一个可变区。

有可变区的报表称为可变表。没有可变区的报表称为固定表。

（七）关键字

关键字是游离于单元之外的特殊数据单元，是表页的唯一标识，用于在大量表页中快速选择某张表页。UFO报表管理系统提供了“单位名称”“单位编号”“年”“季”“月”“日”“日期”七种关键字，除此之外，还有自定义关键字功能。

关键字的显示位置在格式状态下设置，关键字的内容则在数据状态下录入，每个报表可以定义多个关键字。

三、自定义报表的应用流程

第一步，启动UFO报表管理系统，新建报表；

第二步，报表格式设计；

第三步，报表公式定义；

第四步，报表数据处理；

第五步，报表图形处理；

第六步，打印报表。

其中，重要的操作步骤是启动系统建立报表、报表格式设计、报表公式定义、报表数据处理。

任务实施

重难点微课
12-1
自定义报表

操作录屏
12-1
自定义报表

【操作步骤】

1.启动UFO报表管理系统

（1）执行“开始”→“程序”→“用友ERP-U8 V10.1”→“企业应用平台”命令，打开“登录”对话框。输入操作员“001”或“张明”，输入密码“1”，在“账套”下拉列表框中选择“［666］（default）武汉爱华”，更改“操作日期”为“2022-01-31”，单击“登录”按钮，进入企业应用平台。

（2）在“业务工作”选项卡中，执行“财务会计”→“UFO报表”命令，进入“UFO报表”窗口。

（3）执行“文件”→“新建”命令，建立一张空白报表，报表名默认为“report1”。

2.定义报表格式

（1）设置报表尺寸。

① 执行“格式”→“表尺寸”命令，打开“表尺寸”对话框。

② 在“行数”栏输入“7”，在“列数”栏输入“4”，单击“确认”按钮，如图12-1-1所示。

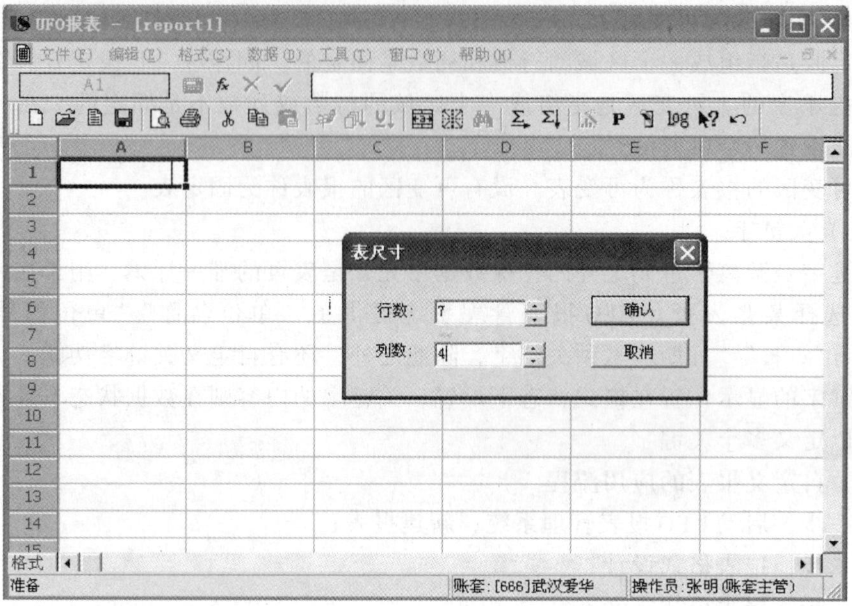

图12-1-1　设置报表尺寸

（2）定义组合单元。

①选择单元格区域 A1：D1。

②执行“格式”→“组合单元”命令，打开“组合单元”对话框，如图12-1-2所示。

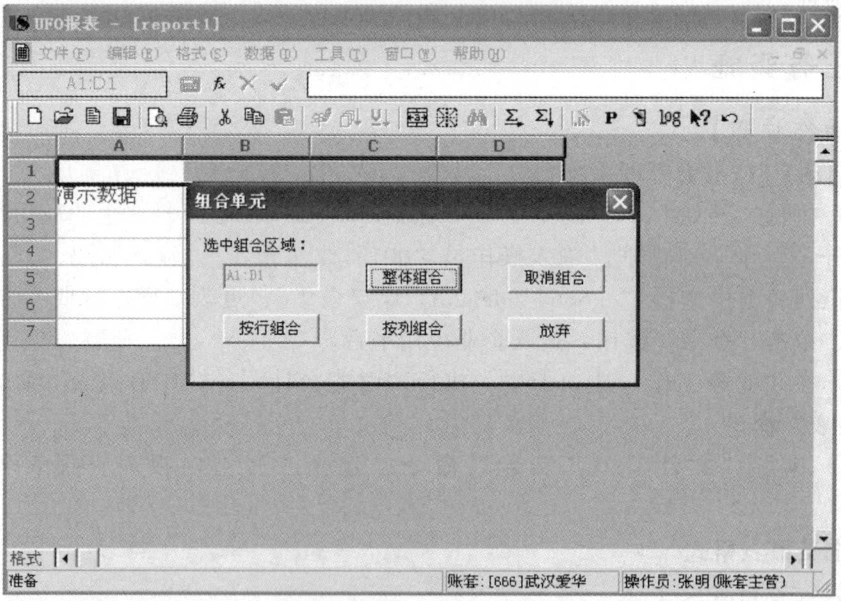

图12-1-2　定义组合单元

③选择“整体组合”或“按行组合”，该区域即合并成一个单元。

④同理，选择单元格区域 A7：D7，选择“整体组合”或“按行组合”，将该区域合并成一个单元。

（3）画表格线。

①选中报表中需要画线的区域A3：D6。

②执行“格式”→“区域画线”命令，打开“区域画线”对话框，如图12-1-3所示。

图12-1-3　区域画线

③选择“网线”单选按钮，单击“确认”按钮，将所选区域画上表格线。

（4）输入报表项目。

① 选中需要输入内容的单元或组合单元。

② 在该单元或组合单元中依次输入“货币资金表”、“单位：元”、“项目”、“行次”、“期初数”、“期末数”和“制表人：王刚”等表头、表体和表尾中相关文字内容。

（5）设置单元风格。

①选中标题所在组合单元A1：D1。

②执行“格式”→“单元属性”命令，打开“单元格属性”对话框。

③打开“字体图案”选项卡，设置字体为“黑体”，字号为“14”，如图12-1-4所示。

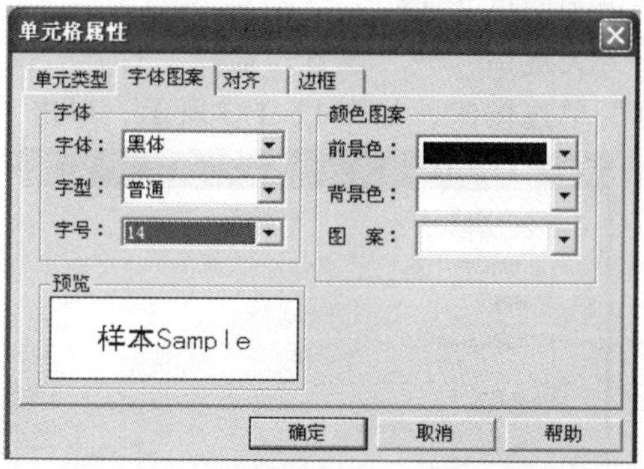

图12-1-4　设置单元格字体图案

④打开“对齐”选项卡，设置“水平方向”和“垂直方向”的对齐方式都为“居

中”，如图12-1-5所示，单击“确定”按钮。

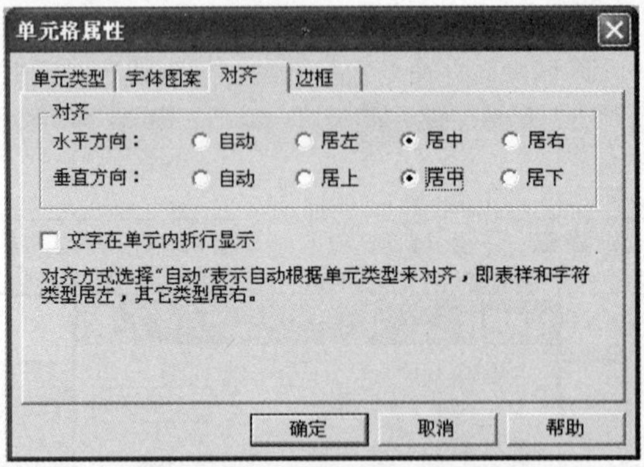

图12-1-5　设置单元格对齐方式

⑤同理，表头“单位：元”设置为宋体、12号、居右，表体文字设置为楷体、12号、居中”。

⑥表尾组合单元A7：D7单元格设置为宋体、10号、居右。

（6）定义报表行高和列宽。

①选中需要调整的单元所在行A1。

②执行“格式”→“行高”命令，打开“行高”对话框。

③输入行高为“7”，如图12-1-6所示，单击“确认”按钮。

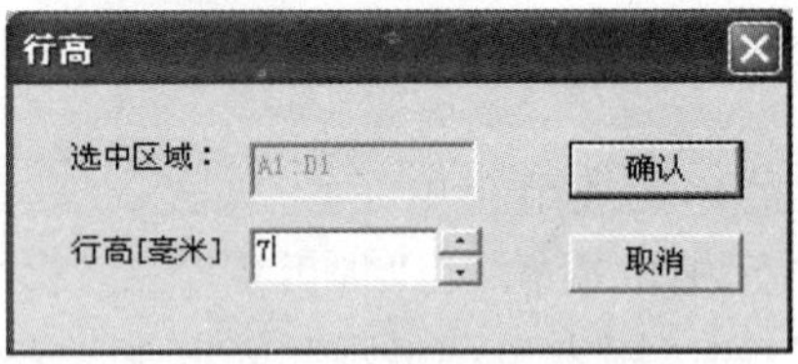

图12-1-6　设置单元格行高

④同理，选中需要调整的单元所在列，执行“格式”→“列宽”命令，可设置该列的宽度。本例设置为：A列“50”，B列“15”，C列“50”，D列“50”。

（7）设置关键字。

①选中需要输入关键字的单元A2。

②执行“数据”→“关键字”→“设置”命令，打开“设置关键字”对话框。

③选择“单位名称”单选按钮，如图12-1-7所示，单击“确定”按钮。

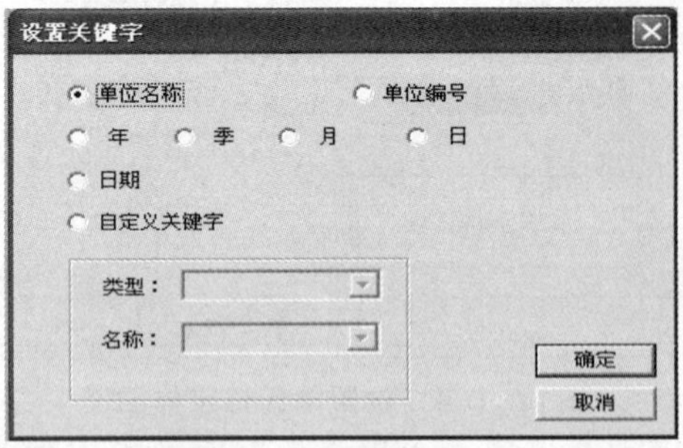

图12-1-7　设置关键字

④同理，在C2处设置“年”“月”“日”关键字。(如果要取消关键字，则应执行“数据”→“关键字”→“取消”命令)

⑤执行“数据”→“关键字”→“偏移”命令，打开“定义关键字偏移”对话框。

⑥在需要调整位置的关键字后面输入偏移量，年“-100”，月“-60”，日“-20”，如图12-1-8所示。

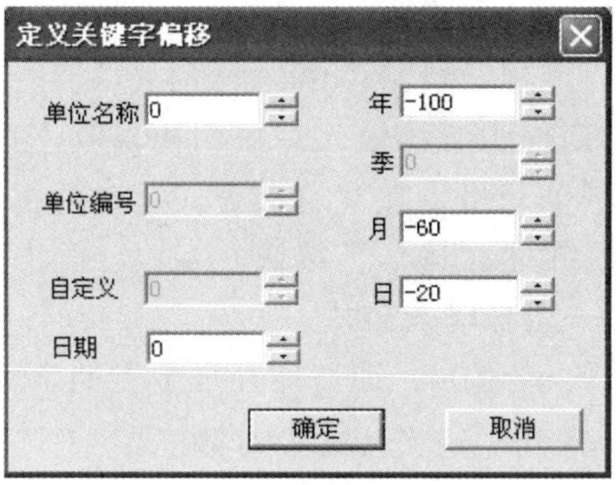

图12-1-8　定义关键字偏移

特别提示：

关键字的位置可以用偏移量来表示，负数表示向左移，正数表示向右移。在调整时，只需要输入正数或负数即可。

⑦单击“确定”按钮。格式设置完毕的货币资金表如图12-1-9所示。

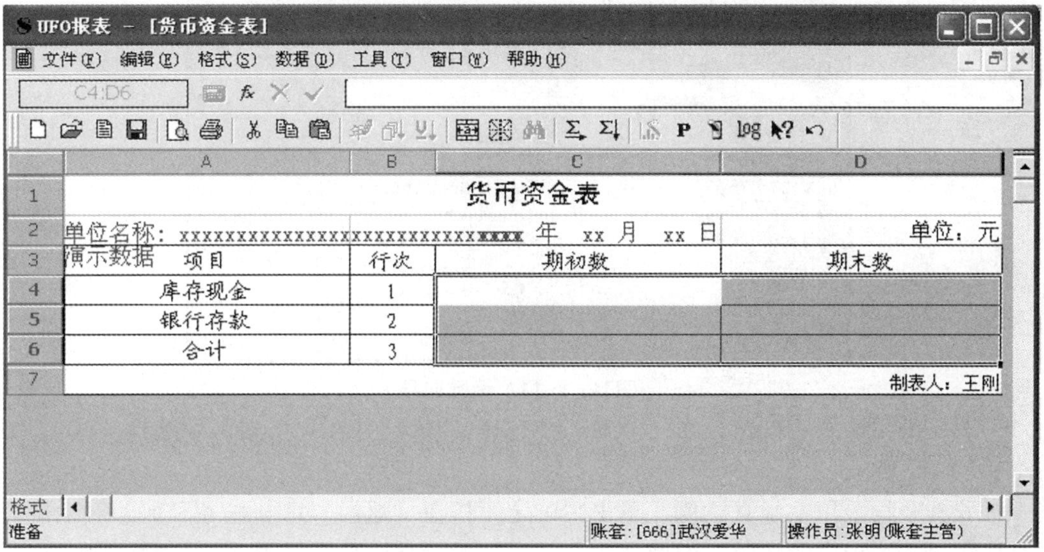

图12-1-9　货币资金表格式

3.定义报表公式

(1)定义单元公式——直接输入公式。

①选定需要定义公式的单元C4，即“库存现金”的期初数。

②执行“数据”→“编辑公式”→“单元公式”命令，打开“定义公式”对话框

框，如图12-1-10所示。（单击“fx”按钮或按“=”键，都可以打开“定义公式”对话框）

图12-1-10　定义公式

③在“定义公式”对话框中直接输入总账期初函数公式：QC（"1001"，月），单击“确认”按钮；选定C5单元格，在“定义公式”对话框中直接输入总账期初函数公式：QC（"1002"，月），单击“确认”按钮。

（2）定义单元公式——引导输入公式。

①选中需要定义公式的单元D4，即“库存现金”期末数。

②单击“fx”按钮，打开“定义公式”对话框。

③单击“函数向导”按钮，打开“函数向导”对话框。

④在“函数分类”列表框中选择“用友账务函数”，在右侧的“函数名”列表框中选择“期末（QM）”，如图12-1-11所示，单击“下一步”按钮。

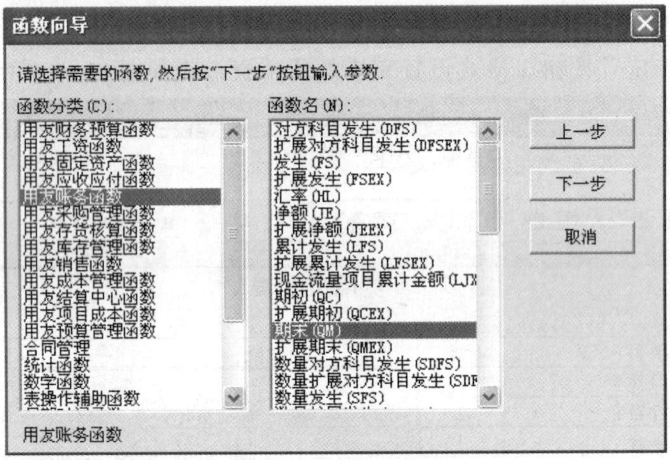

图12-1-11　函数向导

⑤单击“参照”按钮，在“科目”处选择“1001”，在“期间”处选择“月”，如图12-1-12所示。

⑥其余均采用系统默认值，单击“确定”按钮，返回“用友账务函数”对话框。

⑦单击“确定”按钮，返回“定义公式”对话框，单击“确认”按钮。

⑧同理，输入D5的单元公式。

⑨在单元C6处定义“C6=C4+C5”的单元公式。

⑩在单元D6处定义“D6=D4+D5”的单元公式。

定义完的公式在单元中显示为“公式单元”，在页面上方的编辑栏显示公式的具体内容，最后结果如图12-1-13所示。

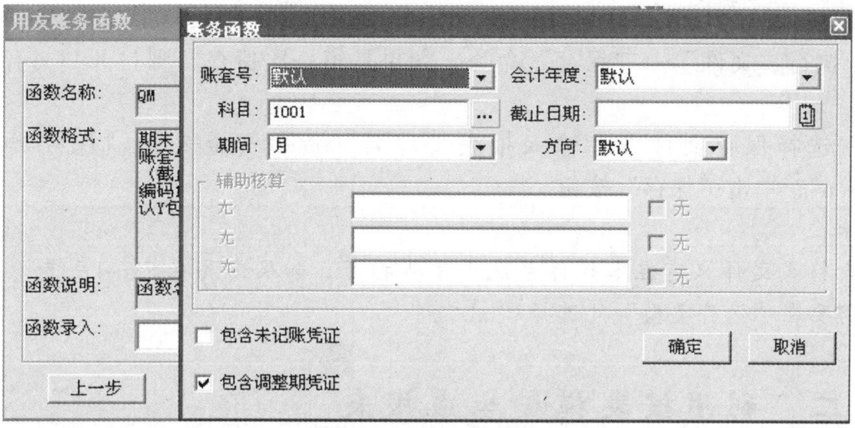

图12-1-12　用友账务函数

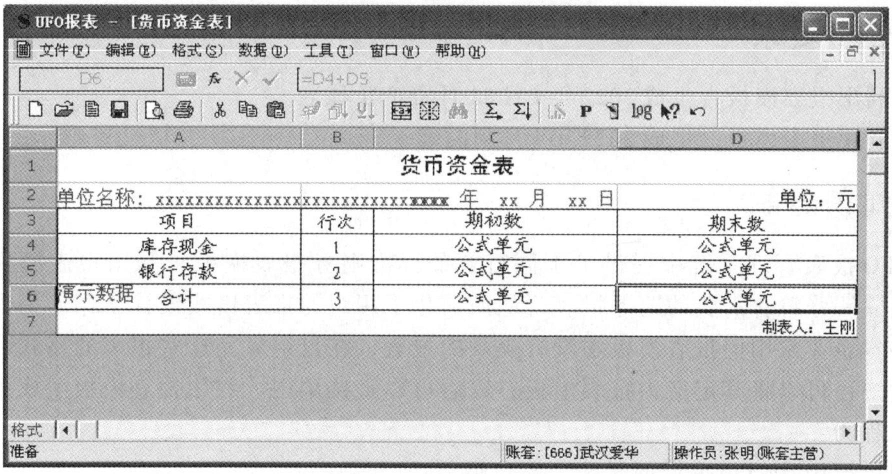

图12-1-13　定义完公式的货币资金表

4.报表数据处理

（1）在数据状态下，执行“数据”→“关键字”→“录入”命令，打开“录入关键字”对话框。输入单位名称“武汉爱华商贸有限公司”，“年”为“2022”，“月”为“1”，“日”为“31”。

（2）单击“确认”按钮，系统弹出“是否重算第1页?”提示框。单击“是”按钮，系统自动根据单元公式计算1月份的数据，完整的1月货币资金表如图12-1-14所示。

	A	B	C	D
1	货币资金表			
2	单位名称：武汉爱华商贸有限公司		2022 年 1 月 31 日	单位：元
3	项目	行次	期初数	期末数
4	库存现金	1	31365.00	31487.00
5	银行存款	2	3504009.00	4856458.37
6	合计	3	3535374.00	4887945.37
7				制表人：王刚

图12-1-14　2022年1月货币资金表

5.保存报表

（1）执行“文件”→“保存”命令。如果是第一次保存，则打开“另存为”对话框。

任务测试
12-1

自定义报表

（2）选择保存文件夹，输入报表文件名“货币资金表”，“保存类型”处选择“.rep”，单击“保存”按钮。

特别提示：

报表格式文件只有在本软件系统中才能打开，如果需要在Excel中查看报表数据，则需要在“保存类型”处选择“.xls”。

任务二　利用报表模板生成报表

任务要求

1.利用报表模板，生成2022年1月31日资产负债表。

2.利用报表模板，生成2022年1月利润表。

知识导航

UFO报表管理系统中提供了不同行业的标准财务报表模板，利用报表模板可以迅速建立一张符合需要的财务报表，从而简化了用户的报表格式设计工作。另外，对于一些本企业常用但报表模板中没有提供的报表，在自定义完这些报表的格式和公式后，用户还可以将其定义为报表模板，以后可以直接调用。利用报表模板生成报表的应用流程为：

（1）启用UFO报表管理系统，新建报表；

（2）调用报表模板；

（3）报表数据处理；

（4）报表图形处理；

（5）打印报表。

任务实施

操作录屏
12-2

利用报表模板生成报表

【操作步骤】

1.利用模板生成资产负债表

（1）调用资产负债表模板。

①启动UFO报表管理系统，执行“文件”→“新建”命令，建立一张空白报表。

②在格式状态下，执行“格式”→“报表模板”命令，打开“报表模板”对话框。

③在“您所在的行业”处选择“2007年新会计制度科目”，在“财务报表”处选择“资产负债表”，如图12-2-1所示。

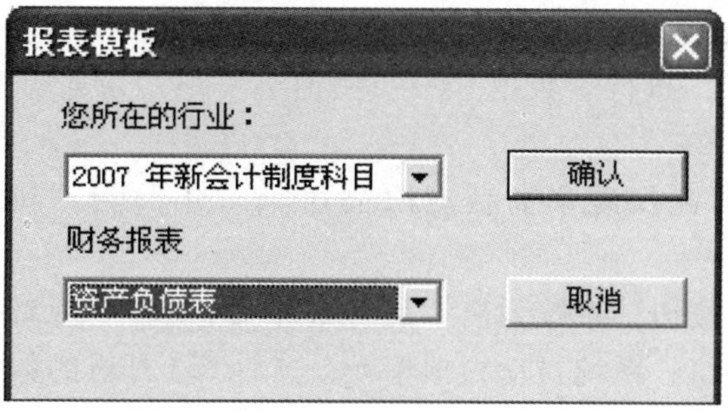

图12-2-1 报表模板——资产负债表

④单击“确认”按钮，系统弹出“模板格式将覆盖本表格式！是否继续？”提示框。

⑤单击“确定”按钮，即可打开“资产负债表”模板。

（2）根据最新会计准则调整报表项目。

将A12单元格由“应收利息”改为“合同资产”；将A13单元格由“应收股利”改为“持有待售资产”；将A20单元格由“可供出售金融资产”改为“债权投资”；将A21单元格由“持有至到期投资”改为“其他债权投资”；将E14单元格由“应付利息”改为“合同负债”；将E15单元格由“应付股利”改为“持有待售负债”。

（3）调整报表计算公式。

删除C12、D12、C13、D13单元格的计算公式，同时将C14单元格的计算公式修改为“QM（"1221"，月，，，年，，）+QM（"1131"，月，，，年，，）+QM（"1132"，月，，，年，，）”。即“其他应收款”项目的期末金额等于“其他应收款”“应收股利”“应收利息”科目的期末余额合计。同理，将D14单元格的计算公式修改为“QC（"1221"，全年，，，年，，）+QC（"1131"，全年，，，年，，）+QC（"1132"，全年，，，年，，）”。

删除G14、H14、G15、H15单元格的计算公式，同时将G16单元格的计算公式修改为“QM（"2241"，月，，，年，，）+QM（"2231"，月，，，年，，）”+QM（"2232"，月，，，年，，）”。即“其他应付款”项目的期末金额等于“其他应付款”“应付利息”“应付股利”科目的期末余额合计。同理，将H16单元格的计算公式修改为“QC（"2241"，全年，，，年，，）+QC（"2231"，全年，，，年，，）+QC（"2232"，全年，，，年，，）”。

（4）调整报表模板。

① 单击“数据/格式”按钮，使“资产负债表”处于格式状态。

② 在格式状态下，选择A3单元格，执行“数据”→“关键字”→“设置”命令，设置“单位名称”为关键字，同时将“年”“月”“日”三个关键字进行位置偏移，并调至理想状态。

③ 另存调整后的报表模板，文件名为“资产负债表. rep”。

（5）生成资产负债表数据。

① 在数据状态下，执行“数据”→“关键字”→“录入”命令，打开“录入关键字”对话框。

② 输入关键字“武汉爱华商贸有限公司”，“年”为“2022”，“月”为“1”，“日”为“31”。

③ 单击“确认”按钮，系统弹出“是否重算第1页?”提示框。

④ 单击“是”按钮，系统自动根据单元公式计算1月份的数据。

⑤ 单击工具栏上的“保存”按钮，将生成的报表数据保存，如图12-2-2所示。

资产负债表

会企01表

单位名称：武汉爱华商贸有限公司　2022 年　1 月　31日　单位:元

资　产	行次	期末余额	年初余额	负债和所有者权益（或股东权益）	行次	期末余额	年初余额
流动资产:				流动负债:			
货币资金	1	4,503,753.16	3,535,374.00	短期借款	32		
交易性金融资产	2			交易性金融负债	33		
应收票据	3			应付票据	34		50,850.00
应收账款	4	1,600,034.63	674,610.00	应付账款	35	1,197,250.00	306,500.00
预付款项	5			预收款项	36		
合同资产	6			应付职工薪酬	37	91,743.79	90,128.79
持有待售资产	7			应交税费	38	182,573.07	67,709.05
其他应收款	8		5,000.00	合同负债	39		
存货	9	533,750.00	1,112,000.00	持有待售负债	40		
一年内到期的非流动资产	10			其他应付款	41	16,663.00	11,163.00
其他流动资产	11			一年内到期的非流动负债	42		
流动资产合计	12	6,637,537.79	5,326,984.00	其他流动负债	43		
非流动资产:				流动负债合计	44	1,488,229.86	526,350.84
债权投资	13			非流动负债:			
其他债权投资	14			长期借款	45	1320000.00	1320000.00
长期应收款	15			应付债券	46		
长期股权投资	16			长期应付款	47		
投资性房地产	17			专项应付款	48		
固定资产	18	3,815,110.52	3,825,943.76	预计负债	49		
在建工程	19			递延所得税负债	50		
工程物资	20			其他非流动负债	51		
固定资产清理	21			非流动负债合计	52	1320000.00	1320000.00
生产性生物资产	22			负债合计	53	2808229.86	1846350.84
油气资产	23			所有者权益（或股东权益）:			
无形资产	24	500,000.00	500,000.00	实收资本（或股本）	54	7,000,000.00	7,000,000.00
开发支出	25			资本公积	55		
商誉	26			减：库存股	56		
长期待摊费用	27			盈余公积	57		
递延所得税资产	28			未分配利润	58	1,144,418.45	806,576.92
其他非流动资产	29			所有者权益（或股东权益）合计	59	8,144,418.45	7,806,576.92
非流动资产合计	30	4315110.52	4325943.76				
资产总计	31	10952648.31	9652927.76	负债和所有者权益（或股东权益）总计	60	10,952,648.31	9,652,927.76

图12-2-2　2022年1月31日资产负债表

2.利用模板生成利润表

（1）调用利润表模板。

①在格式状态下，执行“格式”→“报表模板”命令，打开“报表模板”对话框。

②在“您所在的行业”处选择“2007年新会计制度科目”，在“财务报表”处选择“利润表”，如图12-2-3所示。

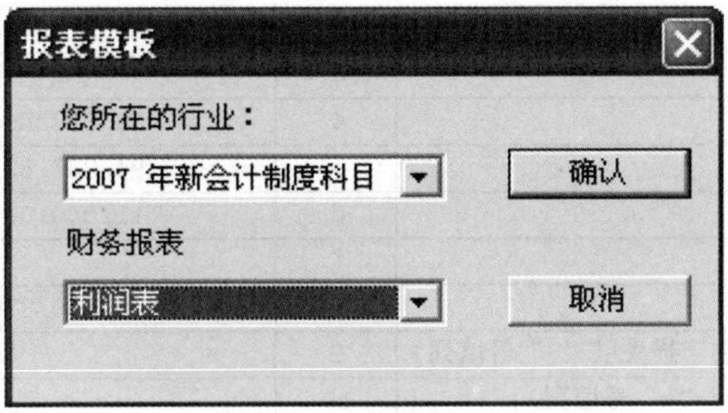

图12-2-3 报表模板——利润表

③单击“确认”按钮，系统弹出“模板格式将覆盖本表格式！是否继续？”提示框。

④单击“确定”按钮，即可打开“利润表”模板。

（2）根据最新会计准则调整报表项目。

将A7单元格由“营业税金及附加”改为“税金及附加”；在A11单元格下插入一行，项目名称输入“信用减值损失”；在A15单元格下插入两行，项目名称分别输入“资产处置收益”和“其他收益”；删除“营业外支出”下面的那一行。

（3）调整报表计算公式。

设置信用减值损失本期金额公式为“fs（6702，月，"借",，年）”，修改营业利润本期金额计算公式为“？C5-？C6-？C7-？C8-？C9-？C10-？C11-？C12+？C13+？C14+？C16+？C17”。

（4）调整报表模板。

① 单击“数据/格式”按钮，使“利润表”处于格式状态。

② 在格式状态下，选择A3单元格，执行“数据”→“关键字”→“设置”命令，设置“单位名称”为关键字，同时将“年”“月”两个关键字进行位置偏移，并调至理想状态。

③ 另存调整后的报表模板，文件名为“利润表. rep”。

（5）生成利润表数据。

① 在数据状态下，执行“数据”→“关键字”→“录入”命令，打开“录入关键字”对话框。

② 输入关键字“武汉爱华商贸有限公司”，“年”为“2022”，“月”为“1”。

③ 单击“确认”按钮，系统弹出“是否重算第1页？”提示框。

④ 单击“是”按钮，系统自动根据单元公式计算1月份的数据。

⑤ 单击工具栏上的“保存”按钮，将生成的报表数据保存，如图12-2-4所示。

利润表

会企02表

单位名称：武汉爱华商贸有限公司　　2022 年 1 月　　单位:元

项　　目	行数	本期金额	上期金额
一、营业收入	1	1,941,628.32	
减：营业成本	2	1,429,100.00	
税金及附加	3		
销售费用	4	33,003.80	
管理费用	5	94,237.82	
财务费用	6	11,000.00	
资产减值损失	7		
信用减值损失	8	6,650.37	
加：公允价值变动收益（损失以“-”号填列）	9		
投资收益（损失以“-”号填列）	10		
其中:对联营企业和合营企业的投资收益	11		
资产处置收益	12		
其他收益	13		
二、营业利润（亏损以“-”号填列）	14	367636.33	
加：营业外收入	15	400.00	
减：营业外支出	16	30,194.80	
三、利润总额（亏损总额以“-”号填列）	17	337841.53	

图12-2-4　2022年1月利润表

学思践悟 12-1

虚假报表 误国误民

任务测试 12-2

利用报表模板生成报表

任务三　基本财务指标分析

任务资料

财务指标分析表见表12-3-1。

表12-3-1　　财务指标分析表

年　月

分析指标	具体公式	计算结果
流动比率	流动资产/流动负债	
销售净利率	净利润/销售收入	
存货周转率	营业成本/存货平均余额	

制表人：李伟　　审核人：张明

任务要求

1.根据上述资料，自定义财务指标分析表格式。

2.利用账务函数和表间取数，定义各分析指标的计算公式，生成数据并分析。

知识导航

财务分析指标，是指总结和评价企业财务状况与经营成果的分析指标，包括偿债能力指标、运营能力指标、盈利能力指标和发展能力指标。财务指标分析是为了帮助财务报表的使用者更好地了解、掌握一个企业的生产经营情况。

任务实施

重难点微课 12-2

基本财务指标分析

操作录屏 12-3

基本财务指标分析

【操作步骤】

1.启动UFO报表管理系统

（1）执行“开始”→“程序”→“用友ERP-U8 V10.1”→“企业应用平台”命令，打开“登录”对话框。输入操作员“001”或“张明”，输入密码“1”，在“账套”下拉列表框中选择“［666］（default）武汉爱华”，更改“操作日期”为“2022-01-31”，单击“登录”按钮，进入企业应用平台。

（2）在“业务工作”选项卡中，执行“财务会计”→“UFO报表”命令，进入“UFO报表”窗口。

（3）执行“文件”→“新建”命令，建立一张空白报表，报表名默认为“report1”。

2.定义财务指标分析表格式

设计财务指标分析表的操作过程与设计货币资金表相同，此处不再赘述。设计结果如图12-3-1所示。

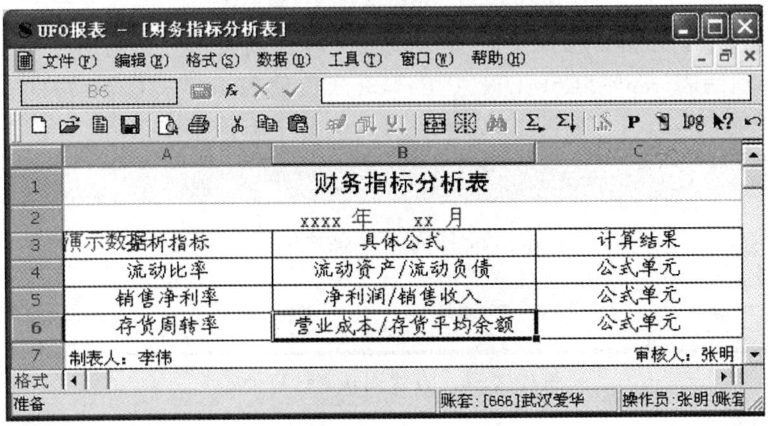

图12-3-1 设计完毕的财务指标分析表

3.定义表间取数公式

（1）单击C4单元格，单击工具栏的按钮，或者执行“数据”菜单下的“编辑公式-单元公式”命令，打开“定义公式”对话框。在“定义公式”对话框中手工输入“"C：\资产负债表. rep"->C18@1/"C：\资产负债表. rep"->G19@1”，如图12-3-2所示。单击“确认”按钮。

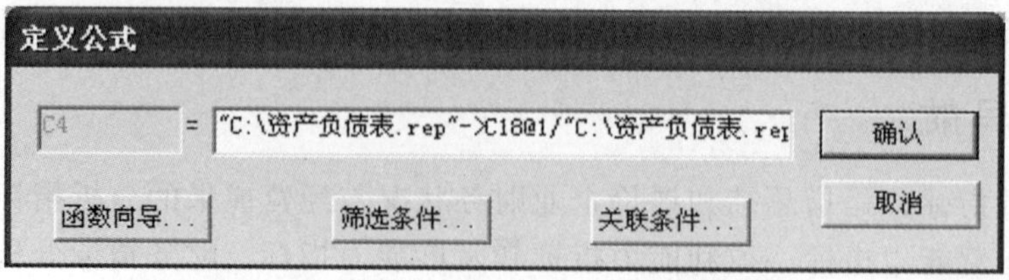

图12-3-2　流动比率计算公式

特别提示：

关于流动比率的计算公式说明如下：

C4= "C：\资产负债表. rep"->C18@1/"C：\资产负债表. rep"->G19@1

""C：\资产负债表. rep"->C18@1"表示取C盘资产负债表. rep第1个表页中C18单元格的数值，即取该表流动资产的期末数。

""C：\资产负债表. rep"->G19@1"表示取C盘资产负债表. rep第1个表页中G19单元格的数值，即取该表流动负债的期末数。

（2）单击C5单元格，参照上述方法设置"销售净利率"的计算公式，其计算公式为""C：\利润表. rep"->C22@1/"C：\利润表. rep"->C5@1"，如图12-3-3所示。单击"确认"按钮。

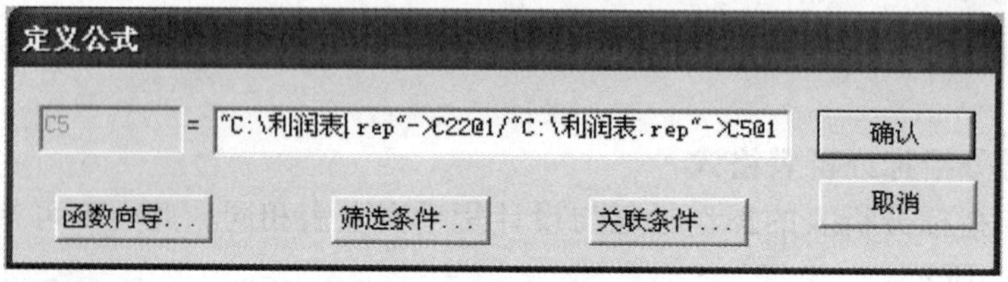

图12-3-3　销售净利率计算公式

（3）单击C6单元格，参照上述方法设置"存货周转率"的计算公式，其计算公式为""C：\利润表.rep"->C5@1/（（"C：\资产负债表.rep"->C15@1+"C：\资产负债表.rep"->D15@1）/2）"，如图12-3-4所示。单击"确认"按钮。

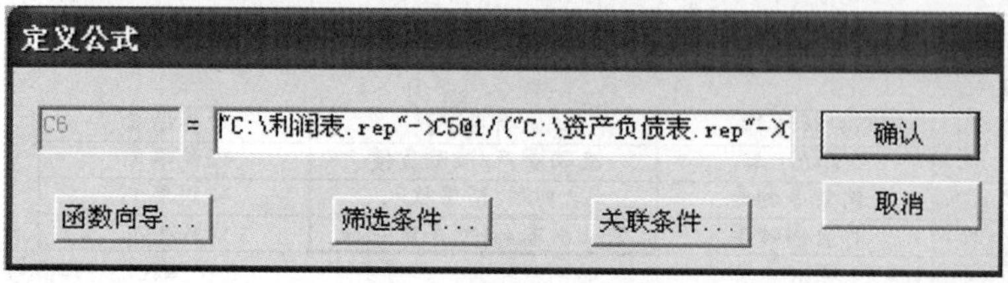

图12-3-4　存货周转率计算公式

4.报表取数

（1）将报表切换至数据状态。单击窗口左下角的"格式"按钮，此时报表切换为数据状态。

（2）录入关键字并计算报表数据。执行"数据"菜单下的"关键字"→"录入"命令，打开"录入关键字"对话框，录入关键字"年"为"2022"，关键字"月"为"1"。单击"确认"按钮，系统提示"是否重算第1页？"，单击"是"按钮。重算结果如图12-3-5所示。

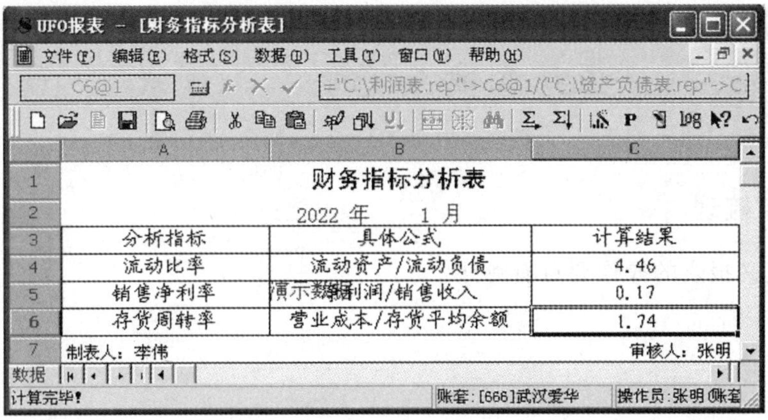

图12-3-5 计算完成的财务指标分析表

任务测试 12-3

基本财务指标分析

（3）保存报表。单击工具栏的保存按钮，打开“另存为”对话框，存储位置选择C盘根目录，在“文件名”栏输入“财务指标分析表”。单击“另存为”按钮，完成保存。

项目反馈与评价

重难点梳理

1. 自定义报表的操作要点有哪些？

2. 如何设置财务指标分析表中的“流动比率”计算公式？

关键数据反馈

请以合适的操作员身份进行报表查询，并对系统中能反映下列关键数据的页面进行截图反馈：

1. 查询本月利润表。

2. 查询本月资产负债表。

易错点分析

请将你在本项目任务测试和操作过程中出现的问题进行记录并分析。

项目评价

多维评价量表

序号	评价内容	设定分值	评价主体	得分情况
线上环节	自主学习进度	20	平台自评	
	任务测试准确度	10	平台自评	
	小计	30		
线下环节	安全与规范操作意识	10	学生自评	
	劳动、探究与合作意识	10	小组互评	
	实训操作进度	20	小组互评	
	实训数据准确度	20	教师评议	
	项目反思态度	10	教师评议	
	小计	70		
	合计	100		

会计信息系统应用

Kuaiji Xinxi Xitong Yingyong

ISBN 978-7-5654-4828-7

定价: 52.80元